D1725878

Peter Rühmkorf

Die Jahre
die Ihr kennt
Anfälle und Erinnerungen

Werke 2
Herausgegeben von
Wolfgang Rasch

Rowohlt

Der Herausgeber dankt dem Archivar des Peter Rühm-
korf-Archivs, Herrn Helmut Schenkel, für die Mitarbeit bei Anmerkungen und Registern sowie die unermüd-
liche Bereitstellung von Materialien. Diese Mitarbeit
wurde ermöglicht durch ein Graduiertenstipendium der
Deutschen Schillergesellschaft, Deutsches Literatur-
archiv Marbach.

1. Auflage September 1999
Copyright © 1972 by
Rowohlt Taschenbuch Verlag GmbH,
1999 by Rowohlt Verlag GmbH,
Reinbek bei Hamburg
Alle Rechte vorbehalten
Foto Frontispiz Karin Rocholl
Satz aus der Galliard PostScript PageOne
Gesamtherstellung Clausen & Bosse, Leck
Printed in Germany
ISBN 3 498 05753 7

Inhalt

1.) Geboren am 25. 10. 1929 als Sohn der Lehrerin Elisabeth R. und des reisenden Puppenspielers H. W. (Name ist dem Verf. bekannt) in Dortmund. Die Stadt soll ruhig mal was springen lassen.

2.) Aufgewachsen in Warstade-Hemmoor (Portland-Zement, Binnenschifferei, Landwirtschaft) im Kreis Land Hadeln, Reg. Bez. Stade, Land Niedersachsen. Frühe Eindrücke: Tausend Stecknadeln, Ohren Abschneiden, Bremer Gänse Sehen, Knüppelrieden, Schorse Schikorrs Hund und der nicht zu Hilfe eilende Liebegott. Seitdem keine Beziehung zu Vaterfiguren, Götternaturen, Hundekreaturen. Auch nicht vergessen: alle dürfen Kasper spielen, nur nicht ich. Seitdem: Kasper im Kasten gelassen – Knüppel aus dem Sack!

Warstade, etwa 1934

3.) Einige Jahre lang Schlafwandler. Ich zünde die Kerze an und schreite gemessen wie das Darmolmännchen durch das ganze Haus. Einmal erwache ich vor brennenden Gardinen. Eine Geburtstagsgesellschaft wirbelt heran und löscht mit Kleidern und Waschwassergüssen. Nachhaltige Eindrücke von großer Festlichkeit.

4.) 1934: Lektüre «Häschenschule» plus Erlebnis Hasenbraten-mit-Grünkohl ergeben Lied «Es ging Meister Hase mal durch einen Wald». Gutes Publikumsecho.

5.) Wenn du ganz gewöhnliche Steine aufschlägst, tun sich wahrhaftige Weltenwunder auf. Die schönsten Kristallisationen nennen wir Nektar und Ambrosia. Finde meine erste Versteinerung, einen Trilobiten, und beschließe Naturforscher zu werden. Die Mutter sagt, dann müsse man Spinnen und Regenwürmer auf Brot essen mögen. Uwe Schlüter und ich nehmen sich gegenseitig die Prüfung ab. Molchen die Schwänze abbeißen und Frösche aufblasen gilt als unwissenschaftlich.

6.) Irgendwann kam jemand darauf, mich «Storchenbein» zu nennen. Trat die Flucht nach vorn an und bildete mich zum Schnelläufer aus.

7.) Aufklärung von Mund zu Mund, von Kind zu Kind: «Ick weet 'n Witz / De Mudder hätt 'n Ritz / De Vadder hätt'n Rhabarberstang / Door mookt he de lütten Kinner mit bang» – «In der Berliner Fickanstalt / Werden die Mädchen festgeschnallt / Hose runter Beine breit / Ficken ist ne Kleinigkeit» – «Weisheit sieben / Steht geschrieben / Wie die Weiber Kinder kriegen» (nachgeschlagen, nicht klüger geworden). Erste tastende Versuche auf dem Gebiet der erotischen Lyrik: «Hänschen klein / Ist ein Schwein / Steckt seinen Piedel ins Loch hinein.» Trotz der moralisierenden Akzente mein künstlerischer Durchbruch. Richard Junge verbreitet: Peiter kann dichen.

8.) Praktische Weiterbildung: Hinter der Schultoilette (offiziell «Pißmaschine») vergleichen wir unsere Glieder. Fortbildungskurse in Doktor- und Schlachtespielen, bei denen die Mädchen Schweine und Patientinnen darzustellen haben. Sie hängen sich mit den Beinen in die Sprossen einer Leiter, und wir können sie von unterwärts erkunden. Weibliche Geschlechtsorgane (siehe unter Püt, Kutt, Vutt) scheinen mir den unseren vielfach überlegen. Man kann z. B. mehr Holzperlen darin verstauen als unter Vorhäuten. Eine Zeitlang wird die Faltblattheorie zur vor-

herrschenden Aufklärungslehre. Wenn man ein Linden-, Bu-
chen-, Breitwegerichblatt faltet, es mit dem Kniff auf den
Daumennagelfalz legt und das somit markierte Halbrund säu-
berlich herausreißt, erhält man den Penisdurchmesser.

9.) Ab 1936 Volksschule. Vermisse die spitze Wundertüte, die
ich aus dem «Kleinen Heinzelmann» kenne. Statt dessen muß
ich geradesitzen, mit einem Stock zwischen Rücken und Ellenbogen durchgezogen. Sie wollten vermutlich etwas Gerades aus
mir machen, Besseres, Ordentlicheres als mein Vater war. Von
dem kenne ich nur die trickreich konstruierten Stellziegen (mit
Mäh-Mechanismus) und Schweineattrappen (beweglicher Rin-
gelschwanz) auf dem Trockenboden. Na, scheißegal, sag mal:
Hinterm Ofen liegt ein Messer – dein Vater ist ein Menschen-
fresser!

10.) Was der armen Leute Kinder alles können! Kasperautos
bauen von innen mit Tretantrieb. Haselnußpfeifen schnitzen in
allen Tönen, Kälberkropfflöten, Knösel aus Roßkastanien.
Zwillen herstellen, Bullerbasse, Pfeil und Bogen, Steinschleu-
dern. Aus jungen Birkenstämmen Haarwasser gewinnen zur
Intimbehandlung Sack- und Bart- und Brusthaar. Bilde mich
ersatzweise weiter im Dichten aus. Mein erster Roman mit eigenen Illustrationen: «Abenteuer von drei Deutschen im hohen Norden.» Lese «Robinson der Jüngere – Ein Lesebuch für
Kinder» von Joachim Heinrich Campe. Dummerhaftiges Da-
zwischengequatsche von Gottlieb, Nicolas, Johannes und Lotte
(«Pfui! so hätte er ja nackt gehen müssen.»), das den Lauf
der frischen interessanten Handlung stört. Wichtig allein die
Stelle, wo die Kinder im Garten einen feuerspeienden Berg
herstellen. Versuche mich meinerseits in der Fabrikation von
«Götterspeise»: Maggi plus Lakritzenwasser plus Zucker plus
Zitronenmelisse plus Gurkenessig plus Schokolade.

11.) Die schönen Künste und die Jahreszeiten: im Winter Adler im Pulverschnee schlagen und in Heimarbeit Faltmännerchen ausschneiden mit ausziehbarem Penis. Im Frühjahr die Bretterzäune neu beschriften: «Der Vater schlägt die Pfähle ein / Die Mutter zieht die Leine / Fritzchen macht einen Strich hinein / Du Mädchen das ist deine.» Im Sommer: Hundeblumenstengel zerschlitzen, die im Wasser lustige Figuren und Kringel bilden. Der Herbst mit Horrorlaternen aus ausgehöhlten Steckrüben und perforierten Blechdosen hinter Bülows Gartenmauer. Im Winter Figuren in den Schnee pissen und mit der Zunge am Schlittschuh lecken, aber daß man wieder loskommt ...

12.) Weiß beim besten Willen nicht mehr, was ich zwischen dem 6. und dem 9. Lebensjahr gemacht habe. Wurde Indianer in Helmut Lühmanns Bande, einer der gefürchtetsten der ganzen Gegend, aber sonst? Doch, einmal als wir vom Stichlingfangen von der anderen Seite der Bahn nachhause kamen, blieb ich unterm Klotz der Bahnschranke hängen, die von einem weit entfernten Bahnwärterhäuschen aus betätigt wurde. Während die Schranke langsam nach oben ging, senkte sich hinten der Klotz und quetschte mich Stück für Stück in die eiserne Halterung hinein. Ohne was von Hebelgesetzen zu ahnen, hangelte sich Willi Junge die ganze lange Schranke hoch und kämpfte wippend, ruckelnd, schaukelnd, schreiend gegen den unsichtbaren Mann an der Mörderkurbel. Der gab schließlich nach, und ich behielt mein Bein.

13.) September 1939 Kriegsanfang und ein ganz unbekanntes Flüstern im Hausflur, im Windfang, dann in der guten Stube. Alle möglichen Leute schneien herein, bleiben stehen, kratzen sich die Köpfe, reiben sich die Kinne, sagen was von Einberufung und Lebensmittelkarten. Draußen radelt die Krankenschwester ganz in Braun an mir vorbei und schreit: Kannst du nicht grüßen, du dummer Bengel. Andere sagen: sie haben Jakobjud abgeholt. Ich erinnere mich deshalb so genau daran, weil wir bei ihm vollkommen wertlose Lumpen gegen kostbare Zelluloidwindmühlen, Knackfrösche, Hexenscheren und Flaschenteufel umtauschen konnten.

14.) 1940: Oberschulaufnahmeprüfung und Pimpfenprobe. Bekomme meine erste Brille und einen völlig neuen Blick für wichtige Details. Literarisch: Krippenspiele, Geburtstags-, Feiertags-, Gelegenheitscarmina. Anlässe gemischt. 1941: Hymne auf den Läufer von Marathon (ohne rechte Resonanz) und Ballade auf einen bösen Schloßherrn, der im Spiegel sein eigenes Gerippe erblickt (ein Schauerstück nur noch zu eigenem Pläsier). Als ich einmal auf dem Weg zum «Dienst» beim Stürmer-Kasten haltmache, bleibt mir eine Schlagzeile mitsamt dem Donnerbalken im Auge stecken: KARL BARTH DER KRIEGS-HETZER. Das war mein Patenonkel.

Schulklasse, 1942, PR zweiter von links

15.) 1942: Tanzstunde (vom Anfang nach außen und rechts herum tanzen), wo die Mädchen nicht mit mir gehen wollen, und Geigenunterricht mit Bogenhieben auf die Fingerspitzen. Erste entscheidende Aversionen gegen Kunst-und-Bürgerliche-gesellschaft. Beschließe, mir in Zukunft meine Kunst allein zu machen. Frühe Liebeslyrik à la Scheffel, Baumbach, Heinrich Seidel, Johannes Trojan für Gerda, Lotti, Annemarie, Hilde pp. Zwei Mitschüler erzählen mir, was Wichsen ist und was man dabei spürt. Erste onanistische Selbstexperimente. Ich denke, das Scheißhausdach müßte zusammenbrechen.

16.) Ansonsten: Dichten! Sport! Chemie! Mit Gedichten kann man Leuten unter die Haut gehen, denen man sonst nicht ans Leder kommt (Fragment Scheltode: «Er nimmt seine weißen Schnuren / Und hängt sich samt seinen Huren / An der Pfarrhauslinde auf –»); mit Sport Ausfälle machen und sein Heil dann in der Flucht finden; mit Chemie praktisch jeden Gegner oder seine Höhlen, Fahrräder, Hunde, Büchertaschen in die Luft jagen. Mit zwölf Jahren kann ich Chemiebücher für die Oberstufe vom Blatt singen. Stelle Säurekanister her (Schwefelsäure, Kaliumchlorat plus Zucker), Wurfbomben (mit Füllung Kaliumchlorat plus rotem Phosphor), gewinne Pikrinsäure durch die Destillation von einfachem Einmachsalizyl. Sprengen einmal einen Briefkasten, in dem wir die «blauen Briefe» unseres Klassenlehrers vermuten.

17.) Ende 42 beim Reisigsammeln im Westerberg ein Flugblatt «Novembertage» gefunden: «Rommels deutsch-italienische Panzerarmee wird bei El Alamein in die Flucht geschlagen – DER GRÖSSTE GELEITZUG ALLER ZEITEN – 850 SCHIFFE – LANDET EINE AMERIKANISCHE ARMEE IN NORDAFRIKA – Russische Winteroffensive bei Reschew und Welikije Luki – DIE RUSSISCHE WINTEROFFENSIVE BEI STALINGRAD BEGINNT.» Seitdem ständige Lektüre von

NOVEMBERTAGE 1942

4. Rommels deutsch-italienische Panzerarmee wird bei El Alamein in die Flucht geschlagen.

8. DER GRÖSSTE GELEITZUG ALLER ZEITEN ... LANDET EINE AMERIKANISCH-BRITISCHE ARMEE IN NORDAFRIKA.

19. Der deutsche Rückzug im Kaukasus beginnt.

23. Französisch-Westafrika schließt sich den Vereinten Nationen an.

24. DIE RUSSISCHE WINTEROFFENSIVE UM STALINGRAD BEGINNT.

27. Die französische Flotte versenkt sich freiwillig in Toulon, um sich der Beschlagnahme durch Hitler zu entziehen.

28. Russische Winteroffensive an der Zentralfront bei Rschew und Weldisch ...

„Ich habe jede Möglichkeit von vorn herein einkalkuliert"

ADOLF HITLER am ...

«Ende 42 beim Reisigsammeln im Westerberg ein Flugblatt ‹Novembertage› gefunden»

Flugblättern. Eines ist «An die Christen Deutschlands» adressiert und zeigt vorne das Gesicht von einem Martin Niemöller. Aber von dem ist doch schon ein ganzes Buch im Hause!!: «Vom U-Boot zur Kanzel»! – Ein Riß geht durch die Welt, der beginnt irgendwo in England oder Rußland oder Amerika und reicht bis in unseren Mahagonibücherschrank.

18.) Wo die Schule mich dumm ließ und das Leben mich unglücklich machte, wurden SIE mein Fernlehrkursus, meine Politakademie, meine Kunsthochschule, mein Manna: FLUGBLÄTTER! Nach jedem Fliegerangriff, gleich nach der Entwarnung, erwachte fieberhaft mein Jagdtrieb. Hörte ich von Bombenabwürfen und Flugzeugabstürzen in der näheren Nachbarschaft, wallfahrtete ich zu den Fundstellen und fahndete nach neuesten Informationen. Wo irgendwo ein zappelndes Papier in einem Baum hing, stieg ich ihm nach; wo etwas weiß oder bunt aus Gräben hervorschimmerte, angelte ich es heraus; liebevoller wird sich kaum ein Papyrologe über unleserlich gewordene Nachrichten aus alten Zeiten gebeugt haben als ich über diese verdreckten, zerknitterten, oft unleserlich gewordenen Botschaften aus besseren Welten, und ich säuberte sie, plättete sie, rubrifizierte sie und lernte sie auswendig. Mitte 43, als sich die deutsche Welt bis zur totalen Undurchsichtigkeit verdüstert hatte und auch die Schule nicht viel mehr war als ein verqualmtes Niflheim, waren bei mir die Lampen endgültig angegangen, hatte ich zum zweitenmal das Lesen gelernt. Übte mich auch nach Maßgabe der Aufklärungs-Strips und überraschungsreichen Faltprospekte in ähnlichen Künsten. Stellte anspielungsreiche Achrostica, enthüllende Fotomontagen und Tendenzlyrik her. Mit einem Hang zu plebejischen Unmutsäußerungen Umdichtung von bekannten Helden-, Kampf- und Weiheliedern: «Werft an die Motoren / Gebt Holzgas hinein / Der Krieg ist verloren / Für Hitler, das Schwein.»

Entwurf von Nr. 3 der Schülerzeitung «Nuntius Athenaei», Januar 1945

14

19.) Gleichzeitiger Fortbildungsunterricht durch die deutschsprachigen Sendungen der BBC, die «Stimme Amerikas», den «Soldatensender Calais» und Radio Beromünster. Sitze abends mit Bülow bei doppelt und dreifach verdunkeltem Fenster vorm Volksempfänger und versuche die Stimmen unserer geschätzten Idole aus den Störgeräuschen herauszufiltern. Namen von mythischem Klang beinah bis heute hin: Hugh Carlton Green, Lindley Frazer, Victor Gollancz, Gordon Walker, Peter Peterson (von dessen Abstieg zum Paul Anderson ich erst kürzlich erfuhr). Als besonders herausfallende Sensationen und Lehrstücke von weiterreichender Anstoßkraft: Die Dialoge «Unserer alten Freunde Kurt und Willi in ihrem Stammlokal am Potsdamer Platz» (‹Heil Hitler, Kurt› – ‹Guten Morgen, Willi›) und «Die Vorschau auf die nächste Führerrede» (‹Was wird Herr Hitler morgen abend sagen?›). Wir griffen die Anregung bald in unserer Schülerzeitschrift «Nuntius Athenaei» auf – mit polemischen Spitzen gegen unseren frommen, auch parteifrommen Schuldirektor: «Was wird der Herr Oberstudiendirektor Wohltmann morgen sagen? – Er wird den Himmel um Gesundheit für unsern geliebten Führer bitten. Er wird uns zu unbeugsamer Pflichterfüllung auch in unseren Ferien ermahnen. Er wird uns wieder einmal anhalten, Kastanien, Bucheckern und leere Tuben zu sammeln und mit einigen Säcken voll Heilkräutern zum glücklichen Ausgang des Krieges und zum Endsieg beizutragen.» Später, im Winter 44/45, als die Anonymität der Nuntius-Verfasser durchsichtig geworden war und die Erschießungskommandos vor keinem Schulkind haltmachten, gründeten wir noch schnell den «Lachenden Georg» (St. Georg Drachentöter: Schutzpatron des Stader Athenaeums) und schlugen unsere Nummer Eins im verschließbaren VDA-Kasten auf dem Schulplatz an. Es zeigte IHN, den direktoralen Zwingherrn mit gesenkter Nazifahne auf den Trümmern des Pennals und trug die gereimte Widmung:

Auf den Zinnen seiner Burg
Hockt der zitternde Lykurg
Doch so langsam dämmert's ihm:
Jetzt ist Schluß mit dem Regime!

20.) Wir waren fünf von vierzig, also acht Prozent der Klasse, unser Pfiff war der Anfang vom Yankee Doodle, unser Klopfzeichen das Beethoven-Bumm-Bummm-Bumm-Bumm der BBC, unser Gruß hieß «Stipsi», unser Handschlag war der Daumengriff: Die STIBIERBANDE. In der Klasse nannte man uns bald die Stehbierbande. Andere tippten auf einen apokryphen keltischen Völkerstamm. Die Klügeren, Beleseneren meinten, daß es etwas mit Shaw und Wells und den Fabiern zu tun haben müsse, das konnte uns nur recht sein. Wir waren nämlich alles andere als eine Fabian Society. Wir waren keine Melioristen, Mittelsmänner, Moderatoren, Harmonisierer, wir waren Antis, gegen den Alleinherrscher gestellt, verkürzt und abgeschlüsselt «antimon», lateinisch Stibium, Name einer Substanz, die in der Medizin als Brechmittel verwendet wurde, in der Kunstfeuerwerkerei zur Erzeugung grüner Farbeffekte dient und in der Skala der chemischen Elemente durch das Symbol Sb bezeichnet wird – das stand mit Ausziehtusche auf die gelbweißen Ordensschnallen gepinselt, die Bülow unter seinem Hannoveranischen Spitzboden gefunden hatte und die wir unterm Jackenaufschlag trugen. Daß die Hannoveranischen Farben so dominant vertreten waren, war einfach darauf zurückzuführen, daß drei Stibier (Bülow, Siebern, Kruckenberg) aus welfisch, d. h. hannoveranisch-separatistisch gesonnenen Familien stammten (was im Krieg soviel wie englandfreundlich hieß), wobei die chemische Konstituante von uns paramilitärischen Giftmischern und Sprengbrüdern (Staats, Kruckenberg und mir) mit in die Allianz gebracht worden war. So bildeten sich unter dem Druck totaler Herrschaftsverhältnisse Gegengemeinschaften als bunte Koagulation.

21.) Zwischen 43 und 44 wird der Druck auf die ermürbenden deutschen Fronten stärker, der Druck im Inneren mörderisch. Unsere Freunde von oben schreiben: «Hitler kann den Krieg nicht mehr gewinnen – er kann ihn nur noch verlängern» und «Nur durch den Frieden kann Deutschland noch gerettet werden» und «Der Stein ist im Rollen – die deutschen Arbeiter müssen ihn weiterstoßen» und «Wer diese Warnung mißachtet, hat sich die Folgen selbst zuzuschreiben». Unsere Feinde am Boden dagegen erlassen: «Feindpropaganda ist Gift! Wer sich damit einläßt oder ihm erliegt, ist verloren» und «Ich kenne auch die harten Strafbestimmungen, die gegen die ZERSET-ZUNG DER WEHRKRAFT erlassen sind. § 5 der Verordnung über das Sonderstrafrecht im Kriege und bei besonderem Einsatz lautet: WEGEN ZERSETZUNG DER WEHRKRAFT WIRD MIT DEM TODE BESTRAFT ...», das waren im Zweifelsfall also wir, und unsere technische Abteilung begann mit der Waffenbeschaffung. Aufregende Expeditionen an den Balksee, in die Wingst, das Bröckelbecker Moor, die Hagenaher Marsch, jeweils an Orte, wo Flugzeuge abgestürzt oder Bombenblindgänger zu vermuten waren. Während ich mich auf die Bomben setzen mußte, um sie vorm Abrollen zu sichern, entfernte Klaus Staats mit feinen Radiobastlerfingern die Zündsysteme. Termitbrandbomben wurden sogleich entschärft, zersägt und ausgeweidet (neben den praktischen Aufschlagzündern ging es uns um die Gewinnung des raren Magnesiums), Phosphorkanister hingegen bis zum Winter eingelagert und dann bei Minustemperaturen abgefüllt. Als der Stader Fliegerhorst bombardiert worden ist, kommen wir in den Besitz von einigen Zentnern Leuchtspurmunition. Wenn man aus den gebräuchlichen 60-lbs-Flüssigkeitsbomben die mit einfachem Schwarzpulver gefüllten Sprengröhren ausbaute, erhielt man genau die passenden Kartuschen für die Leuchtpatronen. Über dem Eingang zu meinem Konspirations- und Bastelzimmer, unsichtbar in eine Bücherkonsole eingelassen: meine Katjuscha! (Werferbatterie mit Glühdrahtzündung.) Sollte doch mal so ein Ledermantel auftauchen und sagen: her mit den Flugblättern, dem feindlichen Propagandamaterial, den gefälschten Reisemarken! Das hatte ja sogar in der Zeitung gestanden, daß einer jemandem mit Leuchtspurmunition in den Kopf geschossen hatte, und der war ausgebrannt bis auf die Knochen.

22.) Vorsichtige Versuche zur Erweiterung der Basis uneinheitlich. J. P.? In jeder Beziehung undurchsichtig. Erzählt politische Witze, aber mit Kasinoeinschlag. U. B.? Halbe-Halbe. H.-F. K.? Nicht ununterminierbar, aber zu guter Schüler. Schlapp. K. L.? Friseur-Sohn aus Hamburg, frisch evakuiert und mit den neuesten Nachrichten über Bismarck-Bande und Edelweißpiraten im Gepäck. Trotzdem erste Klasse nur im Kopf und wenn es um Waffen, Bomben und Granaten geht, eher praxisscheu, privatpazifistisch. Dagegen Hans Thiel! Fragte mich auf dem Weg zum Angeln erst einmal vorsichtig: Was ist der Unterschied zwischen Rommel und einer Uhr? Dann: Zwischen Indien und Deutschland? Als ich ihm, natürlich, die Lösungen herrappeln kann, vertraut er mir an, sie hätten noch ne rote Fahne auf dem Dachboden. «Aus der Systemzeit.» Reich mir die Flosse, Genosse!

23.) Eh ich es vergesse:
Bis in die Poesiealben auf dem Dorf drang damals das Mark und der Quark und manchmal beides komisch durcheinander: «Des Führers Wolle sei unser Wille.» Das hätten wir uns am liebsten rahmen lassen.

Und: Als ER einmal für eine ganze Weile von der Bildfläche verschwunden war, gar nicht mehr auftrat öffentlich, so daß die Optimisten unter uns schon meinten, er wäre unter der Erde, ließ Emmy Starcke, die Lehrerin, uns das Gedicht vom Lokführer auswendig lernen: «Das Tier es brüllt / Das Tier es brüllt /

Der Führer steht in Dampf gehüllt –». Lachten ganz fürchterlich und zogen fast die ganze Klasse hinterher.
Anekdoten.

Aber: Eine Klasse über uns war einer, der Gehlken hieß und den
sie Moltke nannten, der schrieb zu dem Thema «Mut im
Kriege»: Wenn das kein Mut wäre, daß die Alliierten trotz aller
Vernichtungsvoraussagen des Führersundreichskanzlers in Sizilien gelandet seien! Habe mich später oft gefragt, warum sie
damals im Kollegium keinen Haupt- und Staatsfall daraus gemacht haben. Waren sich doch wohl nicht ganz sicher mehr betreffs Endsiegs der braunen Sauerei.

24.) Am 1. Juni 1944 abkommandiert zu Stellungsbau an Nord-
seeküste, Nordholz, Land Wursten: «Jede Anstrengung mehr
ist ein Mehr unserer Produktion und ein Schritt weiter zum
Sieg.» Die Verbrecher erwarteten die nächste Invasion im Raum
der Deutschen Bucht und ließen uns vierzehnjährige «Front-
helfer» ein halbes Jahr lang Panzergräben ziehen und Schüt-
zenlöcher ausheben. Satte acht Stunden Sklavenarbeit täglich
für einen Schlag Glutaminsuppe und einen Kanten Margarine-
brot mit Kunstmarmelade. Ließen uns nicht einmal ein Stückchen Feierabend übrig, sondern malträtierten uns mit Exerzierübungen, Waffenkunde, politischer Schulung. War Gottseidank
noch gut in Schuß, Fahrschüler seit 1940 mit jeden Tag zwei
Kilometern Dauerlauf zum Bahnhof. Als am 6. Juni alliierte
Truppen an der Normandieküste landen, waren unsere Hoffnungen, die Befürchtungen der Schweine, für die nächste Zeit
dahin. Kannten die Gegend bis zur letzten Latschenkiefer
und hatten uns zum Überlaufen bestens präpariert. Auch der
20. Juli kein Moment zum Aufatmen. Sie ließen die weltbewe-
genden Nachrichten gar nicht erst an uns ran und erstickten alle
Gerüchte mit braunem Qualm: «Wir glauben an den Sieg, weil
wir den Führer haben» und «Deutschland wird leben, und des-

Nr. 312, Donnerstag, 22. Februar 1945

NACHRICHTEN FÜR DIE TRUPPE

Amerikaner 10 km vor Trier

USA-Panzer schon in Saarburg eingedrungen

WÄHREND schwere alliierte Batterien sich im Raum von Aachen einschiessen, wo jeden Augenblick mit dem Beginn der neuen Grossoffensive gerechnet wird, und die Kämpfe zwischen Maas und Niederrhein mit grösster Erbitterung weitergeführt werden, wird aus dem Raum westlich Trier der grösste Bodenverlust seit dem Zusammenbruch der Ardennenoffensive gemeldet.

Die Amerikaner haben den Orscholtz-Riegel durchstossen und überflügelt und den grössten Teil des dahinterliegenden Raums zwischen Mosel und Saar überrannt. Amerikanische Verbände sind in Saarburg eingedrungen. Südlich Saarburg haben die Alliierten auf breiter Front die Saar erreicht. Andere Truppen der Amerikaner, die von Saarburg nach Norden abgeschwenkt sind, stehen beim Zusammenfluss von Mosel und Sauer nur 10 km südwestlich von Trier. Bei klarem Himmel setzten die Alliierten Schwärme von

Dresden, wie es nach dem schweren Bombenangriff von 1 500 alliierten Fliegern in der Nacht vom 13. zum 14. Februar aussah. Die obige Luftaufnahme zeigt das Ausmass der Zerstörungen im Verschiebebahnhof und Industrieviertel von Dresden.

Nürnberg nach neuem Angriff eine tote Stadt

Über dem Flammenmeer von Nürnberg, wo seit dem vorgestrigen Angriff noch ganze Stadtteile brennen, erschienen gestern in den Vormittagsstunden wieder rund 2 000 USA-Flugzeuge und warfen erneut eine Riesenlast von Spreng- und Brandbomben.

«‹Nachrichten für die Truppe› (frisch über Harburg abgeworfen)»

halb wird Deutschland siegen». Meine letzten zuverlässigen Informationen (von oben) bezogen sich immer nur auf das «Sternenbanner» vom 13. d. M.: Caen gefallen, Russen in Wilna, Livorno bedroht, die Hamburger Ölraffinerien in Flammen. Als sich der Bannführer Bargans (euch werden wir nie vergessen, ihr Brüder!) nach unserer Kampfmoral und unserer Einsatzfreude erkundigt, melde ich gehorsamst: keine Lust mehr, total ausgepumpt von all der Schufterei, lieber wieder zur Schule und: in Deutschland dürfe man doch wohl die Wahrheit sagen. Jawoll, man dürfe, und ich speziell noch ein paar Monate über meinen Jahrgang hinaus. Mörderisches Wintermalochen mit Pickel und Hacke zwischen Latschenkiefern. Die Schweine. Die Hunde.

20

25.) Das Reich hat den Marasmus, und uns wollen sie so nebenbei mit aufbrauchen. Ab 22. Dezember vierzehn Tage Urlaub und dann wieder ab in die Moränenheide. Inzwischen Ardennenoffensive (inklusive immer noch'n bißchen V1 und V2), und die Trottels von Kumpels sind schon wieder feste am Glauben. Ja, wißt Ihr Voll-I-di-oten überhaupt, wie weit die Amis schon sind? Na, da kuckt euch mal spaßeshalber diese «Nachrichten für die Truppe» an (frisch über Harburg abgeworfen): Hier! Zwanzig Kilometer südwestlich von Bologna. Wie, das sagt nichts? Aber nun: ZEHN Kilometer vor Trier! Maschiere, wild zum Eskapismus entschlossen, auf meinen Kamelhaarpuschen zum «Krankenrevier Nordholz d. Lw. San. Staffel Stade.» Oberarzt, gez. RM., starrt mit dem Vergaserblick zuerst auf meine außermilitärische Fußbekleidung, dann auf die goldgefaßte Lokomotivlaternenbrille auf der krummen Nase: «Und kommst hier altes Rübenschwein in diesem Aufzug angelatscht?!» Ich präsentiere ihm wortlos meine Alu-Plattfußeinlagen (die waren an den Rändern schon scharf wie Rasierklingen).«RM» überweist mich angewidert zum Orthopäden Ehlert nach Cuxhaven. Verschwinde nachhause und zerbreche mir den Kopf, wie man noch entkommen könnte: vielleicht mit nem holländischen Zementboot die Oste hoch, durch den Kaiser-Wilhelm-Kanal, nach Dänemark weiter, nach Schweden … Da wird der Kanal bombardiert und alle Hoffnungen sind auf einen Schlag dahin. Habe keine Ahnung, warum sie mich nicht sofort wieder eingefangen und unkenntlich geschlagen haben wie seinerzeit von Bülow.

26.) Anfang März 45: sie kehren die Reste zusammen und schleifen uns endgültig sturmreif. Bildungserlebnis: «Werden euch jagen, daß euch das Blutwasser im Arsch kocht» (Bannführer B.) und «Heilig Vaterland in Gefahren / Deine Söhne sich um dich scharen» (R. A. Schröder) als unverbrüchliche Einheit. Einlagerung in eine Cuxhavener Oberschule gestattet bei Alarm Entweichen in die gut ausgestatteten Chemieräume (Niemals Angst vor Bomben, immer nur vor den eigenen Leuten). Für die speziell stellte ich mir noch einige Sprengcocktails her – im Falle eines Falles … Zum Beispiel, was bedeutete nun wieder dieser neue Gebietsführer (einer von denen mit dem irren blauen Blick bis hinter den Horizont und Zähnen, frisch gewienert wie 'n Patronengurt)??? Auf jeden Fall nichts Gutes. Zeigte uns seinen Armstummel wie eine kostbare Trophäe vor, wie ein Beutestück. Wie ein Nationalheiligtum, auf das wir schwören mußten. Dann Abnahme Freiwilligmeldung einfach in Form von Jawoll-Parade. Konnten allerdings noch um die nächste Zwischenstation feilschen: entweder RAD kurz hinter der Front bei Aurich oder ins Wehrertüchtigungslager in die nahe Wingst. Nur Mut! Von der Straße nach Neuhaus runter konnte man den spitzen Kirchturm von Warstade sehen. Da wollte ich hin.

27.) Bülow hat unwahrscheinliches Glück gehabt. Beim unsachgemäßen Experimentieren mit Termitbrandbomben hat ihm eine Zerlegerladung beide Beine aufgerissen. Nun kann er im Bett gemütlich die Niederlage abwarten, während Siebern und ich und noch ein renitenter Bauer aus Otterndorf gegen ein ganzes Lager von Männchenmachern stehen. Letztgültige Ausbildung an allen noch verfügbaren Mord- und Brandwaffen: Karabiner 98, Panzerfaust, Panzerschreck, Handgranaten, MG 42, Bajonett: «Los! Rein in 'n Sandsack damit, einmal rumdrehn, Fuß in 'n Bauch und wieder raus das Ding, das braucht ihr noch weiter für andere.» Sehr wichtig für uns auch die Arbeit an Panzerattrappen. Üben Raufspringen, am Kommandoturm vorbeischlüpfen und den feindlichen Sehschlitz mit Lehm verschmieren. «Für den Fall, daß ihr eure Panzerfäuste alle schon verschossen habt!»

28.) Nach drei Wochen Nahkampfkursus Erscheinen von SS-und Musterungskommission zu Materialprüfung. Schwanzparade plus weltanschauliche Bekenntnisabnahme: «Wie stellt sich, Kriegsfreiwilliger Rühmkorf, das Verhältnis von Geist und Körper in unserem national-sozialistischen Staat dar?» Bete den Schweinepriestern erst mal ne Liste von zehn ausgesuchten Geistern in zehn unzulänglichen Leibern her. Und prompt wieder die Scharfschützenblicke gegen mein verdächtiges Profil. Nochmaliges Vermessen meines Schädels nach vermutlich neuesten rassischen Gesichtspunkten. Dann, fast wie eine Erlösung: kv. – Reserveoffiziersanwärter – Panzerjagdkommando. Nur vorher noch mal ne Woche Sonderbehandlung mit Hinlegen-auf, Hüpfen mit vorgehaltener Knarre, Liegestütze, Kniebeugen.

29.) Tage der Prüfung – Tage unvorhergesehener Triumphe. «Der Mann mit dem Nasenfahrrad an den Hang, marsch, marsch!» – «Der Mann mit der Gesichtsprothese zum Mutsprung vorgetreten!» – «Der Tintenklohn mit der Genickschußbremse zum Barbier und anschließend dreißigmal um den Block!» – Hatte sich bloß noch nicht herumgesprochen hier, daß ich mal Bannmeister gewesen war im Dreikampf, sprang fünfmeterfünfzig fast ohne Anlauf und hängte auf Kurzstrecken die ganze Strammsteherbagage ab. 'n jesunder Jeist auf den besten Beinen von ganz Kreis Land Hadeln.

30.) Ende März / Anfang April: Sofortmaßnahme Lagerräumung und kompletter Sortimentsumschlag. Hatten über Nacht hundertfünfzig minderjährige Kriegskrüppel herangekarrt, Armlose, Beinlose, Hirnverletzte, Rollkarrenjungens, Krückenbubis, vollbandagierte Vierzehnjährige mit Eisernen Kreuzen am Gips und silbernen Verwundetenabzeichen, das waren jetzt unsere Vorbilder. Man ließ uns auch sofort gemeinsam antreten, Auge in Auge. Verfügte, daß wir jetzt praktisch in den wichtigsten Kriegskünsten erfahren seien und uns umgehend zu einem Sondereinsatz melden sollten, freiwillig versteht sich. Allerdings – und dabei hob sich die Stimme unseres Lagerleiters Göthe zu wahrhaftiger Hitlerhöhe – dürfte er annehmen, daß die zum Heldentod für Führervolkundvaterland Entschlossenen schon dafür sorgen würden, daß die Drückeberger in der Heimat diesen Krieg nicht trocken überlebten. In diesem Sinne ließ er nur noch mal pro forma abzählen: Freiwillig? – Jawoll! – Freiwillig? – Jawoll! – Freiwillig? – Jawoll! – Freiwillig? – das kam wie Granateinschläge immer näher und näher und staute schließlich wie eine ungeheure Druckwelle, wie eine Luftminenexplosionswelle vor mir auf: FREIWILLIG? – – – und: Nein. (Ihr könnt mir heute viel erzählen, ihr Brüder von der Offiziersgeneration. Von euch wird ne I-A-demokratische Führung erwartet, in alle Ewigkeit, und was Militär angeht, sollt ihr euer ganzes Leben lang die Schnauze halten. Das gilt auch für Sie, Herr Schmidt!)

31.) Waren unser drei oder vier von vielleicht hundertzwanzig, die sich nicht gemeldet hatten, und warteten eigentlich nur noch auf den heiligen Geist in Form von Mord-und-Totschlag. Saß dann eine halbe Nachtlang – Spaten zwischen den Fäusten, Siebenfünfundsechzig in der Tasche – im Spind des Krankenreviers (wo die Neutralen lagen) und lauerte auf Kundschaft. Wurde vermutlich nur durch die absolut perfekte Organisation gerettet. Bestellte Lastwagen brummten heran, die bestellten Freiwilligkeiten in Empfang zu nehmen, und unsere todesmutigen Halbirren waren eher auf der Schlachtbank, als sie gedacht hatten. Am nächsten Morgen: Revieratmosphäre, doppelte Rationen, Hagebuttenkakao, Kunsthonig und Ausbilder von einer sehr bestimmten, höchst geschäftigen Geistesabwesenheit. Erfuhr dann später, daß sie sich samt und sonders nach Bayern abgesetzt hatten. Mit Zivil im Gepäck natürlich.

32.) Auf Abruf kurz nach Hause. Da traf eine Woche später einer von den Freiwilligen der Ganz-besonders-für-Sie-Kampagne ein. Verrückt geworden. Für uns aber hatten sie sich schon wieder Neues ausgedacht. Werwölfe sollten wir werden, und zwar: als Schulkinder getarnte Nachtmahre, die hinter den feindlichen Linien Minen legten, Brücken sprengten, Munitionsdepots hochgehen ließen, einsame Posten abknallten. War froh, als ich aus dem Vereinslokal voller Schwerverbrecher wieder heraus war. Bedrohlicher war und wirklich an den Hals ging allerdings die Einberufung zur Wehrmacht. Die war offiziell und überhaupt durch gar nichts zu umgehen. Sagte mir noch einmal sehr ernst das Märchen vom dicken fetten Pankauken auf: «Door bün ick all dree ole Wiber utknepen, Häsken Wippsteert, Koh Swippsteert, Wulf Dicksteert, un schall di Kommißhingst Bössensteert nich entkomen?» und ich lief kantapper, kantapper noch gerade zur Sammelstelle am Bahnhof, aber nur, um dort (unter Zeugen!) zusammenzubrechen und Blut zu spucken (das ich mir seinerzeit leicht zwischen den Zähnen heraussaugen konnte). Unser Hausarzt, Doktor Mahnke, entpuppte sich als praktizierender Antinazi («Jetzt noch die Kinder abschlachten lassen – braune Blase, verdammte!») und erklärte mich definitiv bettlägerig bis Kriegsende.

33.) Die letzten paar Wochen, vielleicht nur noch Tage, aber: VORSICHT! VORSICHT! Ein paar Dörfer weiter hatte jemand aus der «Volksopfersammlung» (das war so der letzte zusammengekratzte Taschengrund des Volksvermögens) eine Feldflasche entwendet (einige sagten: «nur den Deckel!!!»), den hatten sie sofort unter Ausschluß des Rechtsweges umgelegt. Und ein Paar Zimmer weiter im Schulhaus, das wir bewohnten, türmten sich solche Nachlaßschätze haufenweise. Machte mich ungeachtet der Lebensgefahr ans Requirieren. Entwendete und reprivatisierte erst mal einen ganzen Sack voll Ledergamaschen (zum späteren Stiefelbesohlen), dann Schützenjacken im Dutzend, SA-Mäntel, Wolldecken, Buntmetall, zwei Hirschfänger, einen Trommelrevolver (12 Millimeter), eine Elektrisiermaschine, eine Hängematte (für die schönen Friedenstage), Kochgeschirre, Angelruten, Maulwurfsfallen (mit was die alles noch den Krieg gewinnen wollten!). Und du meine hehre Nation, meine herrliche Volksgemeinschaft würdest jetzt mal 'n bißchen dalli zugrunde gehen und ohne dicke Regreßansprüche. Dabei gab es immer noch genug gemeingefährliche Beknackte. Jetzt hatten sie sogar noch zwischen Bülows und Früchtenichts Mauer eine Panzersperre hochgezogen, von wo aus ein übergekarrter Marineoffizier das Reich zurückerobern wollte. Auch ausgemergelte Volkssturmopas gondelten auf klapprigen Fahrrädern hin und her, von Pimpfen befehligt, mit Karabinern ausgerüstet und schwer mit Panzerfäusten behängt. Sie mußten aber schon pausenlos in Deckung gehen vor den flinken Jabos, die uns für diesen Blödsinn Bomben in die Gärten schmissen und Löcher in die Dächer schossen. Die forcht ich ja nun nit. Hatte nur einmal einen Anflug von Todesangst, als ich in meinem Oberstübchen beim Experimentieren war, und sie schossen mir mit Bordkanonen zwischen die Erlenmeyerkolben.

34.) So. Jetzt ist alles klar. Hamburg hat kapituliert, der Gauleiter Kaufmann kampflos aufgegeben, und unser flaches Land zieht nach. Wo einmal Hitlerbilder hingen, werden die dunklen Stellen mit alten Hochzeitsfotos abgedeckt, mit frommen Bibelsprüchen. Und Tag und Nacht ziehen Bollerwagen durch das Dorf, auf die man die inzwischen wertlos gewordenen Glaubensartikel werfen kann: «Mein Kampf», «Mythos des XX. Jahrhunderts», «Hilf Mit», «Die Jugendburg», dem Hoffmann seine diversen Fotobücher, Lyrikbändchen von Anacker, Vesper, Schirach (Baldrian von Schmierarsch, wie der höhere Volksmund damals sagte). Und ich nahm mir auch davon. 1.) Weil die, die die anderen fürchteten, von mir sehnlichst erwartet wurden und 2.) um der sicher bald verblassenden Erinnerung mal hilfreich unter die Arme greifen zu können. Als um den 11./12. Mai die englischen Panzer einrollten, unwiderruflich, bestimmt, vom besten britischen Stahl, da ließen Bülow und ich die ganz großen weißen Begrüßungsbettlaken wehen. Wir hatten gesiegt.

35.) Da standen sie nun herum vor Breuers Schafstalltür, als wären sie frisch da herausgekommen, und studierten die Bekanntmachungen der Militärregierung und die Plakate mit den KZ-Fotos: Nee, door hebbt wi nix von weeten. Aber als sie Jakobjud abholten, meine Damen und Herren Nixwisser?! Als sie Dantzer aus Otterndorf nach Neuengamme brachten und als der schließlich wiederkam, nach Jahren, den Mund vernagelt, und alle sich erzählten, der erzählte nichts. Als sie die Russenwaggons bei Stade auf dem Abstellgleis hatten verrotten lassen, und wie viele hatten das nicht weiter- und herumgeflüstert: die hätten zuerst noch Seife und schließlich sich gegenseitig angefressen. Oder als sie den Polen aufgehängt hatten, der eine Liebe gehabt hatte zu einem Mädchen aus Lamstedt. Und unser Freund Hans Knut, ein dorfbekanntes Herzblatt, der war doch auch nicht gerade schüchtern umgegangen mit seinen Erlebnisberichten: damals, im Generalgouvernement, die kleinen Judenmädchen, immer sehr behutsam, aber massenweise, «Komm nimm doch mal dein Zöpfchen hoch» und dann: zack, weg! Und jetzt war es keiner gewesen, keiner überhaupt was gewesen, hatte niemand was gewußt, nicht einmal der, den sie immer noch mit einem Hauch von Ehrerbietung «Aatsche» nannten.

36.) Immerhin: «Die Idee war gut, nur die Ausführung schlecht», mit solchen Eskamotagetricks rangen sie unermüdlich um ihre kaputte Identität. Und mit solchen zukunftsweisenden: Churchill selber sollte kürzlich gesagt haben, eigentlich

hätte man doch das falsche Schwein geschlachtet. Pack! Kropp-
zeug! Unbelehrbar außer vielleicht mit der Hundepeitsche.
Vierteilen sollte man euch. Zumindest dieses Land, das euch
hervorgebracht hat.

37.) An Abrechnung, wie wir sie uns in schweren Stunden einmal vorgestellt hatten, war dabei nicht zu denken; die hatten
sich überdies die Engländer vorbehalten, die nun in Haft nahmen und ins Umerziehungslager Fallingbostel brachten, was
zufällig als dicker Dienstrang in ihren Listen stand. Zum Beispiel den Zahnarzt Braunstein, nicht zu fassen. Und zwei Dörfer weiter warfen sie einen Lehrer aus dem Amt, weil der den
Schülern das Märchen «Von einem, der auszog, das Gruseln zu
lernen» vorerzählt hatte («Mit Totenköpfen Kegel spielen –
Verbrechen gegen die Menschlichkeit»). Und als wir alten Stibier noch mal auf dem Stader Flugplatz requirieren gingen,
paar alte Wehrmachtsröhren sammeln, da stellten sie uns mit
MPis und sperrten uns in Arrestzellen. Arschlöcher! Hier haben
wir schon geplündert, als es euch noch gar nicht gab, d. h. als
ihr bestenfalls lustig von oben aus der Luft ... Merkten bald,
daß sie uns als Bundesgenossen gar nicht auf der Rechnung hatten. Die pickten sich selbst ne Art von Hautevolee raus, die
mehr nach ihrer Mütze war, parteilose Musterschüler, liberale
Lackaffen, Feintuer, Frommtuer, Schöntuer, pfäffische Neude-
mokraten, gepflegtes Bürgertum. Ging oft in ihre Diskussions-
clubs, aber nur weil sie da ihre Navycut- und Wild-Woodbine-
Schachteln kreisen ließen (die Wohlverhaltenswährung); aber
als ich ihnen mal einen ‹christian communism› auf englisch aus-
malte, vereisten gleich sämtliche Gesichter. Das Eis ist bis heute
nicht gebrochen.

38.) Inzwischen war das obere Niedersachsen zum Internie-
rungsgebiet erklärt worden, und die entwaffneten Hitlersol-
daten sickerten in Form von Mitbewohnern, Hausfreunden,

Liebhabern, Nennonkels, Vaterersätzen, anstelligen Hilfskräften, Organisationskanonen und Freizeitgestaltern in die von Männern entblößten Privathaushalte ein. Das Zusammentreffen von Grundbevölkerung und Kapitulationstruppen bedeutete – und das im Gegensatz zum Gegensatz von Einheimischen und Flüchtlingen – die interessanteste Amalgamierung einer Ackerbau- und Viehzucht- und einer Jäger-, Sammler- und Wegelagererkultur. Offiziell in eine Zwangsbewirtschaftung mit Markenwesen, Bezugscheinregelung und Sonderzuteilungen eingespannt, entwickelten sich unterderhand bald wirtschaftliche Verkehrsformen abseits einer kaum das nackte Leben garantierenden Legalität. Entwendete Wehrmachtsbestände (Zeltbahnen, Fallschirmseide, Benzinkanister, Rohzucker, Butterschmalz) wurden, umgewendet (Tarnstoffjacketts, durchsichtige Damenblusen, Destillationsapparate, Sahnebonbons), in den allgemeinen einfachen Tauschhandel eingebracht; Obst, Eier, Kartoffeln, Rohtabak, Zuckerrüben, Lebendvieh und Frischgemüse fluteten zurück, zum Teil, um später veredelt (zu Schnaps und «Swattem Krusen») neu in den Handel neben dem Handel einzufließen. Bei alledem blieben kriminelle und halbkriminelle Versorgungsformen nahezu lebensnotwendig. Neben die Schwarzschlachterei trat gleichberechtigt der Viehraub und das Wilderertum, dem Stubbenroden gesellte sich die Raubholzung und der organisierte Überfall auf Kohlentransporte, und auch die unter alliierte Kontrolle gestellten Kleiderdepots und Rüböllager wurden in strategisch durchgeplanter Maßarbeit überfallen und ausgeraubt; und dieser Kampf ums bloße physische Überleben war es denn auch, der mich meinem Volk wieder sehr nahe brachte.

39.) Entsprechend den vorläufigen und instabilen Wirtschaftsformen entwickelte Kultur sich ebenfalls als Ex-und-hopp-Kultur – ein irisierendes Sankt-Elms-Feuer über dem schwankenden Markt und den vibrierenden Tauschwerten. Dies war die

große Zeit der Tausendkünstler, Brettlbegabungen und Klein-
kunstspezialisten. Einem drittrangigen Schmalzgeiger konnte
es gelingen, sich flüchtig zu paganinihaftem Ruhm hochzufie-
deln; ein homosexueller Strichtenor entfesselte Beifallsorkane
mit zwielichtigen Vorkriegsreminiszenzen; Schnelldichter und
Schnellzeichner eroberten die Gasthausbühnen und, nebenbei,
die Herzen der Kriegerwitwen und der auf Elitefiguren und
Einzelkämpfer bereits vortrainierten BDM-Mädchen. So wurden im Zuge einer fast kopflosen Kulturenverschmelzung auch
die bodenständigen Moralbegriffe unterminiert und einge-
fleischte Enthaltsamkeitstugenden durch Artistik zersetzt.
Trotzdem war es für diese unsere kulturelle Trockenzone natürlich schon ein Kolonisierungserfolg erster Ordnung, daß sich so
etwas wie ein Überbauleben entwickelte. Der Landkreis Hadeln, von tieferen Kultureindrücken oder feineren Luxusvor-
stellungen vergleichsweise unbehelligt, wann hatte er überhaupt in seiner Geschichte, wann zuletzt mit Kunst, Kultur und
Geisteswesen Kontakt gehabt? Hier hatte Arp Schnitger mal
eine Orgel gebaut, in Altenbruch, aber das war jetzt auch schon
über zweihundert Jahre her; dann Voß, in Otterndorf, mit seiner Odysseeübersetzung; dann nach einer ganzen Weile gar
nichts Alfred Vagts, der Expressionist aus Basbeck, der aber
auch ja in Basbeck nicht geblieben war; und dann nur noch die
Lesereise von Rudolf Kinau um den Dreh 42/43. Nun strömte
es auf einmal aus allen Richtungen des ehemaligen Reiches herein, zwar immer noch grauröckig und beschränkt in seinen Aus-
stattungsmitteln, aber mit unzählbaren Zungenschlägen, seltsamen Talenten, nie gesehenen Fertigkeiten, ausgefallenen und
unerhörten Pointen. Auf holprigen Dorfboulevards wetteifer-
ten sämtliche deutschen Dialekte, in den von Tabakgirlanden
gesäumten Schulstuben und Gemeindesälen produzierten sich
Hypnotiseure, Philosophieprofessoren und Tierstimmenimita-
toren, und auf der Almende, unter der Wotanseiche, konkur-
rierten bayrische Schuhplattler mit sächsischen Coupletsän-

gern, Bauchredner aus dem Rheinland mit Tricktrommlern aus Berlin, Wiener Freiluftgeiger mit Hamburger Kontorsionisten. Eine Etage tiefer, eine Idee näher am Boden und an der powren Wirklichkeit herrschte aber auch noch Gesang. Der kam direkt vom niederen Volke her, aus dem Mund des Schützen Arsch, dem immer unten Gehaltenen, selbst jetzt im Frieden noch mit Strafexerzieren und Hängolin in der Graupensuppe:

          ssän! bereit!   Ca
«Den Mund zum küss   Eine Hand   ram
                 unterm   ba!»
                    Kleid!

40.) Auf dem Schulhof vor unserm Haus allerdings nach wie vor Exerzierübungen, Morgen- und Abendappelle, Aufrechterhaltung Grußpflicht und Ahndung Disziplinverweigerung. Dann erste wichtige Einblicke in Zusammenhänge, anscheinend modellhafte, von militärischer Niederlage, physischem Hunger, sexueller Frustration, Egalitätsbegehren und Privilegiertenhaß auf seiten der Unteren – und konterrevolutionärer Abwiegelung von oben her. Als einem Gemeinen der Prozeß gemacht werden soll, weil er einem Oberleutnant die militärische Ehrenbezeugung verweigert hat, als man ihn gar im Trokkenturm des Spritzenhauses einbunkert, stehen Meuterei und Revolution vor der Tür. Schwarze Listen mit Namen unliebsamer Offiziere gehen um. Auf Lühmanns Schleifstein werden bereits Standmesser (seinerzeit verboten) und Spaten angeschliffen. Dann heißt es plötzlich, daß hinter den Offizieren die Besatzungsoffiziere stünden, dann patrouillieren auf einmal schwerbewaffnete GIs vor den Krisenquartieren und Unruhherden. Dann werden Rationen reduziert und auch die Curfew radikal herabgeschraubt. Falle meinerseits von einem neuen Staunen ins andre.

41.) Neben Bewußtseinserweiterung allgemein Aneignung vieler Spezialkenntnisse und Sonderfertigkeiten. Lernte Blechverarbeitung und feinere Elektroinstallation. Gewann Einblicke in Volkspoesie und begann bereits zu sammeln: Frau-Wirtin-Verse, goldenes ABC, die Gesänge vom Sanitätsgefreiten Neuman, Infinitesimalepopoe «Ramses der Ägypterkönig», Toilettenverse, Variationen über «Scheiße», «Isabella-von-Kastilien»-Zyklus.

Das goldene Abc

Der Affe gerne Nüsse kaut
Der Arsch ist keine Jungfernhaut

Der Bär treib's öffentlich im Zwinger
Der Backfisch heimlich mit dem Finger

Die Ceder wächst im Libanon
Auch Cäsar onanierte schon

Darius war ein Perserkönig
Beim drittenmal kommt meistens wenig

Die Sonne glänzt am Firmament
Die Filzlaus längs der Sacknaht rennt

Husaren reiten in den Tod
Die Hure tut's fürs täglich Brot

Die Qualle durch das Weltmeer segelt
Es quietscht wenn man beim Baden vögelt

Laboe in Sicht Laboe in Sicht
Der Seemann prüft sein Sackgewicht

Sizilien ist eine Insel
Die Syphilis zerstört den Pinsel

Samos grüßt aus weiter Ferne
Die Syphilis hat man nicht gerne

Tataren durch die Wüste ziehn
Der Tripper färbt das Hemde grün

Variationen über Scheiße

Scheiße im Trompetenrohr
Kommt Gottseidank recht selten vor

Scheiße an des Hutes Rand
Beschmutzt beim Grüßen leicht die Hand

Scheiße in der Kuchenform
Verändert den Geschmack enorm

Scheiße an den Autoreifen
Gibt beim Fahren braune Streifen

Scheiße in der Lampenschale
Gibt gedämpftes Licht im Saale

Scheiße hinterm Sofakissen
Läßt die Wohnkultur vermissen

Scheiße auf dem Kirchturmdach
Riecht nach unten nur noch schwach

Scheiße in die Luft geschossen
Gibt feinverteilte Sommersprossen

Wenn Scheiße in der Suppe schwimmt
Dann sind die Gäste mißgestimmt

Scheiße auf dem Sofakissen
Wird man wohl entfernen müssen

Isabella von Kastilien

Isabella von Kastilien
Mit den Beischlafutensilien
Reizt den Papst zum Koitus
Dieser in den höchsten Nöten
Rasselt mit den heilgen Klöten
Und er sprach: Non possumus

Sammelte seinerzeit das poetische Grundkapital für spätere Veröffentlichung «Volksvermögen» (rororo Nr. 1180), siehe auch unter 95.

42.) Da die Internierungstruppen alles mögliche aus ihrer Auflösung machten, u. a. pädagogische Experimente, besuchte ich
ab Herbst 45 ein neu entstandenes Privat-Edukatorium. Der In-
itiator, Ernst Otto Deppe, lag rechtens im Kampf mit der alten
Schule, dem alten Schulsystem und handelte sich dafür die Abneigung der offiziellen Monopolinhaber ein. Lernte meinerseits auf einem halbjährigen Schub soviel wie niemals wieder auf
einem öffentlichen Bildungsinstitut, u. a. den Mut zur farbigen
Schwarz-weiß-Malerei. An nachhaltigem Unsinn allerdings
auch den Hang zu Basis-Überbauverkehrungen. Begann in der
Nachfolge Rilkes Gedichte zu schreiben, die ich selbst nicht
mehr verstand. Fand dann aber über die Parodie, d. h. über kritische Aushöhlungsverfahren wieder zu meinem Land und meiner Zeit zurück: «Nun werde alles wieder friedensmäßig: / Die
Erbsen rundlich und sehr lang die Bohnen / Und in den Städten frömmelnd und gefräßig / Ein Volk von Nazis und von Na-
zi-Epigonen / Die warten stets nur bis die Nacht begann /
Dann steigen sie aus den verschwitzten Betten / Und klagen in
gestohlenen Sonetten / vom Vaterland den Bodensatz zu retten / Bald Gott und bald den Zonenbeirat an.» – Hochflie-
gende Sozialismus-Diskussionen bei Mais-Brot und Heißge-
tränk in Oma Jonas' Fahrschülerabsteige. Gelegentlich einer
Liliencron-Rezitation («Ballade von Pidder Lüng») hängte
man mir den Spitznamen Lüng an, der mich über Jahre in unterschiedlichsten Spielarten (Lyng, Lynkeus, Lynghi, Wang
Lung) begleitete und bis heute haften geblieben ist.

43.) Erst Mitte 46, als die Bahnen wieder regelmäßig fuhren,
begann für uns wieder die alte Schule, daß heißt das alte Elend.
Schrieb es ihnen später andeutungsweise in den Abitur-Bil-
dungsgang: «Da war viel Kokettieren mit der alten marki-
gen Gesinnung oder schlecht geschauspielerte Demokratie.»
Kotze! es war natürlich viel schlimmer. Fortgeschoben, das
hieß nicht aufgehoben waren gerade eben ihre übelsten

Merksprüche «Wer ein Volk retten will, kann nur heroisch denken» und «Deutsch sein heißt eine Sache um ihrer selbst willen
tun» – und eher süffisant-zynisch als verlegen oder gar befreit
wünschten sie uns nach dem letzten «Heil Hitler» jetzt den ersten neuen «Guten Morgen». Sie versenkten sich in alles mögliche Alte, nur um nicht an die jüngere Vergangenheit zu rühren. Sie verdonnerten uns zum sinnlosen Datenverarbeiten, um
ja nicht Zeit zum Fragen aufkommen zu lassen. Und ein
Deutschlehrer, der Begau hieß, konnte uns ohne Widerspruch
von unten oder oben die Frankfurter Handelsbilanz von 1929
zum Aufsatz geben. Zwar versuchte ich, ihm in einem Nachwort das Thema und die Ignoranz solcher Themenstellungen
überhaupt um die Ohren zu schlagen («Was ist heute Frankfurt
am Main? Eine Stadt, die in Trümmern liegt wie tausend andere. Keinem nützt es mehr, zu wissen, ob einmal brasiliani-
scher Tabak und wieviel an chinesischem Reis eingeführt
wurde. Nur manchmal lautet ein Schulaufsatz, als sei es Sarkas-
mus: ‹Frankfurt am Main als Handelsstadt›.»), nur wer dann
wirklich rechtskräftig zuschlagen konnte und schlug, waren die
Pauker, mit Schandzensuren und Gesinnungsnoten, damit hielten sie uns an der Leine. Als mich später dann sogar Turn-Tie-
demann (der hatte zur Zeit der Kakerlakenherrschaft mit
antisemitischer Hetze promoviert) vom Barren runter-ohr-
feigte, wußte ich endgültig, was die Stunde geschlagen hatte,
mit Fraktur geschlagen: «Und Ihr habt doch gesiegt.» Das aber
war der Text auf der alten weinbraunen 24 + 26-Pfennig-Nazi-
briefmarke von Dreiundvierzig. Das waren nicht wir.

44.) 1946 / 47: Schwarzhandel anhaltend, nebenbei Versuche,
als Stehgeiger auf Dorftanzböden Fuß zu fassen. Als Dichter
und Denker allerdings nur von der Hemmoorer Falkengruppe
akzeptiert. Schrieb für das interne Sangesbedürfnis deutsche
Texte zu dämlichen Amischlagern und für den öffentlichen
Dienst Agitationssongs, Antikriegslyrik.

Mit Herz und Hand

Mit Herz und Hand fürs Vaterland
Es bleibt das Hirn daheime
Das liebt nicht solche Reime

Mit Herz und Hand fürs Vaterland
Das Herz sitzt in der Sappe
Die Hand liegt an der Kappe

Mit Herz und Hand fürs Vaterland
Verbannt das Hirn das schlappe
Dann halten sie alle die Klappe

Ich aber sage

Ich aber sage euch: es wird Friede auf Erden
Erst wenn aus Stahlhelmen Nachttöpfe werden

Wenn die Soldaten aller Staaten
Wieder Friseure werden, Arbeiter, Bauern und Prälaten

Wenn die Reichen nicht mehr in Macht machen können
Wenn die Kasernen wie gestern die Synagogen brennen

Wenn an den Lokalen steht: für Patrioten
Eintritt verboten!

Wenn die letzte Uniform sich vorm maßlosen Lachen verkriecht
Wenn eine Frau nicht mehr den schmucken Folterknechten erliegt

Wenn das Volk, zu lange von Parasiten geplagt
Seine Offiziere und Generäle in die Wüste jagt

Wenn als die letzten Befehle erschallen:
Friede auf Erden und den Menschen ein Wohlgefallen!

Der Feldherr

Der Feldherr hat sich gewaschen
Die Hände nach der Schlacht

Er säuberte seine Gamaschen
Und hat sich fein gemacht

Er leerte seine Taschen
Denn er hatte viel mitgebracht
Und leerte viele Flaschen
Der Feldherr nach der Schlacht

Die Damen kamen zu naschen
Der Feldherr hat gelacht
Die in der Verhaue Maschen
Schrien die ganze Nacht

Das Bleibende: gewissermaßen Urerlebnis von tanzwütigen
Bauern, die unsere kleine Brettlbühne stürmen, die Dekora-
tionen zerreißen und «Musiiiiik» schreien. Seidem vorbehalt-
liches Mißtrauen gegenüber Bauern-Aktionen und nachhalti-
ges gegenüber «Musiiiik». In privater Konsequenz: Rückzug
auf deutschen Expressionismus und subjektivistische Sachlichkeit.

Es lenzt

Es lenzt, die blauen Beulen sind gebrochen
Auf bleichen Wangen prangen frühe Blattern
Die jungen aufgeregten Winde flattern
Ums frische Grün des Schimmels an den Knochen

Streu Puder aus, der bunten Wunden Dünger
Der müde Leib kann nicht die Pusteln nähren
Die Fliegen naschen nachts von deinen Schwären
Und lagern trunken im Geflecht der Finger

Es morgt, man hißt die frischen Binden
Die Wolken hängen in den Haferschleim
Du herzest zarter Pocken ersten Keim
Und Äderchen, die in Geschwüre münden

Die Pestbeulenredaktion Schülerzeichnung von PR

Annonce

Kommt gebt mir was zu fressen
Ich bin der erste große deutsche Nachkriegsdichter
Nur fehlt mir Fett und Eiweiß

Ich habe keine Lust
Als Frühvollendeter schon zu krepieren
Und noch ist was zu machen

Hier gibt's was zu verdienen:
Ich gebe Aktien aus auf meine Lyrik
Kommt laßt uns meine Seelenqualen abbaun

Ich werde später Geld
Aus meinen grausigen Visionen schlagen
Kommt gebt mir was zu fressen ich hab Hunger

45.) Leitfossilien, Ende 47/Anfang 48, allgemeine und private:
Die herausgeschlagenen Nazi-Embleme an den öffentlichen
Gebäuden (aber auch als Negativ noch immer mit dabei) – Die
Zigarette «Sondermischung» und die Fermentierdosen für den
selbstgebauten «Schreberschreck» – Eine Schwimm- und eine
Tonseife mit dem Aufdruck RIF – die Zeitschriften «Athena»
und die «Nordwestdeutschen Hefte», «Die Aussaat» und der
«Pinguin» – Großvaters Stiefeletten mit dem Aufkleber, wo der
große Zeh durchgewachsen war – Die ehemalige Wehrmachts-
röhre RV 12 P 2000 und die amerikanischen Typen 12 A6 (im
Austausch CL2), 12 C2 (im Austausch EFB 11), 12 SK 7 (im
Austausch CF 3) – Der ewige Alu-Kamm in der Wolldecken-
hose mit aufgenähter Bügelfalte – Eine Rosinenpampe, die
Schulspeisung hieß – Das «Manifest der kommunistischen Partei», Verlag NEUER WEG G.M.B.H., 1946, und Kurt Hillers
«Geistige Grundlagen eines schöpferischen Deutschlands der
Zukunft», Rowohlt Verlag GMBH, Juli 1947 – Die Gummi-
scharniere am Kaninchenstall und am Geigenkasten – Eine
entschirmte Marinermütze als Wagner-Barett – Die großlippig-
langnasige Concierge beim britischen Informations- und
Propagandazentrum «Die Brücke» – Der Verkauf von selbstgebauten Radios im Hamburger Puff (eine Nummer plus Zweitausend Mark) – Das anmutige Geklapper von geteilten Holz-
sohlen auf dem Stader Bahnsteig – Lektüre Soergel «Im Banne
des Expressionismus» und zunehmend selbst gebannt – Her-
ausgabe «Die Pestbeule», Zeitschrift in einem Exemplar (Zus.
mit Ulrich Paar und Klaus von Borstel) – Privatistische und
Tendenzlyrik alternierend ohne Möglichkeit, sich selbst und die
Gesellschaft gemeinsam zu begreifen:

Allesfresser Auge

Allesfresser Auge aufgerissen
Schleuse Tag und Nacht durch die Pupille
Worte bersten und es birst die Stille
Birg nicht deinen Mund in feigen Küssen
Dieser Welt darf nicht der Schoß vernarben
Spannt die Brauen
Über Augenkratern bis sie schauen
Lachend
Eine Explosion der Farben

Wir wollen den Leib

Wir wollen den Leib des Himmels sprengen
Daß die Wolken wie Därme auf die Erde hängen
Wir wollen fremde Gestirne düngen
Daß sie Früchte bringen
Wir werden
Die Steine schmelzen und die Wasser härten
Wir beten
Motorunser der du bist auf Erden
Wir werden
Geboren gelebt gestorben und zertreten

Verzeihung, haben Sie ...

Verzeihung
Haben Sie den Menschen gesehn?
Zwischen Bittesehr und Dankeschön
Ein wenig Mode ein wenig Müller
Als Lieblingsdichter Friedrich von Schiller
Von 18–20 revolutionär
Pubertät zu Ende Abitur Militär
Zu Befehl!
Das Gewehr
98
Hat einen brünierten Lauf

Einerseits schießt man andrerseits spießt man
Lehrer Friseure Arbeiter auf
Was gibts sonst neues?
Kinos und Kirchen zur Erbauung
Das Herz intakt noch klappt die Verdauung
Bis auf die Juden –
Sonst Keller Storm und Meyer
Die Füße im Feuer
Und wie man's schreibt im Duden
NSU HSV SRP
DP NWDR
Dr. hc BBC
Fahn und Sä-
Bel und noch mehr
Und dann grüßen Sie bitte recht schön!
Aber vorher Füße abtreten!
Stiiiiiistannnnn!
Wir treten zum Beten –
Verzeihung
Haben Sie den Menschen gesehn?

Homos sapiens

Lebt nie allein
Öfter zu zwein
Meist in 3er, 6er und 12er-Reihn
Lernt Sprechen um Kommandieren zu können
Lernt Laufen um Marschieren zu können
Im gleichen Schritt und Tritt
Irgendwo mit:
Erst in den Tempel dann aufs Pissoir
Erleichtert nachhaus Kartoffeln sind gar
Komm Herr Jesus und so weiter
Danket dem Herrn dann bleibt er heiter
Hände gewaschen Haare gemacht
Das Vaterland ruft rasiert in die Schlacht
Begeisterung:
Aus Betten gebrüllt

Ins Feld geschickt auf Flaschen gefüllt
Hurrah!
I-ah!
Wauwau!
Vivat!
Ein Arm ab made in Stalingrad
So hat dann jeder Tote
Seine persönliche Note –
Friede
Trümmer und Schrott
Nun danket alle Gott
So ist's recht:
Die Idee war gut, nur die Ausführung schlecht
Nie wieder eine Weltanschauung
Nur noch Geschlechtsverkehr und Verdauung
Bald hat man sein altes Gewicht
Füllt wieder Anzug und Hut
Vielleicht einen Ärmel nicht

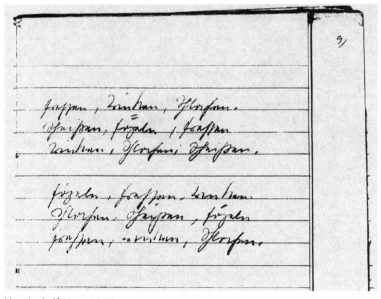

Handschrift PRs 1948

Doch Prothese steht manchem recht gut
Morgen ist alles vergessen
Bomben und Blut
Komm, und setz dich zum Essen!

Variation

fressen trinken schlafen
scheißen vögeln fressen
trinken schlafen scheißen

vögeln fressen trinken
schlafen scheißen vögeln
fressen trinken schlafen

46.) Im ersten Quartal 48 Bekanntschaft mit Klaus Rainer Röhl und kunstideologischer Schlagabtausch. Die öffentliche Debatte reflektiert derzeit den alten Antagonismus «L'art pour l'art – Tendenzkunst» unter den neueren Begriffen «vertikale und horizontale Lyrik» (letztere auch «linear» genannt). Röhl läßt ein Pamphlet kursieren, in dem er uns «grünsuppigen Borchertismus» vorwirft. Ich kontre mit einer gereimten Dedikation «An Klaus Röhl, Verfasser von Nachkriegslyrik».

Du bist modern, du dichtest linear,
Du hast den Mut, wie Bertolt Brecht zu sprechen;
Nichts gegen Brecht, doch grämt mich dein Gebrechen:
Veräußerung von Brechtschem Inventar

Kunst auf marsch marsch! schon ist die Linie klar:
Mein Bruder Röhl, nun richte dein Gerölle –
Fehlt auch der Wasser eigenes Gefälle
Du brauchst es gar nicht, bleibst ja linear.

47.) Mitte 48: Währungsreform plus erste Anzeichen einer Zwangsneurose (siehe auch unter 49). Unternehme mit Ulrich Paar (siehe «Pestbeule») eine Radwallfahrt nach Worpswede, meine erste Bildungsreise. In Farbe und plastisch die Erinnerung an mißtrauische Bauern, die das neue Papiergeld mit warraftigen Pinzettenfingern anfassen. Ungebrochen gläubig dagegen Blick auf alte Eier-Währung. Schlafen nachts im dörflichen Beinhaus auf schwankenden Sargdeckeln. Beginnen Gespenster zu sehen und zerstreiten uns lebensgefährlich wegen kunstideologischer Meinungsverschiedenheiten. Sitze im Baum der Kulturgeschichte der Menschheit gerade auf dem ausladend einsamen Hiller-Ast, während Paar entschieden anarcho-vitalistische Anschauungen vertritt. Prügeln mit den Luftpumpen unserer Fahrräder aufeinander ein. Niederschläge der Hiller-Lektüre, außerdem in zahlreichen Schulaufsätzen.

22. 06. 48

Das Jahr übt eine heiligende Kraft
Wer sich gegen irgendeins der alten Heiligtümer erhebt, ist ein Revolutionär, ein Verbrecher, und auf ihn warten das Gefängnis und das Irrenhaus. Man erzieht uns zu Händlern, die auf Kosten ihrer menschlichen Brüder ihr Geld zusammenschachern. Man tat es immer so. Kommen allerdings einige Große, um die Menschheitsgeschichte neu zu bestimmen und der «Tradition» der Ungerechtigkeiten ein Ende zu machen, treibt man sie ins Ausland, wie man mit Freiligrath verfuhr, wie es auch Marx erleben mußte. Es gab immerhin einmal eine Zeit, die nichts Verbrecherisches darin sah, Kinder wie Maulwürfe in der Erde scharren zu lassen und Arbeiter in stickige Mietskasernen zu stopfen, während Aristokraten zierlich im Frack übers Parkett schwebten. Es durfte auch keinesfalls eine Brücke geschlagen werden zwischen diesen zwei Menschenarten. Streng über die Unterschiede zwischen «Übermenschen» und «Untermenschen» wachte die Konvention, die von oben beschlossene, und glauben wir nur ja nicht, daß es diese Konvention und diese Unterschiede heute nicht mehr gibt. Wenn der Herr Generaldirektor sich auch einmal gnädig zum Proleten herabläßt, so ist er doch im nächsten Augenblick schon wieder der unnahbare Imperator.

44

Ohne Datum

Willkürlich leben kann jeder –
aber in der Beschränkung zeigt sich erst der Meister
Die Schäferspielchen des dekadenten Rokoko, die Wettfahrten amerikanischer Millionäre in prachtvollen Yachten sind Farcen, die jedem Bemittelten unverdient in den Schoß fallen und keinen Deut zur Entwicklung des Menschengeschlechtes beitragen. Der Egoist, der Materialist werden nie ein friedvolles Zusammenleben der Menschen garantieren. Egoismus und Individualismus sind wirtschaftliche und geistige Egozentrik, ungeeignet, den Zukunftsstaat vorzubereiten, daß heißt, die Gemeinschaft der Menschen in der Gesellschaft, und das Auskommen der Staaten untereinander praktisch zu gewährleisten. Die Rechte des andern respektieren heißt, sein Ich einschränken. Edelste Form der Selbstbeschränkung wäre eine freiwillige Interessengemeinschaft: Kommunismus ohne freibeuterische Tendenzen.

Auch Genie, Begabung, Können, Talent sind für sich genommen noch gar nichts. Einordnung in eine gemeinnützliche Idee und Hingabe an ein sozialfreudiges Ethos sei die höchste Aufgabe der Kunst, L'art pour l'art aber ist feudalistischer Selbstgenuß. Der wahrhaft demokratische Künstler ist erster Diener der Humanität. Die moderne Kunst des Surrealismus ist auf dem Wege in einen gesellschaftlich unfruchtbaren egozentrischen Irrealismus. André Breton beschrieb in seinem «surrealistischen Manifest» den Grundimpuls dieser Kunst als das Verlangen nach einem höchsten Grad an Willkür und Unkontrollierbarkeit. Solche hybriden Ansichten dürfen wir nicht ohne schärfste Kritik passieren lassen. Kunst muß getragen werden durch Verantwortungsgefühl gegenüber den sozialen Gemeinschaftsaufgaben. Analoges gilt für die Wissenschaft. Es ist vielleicht nicht unwichtig, daß wir zum Mond, zum Mars und anderen Sternen fliegen. Weit wichtiger aber ist, daß die Armut beseitigt wird, der Krieg abgeschafft, Tuberkulose, Krebs und Syphilis ausgetilgt werden. Die Produktion selbstherrlicher Kunstwerke ist so sinnlos wie das Konstruieren von Maschinen, die um ihrer selbst willen da sind. Die Pflichten des Künstlers und des Wissenschaftlers können beide nur soziale sein. Sie haben der Einordnung des Menschen in die Gesellschaft zu dienen, der «Konstruktion» einer neuen Ordnung – auf Kosten des Ich.

48.) Ostern 49 sitzengeblieben mit der Note Mangelhaft in: Latein, Mathematik, Geschichte, Biologie, Sport. Obwohl wir als Gruppe sitzenblieben, wurde dennoch unser Kunsttrupp folgenreich auseinandergerissen. Ulrich Paar gab das Malen, von Borstel das Dichten auf, und ich blieb allein auf der Welt mit meinem Notizbuch: «Der Kalif von Kalifornien – In Sekten / Insekten – Wortspieler / Sportwühler – Der Philphras – Das Niedersachsophon – TSV Sodom gegen FC Gomorrha – Herr Ober, zwei Lethe – Kunst ist wo man einen bei hoch kriegt – Einwortsonette herstellen: z. B.: Bazillen / kommen / Pastillen / genommen etc. – Frohe Ostern, frohe Western – Mähmaschine Hein & Co – GOTT: Gottfried, Otto, Theodor, Theodor – Wir tragen den Tod in der Brust und eine Blume im Knopfloch – Drama ‹Sodom› mit Figuren ‹Herr Genügend›, ‹Fräulein Befriedigend›, ‹Frau Ausreichend› etc. – Meine Wirbelsäule als Weltenachse – Drei Worte nenn ich euch inhaltsschwer: ‹Volk ans Gewehr› – Der Himmel hängt voller Galgen – Alle die Abende für Einsfuffzig und mehr – Dieses war das 3. Reich, doch das 4. folgt sogleich – Ode an Armstrong schreiben – Plastiken aus Pertinax herstellen – L'art pour l'art? Nein! Das Institut für Heimplastik bietet dem Liebhaber naturgetreuer Kunstgegenstände eine Anordnung von Haushaltsartikeln in garantiert künstlerischer Form, z. B. Kaffeeservice, Handspiegel, Zigarettenreste, Präservative, leere Zahnpastatuben, Flaschenscherben: geschmackvoll komponiert und auf einer Unterlage befestigt ... Für Kriegsteilnehmer könnten wir etwa folgendes Arrangement empfehlen: EK 1, Glasauge, Fahnenreste in den jeweils gewünschten Landesfarben, das Ganze, in Stacheldraht gerahmt und mit Original-Blutspuren versehen, dürfte eines starken künstlerischen Effekts auch auf Außenstehende ... Du Gott des Überwitzes / Die Ernte füllt das Haus / Wir harren nur des Blitzes / Streu du die Seuchen aus / Du Gott des Bruderseins / Wir sind uns alle eins – Zeitungsnotiz ‹Rudel und Galland fliegen wieder› als Zitat montieren ...»

Rudel und Galland fliegen wieder
Vergeßt nicht über dem Großen:
Schmidt und Tietje hungern wieder
Und die andern Arbeitslosen

Ja, Schmidt und Tietje hungern wieder
Und das ist so ungeheuer
Viel wichtiger als daß Galland fliegt
Und Rudel sitzt am Steuer

Denn wenn Rudel fliegt und Galland fliegt
Die erheben sich über die Trümmer –
Aber Schmidt und Tietje bleiben unten zurück
Und hungern und lungern noch immer

49.) Materialistische Analyse einer Neurose: Auf den Schlag genau mit Einsetzen der Währungsreform begann bei mir eine Neurose manifest zu werden, zu der unzählige privatpsychologische Gründe beigetragen haben mögen, deren Ausbruch jedoch von mir selbst sofort im Zusammenhang mit sehr viel allgemeineren wirtschaftlichen Tatsachen gesehen wurde. Solange ich überhaupt noch Einblick in mich hatte, das heißt, solange nicht Zweit- und Drittsysteme das Objektiv trübten, mit dem ich meine subjektiven Leiden anvisierte, bezog ich gewisse Ängste und Zwänge (von denen noch zu reden ist) auf den Bruch im Währungsgefüge, das nicht nur Währungen im höheren Sinne in Frage stellte, sondern ganz primitiv die wirtschaftliche Basis, die meinem Ich zugrunde lag. Klar war mir auf jeden Fall, daß ich mich vor der «Reform» vergleichsweise leicht und locker im allgemeinen Tauschverkehr hatte bewegen können, ein kleiner Erzeuger allgemein begehrter Konsumgüter spezialisiert auf Tabakanbau, Tabakfermentation und Einkreiserherstellung, Tauschwerte, für die ich mir Butter, Zucker, überhaupt Nahrungsmittel einhandeln konnte. Alle persönliche Produktivkraft war in die Erzeugung solcher flüchtigen Umschlagsgüter eingegangen, wohingegen Überbauleistungen von erkennbarem Wert ganz deutlich abgefallen waren. Schulzensuren sackten tief unter die Profitmarge. Das bißchen Stehgeigerei zahlte sich weder materiell noch ideell aus. Geistige Interessen ließen sich schon gar nicht kapitalisieren. Die Währungsreform, die uns zunächst wie eine wahrhaftige Verfestigung aller schwankenden Werte erschien, erwies sich also schon bald als fürchterlicher Strick um meinen Hals. Nicht nur daß die sogenannte Geldaufwertung die Entwertung zahlloser kleiner Vermögen, Spar- und Versicherungseinlagen pp darstellte, für mich und meine geringen Fertigkeiten bedeutete sie schlicht und einfach: Liquidation. Das heißt, sie machte mich überflüssig. Das heißt, sie entzog meiner einfachen Warenproduktion den Sinn und den Boden. Sie erschütterte mit einer gewissen wirtschaftlichen Selbständigkeit das Selbstverständnis überhaupt und ließ mich mit meinen Lücken und Versäumnissen allein.

Erst im Zusammenwirken mit diesen Umständen vermochten die Selbstwertskrupel der Pubertät mich wirklich gefährlich anzuschlagen. Pubertäre Spannungen und Überspannungen hatte es ja auch schon vorher gegeben. Pubertät allein hätte mich nie aus dem Sattel geworfen. Erst im Zusammenwirken mit der Vernichtung meiner materiellen Basis machte sie möglich, daß die vorhandene Produktivkraft (die immer auch auf Produktion von Selbstwertgefühlen zielt) pervertierte, ins Unterbewußtsein verschlagen wurde und den Überbau hybrid werden ließ. Ich darf berichten:

Die sogenannte Normalisierung des Wirtschaftslebens führte bei mir zu höchst unnormalen Verwerfungen des seelischen Privathaushalts. Aus dem bewährten Konkurrenzgefüge des Tauschhandels abrupt herausgerissen, sozusagen von einem Tag auf den anderen, und einzig auf den schulischen Kampf ums Dasein zurückbeordert, der ein Kampf um positive Zensuren im negativen Anforderungskatalog war, reagierte mein Subjekt mit Zwangshandlungen, die sowohl den Kopf und seine Pro-

duktionen betrafen als auch den
finsteren Betrieb im vasomotori-
schen Nervensystem, in den Eingeweiden. Kurze Zeit nach der neuen
Zeitrechnung (die eben nicht wie
in China «vor der Befreiung – nach
der Befreiung», sondern «vor der
Währung – nach der Währung»
hieß) begannen sich Magenka-
tarrhe und ruhrähnliche Diarrhöen
einzustellen, die keine physiologi-
sche Indikation und keine Therapie
mehr zuließen. Zwar hatten Ma-

Selbstporträt um 1950

genaushebungen und Kotsondierungen ergeben, daß möglicherweise eine Veranlagung zu Subazidität (Untersäurigkeit)
vorläge, trotzdem entzog sich die Krankheit hartnäckig der
Behandlung, und keine Diät, keine Säure- und Enzymkur vermochte ein anscheinbar unstillbares Verlangen nach Krankheit,
nach dieser besonderen Krankheit aus der Welt zu schaffen.
Kenner der analen Regression werden selbstverständlich sofort
den Zusammenhang von Fäkal- und Finanzsphäre durch-
schauen, das konnte ich seinerzeit nicht. Zwar schwante mir in
einem lichten Moment, daß da Beziehungen existieren müßten,
irgendwiewelche, zwischen wirtschaftlicher Daseinserschütte-
rung und Dauerdiarrhöe, zwischen Produktions- bzw. Absatz-
störungen hier und Überproduktionsmechanismen dort; aber
die ganz höhere Symbolik vom Pennenschietertum bis zur Du-
katenkackerei war mir zunächst noch nicht einsichtig, so wenig
wie der tiefere Sinn der Psychoanalyse. Patient geriet also, als
die herkömmliche Medizin sich als untauglich erwies, zu helfen
oder auch nur, zu erkennen, immer tiefer in Gegensatz zu einer
bruchlos sich erholenden Welt. Nachdem selbst erste Magen-
und Darmkoryphäen kläglich versagt hatten und ständiger Umgang mit Salzsäure, Acidolpepsin, Zitropepsin, Enzymkombi-

49

nationen keine Linderung verschafft hatte, war er schließlich
mürbe genug, jedes Wunder an sich vollziehen zu lassen. Wahrhaftig pfundweise schluckte er Aktivkohle und Stopfmittel,
schließlich sogar Heilerde (und das ging dann in die Zentner).
Er nahm Psychotonica zu sich, stellte sich nach alten Hausre-
zepten obskure Tees zusammen, besuchte Heilpraktiker und
Augendiagnostiker, Homöopathen und Kräuterweiber, ließ sich
vom alten Schäfer Ast die Wahrheit aus den Haaren lesen und
von einem wundertätigen Abdecker mit Hühnerembryos be-
handeln, trat mit Gröning in Metallkugelkontakt und versicherte sich mit Coué, daß es ihm täglich besser und besser
gehe, es ging aber weiter bergab, und so ließ er sich auch noch
besprechen und elektroschocken und hypnotisieren und mit
Katzenfellen behängen – bis er sich am Ende für ein unheilba-
res Weltwunder hielt, dem nicht mehr zu helfen war, es sei denn
mit einer Abtrennung des Stirnhirns überhaupt (Methode
Antonio de Moniz), mochten die feineren seelischen Regungen
gern dabei verlorengehen. Der Entschluß klingt etwas radikal,
wenn man ihn im Hinblick auf das geringe Ziel betrachtet: das
war ein Zwangssystem geworden mittlerweile aus Angst vor
grauenhaften Eingeweidekrämpfen und Krämpfen, die sich jederzeit durch Angst erzeugen ließen, und Angst vor der Angst
am Ende, vor dem bloßen Gedanken an Angst, der sich sogleich
in Angst umsetzte, Phobophobie, die hatte schon Bleuler be-
schrieben, nicht sehr positiv, der hatte er keine guten Aussichten gestellt.

Im Zeichen quälender Aussichtslosigkeit der Lage traten allmählich metaphysische Denkblasen an die Stelle all der schönen
Aufkläridéen, mit denen ich bisher zwar nicht problemlosen,
aber doch harmonischen Umgang gehabt hatte. Fabulöse
Krankheitsapologien begannen sich milbenhaft in meinem
Kopfe einzunisten. Klausnerideologeme machten sich breit und
schmissen die marxistischen Denkansätze oben aus dem Nest.

Mit Leichtmotorrad, Warstade um 1950

Ein fatales Krankenträgerethos, letzte Kümmerform von sozialistischen Ideen, begann sich mit einer leidensbezogenen Ausdrucksästhetik zu mischen, die selbst nichts Besseres war als
eine Kapitulationsform des Ich. Die intellektuelle Introversi-
onsschraube brachte denn folgerichtig auch das Gegenteil von
Befreiung, sie zog das Ich zusammen, maelstromhaft, zuerst aus
der Welt heraus und in den engen Bannkreis von Haus und Garten, dann vom Garten in die Wohnung, dann in ein Zimmer,
die Wohnküche, verbannte es aufs Sofa, einzig dort war noch
ein Leben ohne Angst zu denken, schließlich nur noch in äußerster Zusammenkrümmung in der Linkslage, die eine Hand
am Kopf, die andre auf dem Magen, jaaa, das tat gut, nun mußte
man nur noch versuchen, alle Gedanken ganz nach innen ein-
zuholen, tief in die Eingeweide, nichts denken außer – die
große Selbstversenkung –
 Der geschilderte Zustand dauerte aufs Ganze, Schwankun-
gen nach oben oder Wendungen ins Erträgliche eingeschlossen,
ungefähr drei Jahre. Er war nicht unwürdig, wie er mir zeitwei-

lig schien, er war nicht tragisch, wie ich mir gern suggerierte, er war aufhebbar. Würde ich damals auf eine Wende in der Gesellschaft gewartet haben, an die ich oft genug meine Vorwürfe delegierte, ich läge vermutlich heute noch in meiner Matratzengruft. Hätte ich kaputt machen wollen, was mich kaputt machte und mich bei der seinerzeit immer noch guten Armierung als Massenmörder betätigt, ich wäre heute vielleicht gerade Kalli (Kalfaktor) in Celle oder Fuhlsbüttel (und Eva Rühmkorf würde mir vielleicht als Eva Titze oder Eva Werweißwas kleine Hafterleichterungen verschaffen, Erlaubnis, Matte zu tragen oder 'n Deckel auf 'm Bello). Da wollte ich aber nicht hin, ich wollte weiter, nach vorn, das ging nur über mich selbst hinweg, und eines Tages stand ich auf von meinem Scherbenhügel, egal ob es mich auseinanderriß, ging zum Dobrock zum Tanzen (es ging), lernte auch eine Ursula oder Hannelore kennen (ging), paukte Vokabeln (ging), gab den Paukern Paroli, wo ich eben konnte (ging), hielt ihnen im abgeforderten «Bildungsgang» den ihren unter die Nase, ihren Terror, ihre Anmaßungen, ihre schmierigen Konversionen (ging), betrieb Dichterei entschlossen als Gegen-Produktion (das schaffte weiter Luft), machte Anfang Fünfzig mein Abitur (mit Hängen und Kotzen), dachte aber nicht im Ernst dran, das als «Reifeprüfung» zu nehmen, hatte die meine gerade beim Döblin laufen, der wollte was bringen von mir, im «Goldenen Tor».

Und ich war da

Und ich war da und da warst auch du
Und da hörten wir einen schrein
Dann banden sie ihm die Schnauze zu
Und ich war da und da warst auch du
und keiner von uns sagte nein

Und du warst da und da war auch ich
und wir wußten genau was geschah
Dann riefen sie mich und dann fragten sie dich

Du warst dabei und da war auch ich
Und dann sagten wir beide ja

Und ich bin da und da bist auch du
Und wir haben ein Menschengesicht
Bald binden sie uns die Schnauzen zu
Ich bin bei dir und bei mir bist du
Doch wir helfen einander nicht

Und du bist da und da bin auch ich
Als Diener am Schafott
Und wenn man auch uns die Wirbel bricht
Dann schrei nicht nach mir auch ich rufe nicht
Nach dir oder Gnade und Gott

Ich teile mit dir

Ich teile mit dir das Brot und das Brett
Auf das man uns endlich legt
Wir stammeln an dem gleichen Gebet
Wenn man uns gemeinsam erschlägt

Ich teile mit dir die Qualen des Alls
Und den Weg zum Kometen des Heils
Zwei Zungen beschneit vom Brudersalz
Es fällt mein Kopf von deinem Hals
Unter dem Schlage des Beils

50.) Entschlossen, mein Ich zum Selbstkostenpreis in Kunst aufgehen zu lassen und dennoch Haus und Garten nicht aus dem Auge zu verlieren, stellte ich mich im Herbst des Jahres beim Pädagogischen Institut in Lüneburg vor. Da die Aufnahmeprüfer indes den ganzen Menschen wollten, ohne Abzüge und PSS.-Freizeitvorstellungen, scheiterte ich trotz aufsehenerregender Leistungen in Weitsprung und Kugelstoßen am Vorauswahlexamen. Fiel folgerichtig auf mich selbst und das bereits geschilderte Küchensofa zurück. Versank unrettbar in selbstmörderischen Zwangsgedanken, in denen mir das durch keinerlei Bewußtsein getrübte Sein eines Haushuhns, eines Schweines, eines Landmanns, gar von Bülows Hund oder Fischkes Töchtern als arkadischer Zustand erschien. Eignete mir in wenigen lichten Momenten, in denen ich mich aus meinem selbstgemachten Schlinggestrüpp befreien konnte, den gesamten Freud an, der mich dann allerdings mit weiterem Licht versorgte. So also funktionierte der Mensch! So fein mechanisch war alles geordnet von der Kindheit und den Eingeweiden aufwärts bis zu den edelsten moralischen Gedanken und vice versa! Schrieb lange autoanalytische Tiraden an Döblin, den Psychiater, der schickte gütige Grußworte an eine verquollene Seele nebst Überweisung zu weiterer Privatbehandlung bei einem mir nicht näher bekannten Hans Henny Jahnn.

51.) Der erste Besuch bei diesem großen Mann war allerdings fürchterlich. Zwar hatte Jahnn mir einen freundlichen Willkommensgruß mit Tinte auf Butterbrotpapier geschickt; auch einiges Weise und Thesenhafte darin zum besten gegeben, beispielsweise «ein Genie kann nicht weniger geben als es hat» (das war mein Bier, das war genau mein Fall!); als ich dann aber an einem hübsch bereiften Januartag vor Elbchaussee 74 a stand und noch vor der Tür von einem wütigen Teckel verbellt wurde (hatte Hundephobie und führte bei ländlichen Spaziergängen immer ein daumendickes Elektrokabel bei mir), begann ein Verhängnis seinen Lauf zu nehmen, das mich bald in neuerliche Verstörungen stürzen sollte. Das erste Mißverständnis war dabei noch recht allgemein und hing damit zusammen, daß Jahnn (über den ich mir in Eile fabulöse Informationen eingeholt hatte) mir keineswegs als seine eigene Bronzebüste begegnete, nicht mal wie ein Holzschnitt von Barlach, sondern in schlappenden Filzlatschen und mit mausgrauer Strickweste. Gewissermaßen um mir freundlich entgegenzukommen, beging er dann die Taktlosigkeit, mich zu fragen, ob ich mich auch als häßlich empfände. Das war, wie ich später erfuhr, s e i n e i g e n e s L e -

bensproblem, es war allerdings auch das meine, an das mit so groben Fingern gerührt zu sehen, mir allerhöchsten Widerwillen verursachte. Weiter, anstatt meinen scharfsinnigen Selbstauslegungen gebührenden Respekt zu zollen und vor meinen hausgemachten Neologismen in Entzücken zu geraten, nannte er meine frisch erfundene Formulierung «überbelichtetes Bewußtsein» eine Phrase und ging dazu über, mich nach seiner privaten Augentaxe zu vermessen: «Legen Sie bitte mal die Hände auf den Tisch» – «Nein, andersherum» – «Was sind Sie eigentlich für ein Beckentyp?» – «Würden Sie mal aufstehen und sich umdrehen» – mein Unbehagen wuchs proportional zu seinem Wissensdurst, und als er mir dann noch ein Reagenzglas mit urinfarbener Flüssigkeit kredenzt und ich, entgeistert, abgelehnt hatte, war ich froh, als Jahnn schließlich bei seinen eigenen Sorgen Einkehr hielt: bei dem Ärger über seinen Verleger Weismann, dem Kummer über das geringe Echo seiner Werke, dem Jammer über eine weltweite Verschwörung gegen seine Person, ihre Ecken und Kanten und ihre literarischen Hervorbringungen. Hatte allerdings grad im Ostberliner «Ulenspiegel» ein Gedicht gelesen, das den Hergang der laufenden Entfremdung ziemlich wirklichkeitsgetreu vorporträtiert hatte: «Junger Dichter kommt zu altem Dichter / Alter Dichter fragt ein bißchen / Lobt ein bißchen / Alter Dichter geht zu wichtigerem über: / Zu sich selbst.» Meiner drückte mir dann zum Abschied noch ein Exemplar eines spanndicken Buches «Die Niederschrift des Gustav Anias Horn» in die Hand, das mochte wohl Rechtes sein. Schrieb noch am gleichen Abend einen ausführlichen Brief an Döblin, den verheerenden Eindruck schildernd, den sein Hamburger Gewährsmann auf mich gemacht.

52.) Da meine Mitwelt sich mit meinen unbegreiflichen Selbstzerfleischungszuständen nicht abfinden mochte, bewegte sie mich zu einem klärenden Untersuchungsaufenthalt im «ELSA-BRÄNDSTRÖM-HAUS, Klinik für psychosomatische Medizin, ärztl. Leiter Professor Dr. med. Arthur Jores». Jores galt zu der Zeit als die ganz große Oberkanone im Leib-Seele-Verbundbezirk, ich empfand ihn aber auf Anhieb als eine höchst widrige Mischung aus Musterungsarzt und Frankenstein, mit dem verglichen Jahnn mit seinem bescheidenen Uringlas mir plötzlich als großer weiser Guru erscheinen wollte. Hatte außerdem inzwischen den «Anias Horn» gelesen – aber was heißt gelesen? Das Buch war eines der ganz großen mark-, bein- und basiserschütternden Literaturerlebnisse meiner Spätpubertät – nur daß ich mir den Weg zurück mit meinem Beschwerdebrief an Döblin selbst verlegt hatte. Dem war ein mißgestimmtes Schreiben Döblins an Jahnn gefolgt. Dem eine noch übler gelaunte Antwortpost an Döblin. Dem ein anscheinend recht wenig erquickliches Gespräch der beiden Giganten auf einer Tagung der Mainzer Zwergenakademie. Dem schließlich ein vorwurfsvoller, tief gekränkter und mit Zorn durchtränkter Abschiedsbrief an mich, in dem Jahnn mich des Vertrauensbruchs bezichtigte, was mich in äußerste Verwirrung stürzte, als es von einem literarischen Überwesen stammte, das nichts mehr zu tun hatte mit dem Gegenstand meiner durch hundert Mißverständnisse verursachten Januar-Aversion.

In dieser Verfassung fiel ich nun in die Hände des selbstherrlichen Psychosomatikers, das heißt aber unter die Räuber. Was in seinem Betrieb praktisch geboten wurde, war nämlich nicht viel mehr als Hühnerscheren und Mückenseihen: Knie-Schulter-Güsse, Insulinspritzen, Massagen, längst bekannte Entspannungsnummern und gelegentliche Operetten-Visiten. Zum Zwecke leichterer Inbesitznahme und widerstandsloser Ausbeutung meiner Leiden hatte mich der weiße Alptraum mit dem katholischen Augenaufschlag schon gleich zu Beginn für «völlig verkorkst» erklärt – ein psychotherapeutischer Vereinnahmungstrick, mit dem man selbst stabilere Naturen aus den Angeln heben kann. Vor die Wahl zwischen willenlose Unterordnung und Auflehnung gestellt, wählte ich aber in wütiger Bereitschaft den besseren Weg und vertrieb mir vier mild durchsonnte Frühlingswochen mit Terror-Aktionen gegen die willfährige Entspannungsgemeinde (Entfachung von Zwangsgelächtern), Prügeleien mit den Patienten-Kollegen (u. a. einem echten Tollwüter, bei dem es einen Augenblick lang zweifelhaft war, ob er mich totschlagen würde oder besser ich ihm zuvorkäme) und gedichteten und gemalten Provokationen des Heil- und Pflegepersonals. Hatte erste entscheidende Zweifel in eine Form von Psychotherapie, die ihre Patienten auf die Privatcouch festnagelt und sich auch noch wundert, wenn diese um so entschiedener Flucht in die Krankheit praktizieren. Als man mir die Zwischenbilanz aufmacht und um die Monatskasse bittet, tritt bei mir allerdings der umgekehrte Effekt ein: die vehemente Flucht in die Gesundheit. All dieses schöne Geld! Das wäre in jedem Puff, Herbert- oder Ulrikusstraße, besser untergebracht. Notierte Entwürfe für Anregungen Therapieanstalten mit Kontakthofcharakter, dichtete allerhand Apokalyptisches und spürte kathartische Wirkung rücksichtsloser Ausdrucksschreiberei. Weg mit den Schuldgefühlen! Weg mit der Schuldknechtschaft! Weg mit den moralischen Schuldverschreibungen in einem erpresserischen Verschuldungssystem. Womit ich gleichzeitig außer mir und wieder bei der Gesellschaft war.

53.) Begann im Frühjahr 51 mit dem Studium von Pädagogik und Kunstgeschichte. Leben in Hochleistungs-Kommune Hamburg Lokstedt, Stresemannstraße 70, gleich gegenüber von Valvo. Zwei- oder dreimal pro Woche Lehrunterricht in Niendorf, wo ich das zweite Schuljahr auf der Geige begleitete und das achte mit teils stimmungsvollen, teils wüsteren Gedanken zum Sport. Denkwürdige Stunden mit der Stoppuhr an der Aschenbahn, der Meßlatte an der Weitsprunggrube und als Hilfestellung an Barren und Reck. Entwurf Tagebuchroman «Doppelkopf»: Das Jekyll-Hyde-Syndrom: vorne die Biedermannsrhetorik und die Bonschetüte, hinten Gewölk im Haupte. Dann kam aber das Leben auf eine ganz natürlich unverfrorene Art herangewirbelt, d. h. in Form der Philips-Valvo-Mädchen, die warfen uns dicke Steine nachts auf unser Barakkendach und rannten dann zielbewußt den Liebeslauben auf dem Lokstedter Friedhof zu. Wir fingen sie auch wunschgemäß zwischen den Kreuzen, Lebensbäumen und Ilexhecken wieder ein, nur waren sie auf die Dauer nicht zu halten; vermutlich weil sie bei uns ein «kulturvolles Dasein» (Ulbricht) vermutet hatten, und was wir ihnen bieten konnten, war gerade das Gegenteil davon: Kulturrevolution.

54.) Gründete zusammen mit Klaus Röhl, Brunhild Fiebing, Werner Busse und Peggy Parnaß die «Neue Studentenbühne» (die alte war uns zu alt), den «arbeitskreis progressive kunst» und das Kabarett «DIE PESTBEULE – KZ-Anwärter des 3. Weltkriegs e. V.». Schrieb in Kooperative mit Röhl das kabarettistische Mysterienspiel «Die im Dunkeln sieht man nicht», eine Produktion, die bald ihren eigenen Unfrieden mit der Welt machte. Brachten einige Aufführungen in der Emilie Wüstenfeld-Schule zuwege und dann ein einwöchiges Gastspiel in Werner Fincks «Mausefalle». Saal wurde allerdings jeden Abend bis zum letzten Platz leergespielt. Presseecho «Die Welt»: «Der dreckige Kitsch von vorgestern, noch schnell alsterexistentiell frisiert, soll doch hoffentlich nicht morgen Kunstersatz werden?» Gelernt und gemerkt: daß Pressefreiheit auf Papier steht, das ganz bestimmten Leuten gehört. Reaktion Kabarettdirektor Hochtritt: «Da schmeißen sie doch gleich 'ne blutgefüllte Schweinsblase auf die Bühne.» Gelernt und gemerkt: daß Borcherts Kabarettdirektor mitten aus dem Leben gegriffen und gar keine Karikatur ist.

«Die im Dunkeln sieht man nicht»
(Plakat von Werner Fincks Mausefalle, 1952)

Szenen aus: Die im Dunkeln sieht man nicht

Der einfache Mann:
Ich bin der sogenannte einfache Mann, und Sie ham sicher schon von
mir gehört. Ich arbeit' auf Portland, Stundenlohn 91 Pfennig die
Stunde. Ich bin in der Schlemme. Das wär wohl so das Wichtigste.

> *Agitator*:
> Du bist nur ein einfacher Mann,
> an sich kein Grund, nicht zu denken.
> Du bist keiner, der sich erlauben kann,
> dem Reichen was zu schenken.
>
> Denn es gibt Häuser, mein Lieber!
> die von denen bewohnt werden,
> von denen die andern ‹belohnt› werden, mein Lieber,
> da gehn dir die Augen über.
>
> Die Sache ist keineswegs metaphysisch.
> Das Glück ist das Privileg kleiner Cliquen,
> und die die Kohle hauen und die Öfen beschicken,
> leben nie paradiesisch.

Wie ist euch zu helfen?
Auf keinen Fall doch mit der Methode
Porzellanhund auf der Elternkommode
und Bilder mit Elfen.

Oder meint ihr, das sei eure Sternkonstellation?
Oder meint ihr, das seien göttliche Pläne?
Eure Zukunft sind eure Zähne!
Macht Revolution.

Einfacher Mann (applaudiert):
Sehr richtig. Hat gut gesprochen der Kollege, unterschreib ich alles. Also ich für meine Person, ich stell mir das ungefähr so vor: erstmal 'n bißchen Unabhängigkeit, erst mal ne sichere Position, wo man nicht jeden Tag rausfliegen kann, kleines festes Einkommen, kleines eigenes Häuschen, kleinen selbständigen Garten – tcha und dann, dann können wir mal weitersehn, dann mach ich alles mit. Bis auf dahin – Hals- und Beinbruch!

.....

Chanson der Kriegsblinden
Man spie uns in die Zeit,
wir hocken blind vor Türen
und zahlen die Gebühren
für die Unsterblichkeit.

Wenn einer von uns schreit,
dann sagt das keine Zeitung.
Wir sind nicht von Bedeutung
und Geld und Gott so weit.

Sie haben keine Zeit?
Weil Sie verdienen müssen?
Das konnten wir nicht wissen,
es tut uns furchtbar leid.

Wir machten uns zu breit?
Sie müssen schon verzeihen,
wenn wir vor Hunger schreien
in unsrer Dunkelheit.

Man spie uns in die Zeit.
Wir flehn um fremdes Essen.
Am besten, Sie vergessen
die Angelegenheit.

Chor der Zuhörer
Wir wolln was sehen, wo wir über lachen können,
und nicht was, wo wir über weinen müssen,
wir wollen fressen, trinken, lachen, küssen
und Nummern schieben und danach gut pennen.

Wir wollen nichts von Trümmerfilmen wissen
und Bildern, wo wir uns nicht drauf erkennen.
Wir wollen küssen, lachen, rauchen, pennen,
und nach dem Saufen singen wir und pissen.

55.) Der Schriftsteller Albert Thomsen (angestellt beim
«Kirchlichen Kunstdienst») möchte trotz aller Widrigkeiten
Aufführungen in Kirchenräumen und Gemeindesälen arrangieren. Er stellt Beziehungen zu dem (späteren) Bildpaster Walde-
mar Wilken her (in irgendeiner Form gab es damals praktisch ja
schon jeden), der uns nach der Lektüre allerdings buchstäblich
vor die Tür setzt. Pornographie. Blasphemie. Kommunismus.
Haltbarer erweist sich die ebenfalls von Thomsen eingeleitete
Verbindung zu dem Büroboten Werner Riegel. Mit ihm zusammen gebe ich ab Dezember 52 die hektografierte Monatsschrift
«ZWISCHEN DEN KRIEGEN – Blätter gegen die Zeit» heraus. Schreiben mit gespaltener Feder: einerseits private Eliteratur, andrerseits politische Aufklärartikel. Gründung von Litera-
tur- und Jazzkeller «Anarche». Die Presse zur Premiere: «Die
erste Kostprobe aus diesem Labor war fürchterlich. Man las ein
ausführliches Prosastück, das selbst den ganz gewiß nicht
weichlichen (aber im Manifest auch geköpften) Amerikaner
Norman Mailer zu unwilligem Erröten veranlaßt hätte. Er-
schreckt blickten die Zuhörer in einen unappetitlichen Abgrund von wollüstigem Pessimismus, verklemmter Sexualität

Programm «Abend junger Autoren», 26. 10. 1952. «Gründung von Litera-
tur- und Jazzkeller ‹Anarche›»

und seelischer Leere. Jung und revolutionär? Mitnichten: ver-
greist und verlogen.» (Ludwig Schubert) Unvergeßliche Lehre:
daß politische und Kulturreaktion immer noch zwei Backen
eines Arsches sind.

56.) Nach drei Nummern Beginn von Richtungskämpfen und
Auseinandersetzung mit dem ideologischen Sandstrahlgebläse.
Am Ende des Klärungsprozesses stehen Riegel und ich Schulter
an Schulter gegen die ganze Kunstwelt. Um dem literarischen

Deutschland dennoch so etwas wie Masse, Fülle und Bewegung zu suggerieren, spaltet sich das Duumvirat in zahlreiche Geisterexistenzen und Teilschreibkräfte auf. Schreibe als Johannes Fontara Literaturpolemiken, schicke für lyrische Extravaganzen einen Leslie Meier ins Feld und bürde Leo Doletzki das Sorgerecht für meine abgelegten Sachen auf. Als der Hinterlassenschafts-Koffer leer ist, rufe ich Doletzki zusammen mit meiner eigenen Vergangenheit als überfällig ab. Unser Grafiker Sikorra porträtierte den Frühvollendeten nach

«Unser Grafiker Sikorra porträtierte den Frühvollendeten»

dem Bild, das er sich von mir machte, und ich selbst schlang ihm dann noch eine bewegende Banderole um den Sarg. Im Gegensatz zu den armen Hinterbliebenen gelang es dem Dahingeschiedenen sogar, so etwas wie eine Gemeinde zu bilden – eine literarische Trauergemeinde.

57.) Es war die Zeit, als der Fischer Verlag mit einem wunderlich gereimten Sprüchlein Werbung machte: «Was macht denn der Herr Kinkeldey? Er liest die Fischer Bücherei». Wir annoncierten uns im Anhang: «Womit vertreibt er die Fliegen? Mit zwischen den Kriegen.»

58.) Erfand den Finismus, den Testamentsvollstrecker und definitiv letzten aller Ismen, und Riegel entwickelte der Mitwelt dessen psychologische und stilistische Konditionen: die «Schizografie». Zieht man den privaten Harngries ab, bleibt der gewiß nicht nur herzzerreißende Versuch, politische Wirkungsästhetik und individuelle Ausdrucksästhetik gesammelt zu begreifen. Und: nicht als trübes Mixedmedia und changierenden Politpop, sondern als dialektisches Hochspannungsfeld, auf das sich zeitgenössische Schriftstellerei auf Gedeih und Verderb einzulassen hat.

Am 4. August 52 als Kaffeetürke

59.) Einbeschlossen Bemühungen um den Expressionismus als unsere eigne nationale Kulturrevolution plus Studium und Propagierung unserer literarischen Linksklassik. Entgegen der fortschreitenden Internationalisierung der deutschen Literatur (wir nannten sie Carepaket-Literatur, und sie war auch nie viel mehr als ein Respons oder eine Spiegelung von einströmendem ausländischen Kapital) die entschiedene Ausarbeitung linkspatriotischer Denkzüge. Das war für unsere literarischen US-Apologeten nun schon gar nicht mehr zu fassen.

60.) Sehr im Gegensatz zu unsern vorzüglich ausgebildeten Selbstwertgefühlen freilich die schwach fundierte Basis nebst öffentlichem Erfolgsleben. Kusenberg, der damals für Rowohlt auch die feineren Sachen lektorierte, hatte befunden: «R. ist ein Halbdichter, genau wie Celan», aber das war ja noch schmeichelhaft, verglichen mit andrer Leute Urteilsfindungen. Nicht einmal auf dem Studentenwerk gelang es mir, meine artistischen Fähigkeiten ins rechte Licht zu bringen. Erinnere mich noch bestens, daß einmal eine Hochzeitszeitung für eine gut betuchte Feinkosthändlerstochter ausgerufen wurde, die mir ein notorischer Jobber und anerkannter Amusus vor der Nase wegschnappte. Statt dessen wechselnde Jobs immer nur in den unteren Regionen: als Valanboy (Die Waschmaschine in der Tüte) durch die Hamburger Außenbezirke, als Reklamesäule für Lotto im Innenstadtbereich, Vorführer von Gummimasken bei Janos (Zauber-) Bartel, Schießwart und Trefferanzeiger beim St.-Pauli-Schützenverein, Abhefter und Adressenüberprüfer in Registratur von «Opal mein Strumpf», Verteilung der ersten (Gratis-)«Bild-Zeitung» im U-Bahn-Eingang Hallerstraße, Zigarettenverkäufer, Zweckformabträger, Verkehrszähler, Bürobote, Briefträger, Aktenabhefter von Lastenausgleichsformularen beim Bezirksamt Altona (wurde damals meiner langen Haare wegen aus dem öffentlichen, d. h. Publikumsverkehr gezogen). Als ich am 4. August 52 als Kaffeetürke für «Walter Messmer mein Bester» auf dem Jungfernstieg Reklame lief, begegnete uns der Lyriker und Lektor Wolfgang Weyrauch, den ich bereits flüchtig kannte. Ich zog artig meinen Fez, und Weyrauch schleppte mich in meinem exotischen Aufzug mit zu Rowohlt, wo gerade ein urlaubsbraun gebrannter Hans Werner Richter nach neuen Lesekandidaten Ausschau hielt. In meiner unschuldigen Ansprüchlichkeit machte ich aber mein Auftreten vor der Gruppe von einer Miteinladung meines Freundes Röhl abhängig. Die Sache verlief sich, wie rückblickend vorhersehbar, im Sande (von Niendorf an der Ostsee), und ich kehrte gewissermaßen erleichtert zurück zu meinen polemischen Dreschflegeln:

a) «Unsere großen Blätter, Blätter im Wind, der von ganz bestimmten gemacht wird, sind nunmehr fast alle zu Reklameunternehmen geworden. Sie dienen entschieden der Propagierung ihrer Hintermänner, Leuten also, die an nichts so sehr interessiert sind als an der Erhaltung eines sie ermöglichenden Systems und denen folglich jede geistige Freiheit, jedes moralische Verantwortungsgefühl, gar eine aggressive Ethik unangenehm sind. Wenn meine Denkfreunde also glauben, sich gegen Anwürfe rechtfertigen zu müssen oder eventuelle Mißverständnisse durch Diskussionen klären und richtigstellen zu können, sie können es nicht. Sie haben es auf der andern Seite ja gar nicht mit meinungsbefugten Individuen im vollen Sinn zu tun, sondern mit Subalternseichern, die ihren Schlag Meinung aus dem Hinterhaus beziehen. In diesem Hinterhaus residieren aber zunächst einmal die Brotgeber: in Wahrung ihrer Eigeninteressen schlicht radikal und mit vollem Selbstbewußtsein das Brett vorm Kopf. Erst dann treffen wir auf sagen wir einmal ‹unsere Leute›, die aber unsere Leute gar nicht sind, sondern d e r e n Leute und insofern weisungsgebundene Sekundäreimer und publizistische Zwangsdenker. Sie versuchen, dem ihnen mit auf den Weg gegebenen Missionsbefehl des Beharrens und Retardierens getreulich nachzukommen, und das in immobiler Einmütigkeit: der bewegungsunlustige Dösbartel neben dem ästhetischen Philphras, der Dutzenddemokrat amerikanischen Designs neben dem Permanazi mit dem Kruppstahlrückgrat, der einfältige Gelegenheitsfaschist neben der anticartesianischen, der maccarthianischen Verbrechernatur. Nicht zu vergessen, um auch hier noch zu differenzieren, die ideologischen Mestizen zwischen braun und platt, zwischen schwarz und beschränkt, zwischen belesen und entmenscht, kriminell und verkrampft.»

b) «Gibt es eine junge deutsche Polemik? Also nicht. Es gibt Lyrik. In einer Zeit wo Besen benötigt werden, streut man Gänseblümchen. Lyrinde und Lyringel gehen camping in die schöne weite Kultur, halten sich fest an die üblichen Denkrouten, an die amtlich festgesetzten Tauchtiefen, ängstlich besorgt um Irrtum und Fehltritt, Fährnis und Untergang. Auf die Frage, wo die deutsche Literatur denn eigentlich stehe, kann man zunächst einmal getrost antworten: sie steht. Sie sitzt fest. Sie ist aufs Altenteil gezogen. Aber Backe an Backe mit ihr auf diesem abendländischen Altenteil sitzt dann auch gleich die reproduktive Intelligenz, sitzen die jungen Kritiker und jungen Literaturwissenschaftler, die Redakteure von Studentenzeitungen und von Rundfunk-Jugendsendungen. Mit Hilfestellung ihrer Lehrer haben sie die ertragreichen Gefilde um Mikrophone und Rotationsmaschinen erklommen, und da nuscheln sie nun auch schon ihre Kommentare zu Lage und Literatur, sehr vorsichtig, sehr undeutlich, es ist kaum etwas zu verstehen. Sie flüstern vor lauter Beklommenheit so leise, daß schließlich keiner mehr herauskriegt, was hinter dem Feigenblatt der Feigheit, das sie ständig vorm Munde führen, eigentlich noch an Meinung oder innerer Bewegung vor sich geht. Sie sind alle so wohlerzogen, so wohlgesittet, und hüten sich vor Affekten. Der Grund ist, daß unsere jugendlichen Leisesprecher und Leisetreter in Wahrheit überhaupt nicht affizierbar sind. Nie und von nichts zu begeistern, gelassen und gelangweilt vor den Ungerechtigkeiten und Schandtaten ihrer Gegenwart, wellen sie spöttisch die Lippen und hissen die Brauen, wo immer die Barrikaden eines neuen künstlerischen Aufstandes errichtet werden. Sie räuspern sich scheinheilig, fragen, wie die Arbeit vonstatten gehe und was das Geschäft mache. Aufgeklärt, daß es wieder einmal um die Humanität und gegen die Gegenaufklärer gehe, drehen sie sich angeödet beiseite und wieder ihrem Seminarskat zu: Benn, Jünger, Kafka, As! Faszinierend, oszillierend, brillant!»

c) «Ich kann die Abstrakten nicht mehr sehen! Sie lassen die Kurven sich schneiden, füllen ihre Malflächen mit dekorativen Kringeln und Schlangenlinien, zitieren das ganze geometrische Formenarsenal und machen hübsche Bilder daraus mit einigen Quadratmetern Materialreiz und Raumaufteilung, und das alles angesichts von gestrigem Weltkrieg, morgigem Bakterien- und Atomkrieg und heutigem Nissenhüttenelend. Sie müssen alle einen moralischen Defekt haben, diese Konditoren mit dem Kunstprogramm.»

d) «Die Kunstküper und Avantgardetöpfer von 1950 und so weiter sollen sich begraben lassen. Wir haben sie satt und ihre progressiven Bottiche – das radikale Eßgeschirr als geschmackvollen Bürgerschreck. Was wir aber brauchen ist eine Kunst mit Initialzündung. Eine Kunst, die einhaut in die Denkschonungen, nicht nur den Siebenschläfergeschmack zu provozieren, sondern auch die Neuntötermoral. Die Gefahrlosigkeit, mit der die zeitgenössische Bild- und Verskleckserei vor sich geht, zeugt hundertmal gegen sie. Wer macht denn schon Aussagen, für die man ihn stellen könnte? Wer formuliert so schlagend, malt so aggressiv, daß er sich wirklicher Anfeindung aussetzte. Wer gibt die neuen Hieb- und Stichwörter? Wo es so scheint, da erweist es sich bald als bloßes Verkaufsferment: ein Quentchen Reklameradikalismus, eine Prise Sexualhormon, es will ja überhaupt keiner mehr etwas aussagen, sie wollen nur noch verkaufen. Keine Tiefen mehr, die erlotet werden – Goldgruben! Anstoß erregen, wahrhaftigen Anstoß, die Zeit anstoßen und die reaktionären Kanaken vor den Kopf: sie denken nicht daran.»

e) «Aber wir wissen ja ganz genau, welche Art von Literatur gesucht und gefördert wird. Eine moralisch neutrale, eine von vornherein bereits mumifizierte und petrifizierte, die der emsige Exeget und Höker für geistige Fertigwaren, nach bewährtem Schnittmuster auszurädern

oben: PR und Klaus Rainer Röhl
unten: Almut Bock und Brunhild Fiebing

und zu etikettieren vermag. Diese Sorte Mensch ist es aber auch, die geschweige daß sie schwiege zu allen moralliterarischen Versuchen unserer Zeit, dieser eisgekühlte Snob ist es, der der jüngsten Literatur die Knüppel seines eigenen Holzweges zwischen die Beine schmeißt.»

f) «Zwischen Barrikade und Altenteil gibt es keine Kollaboration.»

61.) Standen mit solchen Sätzen, an denen es sicher viel zu feilen, von denen es kaum etwas zurückzunehmen gibt, allerdings ziemlich allein auf weiter deutscher Flur. Zuspruch kam selten ins Haus. An positive Resonanz, gar Honorare war nicht zu denken. Der Besuch eines höheren Soziologiesemesters (Dieter Wellershoff), für das wir vermutlich nicht viel mehr waren als ein interessantes Bakterium auf dem Objektträger, war schon ein Höhepunkt. An der Tagesordnung stand die Erfahrung un-

68

qualifizierten Gegenpöbels, zum Beispiel eines Heinz Schirk (seinerzeit Redakteur bei der Hamburger Studentenzeitschrift «Das Nebelhorn», heute Fernsehregisseur): «Z. B. ist auffallend häufig von ‹triefen› und ‹lecken› die Rede. Aber was da alles trieft und leckt, mag, wer Spaß daran hat, selbst nachlesen. Ich mag es jedenfalls nicht aufschreiben. Und damit wären wir bei dem Punkt, den viele für ein sicheres Kennzeichen moderner Literatur halten: das ist neben der Freude am Kleinschreiben die Lust am Stinken. Leslie Meier leistet auf diesem Gebiet z. B. in ihrem ‹Hirn-und-Hode›-Opus Unübertreffliches. Sie kriecht unter die Decke geistiger Prätention und reagiert sich dort ‹pornosophisch› ab (jawohl – allen Ernstes! – Pornosophie ist eine Variante des Finismus).... In diesem Wust von wilder Gestikulation, von Gerede und Pornomanie findet man zwei Gedichte, die auf einen begabten Autor schließen lassen. Er nennt sich Leo Doletzki.» (Riegel schrieb dann eine brillante Erwiderung unter dem Titel «Das Nebelhirn».)

62.) Lebten über Jahre nur vom Eigenlob und (nie sei es ihm vergessen!) von den begeisternden Hifthornklängen, mit denen Kurt Hiller unsere literarischen Treibjagden von London aus begleitete: «Lieber Johannes Fontara – ich kann einfach nicht mehr. Mir ist zumute, als wäre ich ein volles Halbjahrhundert jünger als ich bin – nämlich 18. Auf die Gefahr hin, daß Sie nach der elften Zeile mich angegriffen haben werden, muß ich Ihnen, die Lektüre unterbrechend, sagen, daß dieser Anfang Ihres Prosastücks das Ultraherrlichste ist, was ich seit langem (auf meinem Gebiete!!!) gelesen habe ... Drei Minuten später: inzwischen las ich zu Ende und bin noch VIEL begeisterter. Sie sind (mit Abstand) Prosamann I in Deutschland.» (Später, als Deutschlands Literaturmachete Numero I ihre Memoiren unter dem Titel «Logos» bei Rowohlt veröffentlichte, sah sich der Belobigte freilich von einem unerbittlichen Verdrängungsmechanismus aus der Erinnerung getilgt. Welche späteren Querelen dazu im einzelnen geführt haben mögen, ob eine Debatte über Carl Einstein oder Meinungsunterschiede im «Neusozialistischen Bund», ist mir im Augenblick entfallen. Trotzdem, daß dieser große Mann uns in unseren kritischen Zweiundzwanzigern, Dreiundzwanzigern, Vierundzwanzigern mit Gratulationsadressen am Leben hielt, sei ihm in seinem Siebenundachtzigsten kameradschaftlichst gedankt.)

63.) Requiem für Günther Suhrbier, Bühnenbildner unseres Studentenkabaretts (für das sich Janssen damals viel zu fein war) und Gründer und Ausgestalter zahlloser Literatur-, Kunst- und Jazzkeller der Fünfziger Jahre. Als wir ihn kennenlernten, hatte er ein entscheidendes Lebenstrauma bereits hinter sich, das hieß mit Namen Emil Nolde und hatte stattgefunden in dessen Hinterdeichresidenz in Seebüll, wo sich Suhrbier ihm in aller Ehrfurcht mit eigenen Malereien anvertraut hatte. Auf die Frage Noldes «watt is dat denn?» hatte unser lithpelnder Freund geantwortet. «Dath itht Thurrealithmuth», worauf Nolde, aufgeräumt und dickpampig: «Dat is keen Surrealismus, dat is Schiet, min Jung.» Suhrbier stampfte dann in lebensbedrohlicher Eile Kunstkeller um Kunstkeller aus dem unfruchtbaren Hamburger Kulturboden, nach der «Anarche» (siehe auch unter 55) die «galerie zwo vier», nach dem «Beichtstuhl» das «zero» und nach dem «Barett» (eine gewisse Zeit lang als «Finisten-Barett» annonciert) die «gallery blue». Mit jedem neuen Einstieg ins Souterrain glaubte Suhrbier uns literarischen Partisanen eine warme Überbaubleibe schaffen zu können, nur verschlossen sich die Pforten seiner Musenkeller immer sehr bald vor den Gemeinten und am Ende auch vor ihrem Unternehmer und Risikoträger. Von Hausbesitzern, Untervermietern und Rückzahlungspressionen der Brauereien gehetzt, vergiftete Suhrbier sich im Herbst 64 mit E 605.

64.) Nur wenig Gutes hingegen über Praller. Wir hatten ihn aus gewissermaßen sozialfürsorgerischen Motiven als Inspizienten und Faktotum bei unserer Studentenbühne beschäftigt, und Riegel hatte sich sogar erweichen lassen, ihm einige Seiten unserer exklusiven ZdK zur Verfügung zu stellen. Er identifizierte sich darauf so mächtig mit uns, daß er sich, als wir keine Beschäftigung mehr für ihn erfinden konnten, meine halbe Handbibliothek, meine Studentenausweise, meine höchst privaten Jahnn- und Döblin-Korrespondenzen anverleibte und mit diesen meinen Papieren alle öffentlichen Bücherhallen Hamburgs ausräuberte. Mit dem Geld, das ihm der Verkauf der Bücher einbrachte, reiste er alsdann nach Paris, wo er sich unter meinem Namen an der Sorbonne einschreiben ließ und u. a. öffentliche Lesungen aus meinen unveröffentlichten Roman- und Novellenmanuskripten veranstaltete. Es war das erste Mal in meinem Leben, daß ich mit dem Problem des Identitätsverlustes konfrontiert wurde. Während ich dies schreibe, komplettiert sich mir plötzlich die Erinnerung: hatte mir allerdings mal eine Brille über seinen Krankenschein verschreiben lassen, möglicherweise der Anlaß für ihn, die Welt durch meine Brille sehen zu wollen.

65.) Ende 52 / Anfang 53: Gründung «Wolfang Borchert Theater» und Aufführung von Georg Kaisers «Von Morgens bis Mitternachts». Tragikomisches Ende meiner Freundschaft mit Almut Bock (die mir zum Abschied

Handzettel des Wolfgang-Borchert-Theaters

die Nase noch krummer schlug als sie schon war) und Beginn neuer Problemgemeinschaft mit Renätchen Krügel (die mich ihrem stockkonservativen Vater als «Vater der Finisten» anzupreisen versuchte). Umzug vom Teilfeld 5 (nächstes Haus «Michel») nach Arnoldstraße 74 III zu Hofmanns. Bewegte Skatabende mit Max Hofmann und Otto Meierdiercks (Altjazzer, Seefahrer, Techniker, der mir jetzt seit guten zwanzig Jahren die Haare schneidet) und noch bewegtere Freß- und Trinknächte (bei Pferdefleisch und Cidre) mit wechselnden Freunden und Freundinnen. Fortschreitende Entfremdung politischer und poetischer Aktivitäten. Beschäftigung mit politischer Tagesarbeit und Reprivatisierung der Lyrik ins Apokalyptisch-Hedonistische.

Ich künde heute

Ich künde heute: alles für die Katz:
Der Mondenschein, dein schiefer Haaransatz,
Was Dante sang und was der Kuli schiß,
Das Gartenwunder der Semiramis.

Und die Bilanz nach Flut und Ararat,
Die nackte Hand auf Scham und Schulterblatt.
Auch dies war da, der widerlegte Sinn,
Das rote Fleisch im Mund der Schläferin.

Bist du noch das, was an der Schläfe pulst,
Verlornes Hirn, die tüftelnde Geschwulst?
Bleibt andres als das Bild des Augenblicks,
Der plattgedrückte Archaeopterix?

War dies das Ziel: der hochgegeilte Kunz?
Der Himmel stürze, Flut komm über uns!
Was scheidet uns, wir sind vom gleichen Aas –
Gauner und Dulder, schwingt das Unratfaß.

Streut aus den Rest an Galle und an Glück,
Athenas Lende und Apolls Genick –
Ein Eimer Lethe, eine Urne Kohl,
Pilatus taucht die Hände in Lysol.

72

Wenn ich also

Wenn ich also durch dies triste Arkadien hinke,
Es war doch überall, wo ein Fetzen von mir verblieb.
Ich schütte die Welt von der rechten Hand in die linke
Und nehme noch mit dem schäbigsten Schicksal vorlieb.
Ich teile den Tag des ausgehungerten Findlings
Und lobe Schoß und Mohn –
Ich hadre mit mir und der Welt und erliege blindlings
Ihrer süßeren Suggestion.

Unabsehbarer Ausgang, die Erde fällt schon beträchtlich,
Und ich glühe im Gift.
Nachts sind die Wolken schwarz, ich verkehre geschlechtlich,
Wenn mein Fleisch mich verblüfft.
Mit den Dornen im Haar und mit der Unratschleppe,
– Viel Atem wurde zu Schnee –
Immer noch vor des Himmels unendlicher Steppe
Hält sich mein Selbstporträt.

Diese Welt ist ein Schmarren, doch klebe ich mein Exlibris
Auf Müll und Gebrest,
Wenn beim ersten Hahnenschrei meine Hybris
Das Dunkel verläßt.
Dem die Götter den Schluß noch stundeten,
Er kocht seinen Brei,
Den die Götter mit Blüten verwundeten,
Reckt sich im Einerlei.

Ißt vom Brot, trinkt vom Wein, ganz nach Laune,
Oder erbricht's.
Nennt sein muffiges Maul die Posaune
Des jüngsten Gerichts.
Häufet auf sein eigenes Haupt glühende Kohlen,
Wer glaubt es ihm?
Beim Grünkohlessen oder beim Atemholen
Wer lüftet sein Pseudonym?

Unerkannt hat er die Misere durchdrungen
Bis er sich endlich selber rätselhaft war –
Sporenschwärme, Pläne, Erinnerungen,

Er und sein Ungeziefer unter dem Achselhaar;
Er und sein Abschluß im verblühten Liguster:
Der im Sommer die rostigen Stiere trieb,
Fällt darnieder, dunkler und unbewußter,
Vor jenem Mann, der seine Satire schrieb.

Ist meine Seele –

Ist meine Seele unsterblich oder verrott ich,
Was ist dran gelegen?
So trage ich ohne Bestimmung den knöchernen Bottich
Mit leicht verderblichem Brägen.
Ich gehe noch einen Schritt in den verlornen Oktober,
nicht mehr und nicht minder –
Schütte, ach schütte diese letzte Hand voll Zinnober
Hoch hinter den Binder!

Noch funktioniere ich, ich fühle mein Amulett,
Das sterbliche Herz an der Seite.
Und ich fische im trüben, nicht im See zu Genezareth
Nach Wirklichkeiten.
Trauer und Destruktion
Machen mein Fleisch erst empirisch;
Wind im Gesicht, wie zerblättert der Mohn
So über die Maßen lyrisch.

Schau in die Spiegelscherbe, sieh das Schattenpigment
Auf die Stirne entboten;
Bis ein großer Gedanke das Hirn zertrennt,
Den gordischen Knoten.
Wenn ein Gedanke, zu weit hinter der Schläfe geschürft,
Zu nah der Vernichtung,
Die Pläne zerstreut und die Träume verwirft
In jegliche Himmelsrichtung.

So möge es fallen, so gehe es, so verrott es
Wie es kam und entstand.
War ich ein Scharlatan? War ich ein Schoßhund Gottes
Und fraß ihm aus gnädiger Hand?
Einen Mund voll Glück, das unter der Zunge verglomm,

Wird Er es beweinen? –
Absalom, Absalom,
Mit den baumelnden Beinen –

66.) Rückblickend: Einsicht nicht nur in dialektische Zusammenhänge von politischen Anlässen und kommentierenden Auslassungen, unanfechtbarer Stabilität des Systems und inneren Konvulsionen, sondern auch zwischen powren Druckmitteln und virtuellen Ausdrucksmitteln. Selbstverständlich war die unter Aufbietung von Werner und Lilo Riegels letzten Arbeitergroschen erkämpfte Autarkie eher eine groteske Metapher von Macht und Unternehmerfreiheit als wirkliche politische Verfügungsgewalt. Standen mit Heimarbeitsverfahren und auf unterstem Manufakturniveau gegen eine Welt aus Rotationsfabriken und elektronischer Meinungssteuerung, uns beim Nudelbetrieb an der Wäschemangel mutig suggerierend, daß wir im Kampf um öffentliche Meinung ein konkurrenzfähiger Betrieb wären. Wo das magische Denken schon so weit Platz gegriffen hat, daß man glaubt, mit einem Dreh an der Handkurbel den Restaurationsbetrieb persönlich außer Kurs bringen zu können, ist des Überbauzaubers kein Ende. Ähnlich wie unsre Freunde von der kommunistischen Studentengruppe aus überdrehter Eigenbewegung auf eine eigenhändige Bewegbarkeit der Welt zu schließen neigten, so wähnten auch wir uns auf dem direkten, von uns entscheidend mitbestimmbaren Weg ins Himmelreich. Zwar gaben wir uns nie der fadenscheinigen Hoffnung hin, mit Flugschriften Marke «Untertan» und «Knittrifix» (und das waren weißgott keine schlechten!) entscheidende Massen weltbewegend in Marsch zu setzen. Aber wir glaubten doch auch wieder (und nicht unmarxistisch) an die Gewalt des antizipatorisch vorgreifenden Bewußtseins, an die Zersetzbarkeit der falschen Ideologien und ihrer Träger, kurz, an die Macht des Gesanges, die war Dreiundfünfzig gleich Null, so daß wir uns folgerichtig in voneinander abhän-

gigen und aufeinander angewiesene Verelendungs- und Elitetheorien verstrickten. Begannen im weiteren Verlaufe unsrer
frustrierenden Husarenritte Mittellosigkeit für Autonomie zu
halten und Mangel an öffentlichem Erfolg für einen Güteaus-
weis.

67.) Natürlich kann man seine politischen Hoffnungen lange
unbeschadet ins weite Himmelsblau treiben, ohne daß sich an
der gesellschaftlichen Basis auch nur das Parkett verzieht. In
einer Art unfreiwilliger Dialektik wirkt aber die Anziehungs-
kraft des Fundaments auf solche Himmelsstürmer meist so
zurück, daß sie sich eines Tages ganz tief unten wiederfinden:
mitten im Betrieb, im Feuilleton einer Springerzeitung, als
Schlußredaktor bei der «Neuen Revue» oder als Unilever-Wer-
betexter. Im Reich der Poesie, wo alles nur scheinbar ist, alles
vergleichsweise, metaphorisch, symbolisch, lassen sich politische Fiktionen dabei ungleich leichter aufrechterhalten. Man
hat ein schönes Gedicht in der Hand, das steht sogar schwarz
auf weiß, und das hält man dann schließlich für ein richtiges
Stück Wirklichkeit, für ein Stück Stoff gewordene Idee. Betreibt man solchen Fetischismus lange genug, dann genügt
einem am Ende sogar das Gedicht-an-sich. Ich spreche davon
so ausführlich, weil ich von der Komplikatesse unserer eigenen
Irrwege spreche und von einer Bodenlosigkeit, die wir eine
kurze Zeit lang für relevantes Festland hielten. Bei langsam
ermattendem Zielglauben pendelte unsere überbau-interne
«Dialektik zwischen Finismus apokalyptischer und aktivisti-
scher Observanz» (Hiller) allmählich nach einer Seite aus,
wo uns wenigstens ein Hauch von Materialisation erarbeitbar
schien: im persönlichen Ausdrucksgedicht, in einer scheinbar
autonomen Poesie. Obwohl wir mächtig glaubten, uns in rabiat
individuellen Gedichten der Gesellschaft verweigern zu können, gewannen wir über solchen Umweg doch gerade wieder
Anschluß an eine Gesellschaft, die von ihren Dichtern gar

nichts anderes erwartete, als daß sie sich in ichbezogenen Gedichten aufgehoben wähnten.

Dies war die dunkle Stunde, wo uns Gottfried Benn als eine leuchtende Beispielfigur erschien. Er kam von der nächtlichen Seite Nietzsches her, seiner erdabgewandten, und er verband einen ungeheuren Riecher für Finalstimmungen mit einem stupenden Zug zum Antibourgeoisen, ästhetisch Imperialen, der kam uns in jedem Fall entgegen, Kleinbürger, die wir waren, Gelegenheitsjobber, Wanderarbeiter, Underdogs (die sich auf dem Papier wie Großunternehmer verhielten), und unter der Wucht seines Doktorhammers zerbeulten sich uns die tief erlittenen Klassengegensätze zum Gegensatz von handelnder Welt und «ihrer Gegenwelt, dem Geist». Das aber hieß in Wirklichkeit: Fortsetzung des deutschen Idealismus mit anderen Mitteln.

68.) Wir warben um seine Anerkennung, schrieben ihm Briefe, schickten ihm unsere Gedichte zu; immerhin empfanden wir ihn als einzige uns vergleichbare Qualität; bis dann die Geschichte aufkam, daß er einen Spezialschrank besäße, eine Art Dauerpapierkorb, in dem die unverlangt eingesandten Briefe und Manuskripte ungeöffnet zu landen pflegten. Teils in der Reaktion verschmähter Liebhaber, teils als Antwort auf die politische Reaktion, die zunehmend Anteil an ihm nahm, schickten wir ihm später Schmähverse, Parodien auf seine neueren Gedichte: «Wenn du die Mythen und Worte / Entleert hast, kannst du gehn. / Den Qualm aus deiner Retorte / Kaufen sie unbesehn. / Steig denn nieder von deinem Throne / à bas Vertrieb und Versand. / Reiche Al Capone / Dem Doktor Benn die Hand.» Als er dann schließlich gar nach Hamburg kam, von jener Goethegesellschaft eingeladen, deren Vorsitzender der von mir tödlich gehaßte Ordinarius der Literaturwissenschaft Hans Pyritz war, und er las seine Sachen herunter, als ob er sie selbst nicht verstanden hätte, da waren wir uns selbst für Provokationen zu gut, und Riegel verzichtete darauf, ihm die

rare faschistische Bekenntnisschrift «Der neue Staat und die Intellektuellen» zur Signatur mit unterzuschieben. Zum Schluß
ein Witz: Als Höllerer 1955 im Limes Verlag Besuch machte,
saß dort gerade Benn über unseren Gedichten und empfahl sie
dem Verleger Niedermayer zur Publikation.

PR & Riegel, Zeichnung PRs

69.) 1954 / 55: Armut anhaltend plus Jobs per Gelegenheit und
auf Abruf: Wartung und Bewachung des konservierten «Walfisch Jonas», Abträger und Packer beim «Hamburger Abendblatt», Matrizenstanzer bei Adrema Lintas / Unilever. Erfahre
um drei Ecken, daß Lintas Markenwerbung junge Werbetexter
sucht und stelle mich mit Röhl bei der Personalabteilung vor.
Reichten als Bewerbungsunterlagen unsere 51er Kabarettexte
und Schmähartikel aus «Zwischen den Kriegen» ein.

Anlage: Szene aus «Die im Dunkeln sieht man nicht»

(Mann mit Rücken- und Bauchplakat: VERSIL): Versil: Das Urgesetz des Lebens ist, laut zu sein, andere zu übertönen, sich selbst durchzusetzen. Erst was lauter ist als das andere, ist mehr als dieses. Alles, was leise ist, ist sinnlos. Alles, was nicht gehört wird, bleibt wertlos. Alles, was nicht gesehn wird, ist ohne Belang. Niederringen das andere! Sich durchsetzen! Andere heruntersetzen! Lassen Sie sich Ihre Ellenbogen panzern und denken Sie sich einen durchschlagenden Triumphschrei aus, den Kriegsschrei Ihrer Firma. Am besten, man spezialisiert sich auf einen Kampfruf, mit dem man sich populär macht. Ich zum Beispiel habe mein Leben lang nur das eine Wort – «VERSIL» – gerufen. Ich habe mich durchgesetzt. Wie finden Sie das? Versil! Versil! Versil! Merken Sie, wie ich Sie überzeuge? Das kommt, weil ich laut bin, lauter als die andern, die Sie im Hintergrund murmeln hören. Nur so konnte ich Erfolg haben. Versil! Adal! Oto! Das zieht, das kommt an bei den Leuten. Kontakt mit dem Volk. Das ist etwas anderes als die moderne Kunst! Die brauchen sich nicht zu wundern, wenn das Volk nicht anbeißt. Wollen Sie etwa hören: Sie sind böse, verlogen, geizig, eitel? Sie sind eine sündige Kreatur? Sie werden demnächst zu Staub zerfallen? Aber meine Herren! So gewinnen Sie sich keine Freunde. Sie sagen: Du bist ein Mensch aus Erde und Schmutz. Wir sagen: Sie sind ein Kenner feinster Geschmacksunterschiede, wir arbeiten für Sie, den verwöhnten Genießer, kommen Sie, kommen Sie, wir lösen Ihre Komplexe, wir entfernen Ihre Schuppen und Mitesser, wir machen Ihr Haar locker und seidenweich, wir verhelfen Ihnen zu Glück und Erfolg. Wir sorgen für Ihre Haut. Ihre Haut ist das Wichtigste an Ihnen, sie ist am weitesten außen. Benutzen Sie Versil-Waschmittel und duftende Feinwaschseifen. Und noch einmal komme ich auf die Kunst zurück: Verzetteln Sie sich nur nicht, Sie haben keine Zeit für solche Kinkerlitzchen, dabei springt gar nichts heraus. ‹Nimm Darmol, du fühlst dich wohl›, das ist die wahre zeitgenössische Lyrik, das ist die Literatur unserer Tage. (Dichter tritt auf, als ob er die Hosen voll hätte.)

Dichter: Entschuldigen Sie, ich bin der Dichter –
Versil: Angenehm. Versil. Feinwaschmittel. Sie müssen Ihren Anzug mal reinigen lassen. Versil wäscht, reinigt, säubert alles.
Dichter: Ich hörte Sie über Kunst und Dichtung sprechen, daher komme ich.

Versil: Ja richtig, Kunst, Gedichte, Literatur und so was. Ist heute absolut und relativ völlig wertlos. Selbstverständlich braucht der Mensch einen gewissen Halt. 'n bißchen Macht zum Beispiel. Geld ist auch nicht zu verachten. Einfluß auf andere.

Dichter: Und das nennen Sie Leben? Das genügt Ihnen so einfach?

Versil: Aber vollauf, mein Lieber. Ihre Mätzchen in allen Ehren, aber alles, was Wissenschaft und Wirtschaft dazu sagen können, ist: Brotlose Kunst.

Dichter: Kotlose Brunst.

Versil: Wie meinten Sie?

Dichter: Ach, nichtdoch, ich spielte nur ein wenig mit den Worten.

Versil: Ja, klar, Spielerei! Spielerei ist das, was Sie da treiben. Gut daß Sie mich darauf bringen, das Wort hab ich schon lange gesucht. Spielerei. Mehr nicht. Spielerei. Nebbich.

Dichter: Aber wir finden auch Worte, die ohne uns im dunkeln bleiben würden. Wir denken Gedanken, die ohne uns keiner denken würde. Wir vermögen das auszusagen, was ohne uns keiner verstehen würde.

Versil: Aber damit kann keiner etwas anfangen! So nach Feierabend mal 'n bißchen denken, klar. Gar nichts dagegen. Aber so als Hauptbeschäftigung? Neenee, da haben wir weißgott noch Wichtigeres zu tun. Und nun treten Sie bloß ab, Sie Dichter Sie, und sehen sich das Leben an und achten auch 'n bißchen auf die Menschen. Da schreiben Sie nämlich kein Zeile mehr, sondern machen 'ne Fabrik auf für Hautcreme, Fußpuder oder Lippenstifte. Das ist moderne Kunst. Und vergessen Sie nicht: Versil bleibt Versil. (ab)

Dichter: Das Urgesetz des Lebens ist laut – (überlegt, dann entschlossen) Vielleicht sollte man sich eine neue Methode überlegen. (Setzt eine Maske auf) Literatur! Literatur! Lyrik, prima prima Lyrik! Nur noch heute so billig. Die gute Nachkriegslyrik! Die Lyrik mit dem Reinigungseffekt! Die Lyrik mit dem Katharsisfaktor. Auch Sie, mein Herr, ein Lyrikheft gefällig? Oma, komm näher, das ist ein Sonderangebot, das ist nur noch ein kleiner Restposten. Das ist ein Posten, von dem Sie sich rechtzeitig ein Heftchen sichern sollten zu fünfundvierzig Pfennigen: Genaues Zeitbild, wetterfeste Voraussagen und Rückblicke, alles in einwandfrei dichterischer Form, holzfreies Papier, broschierter Einband, hundertzwanzig Seiten, handsigniert – Tcha das ist – nein! das ist noch lange nicht alles. Denn: jetzt lege ich Ihnen noch einen Essay über den Fortschritt darauf und noch eine garantiert! spannende Novelle, und jetzt werden Sie denken: Drei Mark! Nein, meine Herrschaften, das ist heut eine Okkasion, die ist vollkommen einmalig auf der Welt, die kostet nämlich nicht drei Mark, die kostet auch nicht zwei Mark, die kostet nicht einmal eine Mark, die kostet alles in allem fünfundsiebzig deutsche Pfennige!

70.) Anfang 55 gründeten Röhl und Eckart Heimendahl (heute Programmchef bei «Radio Bremen») «Das Plädoyer», eine Vorform des «Studentenkurier», seit Oktober 57 «konkret». Auf meinen ersten Leitartikel «Zum 8. Mai» antwortete der mittlerweile im Streit geschiedene Heimendahl u. a.: «Was mir unter der Lupe verantwortlicher Betrachtung auffiel ... ungeheure Leichtfertigkeit, mit der ein Student ... sich anmaßt, als Priester der Humanitas aufzutreten, sich aufzuspielen ... Er zieht Analogien, die einem ‹Finisten› alle Ehre machen ... Aus der Reihe tanzen ist ganz schön, wenn man einen eigenen Weg aufzuzeigen hat ... Nichts weiter als der allgemeine Ruf in den unendlichen Raum nach dem uralten Paradies, nach dem Traum von der im gerechten Frieden geeinten Menschheit! Und rufen wir nicht alle heute danach? ... Nein, Herr Rühmkorf liebt es, große Thesen zu setzen, im Galopp durchs Dikkicht zu reiten auf einem Gaul, den er zum apokalyptischen Reiter aufgezäumt hat. Nur kommt er weder vom Himmel, noch reitet er über die Erde, sondern durchs Labyrinth von Kellern und Dachböden, die keine Gemeinschaft und keinen Kult beherbergen, sondern Verliesen gleichen, unmöblierten Wartezimmern für Außenseiter, die sich verkannt fühlen ... Aber abiadque astine manum ... Denn dein Heiligenschein ist selbst aufgesetzt und glänzt nicht, sondern schillert ... Kommen wir zum Ende. Fort mit westöstlichen Eintopfgerichten und angebrannten Sauerbraten von Miesmachern und Querulanten gekocht ... Anstatt uns Verwunderung anzubieten, daß kein Phönix aus der zerstückelten deutschen Asche aufflog (die wir Deutschen bislang nicht einmal verwalten durften), anstatt soviel alte Kamellen über unsere Bomben aller Kaliber wiederzukauen (um die sich weiß Gott befugtere Leute schon kümmern), sollten wir ... Fort mit frecher Kaltschnäuzigkeit des lieblosen Zynismus ... fort mit der üblen Methode falscher und tendenziöser Akzentsetzung auf Kosten der Wahrheit ... Wer glaubt heute noch, daß die Lage eindeutig klar sei, insofern der Krieg ein Geschäft ist?» – (Jenun, wir glaubten's nun mal, und Riegel schrieb eine Gegenpolemik «Ins erhobene Horn stößt Heimendahl laut»)

Nach Ostland geht unsre Fahrt

Nachdem die Sowjetunion den Doktor Adenauer nach Moskau eingeladen hatte und sich die anfängliche Verwirrung im Bonner Regierungsclan gelegt, hatte der Bestätigte nichts Eiligeres zu tun als dem Bestätigenden das neu gewonnene Ansehn unter die Nase zu reiben. So wurde eine durchaus unerwartete Initiative «von drüben» als eine von Bonn weise vorauskalkulierte Reaktion ausgelegt – Reaktion auf eine sogenannte, gern so genannte Politik der Stärke. Man wies sogleich noch einmal auf die Unauflöslichkeit der NATO hin. Verwahrte sich ganz entschieden gegen eine wie auch immer Anerkennung einer «Ostzonenregierung» und zelebrierte selbstgenießerisch den 17. Juni. Faktisch: man markierte den dicken Wilhelm und plombierte die Räder der Staatskarosse vorsorglich gegen jede weitere Beweglichkeit.

Das mag sich im Rampenlicht des kleinen Nationaltheaters alles sehr hübsch ausgenommen haben. Jenseits von liebgewordenen Ressentiments entscheidend wird freilich sein, daß man den Kanzler wahrscheinlich vor die Alternative «NATO oder Wiedervereinigtesdeutschland» stellen wird, vielleicht noch günstigere, vielleicht sogar frappierende Angebote machen, und daß Herr Adenauer stur und bündnistreu mit leeren Händen nachhause kehren dürfte. Wenn also der regierende Konformismus glaubt, daß die ihm lästige Kritik nun auf Monate im voraus lahmgelegt sei, qua Einladung sozusagen, und oppositionelle Einwände gegen seine Art von Deutschlandpolitik als bloßes Genörgel widerlegt, so scheint sich ein alter Irrtum allenfalls neu zu versteifen; und heute wie nie ist es an der Zeit, der Regierung die realen Möglichkeiten vorzurechnen, die eine Unpolitik des Bramarbasierens leicht für alle Zeiten verbockt.

82

Zur Diskussion steht wieder mal und immer noch die bundesdeutsche NATO-Zugehörigkeit. Jedenfalls ist Adenauer strikt entschlossen, sie nicht aufzugeben, auch nicht, sie als Tauschobjekt in die Waagschale zu geben, für einen ganzen Batzen deutschen Territoriums versteht sich und also für alles, was man sonst so salbungsvoll herbeiwünscht. Es bietet sich uns somit die wahrhaft perverse Situation, daß man für ein offensichtliches Manko (Wiederaufrüstung und eine unerträgliche Belastung des Etats durch Militärausgaben) nun lieber noch ein weiteres in Kauf nimmt (die deutsche Spaltung auf immerdar), anstatt die Mißlichkeiten sich wechselseitig aufheben zu lassen. Das klingt naiv, bezeugt aber doch wohl nur den Mangel an hinderlichen Vorurteilen und zeigt den einzig realistischen Prospekt einer gewandten, klugen, abwägenden und also aussichtsreichen Ostpolitik. Da aber liegt nun gerade der Hase im Pfeffer. Der Mann der Taktik, der Mann, der sich gegen Neuerungen nicht vorsätzlich selbst blockiert, er fehlt – jedenfalls dort, wo kein Wort verhaßter ist als das von einer Schaukelpolitik. Hinter dem Einwand von Stühlen, zwischen die man sich nicht setzen könne, verbirgt sich nichts als nackter Mangel an Verhandlungsbereitschaft. Verbirgt sich jene kategoriale Immobilität, die bereits ein Synonym des Systems geworden ist, insofern sie sich öffentlich als «Beständigkeit» feiern läßt.

Im Grunde ist es natürlich dieser verfluchte Minderwertigkeitskomplex des einerseits hörigen, andrerseits zu keiner Konzession bereiten Westdeutschland und letztlich das alte «Wirwerdenweitermarschieren», die einer offenen Politik entgegenstehen. Und einer vor allem steht und widersetzt sich: der Bundeskanzler. Wie er bereits einmal und zwar im Fall Saargebiet die Interessen der Nation zugunsten seines vagen Europawahns zu verbuttern bereit war, und sich die Idee von einem in der Uniform geeinten Europa inzwischen zu einer wahren Zwangsvorstellung verdichtet hat, so ist die Entscheidung über die deutschen Belange auch jetzt bereits im Chambre séparée von Deutschlands liebstem Separatisten gefallen.

Wenn etwas nämlich ganz gewiß nicht zu erwarten ist, dann, daß die Sowjetunion dem Kanzler seine einseitige Westwendung auch noch durch Vorzugsangebote honoriert. Unvorhersehbare, wiewohl wünschenswerte Kursänderungen einmal ausgeschlossen, liegen die Aussichten augenblicklich real zwischen Minimalabsprachen über apokryph «menschliche Probleme» und – einer großen Blamage. Einer Blamage, die man bei der herrschenden Großmannssucht fraglos wie bewährt als Haltungserfolg verbuchen wird, als Zeichen von Rückgrat, nur, daß es auf solche Zeichen leider überhaupt nicht ankommt, sondern auf eine Furchtlosigkeit, die bereit ist, auch bestehende Bündnisse neu in Frage zu stellen, um somit bündnislos und ergo unangebunden einem bilateralen Interessen- und Spannungsausgleich entgegenzuarbeiten. Die sich nach beiden Seiten wirklich offen hält. Auch im Bedarfsfall einen Rückhalt gegen den anderen ausspielt, wie es das kleine Österreich mustergültig in der Frage seiner Erdölraffinerien praktiziert hat.

Wäre das Wankelmut? Wetterwendigkeit? Es wäre Politik, und der fadenscheinige Einwand, daß ein bündnisfreies Deutschland ein isoliertes sei, das über kurz oder lang dem Kommunismus anheimfalle, deckt nur sehr unvollkommen die Existenzangst einer Regierung, der die Ost-West-Spannung zum unveräußerlichen Propaganda- und Lebenselement geworden ist.

«Studentenkurier», Juni 1955

Dezente Diktatur

Es scheint an der Zeit, einmal von Opposition zu sprechen. Im Speziellen: von SPD. Die Bundestagswahl 1953 ergab praktisch bereits die Zweiparteien-Konstellation, da im Regierungslager trotz CDU/CSU, FDP, DP und BHE von einer Polyphonie differenzierter Meinungen und abweichender Konzeptionen wohl kaum die Rede sein kann. Sehen wir also einmal ab von Dehlers Schaumgummiliberalität, Hellweges stramm knieweicher Subordination und einem scheinbar autonomen BHE, dessen Führung ja gerade dieser Tage in seine eigentliche geistige Heimat remigrierte, und wenden uns der SPD zu, ihren Zielen, ihrer Programmatik, ihrer potentiellen Kraft. Was wäre nach der letzten Wahl ihre Aufgabe gewesen? Doch wohl auf keinen Fall die Selbstaufgabe. Ihr Teil, im Gegenteil, hätte eindeutig darin liegen müssen, alle Einseitigkeit und Schärfe der Antithese auf sich zu nehmen und ihre Stimme mit dem ganzen tatsächlichen Gewicht ihrer breiten Wählermassen zu belasten, um so aus einem nur formalen ein faktisches Nein zu machen und aus einem Parteikonzept ein Stück gesellschaftlicher Wirklichkeit. Was dann zutage kam, war allerdings eine Opposition, die Angst vor ihrer eigenen Stimme zu besitzen scheint und die die Unterschiede zum Regierungskurs zum Selbstkostenpreis nivelliert. Nichts fürchtet sie seither so sehr, als mit Zuträgern des Kommunismus verwechselt zu werden, so daß sie über dem «Gegner im Osten» den Gegner im Innern schon ganz aus den Augen verloren hat.

Das heißt, ob man es wahrhaben will oder nicht, daß unsre demokratischen Freiheiten auf kaltem Wege sukzessiv liquidiert werden. Und: nicht durch jenen fabelhaften «Gegner im Osten», sondern durch jenen Ungeist, der Kritik am westlichen System einen Beitrag zu östlicher Unfreiheit nennt und Kritik an den Profis der Freiheit als «Sowjethilfe» diffamiert. Die Schubkraft hinter den Verleumdungen ist selbstverständlich nichts anderes als Furcht. Furcht einfach, daß das Oppositionspotential neu aufgeladen werden könnte, wahrhaftige Schlagkraft gewinnen und realitätsverändernde Gewalt. Alles muß dem Doktor Adenauer daran gelegen sein, sein Image als Deutschlands Alleinunterhalter zu wahren, was wäre ihm da im Umkreis seiner Satellitenparteien gelegener als eine ges. gesch. Leerlaufopposition mit progressiv verschwimmendem Profil. Was könnte seinem autokratischen Regiment besser als Freiheitsgloriole dienen als rein formale Gegenagilität, die sich im Bonner Plenarsaal totläuft. Was aber wäre einer Gefahr vergleichbar, die auf die Akkumulation von Gegenenergie zielt, unkontrollierbare Aktionsgemeinschaften, wie sie sich beispielsweise in den Mobilitäten der Paulskirchenbewegung bereits andeuten? Unter der Dunstglocke unseres Restauratoriums nichts. Der Wähler, der bei der letzten Wahl seine Stimme abgegeben hat, hat keine Stimme mehr zu haben, und wo er das Maul aufmacht, zwischenterminlich, weil ihm die Verhältnisse hier kritikwürdig erscheinen, spricht man schamlos von einer «Krise der Demokratie».

Keine Krise der Demokratie scheint man hingegen darin sehen zu wollen, daß es der Regierung bereits gelungen ist, nahezu alle bedeutenden Publikationsorgane der Bundesrepublik zu ihren eignen Reklameunternehmen zu machen. Unsere großen Blätter, fast ausnahmslos sind sie zu Blättern im Wind geworden, der von ganz Bestimmten gemacht wird, Hintermännern, geldgebenden und gesinnungsbestimmenden, wobei das Wort «unabhängig» im Kopf etwa die gleiche Bedeutung hat wie das Wort «Wiedervereinigung» im Munde Adenauers oder das Wort «Freiheit» im Sprachgebrauch von Dulles (wobei ich der Vollständigkeit halber gern die Worte «Ulbricht» und «volkseigen» hinzufüge). Der urteilsschwache Leser indes, der sich in scheinbarer Freiheit über die Seiten bewegt, die ihm «Die Welt» bedeuten, empfängt zwischen Sanellabotschaften, Stellengesuchen, Kunst, Unterhaltung und Witzen fast unversehens seinen Schlag «eigene Meinung». Aus den «aus echter Unabhängigkeit geborenen» Wirtschaftsartikeln Ernst Friedländers («Hamburger Abendblatt»). Aus den untertänigst geneigten Lagebetrachtungen von Deutschlands diffizilstem Kotauschreiber Paul Sethe («Frankfurter Allgemeine»). Aus den nicht anders als antigeistig zu nennenden Schmieragen des Stehaufspezialisten Paul Fechter («Sonntagsblatt»). Aber nicht diese vorgespiegelte Meinungsfreiheit gilt für unmoralisch. Nicht diese unheilige Allianz von Zeitungsunternehmern und einer Unternehmerpartei, die die Zeitungsunternehmer dem Volk dann als «Volkspartei» verkaufen, sondern die verbissenen Versuche oppositioneller Schwarzarbeiter, den Regelkreis des Einvernehmens zu durchbrechen und Demokratie von unten her zu konstituieren. Macht man denn Stimmung gegen sie als «Zersetzer». Während man einerseits an Schweigegeldern nicht spart und einen Typ von Subalterngesinnung subventioniert, wie ihn sich ein anderer Staat durch Knüppel und KZ erzog, versucht man jene, die nicht an der obligatorischen Farbenblindheit leiden, aus dem Bereich der Publizität zu verweisen und in die Emigration der Stummheit zu schicken. Denn auch dies, meine Damen und Herren, gehört zum deutschen Wunder bzw. ist seine andere Seite, daß man den, dessen Kritik an der Gesellschaft sich nicht an die amtlich festgesetzten Tauchtiefen hält, mit allen Mitteln der herrschenden Unanständigkeit diffamiert. Versuchen Sie es, und Sie werden staunen, was für Verwaltungswürstchen und Schalterbeamte des Abendlandes Ihnen aus der deutschen Wundertüte entgegenblicken. Und Sie werden merken, wie weit Bonn-Byzanz reicht. Schleimheil!

«Studentenkurier», Juli 1955

71.) Sommer 55. Besuch der Weltjugendfestspiele in Warschau – die Ferienakademie des Volksfrontgedankens. Waren wir, ich, Griem, Tiedemann, Wilken pp. schon so sehr privatisiert oder banden uns nur formalistische Skrupel die Hände, daß wir sie kaum noch auseinander und zum rhythmischen Geklatsch zusammenbrachten? Nichtsdestoweniger beachtliche Kultureindrücke aus dem Weltfriedenslager: chinesische Oper, jugoslawische Volkstänze, jiddisches Dialekttheater, polnische Plakate und die «Kraftgruppe Heringsdorf». Nebenbei wundersame Privatunterhaltungen per Taubstummensprache in den Wisla-Auen. Basia Dorabialska klopft an ihr bewegtes Herz und sagt:

«Majakowskij». Ich sage «tak-tak» und richte den Zeigefinger abwechselnd auf den Himmel und auf meine ausgebeutelten Cordjeans: «Wolke in Hosen!»

Mit Barbara Dorabialska in Warschau, August 1955

Gelernt, daß man seine Komplikationen ruhig etwas runterspannen kann. Teilnahme an ruhrartiger Massenepidemie dämpfte dann allerdings das Glück des Privatissimums und verlagerte seinen (tragischen!) Höhepunkt in die Abschiedsszene auf dem Bahnhofsperron. Wurden als Beispiel fruchtbarer Ost-Westbeziehungen von allen Seiten abfotografiert und gingen in die Presse ein. Als ich wieder in Hamburg ankomme, verbrennen die lieben Uraltkommunisten Max und Emma mitten im heißen Sommer Volkszeitungen, Flugblätter, Broschüren, Dokumente aus dem Naziwiderstand. «Es geht wieder los, Korf», sagen sie, «passen Sie mal auf. Der Verfassungsschutz war heute morgen zu Besuch.»

72a.) Im Herbst des Jahres Einladung zu Teilnahme Jugenddelegation (gesamtdeutsche!) nach China. Klopfe noch einige zwanzig-dreißig Teppiche, um Anreise nach Berlin-Schöneberg und Fotoausrüstung (Agfa Box) finanzieren zu können. Von Berlin an lief dann freilich alles wie geschmiert, außer in meinem Kopf, wo schmirgelnde Bedenken hinsichtlich Lenkbarkeit von Bewußtsein durch Gratisunterfütterung Sein die Unbefangenheit gefährlich korrodierten.

«klopfe noch einige zwanzig-dreißig Teppiche»

b.) Ziemlich zu Anfang auch nervsägende Betrachtungen des Genossen Hans zu sozialistischer Kultur, demonstriert an der Deckenbemalung des Flughafenrestaurants zu Wilnus (Wilna): «Dolle Decke hier, mir jedenfalls gfollt sie. I will mal sagn, wenns dem Volk gut geht, dann gehts dena Künstlern a gut. Also schaugns: Bei uns da wern kane Aufträge erteilt, aber solche Decke wie hier, dös gibt immer wieder Arbeit für an Künstler. Dös is immer so: Die Künstler wolln doch a essen. Und weil hier der Schtaat was tut für n Künstler, darum haben wir hier ach so vül Kunst an der Deckn.» Hatte ja recht der Mann, von heut aus gesehen sicher mehr als ich mit meinem idealistischen Abwehrsystem im Kopf. Aber damals! Wir! Auf der Höhe unserer geistigen Zerfaserungen!

c.) Andererseits am 27. 9. bei gemeinsamem Besuch des Lenin-Stalin-Mausoleums (immer bedenken Sie 1955!), das war wirklich nur mit äußerster Kraftanstrengung zu ertragen. Schob sich da nämlich eine – nun – etwa – Geistesschaffendengestalt in blauem Hemd und mit giftgrünem Binder zu uns emsig Wartenden heran und sprach: «Lenin ist groß. Lenin ist ein Riese. Lenin ist ein Ozean.» (Kopfnicken unsrerseits, ganz meinerseits, hatte ja schließlich auch mein «Was tun?» gelesen) Das Subjekt – oder wie? – war damit aber noch nicht am Ende seiner Rede, d. h. noch nicht beim Sinn der Sache und fuhr fort: «Stalin ist nicht so groß. Stalin nicht so groß wie Lenin. Russisches Volk liebt nämlich Lenin sehr. Lenin lebt im Herzen von russischem Volk. Viel mehr als Stalin. Russisches Volk liebt Stalin lange nicht so sehr wie Lenin.» Und unsere Freunde mit den Illuminatenmienen? Lächelten plötzlich mit verzogenen Gesichtern, als ob man sie frisch in Essig eingelegt hätte, bis einer mit unverzagter Flüsterstimme sagte: «Russisches Volk liebt Stalin aber auch sehr.» Machte mich drinnen dann in der gebotenen Eile ans Vergleichen: Die wie zum Denken entblößte Intellektualistenstirn und die knappe, geraffte; die feinen Programmschreiberhände und die praktischen Landverteilerschaufeln; die ungemein subtil ausgearbeiteten Ohren und die wahrhaft riesigen, radarschirmhaft ausgebreiteten. Wurde unsanft aus meinen Betrachtungen gerissen und mit einem herrischen Kopfnick zum Ausgang verwiesen. Draußen zur Strafe dann über Konservierungsmethoden und Eiweißhärtung doziert; hatte doch gerade noch vorgestern «Walfisch Jonas» bewacht; mit Interessentenführung.

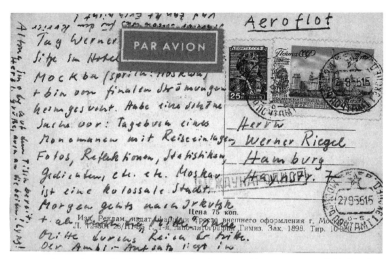

«Habe eine schöne Sache vor: Tagebuch eines Monomanen mit Reiseeinlagen, Fotos, Reflektionen, Statistiken, Gedichten etc. etc.»

d.) Am 27. 9. 20 Uhr 15 Abflug vom Moskauer Flughafen Richtung Peking, China. – Kurze Zwischenlandung Kasan (Rilke: «Du erbst Venedig und Kasan und Rom»; Majakowskij: «Der alten Hochschule rühmt sich Kasan») – Bei Dunkelheit über den Ural und sinnlose Blicke in schwarze Leere – In Swerdlowsk: Kartoffelchips, langfaseriges Gulasch und rohen gehackten Weißkohl – Überqueren bei Omsk den Irtisch und essen Wurzener Kekse (Wurzen, wichtig, Geburtsort von Hans Bötticher alias Joachim Ringelnatz) – 10 Uhr 40: Landung in Nowosibirsk. Borschtsch mit saurer Sahne und Gespräche mit Stranka, dem Dichter, «Lied vom Traktor-Fritz», über Benn. Er meint, der müsse verboten werden (Heiliger Strohsef, da bleiben wohl nur noch die Marmorspucknäpfe im hiesigen Flughafenklo und die Samtportieren vorm Pißbecken) – Über Krasnojarsk beginnen die Stewardessen mit den sechszackigen Sternen am Ohr und ein Lastwagenfahrer aus Magadan die «Katjuscha» zu singen – Um 18 Uhr Moskauer Zeit erzählt der Lastwagenfahrer, er wäre mal in deutscher Kriegsgefangenschaft gewesen. Was soll man da schon groß antworten? Waren auch dagegen?! – 19 Uhr 5: Landung zu kurzer Rast in Irkutsk. Kekse und Tee mit Honig. Auf einem Tisch des Flughafenrestaurants: Jerome K. Jerome «Three Men in a Boat» (gedruckt von einem Moskauer Verlag???) – Nach drei Stunden Schlaf wieder hoch und über den Jenissei. Eine leicht gebuckelte Taiga. Erste Spuren von Schnee. – Überm Baikalsee weiß man nicht mehr, wo das Wasser aufhört und der Himmel anfängt. Schlechtwettergebiet. Turbulenzen. Übelkeiten. – 8 Uhr Moskauer Zeit: Die Gobi mit nichts als nichts, außer mal einem Spiegelblitz von unten: Tümpel, Oasen. Aber dafür denn auch gleich die zwanzig Abstufungen zwischen Braun und Gelb und Gelbbraungelb. Überfliegen die mutterseeleneinsame Khara-Bahn und landen um 8 Uhr 46 in Ulan Bator, Hauptstadt der Mongolei. Während das winzige zweimotorige Flugzeug aufgetankt wird, blicken wir den violetten Grashüpfern nach, die über glasigwachsiges Wüstenkraut hinwegsegeln. In der Ferne Kamelkarawanen, ruhig, stetig, unerschütterlich der ewigen Wüste zu, aber doch wohl mit irgendwelcher zeitgenössischen Last. Stehen zwei Stunden in eisigem Wind und unter einer glühenden Sonne. – Nach dem Aufstieg wird die Öde bald hügliger, wirtlicher, dann gebirgiger. Auch Ortschaften, seltsam verschachtelte, wie aus dem Sandmeer auskristallisiert. – Und um 11 Uhr 15 DIE MAUER: von Horizont zu Horizont – Blicke, abwechselnde, auf die grünbraun pelzigen Berge und in den Schandrapport einer Filmexpedition aus dem Jahr 36: CHINA OHNE MASKE: «Vor einem Teehaus erregte ein lärmender, wogender Haufe von Menschen meine Aufmerksamkeit. In seiner Mitte fand ich unsern Emilio, der eine ganze Kollektion entsetzlicher Bettler, Krüppel und Bresthafte um sich versammelt hatte, und dabei war, die zerstörten Gesichter, die verkrümmten und verstümmelten Gliedmaßen dieser Elenden mit einer Hingabe zu fotografieren, wie ein Sammler etwa eine Auswahl erlesener Kost-

«Und um 11 Uhr 15 DIE MAUER»

barkeiten. ‹Wollen Sie mit diesen Scheusälern zuhause eine
Schreckenskammer ausstaffieren, oder was sonst?› fragte ich. Er
fuhr herum: ‹Ah, Sie sind's, Doktor! – Eine Schreckenskammer? Wieso? Das werden natürlich Reklamebilder für den Film!
– Ja, sicher, so gräßliche Sachen will das Publikum sehen, das
zieht!›» – Als wir gegen Mittag in Peking landen und verlegen
blinzelnd die Treppe herunterkommen, versinken wir unvermittelt in einer Woge von Gladiolen. Gesichter wie runde
schwebende Lampione. Zierliche Fingerchen, die nach unsern
Jackenärmeln greifen – aber nicht um den Stoff zu prüfen. Wir-
belnde, zwitschernde, tanzende, hopsende Begeisterung. Gelenkt und vorbereitet? Maoseidank gelenkt! Denn wenn nicht
Lenkung und Planung und Organisation, was eigentlich sonst
auf der Welt vermöchte den Jangtsekiang zu lenken und den
Hoangho und neun und eine halbe Million Quadratmeter Land
zu organisieren und siebenhundert Millionen lebendiger Menschen? Etwa 'ne kapitalistische Kolonialverwaltung oder 'n
Filmregisseur mit 'ner Jacopetti-Linse? Also?!

92

e.) Eine Woche lang Peking. All die ersten Beobachtungen, die auch bei der wortreichen Beauvoir verzeichnet sind, die eine Maschine vor uns angekommen war und die dann gleich ein dickes Buch daraus gewebt hat aus erstem Augenschein und einem Sack voll vorläufiger Zahlen. Egal, der sogenannte Bambusvorhang hatte sich damals zum erstenmal einen Spalt breit geöffnet, und wer gekommen war, um zu sehen, der lernte aus dem vollen. Befürchtete nur, daß unsere Freunde Genossen vor lauter Perspektiven gar nicht mehr das Land und seine Leute sahen, und sie wieder mir den Blick verstellten für die Perspektiven. Schließlich, man war doch nicht doof. Und wenn man das offensichtlich Positive noch mal mit 'm Holzhammer eingepaukt kriegte, bestand am Ende die Gefahr, daß sich dem Kopf ein Negativeindruck einprägte.

f.) Konnten uns völlig frei herumbewegen oder gezielt heranführen lassen, ganz nach Bedürfnis, das nahm den immer einspruchsbereiten Vorurteilen schon mal den gröbsten Wind aus den Backen. Machte von dieser und jener Möglichkeit ausgiebigen Gebrauch und wurde nicht dummer, weder durchs Sehen, noch durchs Besichtigen. War zu Anfang vielleicht etwas übermächtig von den rein exotischen, fremdländischen und abenteuerlichen Momenten angezogen und fixierte, was ich wahrnahm, mit dem üblichen aperspektivisch-stationären Okular: einerseits – andrerseits. Einerseits die «Verbotene Stadt» (inzwischen durchgehend geöffnet) mit Kaiserpalast und Himmelstempel (ein System sinnreich angeordneten Unsinns, Anlagen von einer bemerkenswert mechanischen Grazie, sehr künstlich alles, sehr bizarr und gewiß nicht belebt, sondern eher theatralisch angereichert mit optischen Trick-Konstruktionen und akustischen Verblüffungsmaschinen), andrerseits: Arbeitersiedlungen, Schulen, Kindergärten, Altenwohnungen, Sozialversorgung, Pädagogik und Hygiene. Lernte erst mit der Zeit das perspektivische Sehen, das heißt die dialektische Durchdringung des Offensichtlichen mit der historisch-materialistischen Prüfsonde. Nicht dieses ziemlich zusammenhanglose Nebeneinander von alter Pracht und neuer sozialistischer Praxis war ja das eigentlich Interessante und Bemerkenswerte, dann schon eher die Art und Weise der Einverleibung, die Traditionsmethoden, die Formen der Übernahme, die doch mit Machtübernahme sehr bestimmt zu tun hatten. Frage: wie sich das Neue überhaupt gegen den schönen Schein des Bösen Alten durchsetzen könne? Doch eigentlich nur mit Gewalt.

g.) Zum Beispiel: waren das nun wirklich überlieferungswerte Kulturdokumente, die marmorne Luxusbarke und die Porzellanansammlungen des «alten Buddhas», der Kaiserin Su Tschi, der Tigerin, die ihre überlangen Fingernägel in Perlmuttetuis geborgen trug und ihren reformverdächtigen Neffen in einem Käfig gefangenhielt, der nur recht äußerlich-formal mit einem Pavillon zu tun hatte. Beobachtete an mir selbst fortwährend futuristische, vielleicht kulturrevolutionäre Aggressionen. Erst mal die Museen anstecken und die kapriziösen Zeugnisse barbarischer Kapricen und eines menschenverächterischen Luxuslebens, erst mal diese Sichtblenden weg und dann erst – weitersehen. Die Regierung ging hier aber offensichtlich den schwierigeren Weg der dialektischen Auseinandersetzung: die äußere Form konservieren und die Inhalte interpretieren. Trotzdem hing so etwas wie Kulturrevolution schon damals in der Luft. Überdimensionale Plakate reckten sich gegen tausendjährige Zypressenhaine und manieristisch verschnörkelte Pagoden auf: Illustrationen der Produktionsfortschritte, Dokumente der Wehrbereitschaft und der riesengroß plakatierte Anspruch auf Taiwan.

h.) Am 1. Oktober die große Revolutionsparade vor dem Tor des himmlischen Friedens, 1955 erstmalig vor international besetzter Tribüne. Hatte weniger mit den üblichen westlichen

«die große Revolutionsparade»

Analogiezwängen zu kämpfen (darüber war ich hinaus), als mit einem ganz seltsamen Gefühl der Ausgeschlossenheit. Was ich von mir aus nicht fertigbrachte, das sympathetische Mitschwingen, erreichte dann allerdings ein deutsch-amerikanischer Fotoreporter. Wollte mit seinem wertfreien Objektiv nur immer den Zwang hinter den Massenbewegungen aufdecken, die «blauen Ameisen» sistieren, Erinnerungen an faschistische Großaufmärsche fotografisch freilegen. Belehrte ihn, daß, was nicht auf seinem Film war, der massenhafte Jubelruf «Ho bin wang tse» Es lebe der Friede heiße, da solle sich sein Atom-Amerika mal lieber ne Scheibe von abschneiden. Abgesehen davon hätten Ameisen meine allerhöchste Sympathie, sowohl von der Lafontaineschen Fabel her als auch im Gegensatz zu West-coast-Gammel-Grillen. Dabei hatte der Mann mit Hipsters und Beatsters natürlich überhaupt nichts zu tun. Nur schlicht und einfach 'n gutbezahltes falsches Bewußtsein. Abends dann mit den losgelassenen Ameisen auf dem Tien-an-Men-Platz herum-

95

getanzt, in voller Begeisterung und frisch entfesselter Unschuld.

i.) Weiß nicht, was in Kapluk (Manfred) gefahren war, doch
sonst so bedächtigen und souveränen Agitator mit viel Sinn für
jederart Überbaumarotten – vermutlich das alt unausrottbare
«Vertrauen ist gut, Kontrolle ist besser» – daß er mir mein sentimentalisches Tagebuch entführte und seinen Notizen Reflexionen über meine subtilen Bedenken beifügte. Entfesselte damit jedenfalls eine Spionagekampagne, die jeden auf die Eintra-
gungen des andern scharf machte und die vorherige Unbefangenheit der Buchführung trübte. Heute ist er sicher längst darüber hinaus und hat als hochbefähigter 1. Vorsitzender der DKP
Nordrheinwestfalens den Kopf mit anderen Dingen voll als seinen chinesischen Erinnerungen; nicht ganz so ich, der ich als
schreibender Aufklärer immer viel mit Überbaudränage zu tun
hab: Verdrängen ist gut – Bewußthalten ist besser.

j.) 8.–11. 10. Tschungking: bedeutendste Handelsstadt der Provinz Szetschuan und von November 37 bis immerhin November 49 Sitz der ‹nationalchinesischen› (Kuomintang-)Regie-
rung unter Tschiangkaischek (das hieß mal «Tschungking-
China», wenn das wer noch im Ohr hat). Interessant, daß die
Stadt nicht nur im japanisch-chinesischen Krieg von landes-
fremden Bombern lädiert und mitgenommen wurde, sondern
auch noch von den abziehenden Kuomintang-Truppen in
Brand gesetzt. Anscheinend eine internationale Gepflogenheit
von Nationalfaschisten, sich selbst mit der Nation zu verwechseln. Wo sie raus müssen, ist das Vaterland zu Ende und kann
dann ruhig verbrannte Erde werden. Und wo sie hingehn,
wenn auch unter den Schutz ausländischen Kapitals, spielt man
in neuer Unverfrorenheit «unteilbares Vaterland». Wie bekannt
hat Tschiangkaischek sich über einen kurzen Zwischenaufent-
halt in Tschengtu dann nach Formosa (Taiwan) abgesetzt, wäh-

rend die Volksregierung sich sofort nach dem Sieg der Revolution ans praktische Revolutionieren machte und die verdrehten Besitzverhältnisse vom Kopf auf die Beine stellte. In der winzigkurzen Zeitspanne seit 1949 hat man allein in Tschungking 2,54 Mio m² neuen Wohnraum erschlossen, den vorhandenen Schulraum um 179 934 m² erweitert, 13 neue Mittelschulen gegründet, aus 10 Omnibussen 181 gemacht, die Reiszuteilung für Dreher verdoppelt und die Straßenbeleuchtung mit der Expansion von 900 auf 9000 Lampen erst richtig angefacht, den Zukkerverbrauch gehoben (um 34%), den Schweinefleischkonsum um 150% gesteigert, 170 000 m² neuer Sportfläche geschaffen, die kostenlose Krankenversorgung eingeführt, die Gehälter der Lehrer um 205% angehoben, die Zahl der Schüler und Studenten – trage Prozentzahlen und Verhältniswerte und Steigerungsraten in mein Notizheft ein (das mit der rosenwangigen Monteursfamilie vorn und dem bewaffneten Kradfahrer hinten; völlig richtig; wie sonst?), auch dann noch, als man lange eingesehn hat, daß der Einsicht mit facts und figures nur sehr vorbehaltlich beizukommen ist. Eher dann schon sinnlichen Erfahrungen wie dieser: man wird zwanzig Kilometer weit gefahren und hundertfünfzig Stufen hochgeschleppt, um ein bis zur Unkenntlichkeit vermummtes Turbinenaggregat bestaunen zu dürfen: «Diese Fabrik bedeutet einen gloßen Schlitt bei Velwilklichung des Sozialismus gelungen.» Und man staunt dann auch wirklich von Herzen. Nicht über das Ding da, den stumpfen Trumm, sondern zum Beispiel über die winzige blauberockte Direktorin, die hier mit Anmut und Bescheidenheit über die Millionen von Kilowatt und Hunderte von Angestellten gebietet, als stünde sie schlicht am Kochtopf. Nur steht sie eben nicht mehr am Kochtopf und gebietet auch überhaupt nicht, sondern sagt freundlich so und so und so, und dann geht in Tschungking das Licht an.

k.) Mit dem Zug nach Tschengtu, da hätte man vor sechs Jahren auch noch mit der Rikscha hinfahren müssen. Lange Fahrt am Jangtse entlang, mit den Treidlern, die flache Schuten oder Flöße stromaufwärts zogen; an Fahrradkolonnen vorbei mit Anhängern voller Teerfässer, Zementsäcke, Bauholz, Eisenträger; Rikschas, pagodenhoch mit Kohl beladen, Teesträuchern, Mais, Getreidegarben; Erzzügen, die von Arbeitern mit Tragkörben entladen wurden; an Handarbeit und Fußarbeit und Beinarbeit, mühseliger Arbeit allenthalben, Knochenarbeit, wie man sie unseren 1970er Party-Maos in ihren schmucken Cardin-Litewken schon einmal wünschen möchte, sei es nur für kleine zwei-drei-Jährchen. Aber auch wir sentimentale Reisende ergingen uns nach der Ankunft reichlich müßig in den Tuja-beschirmten Parks der Dichterin Hsui Tao zwischen Äffchen und Vögelchen aus Stein und an Poemen vorüber, für Ewigkeiten in den Fels geritzt. Nicht für die Ewigkeit, dafür mit um so breiterem Perspektivwinkel die erst seit einem Jahr bestehende Landwirtschaftliche Genossenschaft. Erhöhung der Ernteerträge von 210 kg pro Mu im Jahre 1949 auf 305 kg im Jahre 55 und die Vervierfachung des individuellen Anteils am Ertrag. Einhundert Meter von seinem früheren Landsitz entfernt konnte man dann den ehemaligen Großgrundbesitzer Liu Tschu besichtigen, wie er auf seiner musterhaft geführten Hühnerfarm herumwirkte, täglich die «amtliche Bestätigung seiner Bekehrung» erwartend. Wir fotografierten ihn, den gutgenährten, wohlgemuten und wünschten ihm das Glück auf den Weg, das er erhoffte: Die baldige Reifeurkunde für den Eintritt in die LPG.

l.) Zurück nach Tschungking, wo die ständige Spionage- und Sabotage-Ausstellung gerade um einige brandneue Stücke bereichert worden ist: Dulles-Cocktails in Ananasbüchsen, ein Funkgerät in einer Verpflegungstrommel, Feldflasche mit Kompaß im Schraubverschluß, Fallschirme in Tarnfarben für alle

Jahreszeiten. – Nachmittags durch den Volkspark, an einem brummigen Tiger vorbei, recht lieblos eingekerkerten, und zur Besichtigung des altehrwürdigen pädagogischen Seminars mit seinen neuen Menschen und des modernen Konservatoriums. Rührend und exotisch zugleich der angespannte Ernst der Seminaristen, im Stehen studierend, wie in ihr geistiges und ideologisches Wachstum vertiefte Setzlinge einer Staatsbaumschule. Fesselnd und rührend die konzentrierte Weltvergessenheit der Musikstudenten vor ihren Korrekturspiegeln in den winzigschmalen blaugestrichnen Studierzellen. Und auf dem Schulhof einer Mittelschule für Mädchen werden wir zweimal plumpes Deutschland dann von einem wiederum sehr überwirklichen Enthusiasmus zerrissen und von Freudenstürmen hin- und hergeschüttelt. Konnte mich erst auf der Rückfahrt wieder in Ironie fassen, als auch die Genossen angesichts des jetzt schon vertrauten Jangtse die Stimme wiederfanden: «Warum ist es am Rhein so schön?»

m.) 15. 10. Im kleinen olivgrünen Vierzehnsitzer mit der roten Fünfsternefahne am Leitwerk nach Wuhan, Hauptstadt der berühmten Revolutions-Provinz Hunan. Dort wird gerade in Handarbeit eine neue zweistöckige Brücke über den Jangtse gebaut, den bislang so unberechenbaren, aber auf lange Sicht doch Zähmbaren und Unterkriegbaren.
Zu rhythmischem Gesinge federnd, den gesamten Schwung des Laufs der Last zugute kommen zu lassen und gleichzeitig die eigenen Schultern zu entlasten, traben die Korbträger über schmale Laufstege dem morastigen Ufergrund zu. Bei dem großen Hochwasser des Jahres 54 und bei den neuerlichen Wasserunruhen im letzten Frühjahr wurden hier sämtliche Schüler und Studenten der Stadt an die gefährlichsten Einbruchstellen geworfen, um die Ausfälle des Aggressors eindämmen zu helfen, und was jahrtausendelang als Schicksal, Göttermacht und blinde Dämonenwut ertragen wurde, enthüllte sich als wider-

ruflich durch das Gebild von Menschenhand. Exemplarische Überlebensmodelle. Ausgreifend fortwirkende Organisationsmuster für die gesamte technisch unterentwickelte Dritte Welt. Osten ist rot, China ist jung, rote Fahne von Mao Tse-tung. Was für einen Eingriff in die unantastbare Persönlichkeitssphäre vermutlich wieder grad die halten, die uns damals Zwölfjährige unter den Nazis Sklavenarbeit leisten ließen und für uns vierundzwanzigjährige Hochbegabte auch nichts Besseres als das Aufladen von Zweckformkisten und das Abladen von Rinderhäuten zum Angebot stellen. Dabei gibt es hier außerdem noch Formen der unschuldigsten Freundlichkeit und Hilfsbereitschaft, die ein Gesellschaftsprodukt sind, und von denen man sich in der europäischen Konkurrenz-Arena nichts träumen läßt. Werden abends im Jugendclub in einen Strom der Sympathie hereingewirbelt, wie er bei uns im Buche steht, aber eben nur im Buch, in Schillers Lied «An die Freude» zum Beispiel: «Deine Zauber binden wieder, / was der Mode Schwert geteilt; / Alle Menschen werden Brüder / Wo dein sanfter Flügel weilt» –

n.) Der faustische, zumindest goethische Teil meiner Natur trieb mich am folgenden Tag noch einmal im Alleingang durch die ganze bunte Stadt. Was Ihm der Zwischenkieferknochen gewesen war, das waren für mich Gerüchte von sagenhaften Riesenmenschen, von denen Koenigswald bereits zwei Zähne gefunden hatte, und – zwar! – in einer jener kuriosen chinesischen Stein- und Kräuterapotheken, die auch mich so unwiderstehlich anzogen mit ihren tausend irdenen Krucken, schwarzen Tontöpfchen, reichverzierten Raritätenschachteln und mit den bleichen Reklame-Knochenmännern in den Schaufenstern. Klopfte bei einem mir besonders vertrauenswürdig erscheinenden Zauberbetrieb an (der führte ein Riesengebiß mit graugrünen Defekten und blutigrotem Zahnfleisch im Wappen), aber der Tschingschangtscheinamann, der mir dann öffnete, war eher ein Bader, Zahnzieher, Akupunkteur und Combustions-künstler, der über «Drachenzähne» nur von ferne gehört haben wollte. Trotzdem eröffnete er mir nach einigem Hin und Her doch noch seine geheimste Wundertüte und – oh, heiliger Gigantopithecus blacki! – das war er, bzw. SIE, die Riesendame Adda, halb Mensch halb Tier, halb tiefes Pleistozän, halb schon wie du und ich, und sogar zu verkaufen, sogar feil: drei wunderschöne Hauer für nur etwa fünfzig Yüan und meine C & A-Noppenjacke. Wollte mir dann noch einen wundermächtigen Segen dazu erstehen (statt einer Expertise sozusagen), der allerdings stark über meine Verhältnisse ging, und so verlor ich die Lösung eines Menschheitsrätsels noch in der gleichen Nacht bei einer höchst romantischen Bootsfahrt auf einem künstlichen Lotosblumensee.

o.) 17. 10. Bahnfahrt durch das gelbe, rote ockrige, sienafarbene Land, wo Wasserbüffel sich mühsam durch den fruchtbaren Schlamm vorkämpften, Schwärme von Elstern scharf bis fast zu unseren Abteilfenstern herangeschossen kamen und allerlei fliegendes Raubgetier den blauen Himmel bevölkerte. Schlief ein bei langsam verschwimmenden Eindrücken von groszer arebeit, Menschen an Wasserrädern, Treträdern, Kinder beim Tonziegel-Ringeln (wenn so etwas wie Torf-Ringeln heute überhaupt noch ein Begriff ist), Bauern, die Reisbündel auf großen Sieben ausschlugen und anderen, die Garben banden und sie zu kleinen zierlichen Hocken gruppierten. Rollte mich tief nach innen und träumte in Wortspielen, die aber eigentlich gar keine Spiele waren, sondern beziehungsreiche Versuche zur Selbstdefinition, die ich mir im Wachzustand bisher verkniffen hatte. Notierte: «Geträumt, ich säße in einem Lesesaal mit Büchern, Zeitschriften, Zeitungsausschnitten, handgeschriebenen Notizzetteln, alles wild um mich herum verstreut. Fand einige mich seltsam anmutende Gedichtzeilen und fragte (wen?), ob das denn nicht von Lenz sei. Richtig, von Lenz, wurde mir geantwortet, von dem großen Lenz. Sagte darauf: ‹Und ich hätte schwören mögen, daß es von mir sei. Aber ich heiß ja nur Ambivalenz.›» (Hatte schon öfters solche Träume gehabt, klangmalerische, zum Beispiel den mit dem Treppengeländer, auf dem ich in einem Zustand höchster euphorischer Beseligung herunterglitt, um dann mit dem Ruf «Ich fühle mich à la Allah!» erfrischt aufzuwachen.)

p.) 18. 10. Von Tschangscha aus mit dem Bus nach Schaoschan, dem Geburtsort Mao Tse-tungs. Ein roter anhänglicher Staub dringt durch die kleinsten Ritzen ins Bus-Innere und lagert sich auf den Kleidern ab und verfängt sich in Brauen und Kopfhaar. Der Fahrer (mit dem landesüblichen Mundschutz) hat mächtig zu tun, die Frontscheibe immer wieder frisch aufzuklaren (mit dem landesüblichen Staubwedel, anscheinend obligatorischem Zubehör von jedem öffentlichen Verkehrsmittel). Einmal dringt ein Insekt zum Ausklappfenster herein, eine winzige Fliege nur, da hält der Fahrer an, als ob es sich um einen Verkehrsunfall handle, eine lebensgefährliche Betriebsstörung, und verfolgt das Insekt mit der Unerbittlichkeit eines Verbrecherjägers (die Fliegenkampagne war ein integraler Teil der Revolution gewesen, und die bloße Vorstellung von Fliegen, Mücken, Schnaken oder Bremsen konnte bei einem sensiblen Volkschinesen Hautausschläge und psychogene Pustelbildung auslösen. Hatte jedenfalls in Peking von solchen Fällen gehört).

Das Haus, das uns dann erwartete, war, wie es sich für diese Lößlandschaft gehörte, aus Lehm gebacken, eine einfache Atriumanlage mit einer Grube zum Auffangen des Regenwassers im Inneren, die jetzt allerdings zum Blumenbecken umdekoriert worden war: Schlinggewächse grünten, Lotos blühte. In der Schlafstube der Eltern ein breites Bett mit einer Art Passepartoutrahmen aus Holz davor, einem gerafften Vorhang, der den Blick auf eine geblümte Wolldecke freigab, alles zusammen so etwas wie eine kleine Bühne im Gehäuse, ein separates Guckkastentheater, aber so war es vermutlich nicht gemeint. An der Wand die Bilder der Eltern, an denen sogleich die ungemeine Ähnlichkeit Maos mit seiner Mutter ins Auge fiel. In Maos ehemaligem Wohn-Schlaf-und-Studierzimmer: Bett, Bambuspritsche, Schrank und eine bescheidene Glasvitrine mit zwei ein bißchen verloren wirkenden Büchern, eines davon ein Mathematikbuch. Und auf der Tenne, gleich nebenan, ein gemauertes Rundbecken, in dem mit Steinhämmern der Mais zerkleinert wurde, und eine primitive Gebläsemaschine aus Holz und Stoff zum Abblasen der Reis-Spelzen. Nach einer eher flüchtig touristischen als genaueren Beobachtungen Raum gönnenden Führung, servierte man uns dann zum Tee (aus Deckeltassen mit grünen Friedenstäubchen) die Biografie. Die kann man nun überall nachlesen, vergleichsweise detailliert und mit den nötigen Akzenten auf die großen Schlüsselerlebnisse und Umschlagdaten, trotzdem erschien es mir bemerkenswert, wie sie sich im Zusammenhang mit einer bescheidenen Fremdenführung ausnahm: gar nicht kolossalisch, sondern eher kolossal privat. «Mao las viele Romane und fortschrittliche Bücher, die von den Lehrern nicht erlaubt. Lehrer gaben Mao viele Aufgaben, um ihn davon abzuhalten. Lehrer berichteten Vater von Mao über angebliche Verletzungen von Disziplin», so genau begann es, um am Schluß etwas lakonisch zu enden: «Mao hat sein Heimatdorf seit 1927 nicht wieder besucht.» In diese, fast möchte man sagen privatpsychologisch aufschlußreiche Klammer fügt sich allerdings das politisch Weltbewegende, Geschichtstreibende, der Art, daß es an jeder Stelle psychologisch konkret bleibt, und noch der hundertmillionste Kopf es als ein Stück Persönlichkeitsentwicklung begreifen kann.

q.) Nach sechsunddreißigstündiger Bahnfahrt in Hangtschou angekommen, sogenannter «Chinesischer Riviera». Auf dem Berge Fe lai Fung konserviert man die alten Götter, die stati-

schen, seßhaft in Stein Verewigten, und in der staatlichen Bild-
weberei sieht man die zeitgenössischen Zeile für Zeile auf mechanischen Webstühlen emporwachsen. Fotos, auch Farbfotos,
werden Punkt um Punkt auf Pappen übertragen, die gestanzten
Matrizen rucken über Walzen, führen das Garn heran, der
Kamm schlägt die Querfäden fest, eine Nase beginnt sich von
der Spitze aufwärts zu vervollständigen, Augen bekommen
Schatten, Irisse, Pupillen, Ausdruck, Brauen beginnen zu sprie-
ßen, gleichzeitig kräftigt sich der obere Ohrenrand, acht
Tschou En-lais steigen vor unseren interessierten Blicken aus
der Taufe, Schulter an Schulter, und schon schießen neue an,
die Jacke wird hochgewebt, Taschen bekommen Klappen,
Knopf folgt auf Knopf, der Bund am Hals, der Halsansatz, das
Kinn, die Unterlippe, Oberlippe, Nasenspitze … Ahnte damals
noch nichts von unserer Posterkultur der späteren Sechziger
und interessierte mich weniger für den Souvenirwert als die lokalen Agitationsmomente. Man produziere pro Jahr eine Million sehr unterschiedlicher Objekte, wurde uns gesagt, vom
Personalporträt bis zum idyllischen Landschaftsbild und beider
wirkungsvollem Zusammenhang. Wurden zum Abschied noch
um eine übergreifende Kritik gebeten: «Wir hoffen, daß Sie
viele Meinungen äußern, weil wir wünschen, daß wir unsere
Einrichtungen und Arbeiten verbessern», was sollte man da
schon groß anregen? Etwa eine Döblin-Serie, bezgl. der «Drei
Sprünge des Wang Lun»? Dafür würde sich ein Abnehmerkreis
von an die hundert Interessenten schon finden lassen. Gewiß.

r.) 22. 10. 55. «Einmal noch nach Bombay / Einmal nach
Schanghai / Einmal noch nach Rio / Einmal nach Hawaii, nach
Hawaii / Einmal durch den Suez / Und durch den Panama /
Wieder nach Sankt Pauli / Hamburg-Altona.» Kritische Reflexionen über Seemannslieder und ihre imperialistischen Senti-
mentalitäten im 11. Stock des Schanghai-Hotels mit Blick auf
den bewegt-belebten Wang-Poo-Fluß und einen Frachter

Im Kindergarten in Hangtschou

namens «Hamburg». Im Anhang folgerichtig beißende Gedanken über solche imperialen Hochhaus-Obelisken, die weniger Ausdruck waren für ein Zeitalter sozialer Blüte, sondern spektakuläre Symbole von privater Bodenspekulation und Niederknüppelung der ausländischen (das heißt von der anderen Seite her: einheimischen) Industrieunternehmen (1946 ging ein Drittel der gesamten amerikanischen Zigarettenfabrikation nach China, während zwei Drittel der einheimischen Fabrikanten in Konkurs gingen). Entsprechend der vordringlichen Arbeit an der sozialen Basis nehmen sich die Erfolge des neuen China zwar nicht so monumental aus wie die Wolkenkratzer der Kolonialmächte, sie sind dafür fundamental und in die Breite gehend. Seit dem 28. Mai 49, dem lokalen Befreiungsdatum der Stadt Schanghai, haben 300 000 Arbeitslose eine Stellung gefunden, wurden 40 000 Arbeiterwohnungen gebaut, hat man begonnen, die alten Elendsviertel zu kanalisieren und zu elektrifizieren, verdoppelte sich die Anzahl der Schüler und Studenten von 420 000 auf 800 000, wurde die Prostitution beseitigt, das Bettelwesen (mit Gewalt) eingedämmt und die Verbrechensquote (ebenfalls mit Gewalt) gewaltig reduziert. «Hier gab 1946 zehntausendvierhundertsechsundvierzig Diebstähle», sagte unser Dolmetscher, «einer pro Stunde. Und gab auch viele Kabale.» Übersetzte den Freunden erst mal die «Kabale», und der Genosse Hans zeichnete uns sogleich das positive Gegenbild: «Wenn einer zum Beispiel nur ein Mädchen hat und nix trinkt, will mal sagn, nicht viel trinkt, und wenn er dann auch noch gut lernt, dann hat er eine hohe Moral.» So ergänzten wir uns wechselseitig und gingen am Abend auch gemeinsam die verlorene Kabale suchen. Gerieten dann aber auf den Trödelmarkt am Hafen, wo chinesische Oper in Subkultur stattfand: Mangoverkäufer priesen zweistimmig ihre Früchte an, Besenmacher klappten mit Hölzchen, ein Maronenröster rührte unentwegt in einer Blechschüssel mit Glasstücken herum, Hühner- und Eierausrufer übten sich in atonalem Wechselgesang, ein Fahrraddeckenspezialist betätigte eine Doppelklingel, ein Messingwarenhändler ließ einen Metallring an einer Gardinenstange auf und nieder rutschen, dazu noch Topfdeckelrührer, Rasselschwinger, Hupendrücker, Fiedelmänner, Dudelsackbläser und Flaschenxylophonisten, und zwischen alledem, unendlich vertieft und gar nicht mehr ganz von dieser Welt: ein Haufen Lesender. Habe nie wieder irgendwo solche fast meditative Bücherandacht gefunden. Sie fällt auch nicht vom Himmel, so wenig wie Lesen und Schreiben und – in der Perspektive – die Lust von Arbeitern zu Malen und zu Dichten. Besuchte Arbeiterkünstlerausstellung mit doch sehr vielen gelungenen Werkstücken: «Es ist schwer, den Stahl zu bearbeiten / Er setzt uns viel Widerstand entgegen / Aber ich werde ihn bezwingen.»

s.) 27. 10. Nanking. Alte Hauptstadt unter Ming-, Tsing- und für eine Zeitlang auch Tschiangkaischek-Herrschaft. Bei strömendem Regen Wallfahrt zum Mausoleum des Kuomintang-Gründers Sun Yat-sen. Unter der Kuomintang-Sonne am Gewölbehimmel (die sonst als Schand- und Brandmal gilt) geht mir wieder einmal ein Licht auf, wie dialektischer Umgang mit der Tradition aussieht, aussehen kann und wohl auch auszusehen hat. Besuchen nach dem soundsovielten YMCA / YWCA-Club den Bischof Ting, der rechtens nicht gut auf Auslandsmissionare zu sprechen ist, und anschließend eine Ausstellung dichtender Schüler und Studenten. Auch nicht bloß Schularbeiten:

Die Bauern pflanzen den Reis
Sie bewässern und pflegen ihn mit viel Mühe
Wir aber wollen die Lehre pflanzen helfen
Daß für alle Zukunft
Der Reis allen zu gehören hat
Wir wollen lehren und aussäen die ganz einfache Lehre
Daß der Reis für alle gewachsen ist.

t.) 28. 10. Mit dem Schiff über den Jangtse und in den Zug nach Scheniang. Einundvierzig Stunden Bahnfahrt durch die Provinzen Kiangsu, Schantung, Hopeh, Liaoning, von der auslaufenden zweiten Reisernte durch die dritte Baumwollernte bis hoch in die frostigen Nordzonen mit Frühreif auf den Pelzmützen der Arbeitersportler und den üblichen Farbfestspielen von Industrielandschaften: Fabrikenqualm kontra Morgenrot. In diesem Teil der Mandschurei hat Japan aufgebaut, um abzubauen und auszubeuten. Hier fiel es ein mit seiner ganzen überlegenen Kriegsmacht am 18. September 1931, von hier aus trieb es seinen imperialistischen Krieg gegen das ganze China vor, und von hier aus lassen sich auch entscheidende Motive und Triebkräfte der sozialistischen Revolution entwickeln. Was nicht heißt, daß wir hier im Industriegebiet der Mandschurei etwa die Produktionsstätten der Revolution zu vermuten hätten, die lagen ganz woanders, in den Bauerngebieten der Provinz Hunan und im südlichen Kanton-Distrikt. Aber am Verlust der nationalen Schatzkammer, seiner Bodenschatzkammer entzündete sich dann dieser gewaltige, patriotische und sozialistische Impetus, der sich dem Besitz der industriellen Produktionsmittel schließlich als überlegen erwies. Ich glaube, dies Faktum muß man sehr genau und auch in ganzer Perspektive sehen. Wenn überhaupt etwas einen entscheidenden Trennstrich macht zwischen chinesischem und russisch-sowjetischem Kommunismus, dann ist es das Fortleben dieses Bewußtseins vom Sieg des Bewußtseins über eine dick gepolsterte Basis und die Überlegenheit einer revolutionären Ideologie über die wirtschaftliche Macht.

Die Mandschurei und ihre wesentlich von Japan hingeklotzten Industriebauten bieten ein anschauliches Beispiel. Zuerst denkt man sogar, das hat doch im Grunde alles mal die Kolonialmacht aus dem Boden gestampft, das hat sie überhaupt erst erschlossen und durchdrungen mit ihrer technologischen und bürokratischen Überlegenheit; und das ist ja auch gar nicht aus der Welt zu leugnen, diese ganze grau-wuchtige Koloniallandschaft aus Industrieanlagen, dicken Funktionskörpern, Verwaltungsbunkern, Zufahrts- und Abtransportstraßen, Beutegutförderbändern, geschwollenen Verkehrsknotenpunkten (alles noch mit den Warenmarken der Okkupanten gezeichnet) – aber darüber, daran und davor wie etwa Gerichtsvollziehermarken: die bunten Embleme des Machtwechsels und der neuen Volksherrschaft. Und obwohl das zunächst wie draufgepappt aussieht, und obwohl sich das auf den ersten Blick wie ein recht ungleichwertiger Dialog ausnimmt zwischen etablierten Festwerten und sozialistischer Dekoration, zwischen faßbarer wirtschaftlicher Effizienz und flüchtigem Buntdruckaufkleber, so spiegelt sich doch gerade darin etwas von der Haltung Mao-Chinas im Prioritätenstreit von Sein und Bewußtsein, die heißt: pausenlose Demonstration des Triumphes einer revolutionären Idee über Kapitalkraft plus Produktionsmittelbesitz plus technische Verwaltung und Bürokratie. Auch der lustig-bunte Neonschlangen-Mao (mit dem ockerfarbenen Gesicht über der dunkelblauen Uniform und vor lichtblauem Himmel), der sich im Kampf um die abendliche Silhouette plötzlich zu Hochhausgröße aufreckt, scheint mir in diesem Sinne alles andere als ein mißratenes Monument. Neben Buntdrucken, Wandzeitungen und Plakaten fügt er sich optisch plausibel in eine Illuminationskultur, in der Aufklärung und Erleuchtung zwar ineinander übergehen und Erziehung und Erbauung nicht zu trennen sind, wo aber alles zusammen riesengroß geschrieben wird, größer als das Vertrauen auf die nackte Wirtschaftsmacht.

u.) 2. 11. Anschan, die Eisenförder- und Stahlkocherstadt, in der schon vor tausend Jahren Erz verhüttet wurde. Hier fielen die Japaner bereits im Jahr 1915 ein, die 1919 dann den ersten brauchbaren Hochofen bauten. Interessant dabei, daß sich die mandschurische Zeitrechnung (hier wie überall eine Produktionsaufrechnung) nicht immer an das landesübliche Beziehungssystem von «vor der Befreiung – nach der Befreiung» hält, sondern daß man seine Leistungen und Erfolge am Produktionsstand des Jahres 1943 mißt, der Höchstleistungsmarge unter der japanischen Besetzung. Was die Statistik allerdings verschweigt (verschwieg), sind (waren) die Jahre zwischen 43 und 49, also auch die Förderzahlen in der Ära der sowjetischen Protektoratsverwaltung. Besuchen das neue 1953 fertiggestellte Werk für nahtlose Röhren. Nicht unaufschlußreiche Gespräche mit leitenden Angestellten, Arbeitern und Mitgliedern der Jugendliga. *Frage:* «Welche Anstrengungen zur Steigerung der Produktivität und welche Einsparungen betreffs des Materials wurden getroffen und welche Erfolge wurden erzielt?» *Antwort:* «Nach der Befreiung haben die Arbeiter ihr Bewußtsein erhöht und Enthusiasmus entfaltet, dadurch haben wir die Produktion gesteigert und die Selbstkosten gesenkt.» *Frage:* «Wie groß ist das Produktionsvolumen im Vergleich mit der Zeit vor der Befreiung?» *Antwort:* «Die Stahlproduktion beträgt heute 1,12 Millionen Tonnen, das sind 33 Prozent mehr als im Jahre 1943, obwohl erst ein Drittel der Gesamtanlage wieder aufgebaut.» *Frage:* «Sind Sie mit Ihren Erfolgen zufrieden?» *Antwort:* «Die Qualität des Stahls ist nicht immer befriedigend. Auch in der Verwaltung sind noch Mängel und Schwierigkeiten. Wir müssen noch fleißiger arbeiten und Mängel aufdecken.» *Frage:* «Worin liegen nach Ihrer Meinung diese Mängel?» *Antwort:* «Das Niveau von Marxismus-Leninismus ist noch zu tief.» *Frage:* «Hat es bei der Wiederherstellung der durch die Kuomintang zerstörten Fabriken Schwierigkeiten gegeben?» *Antwort:* «Die Schwierigkeiten wurden durch die Fürsorge unserer Regierung und der Partei und die uneigennützige Hilfe der Sowjetunion überwunden.» *Frage:* «Welche Rolle spielt die Neuerungsbewegung hinsichtlich der Steigerung der Produktion?» *Antwort:* «Seit der Befreiung sind bei uns 29 100 Verbesserungsvorschläge angenommen. Zum Beispiel bei Reorganisationsmaschinen für Luft.» *Frage:* «Wie sind hier bei Ihnen die Hygienefragen gelöst worden?» *Antwort:* «In der Bewegung für Hygiene haben zuerst einige Aktivisten die Initiative ergriffen, um die Volksmassen anzuspornen. Sie haben andere zur Sauberkeit angehalten und die Verhältnisse gebessert. Sie sind von unserer Parteiorganisation mit Sauberkeitsdiplomen erster, zweiter und dritter Ordnung ausgezeichnet worden.» *Frage:* «Wie hilft die Jugendliga die Lernbewegung organisieren?» *Antwort:* «Jugendliga hat alles getan, um Bewußtsein zu erhöhen und damit Pädagogischkeit gesteigert.» *Konklusion:* «Liebe Freunde, teure Genossen, wir sehen, daß hier in allem eine große Produktions- und Friedensbewegung entfaltet wurde, die unser Bewußtsein gestärkt hat. Wir danken euch für den warmen Empfang und die ausgezeichnete Führung. Wir haben hier ein Werk kennengelernt, das ein Symbol des Friedens ist und das als Beispiel für die Arbeit des Sozialismus auch uns anspornen wird, noch mehr zu lernen und noch mehr zu arbeiten und zu studieren als bisher.» Abends, nach ausgiebigem Essen mit Rotwein und Kukuruzschnaps, Besuch im «Club der Jugendföderation». Schwenkten schwarzbezopfte und schwarzbestiefelte Mädchen zum Tanz herum, bis der blonde Traktorist Willi mir verzweifelt-vertrauensvoll auf die Schulter haute (Sein formt das Bewußtsein): «Mensch, Päder, isch klaub, isch hab zu viel Eier jejessen, mir wird janz annersch.»

v.) 3. 11. Fuschun mit seinem gewaltigen Übertagebergwerk (Kohle und Ölschiefer – achthundertjährige Fördertradition) und seinen imposanteren Kindergärten, Arbeiterhospitälern, Neubauvierteln, Konsumläden, Altersheimen (alles ohne Tradition und fast noch im Versuchsstadium). Besuchten ein kleines Musteraltenteil, wo Arbeiterveteranen auf ihre alten Tage noch mal so was wie ein Individuum entwickeln konnten. Einer, der Zierfische züchtete, hatte sein Zimmerchen hoch und breit mit

Aquarien vollgekachelt und zeigte uns stolz die selbstentwik-
kelten Hybridformen, Fische, die es vor ihm nie gegeben hatte.
Ein Bildersammler hatte sich aus Zeitungsausschnitten und
Postkarten seine eigene Tretjakowgalerie zusammen-collagiert,
das gab es auch nur einmal. Einer saß mit dünnem spitzigen
Bart zwischen hundert Kakteentöpfchen und führte Buch über
Blüten und Ableger und Wachstumsraten. Hätten uns gern
noch bei Billard, Schach oder Domino mit den fidelen Alten
vergnügt (die uns zum Abschied noch etwas Markerweichendes
vormusizierten), mußten dann aber neuen Belehrungen über
Planzahlen und Produktionsziffern zu, von denen ich nur zwei
Sprichwörter im Kopf und auf dem Papier festhielt. Ein altes:
«Wenn du in diese Stadt kommst, mußt du sogar deine Bettdecke noch verkaufen.» Und ein neues: «Dieser Berg bedeutet
viel viel Geld, und jeder kann es bekommen.»

w.) 4. 11. Wieder Scheniang. Da sind inzwischen meine ausge-
tretenen Mokassins eingetroffen, die ich in Tschengtu in den
Papierkorb geworfen hatte. Spazierte lange allein in dieser seltsamen Stadt herum, wo alles grau war und der Mensch sich mit
allen Mitteln der Schminke und Artistik gegen ein qualmfarbe-
nes verräuchertes Dasein durchzusetzen suchte. Mädchen mit
rosa Backen flanierten über die zugigen Boulevards. Kindern
hatte man Sonne, Mond und Pappsterne auf die abgestepp-
ten Wattejacken genäht. Und in den Schaufenstern sah ich:
eine Continental-Silenta-Schreibmaschine, mit handgerisse-
nem Konfetti überstreut; Destillierkolben aus der Frühzeit der
Chemie, in denen bunt kontrastierende Flüssigkeiten brodel-
ten; Spiegel mit Zuckergußschnee verziert und Tien-an-Men-
Oblaten beklebt; Girlanden aus Toilettenpapier, die, wenn man
genau hinsah, Porträts von mir unbekannten Persönlichkeiten
erkennen ließen. Abends, in einer Sondervorführung, Film:
«Der Spähtrupp». Sehr spannend. Sehr lehrreich. Sehr herzbe-
wegend. Die beste Szene (umgekehrter «Hans im Glück» und

mindestens so turbulent wie Buster Keatons «General»): als die als Schanzarbeiter getarnten Partisanen zunächst mit einer Zementschiebkarre einen Langholzlaster aus der Bahn bringen, dann mit dem glücklich eroberten LKW ins Kuo-Hauptquartier eindringen und schließlich, selbst verfolgt, erst einen Baumstamm, dann den zweiten, dann – in einem Hohlweg – die geballte Ladung vor den Krädern der Feinde niedergehen lassen.

Vor Kinoplakat in Tschangtschun

x.) 5. 11. Besuch des staatlichen Filmstudios in Tschangtschun: Eintausendfünfhundert Schauspieler und Angestellte, seit 1949 achtunddreißig Filme gedreht (u. a. «Töchter Chinas», «Stählerne Kämpfer», «Das weißhaarige Mädchen») und zweihundertdreißig Synchronisationen (u. a. «Rat der Götter», «Jacke wie Hose», «Geheimakte Solvay», «Stärker als die Nacht», «Unser täglich Brot» und – seltsam, aber doch nicht unorganisch: «Das kalte Herz»). Kurze Lebensgeschichte des im ganzen Land bekannten Filmhelden Quo Tschen Tsing: Er habe im alten China vier Jahre lang die Grundschule besucht und sei mit dreizehn in die Straßenbahnfabrik vom Tientsin gekommen. Dort habe er zunächst als Wagenputzer und später als Schaffner gearbeitet (mit einem Monatsgehalt von umgerechnet anderthalb Sack Mehl). In einer Eisenbahnfabrik, in die er dann kam, hätte sich die Gelegenheit geboten, in ein Laienensemble aufgenommen zu werden, freilich nur unter der Voraussetzung, daß er sein Lumpengewand mit besserer Kleidung vertauschte, wie er das wohl hätte anstellen sollen? Nicht einmal die schlichteste Statistenrolle – als Fahnenträger in einer bühnenfüllenden Schwenkerkompanie – habe man ihm gewähren wollen, und es sei schon viel gewesen, daß man ihn in diesem Kunstverein als Zigarettenholer und Tee-Einschenker geduldet habe. Als dann nach der Befreiung das Ensemble ganz neu organisiert worden sei, habe er sogleich eine Hauptrolle im Stück «Ein rückständiger Arbeiter» spielen dürfen. Er sei für ein Wanderensemble und bald auch für den Film entdeckt worden («Unter der Führung unserer Partei habe ich die Möglichkeit bekommen, mich zu entfalten. Man kann eine Begabung nicht begraben»), werde seit seiner Hauptrolle in «Die sechste Hochofentür» von «vielen Arbeitern geliebt», verdiene den Gegenwert von neun Sack Mehl pro Monat, besäße einen Wollanzug und sei Träger des 100-Yüan-Preises «Schnell-kurz-sparsam» (entsprechend einem Gegenwert von jeweils drei sehr guten Pullovern, einer einfachen Nähmaschine, hundert Mao-Mützen oder zehn Metern 75 cm breitliegender Seide).

y.) 7. 11. Peking. Abreisevorbereitungen, ein letzter Basarbesuch und noch ein Empfang beim stellvertretenden Ministerpräsidenten Tschen Ji. Der band uns zum Schluß noch einmal das Taiwan-Problem aufs Gepäck und entwickelte uns in stundenlangem Gespräch die Geschichte der Insel von den Anfängen bis zur Gegenwart. Auch die Geschichte all der von USA und England einmal gegebenen Garantieversicherungen und gebrochenen Verträge bis hin zum Augenblicksstand: dem Ausbau Taiwans als amerikanischem Brückenkopf, Flugzeugträger einer potentiellen Invasion und ständigem Blockadebollwerk. Man habe schon viel Geduld gezeigt, sagte er, auch mit der Ungeduld im eigenen Lande, aber vielleicht – und das kam mir damals reichlich seltsam vor – habe diese Hinauszögerung einer Lösung auch ihr Gutes: «Die unermüdliche Diskussion und die immer wieder gezeigte Verhandlungsbereitschaft der Volksregierung werden schließlich viele Menschen, sehr sehr viele Menschen von den rechtmäßigen Ansprüchen Volks-Chinas überzeugen.» Heute, am 28. Oktober 1971, ist die Nachricht «VOLKSREPUBLIK CHINA IN DER UNO –Taiwan ausgeschlossen» gerade zwei Tage alt. Und die neuesten Nachrichten tragen die Überschrift «Nixon über die unverhohlene Schadenfreude an der amerikanischen Abstimmungsschlappe schockiert.»

z.) Rückflug und Überlegungen, was man eigentlich erlebt, gesehen und begriffen habe. Mao Tse-tung in der Oper beobachtet und dann wieder klein und erhaben über seinem eigenen Monsterbildnis am Tien-an-Men-Tor. Tschou En-lai zwischen Bambusspitzen und Hefebällchen die Hand gedrückt (Altona-Mottenburg grüßt das Reich der Mitte). Anläßlich der großen Revolutionsparade Ho Tschi Minh fotografiert («aus drei Metern Entfernung», wie das Tagebuch stolz vermerkte). Versucht, mit Stäbchen zu essen, eine Rikscha zu schieben, den Lastkorb eines Straßenarbeiters anzuheben, die Anatomie von Lilienfüßen zu ergründen, die Wahrheit zu finden, immer wieder die Wahrheit, dies bevorzugte westliche Forschungsobjekt, das gestaltlose, ufohafte – Touristenkategorien!
Trotzdem – und das wage ich erst heute zu sagen, wo der Kopf uns leichter geworden ist und zugleich voller – den berüchtigten und sagenhaften neuen Menschen, den der Kulturrevolution und einer abendländisch kaum noch meßbaren Persönlichkeitshingabe, den habe ich eigentlich überall schon laufen sehen, einzeln und in Massen. Und er war bestimmt alles an-

dere als ein Schneemensch, ein Himalajamensch, eine Luftspiegelung, und ganz gewiß keine propagandistische Sinnestäuschung. Das war einfach ein Mensch vom Konkurrenzkampf unverbogen, noch unzerteilt zwischen die ständige Geilheit nach Ware und dem pappigen Geschmack von und dem neuen Hunger auf, eher schon wieder heil, beisammen, fast harmonisch; im einzelnen vielleicht etwas zurückgenommen, aber hinreißbar für große würdige gemeinsame Aufgaben und individuell, das heißt unteilbar, in der Gesellschaft.

Reiste seinerzeit trotzdem mit dem unbestimmt sicheren Gefühl nachhaus, daß wir diesen neuen Typ von uns aus nicht mehr schaffen würden. Dann eher schon Gulaschkommunismus. Produktionsmittel in Staatshand und Genußmittel für alle. Druschba!

73.) Es ist immer wieder dasselbe, einer hat die halbe Welt umsegelt und bringt einen völlig neuen Kopf mit einem neuen Bewußtsein nach Haus, und der Friseur an der Ecke schneidet noch immer mit der gleichen stumpfen Schere. Unter der aufgelaufenen Post zwischen Peek & Cloppenburg-Reklamen, Thalysia-Prospekten und Veranstaltungshinweisen des «Demokratischen Kulturbunds» ein Brief von Röhl: «Sei nicht böse, daß ich Dir hiermit sofort wieder die Pistole auf die Brust setze. Ich brauche dringend Buchbesprechung (60 Zeilen höchstens) über Jürgen Neven / Michael Mansfeld ‹Denk ich an Deutschland›. Großer Lohn ist Dir gewiß, wenn auch zunächst noch ideeller Art. Denk fleißig an Deine anderen Artikel, auch an die Umarbeitung des Manifestes und die Serie ‹Lyrik und Reklame› (die hast Du Dir ausgedacht, da mußt Du nun auch ran). P.S. Neues Pseudonym ausdenken! Fontara wird von Pyritz (!) gehaßt!!!»

74.) Pyritz, Hans, Ordinarius der germanistischen Fakultät und Autor wissenschaftlicher Broschüren über den Barockdichter Fleming und «Goethe und Marianne von Willemer», hatte den Autor unwissenschaftlicher Pamphlete gegen die «Sekundärseimer der Literaturwissenschaft» schon lange aus seinem Herzen ausgeschlossen und gelegentlich einer Anwesenheitserhebung im Oberseminar die Abwesenheit des Chinareisenden Rühmkorf festgestellt. Was sich heute im Zeichen von «Mao-Bibeln» und maßgeschneiderten Revolutionsröckchen todschick anhört, bedeutete in der Hochzeit des Kalten Krieges und im Strahlungsbereich der McCarthy-Verfolgungspolitik allerdings den sicheren Verlust der bürgerlichen Ehrenrechte und – nicht nur ideelle – Existenzgefährdung. Durfte noch gerade den Anfang einer fleißigen Semesterarbeit über Harsdörffer, die Pegnitzschäfer und die «bibliografische Versorgungslage» zu Gehör bringen und fiel dann programmgemäß durch das bereits vorpräparierte Sieb. Kämpfte noch im Fallen mit brillanten Fehlleistungen («wissenschaftliche Toren» statt «Autoren») um meine schwindende Reputation und versank anschließend in tiefen Selbstwertkrisen und im Mulm zermahlener Berufsaussichten. Sehr folgerichtig heute: nicht das mindeste Ohr für das Gejammer von aus ihrem Gottesgnadentum gerissenen Ordinarien.

75.) Mai 56. Meine Freundin Renätchen will die Wahrheit fürs Leben wissen und brennt mit einem Kapitänsschüler durch. Reise mit Ingeborg Biedermann in ein sonnenbeschienenes, aber auch schon von Tourismus besudeltes Paris. Ungeheuer in die Länge und in die

Paris, Marché aux puces, 1956

117

Nacht hinein gezogene Tage mit Rotweinflaschen in der Trage-
tasche und kleinen Hermes-Flügeln an den Görtz-Sandalen.
Kein Louvre, kein Theater, kein Tuilerien-Garten. Inzwischen
hat Freund Riegel in Hamburg plötzlich angefangen, Galle zu
spucken. Nicht gut, gar nicht gut. Hingen allmählich zusammen bis tief in das gemeinsame Pseudonym John Frieder und
waren einer des andern unschlagbare Rückendeckung.

Mit Ingeborg Biedermann in einem Pariser Bistro

76.) Am 7. Juli Tod Gottfried Benns, aber auch Riegel kann
schon nicht mehr mit eigener Kraft die Treppe rauf und runter.
Nur noch kurze Gespräche am gallegefleckten Krankenbett
über auslaufenden Expressionismus, Zukunft Finismus und
Aussichten des gemeinsamen Lyrikbändchens «Heiße Lyrik».
Am 11. Juli stirbt Werner Riegel in einer Abstellkammer des Ep-
pendorfer Krankenhauses. Schlich mit Hiller und Peter Martin
Lampel noch stundenlang in den Rhododendronanlagen
herum und bei den Wassermannhämmeln vorbei, den wie aus
Benn-Essays entsprungenen.

77.) 12.–14. 8. auf Friedensfahrt nach Darmstadt. Treffen der alten Recken aus der Frühzeit der Bewegung und nostalgischer Erinnerungsabschlag schon damals. Auf der Rückreise Todesnachricht Brecht aus quäkigem Autobusradio. Eine große umfassende Gemütsbewegung, die uns bis nach Hamburg begleitete und sich in Einzelrezitationen und Gruppengesängen Luft zu machen suchte: «Und so haben wir dann in den nächsten Tagen / unsre Hoffnung ganz begraben. / Aber bei Karl Marx und Lenin steht, / wo wir Arbeiter eine Zukunft haben.» Etwas später im Herbst lasen wir dann im «Steinernen Herzen» des sonst so unerweichlichen Schmidt:
«Wehe die wankenden Reihen des Geistes!:
Brecht stirbt; Benn ist tot; macht ein Kreuz
hinter Riegel.»

Nachwort zu Werner Riegel «Gedichte und Prosa»

Es mag absonderlich erscheinen, an jemanden öffentlich erinnern zu wollen, der, nahezu unbekannt, auf allgemeines Interesse kaum zu rechnen hat. So verkehrt sich denn die memorierende Würdigung zur postumen Vorstellung eines jungen Dichters, den unser retrospektiv entdeckungsfreudiges Lesepublikum zu seinen Lebzeiten nicht wahrnahm und dessen Existenz also nicht einmal als vergessen angesehen werden kann. Wenn der Limes Verlag jetzt Gedichte sowie Kurz- und Kampfprosen eines Werner Riegel gesammelt verlegt und dem kleinen Bande repräsentativen Zuschnitt verleiht, so handelt es sich hier um einen Namen, der gerade hundert oder zweihundert Lesern etwas sagen mag. Jenen hundert, die 1952 bis 1956 seine Streitschrift «Zwischen den Kriegen» abonniert hatten oder zu Gesicht bekamen.
Keine jener hektografierten Geringfügigkeiten, wie sie heute allenthalben keck und kurzatmig entstehen, zur flinken Bestätigung streben und nach drei Nummern den papierenen Geist aushauchen – von ihr, von der Zeitschrift «Zwischen den Kriegen» erschienen immerhin 26 Nummern, deren Inhalt, wenn ich meinen eigenen Anteil abziehe und auch die Beiträge anderer hintansetze, vornehmlich von jenem Werner Riegel und seinen Spalt- und Doppelgängern bestritten wurde.
Riegel hatte dies Blatt nach seinem Bilde und nach seiner Vorstellung

Riegel mit Hut.
Zeichnung PRs um 1955

von literarischer Wirksamkeit geschaffen – einer Vorstellung, die weniger ins Vage und Unbegrenzte drängte, als vielmehr immer mit der kleinen Zahl operierte und selbst die Auflagenhöhe in ihr Programm einbezog. Die Mittel entsprachen aufs schönste der Konzeption, und die Reichweite des Entwurfs definierte und spiegelte sich in der Hundertzwanzigzahl der versandten Heftchen. Das war von vornherein nicht in die Breite, sondern auf die Dauer hin angelegt, maßlos in seinen Ansprüchen vielleicht, unbeirrbar in seiner hohen Selbsteinschätzung, aber doch auch wieder unverletzlich in seiner robusten Armut, kurz, autochthon in jenem ursprünglichen Sinne, der die Freiheit vom äußeren Bedürfnis meint und nicht das Zuhandensein aller Mittel.

Wo sich Elitengeist und Verelendungstheorie so zwanglos vermählten, entstand ein Unternehmen, das folgerichtig nur im Paradox begriffen werden konnte. So exklusiv armselig, so feierlich und rüd-rücksichtslos in einem hat sich wohl selten, vermutlich nie, eine literarische Bewegung konstituiert, und Bewegung war es durchaus, was angestrebt wurde. Obwohl, was da unter dem Etikett *Finismus* firmierte, den Schlußpunkt hinter alle Ismen mit dem endgültig letzten Ismus zu setzen versprach. In Riegels «Vorwort zum Finismus» lesen wir einiges zur Bestimmung des wortgewordenen Widerspruchs:

«Das dem robusten Gesunden, dem Common Sense der Denkkommune am meisten verhaßte aller Kriterien ist der Niedergang, der Absturz, der Verfall, die Entartung. Finismus, es liegt im Wort, schreibt das Ende, die Untergangsphase auf seine Fahne, ein Analogon zur Decadence, zum Fin de siècle in der Literatur um die Jahrhundertwende, jedoch auf breiterer Basis, unter völlig anderen Aspekten, mit einer unvergleichlichen Motorik, mit anderem Ziel, Inhalt und Beweggrund. Fin de siècle bezeichnete die Dekadenz ihrer Träger, Deuter und Gestalter, Finismus stellt die Diagnose einer Dekadenz der Zeit. Jenes verharrte im Subjektiven, im melancholischen Faible für eine vermeintliche Geisteskrankheit, dieser bemüht sich um die Objektivation des intakten Individualismus am Ausgang einer von allen Geistern verlassenen Epoche. Jenes befühlte, ertastete, erschmeckte die Herbsthybris, die Untergangsurne, die Novemberneige, die abendliche Auflösung und Anarchie in der Privatsphäre allein, dieser vollbringt sich und das Vorher in der Definition der versiegenden Welt. Jenes war Resignation, Ergebung, Entsagung, Verzicht, Abdankung, dieser kämpft mit dem Rücken zur Wand um eine endgültige Position. Jenes war Klage, Frage an das Schicksal, dieser neutralisiert die Funktion des Schicksals, indem er sie vorbeugend einkalkuliert, indem er nach seiner Decke das Schicksal streckt. Fin de siècle ist ein geistesgeschichtlicher Provinzialismus, Finismus hat kontinentale Ausmaße.»

Das Schicksal vorbeugend einkalkulieren und nach seiner Decke das Schicksal strecken, große Worte auf schlechtem Papier; Bekenntnisse aus der Posaune, aber der Stille anheimgegeben zu einer Zeit, wo noch die armseligste Klage über Dichters Los und Leid, mit der nötigen Bescheidenheit vorgetragen, auf Echo rechnen konnte. Daß die Literatur an einem Mangel an Anspruch zugrunde gehen würde, war dieses Schriftstellers schlimme Meinung, aber die ihn dann für hybrid hielten und einen übergeschnappten Kleinbürger hießen, übersahen eines gewiß: den Einsatz. Übersahen den Ernst, mit dem einer bis zur Pöbelei polemisieren konnte; übersahen angesichts der Generalschelte, die ihrer Zeit erteilt wurde, die außerordentliche Kunstfertigkeit der Prosa und mit ihr wiederum das Recht, das sich einer verdient und nicht nur herausgenommen hatte. Dies betrachtet nicht unter Maßgabe dessen, was uns als Mut der Unbedarftheit rechtens aus dem Halse hängt, vielmehr im konkurrierenden Vergleich mit großen Kritikern und Scheidemeistern der Nation (mögen sie nun Karl Kraus oder Rudolf Borchardt heißen), bestätigt uns noch einmal die Regel, daß nicht nur Dummheit und Stolz, sondern auch Anmaßung und Gesetzgebung auf einem Holz wachsen.

Der junge Mann, den ich mit dem rückerinnernden Blick auf seine unerhörte Zeitschrift vorstellen möchte, starb am 11. Juli 1956, einunddreißigjährig, an einem Krebsleiden. Ein Dichter, dessen Lebenslauf – jedenfalls in dem von mir überschaubaren Stück – der bare Beleg dessen war, was man sich gemeinhin unter einem Poetendasein illudiert: Glückliches Familienleben, Frau mitverdienend, Kind wohlerzogen, Pünktlichkeit und Zuverlässigkeit bis zur Pedanterie, Anstellung: als Bürobote der Firma Arnold Otto Meyer (Südfrüchte, Häute, Gewürze), tägliches Achtstundenpensum, Muße nur nach Feierabend, in den Ferien Reisen an die alltäglichen Badestrände, an Freitagen der obligatorische Kinobesuch, Liebhabereien: Bücher. Und nochmals Bücher. Und weiter? Was an dekorativen Anomalien, Exzentrizitäten, Marotten, saltomortalen Sonderbarkeiten? Nichts. Nichts, außer dem Wahn, ein Dichter zu sein und einer ganz ungewöhnlichen Wut auf den literarischen Betrieb.

> Und keine besonderen Wünsche. Keine blutigen Male,
> Gar nichts für später, nur einen Lungenzug,
> Den letzten besabberten Kippen. In der Totale
> sieht alles ganz anders aus, dein Leid, dein ikarischer Flug.

Der Dichter gilt selten für das, was er ist. Nicht in seinem Vaterlande und unter Bekannten, dem ihm am besten vertrauten Stück Gesellschaft schon gar nicht. Natürlich ist auch gerade dies sein Trauma, nicht so angesehen zu werden, wie er sich selbst einschätzt, als einen Mann, der nahe dem Abgrund siedelt – so versucht er denn häufig, die verweigerte Anerkennung wettzumachen und sich um einen Nimbus, sei es ein Heiligen-, sei es ein Höllenschein, selbst zu kümmern. Die beiden mit Abstand bevorzugten Fertigmythen, deren sich ein zeitgenössischer Dichtersmann bedient, sind dabei die Gestalt des Priesters und die Figur des Liederjans. Beider Verhaltensformen unterscheiden sich zwar darin, daß sich der eine Typ mit Vorbedacht eisig gibt, der andere verludert und angegangen, daß dieser auf feinere und feinste Leute setzt, jener auf die Lumpengesellschaft, daß dieser feierlich auftritt, jener flotzig – gleichwohl verbindet die Gegenfüßler, daß sie durch ihr habituelles Ausderordnungfallen auf ihre Außerordentlichkeit schließen lassen möchten und bestrebt sind, jenseits ihrer papierenen Praxis etwas darzustellen, was besser in der Brust beschlossen bliebe. Was ich meine, ist, daß der Exhibitionist seiner Ausgefallenheit selten ein Mann von Geheimnis ist und daß die öffentliche Demonstration des Abnormen am letzten aufs Enorme schließen läßt.
Der exemplarische Fall des Verlags-Lektors Krämer sei hier kurz angesprochen, weil er alles enthält, was die Verlogenheit unseres Kulturwesens ausmacht. Auf der einen Seite der als Schmonzentext bereits angelegte Lebensverlauf, das Waschzettelschicksal jenes George Forestier, auf der anderen eine Kritik, die das gefällige Heroenstückchen nur zu gern für bar nahm und, schlimmer, mit dem ungedeckten Scheck

die dichterische Legitimation zu beweisen trachtete. Erst als dann die Wechsel platzten und sich der Mythos des Umgetriebenen und Werweißwoumgekommenen als heimgesponnene Legende entpuppte, setzte plötzlich die Stilkritik ein, und die Verse waren so schnell als sentimental verrissen, wie sie vorher als lebensecht und sterbenswahr angepriesen worden waren. Die Meinung, daß die Gedichte Talmi seien und gerade die biografische Vorgabe eher zu Mißtrauen als zu Vorschußlorbeeren anrege, hätte man allerdings schon vorher lesen können: in der Zeitschrift «Zwischen den Kriegen». In einem Aufsatz unseres Werner Riegel, der ungemeine Abneigung gegen alles besaß, was nur irgendwie Schiebung und höheren Beschiß wittern ließ. Der sehr wohl etwas von einem Literaturpriester an sich hatte, dem wiederum der Vagant in der eigenen Brust sein keckes Paroli bot, davon aber nach außen hin gar nichts erkennen ließ. Ein Musterbeispiel dafür, daß unter Dichtern der brave Mann meist der verdächtigere ist und der schlichte Lebenslauf oft von abgründiger Gerissenheit.

Riegels literarischer Beginn zeigte unverkennbar vagantische Züge. Ein durchaus schwerfälliger Mensch gab sich so leichtflüglig und vogelfrei, wie er sich gefiel. Eine nach außen hin durch strengen Biedersinn und Penibilität gekennzeichnete Natur lieferte in Songs und Klimperliedern Zeugnisse heimlicher Introvaganz.

> Wenn der stinkbesoffene Dichter Riegel
> aus der Hafenkneipe torkelt,
> wenn der sehnsuchtskranke Schreier Riegel
> in der Hurengasse ferkelt,
> wenn der hungerarme Sternkuck Riegel
> Ranzspeck in der Pfanne spirkelt,
> schaut er im zerschrammten Kritzkratzspiegel
> Stückchen der verdammten Welt.
>
> Wenn das abgetriebene Holzfloß Riegel
> in das Flußschlammdickicht heddert,
> wenn den blankgeriebnen Anzug Riegel
> grauer Regen vollgesoddert
> wenn die scharfe Guillotine Riegel
> Mörderrümpfe blutbequaddert,
> Riegel schaut im krummen Kucklugspiegel
> Stückchen dieser dummen Welt.

Es ist hier der Ort, noch einmal darauf hinzuweisen, daß nicht der Handelnde der Singende ist, und daß sich Motive der Dichtung nur auf äußerst verquere Art auf biografische Sachverhalte reproduzieren lassen. Dies, auf den vagantischen Dichter der Gegenwart angewandt, heißt, daß nicht der klampfende Tramp das Lied menschlicher Umgetriebenheit liefert, und daß sich der Mythos des strolchenden Sondergängers dort reinkarniert, wo man es am mindesten erwartet, nicht unter Beatniks, sondern in der Brust des Büroboten und im Sitzfleisch des Stubenhockers.

> Nun schwelt es grenzenlos
> Abends um uns paar Mann.
> Gegen der Sterne Feuerstoß
> Kommt keiner an.
> Legt euch und laßt euch liegen:
> Späne und Splint
> Auf den lautlosen Beutezügen
> Des Beachcombers Wind.

Und nicht die Emanzipation von der Gesellschaft fördert die Spannungen, aus denen der Lyriker lebt, sondern das tägliche Tête-à-tête zu den banalsten Anforderungen, Erniedrigungen, Fehleinschätzungen. Bis zum Hals in Sozietät zu stecken, nicht in den Dschungel, den Urwald, in die reine Landschaft entweichen zu können und zwischen Verordnungen und sinistren Geboten allein von der Kraft seiner Lügen und der Substanz seiner Selbstvorspiegelungen zu leben, ist das Los dessen, von dem der verrückteste aller Träume Besitz ergriffen hat: Traum von einer Wiedergeburt der Unschuld aus dem Geiste der Reflexion. Dort die Eingreifenden, Agierenden, Handelnden, Faktenputzer, Fellabzieher, Claimabstecker, hier der Träumer und Tänzer; dort der Wille zur Eroberung der Welt, hier die Begründung neuer Stätte auf bleichem Papier.

> Integration. Und die Abende über Kristallen
> – Und sonderbar süße Gezeiten – von Syntax und Substantiv.
> Nun mögen die Schwaden steigen, die Scherben hintüberfallen,
> Und schweife der Mond, den ich bilde und abermals widerrief.

Hier der Entwurf einer Welt, in der Unschuld und Unzucht wieder vereint sind, in der sich der Urwald aufs geordnetste regeneriert und im Zusammenklang zweier Reime der Abgrund zwischen Subjekt und Gegenstand geschlossen wird – dort die Ansprüche des Mittelmaßes und der Zwang, dem Ungeist Satisfaktion geben zu müssen: «Wir haben da, Herr Riegel, ein Heft mit Gedichten in Ihrer Schublade entdeckt, und ich muß gestehen, daß ich entsetzt bin! Wie kommen Sie nur dazu, solch einen Unrat zu Papier zu bringen? Sie haben doch Familie!»

> Hebt sich der Mond im Rauch,
> Wir saufen Kartoffelsprit;
> Stark duftet der Lauch,
> Und die Welt geht verschütt.
> Es wird sich alles finden,
> Was hierher paßt,
> Wenn eine Hand von hinten
> Dir zwischen die Beine faßt.

Werner Riegel war so unbekannt und unter dem Tisch, wie er es sich sauer verdiente. Nicht ohne Überwertigkeitsvorstellungen und nach dem rundum verweigerten Ruhm dürstend, aber nicht darin unterscheidet er sich von anderen jungen Poeten, als vielmehr durch die Qualität seiner Verbissenheit. Schlichthin unkorrumpabel, versuchte er nie, sich mit den Cliquen zu arrangieren und mit der Nachfrage zu schwimmen – Lob von alten Expressionisten am Wegrand, das war's, worauf er setzte, und eine zu Unrecht inthronisierte Prominenz wider sich zu wissen war Würde nach seiner Mütze. Jene, auf die er sich stützte und berief, waren zumeist Verstorbene, Vergessene, Verschollene – der Gegner stand sichtbar erhöht und im Rampenlicht der Publizität.
Mag es einer Mystifizierung nahekommen, wenn man seinem Leben postum eine Ordnung und einen hinterhältigen Sinn unterschieben und den sinnlos frühen Tod als vorausgeahnt darstellen wollte – gleichwohl überrascht doch das strikt eingehaltene Leitmotiv der «kurzen Frist», das seinem literarischen Werk eingewebt ist.
Seine Vorliebe für die Ikariden des literarischen Expressionismus, die Leute mit dem knapp zugeschnittenen Gesamtwerk, dem verdorbenen Aufstieg, dem schmalen Œuvre, dem abrupt verschlagenen Leben, hatte durchaus Manisches. Die ausgewachsenen Lebensläufe interessierten ihn wenig, durchgesetzte Größe langweilte, plötzlich ins Licht gerückte Anonymität begann sofort suspekt zu werden – niemals wurde er müde, Verkanntes zu betreuen, Unbeachtetes und für unwert Gehaltenes in Artikel zu fassen, Infragegestelltes zu verteidigen. Sicher ist vieles von

dem, wofür er sich damals so verbissen einsetzte, heute bereits en vogue und die Aufwertung auch des literarischen Expressionismus beschlossene, wenn nicht abgeschlossene Sache – es muß hier aber betont werden, daß Riegels Aufsätze über Boldt, Blaß, Lemm, Lotz, van Hoddis, Lichtenstein, Carl Einstein, Hardekopf lange vor der Woge erschienen und daß die literarische Entwicklung in Deutschland sich seinerzeit vornehmlich an zweit- und drittrangigen Ausländern orientierte.

Riegels Verhältnis zur Literatur verband sich aufs innigste mit dem Problem des Widerstandes. Hatte er noch zur Nazizeit die Expressionisten kennengelernt, so schien ihm der Begriff Literatur, gar moderner Literatur, unlösbar mit den Qualitäten des Verbotenen, Heimlichen, Widerströmigen vereint. Anstößigkeit und Anständigkeit wurden zu Synonymen, Mangel an Anerkennung glich einer Bestätigung, Verbot verkehrte sich zur Prämiierung. Prämiierung und Preiskrönung aber wurden bemißäugt, analysiert, auf heimliche Voraussetzungen hin geprüft, in die soziologischen und psychologischen Faktoren zerlegt.

«Das Ereignis eines Friedenspreises sollte begrüßt werden, selbst von denen, die vor Prätention und Elogismus nicht den Hut ziehen; sollte begrüßt werden in einer Zeit, deren alltägliche Fakten mit dem Frieden nur insofern korrespondieren als sie sein Gegenteil darstellen; sollte begrüßt werden, wenn der Bezeichnung dieses Preises und der Praxis seiner Verleihung nicht eine Definition des Friedensbegriffes zugrunde liegen würde, die mit den gewaltgläubigen Tendenzen der Zeit aufs trefflichste übereinstimmt. Hier wird mit Mächten Frieden gemacht, die auf Aktion ein Monopol beanspruchen und vom Friedlichen verlangen, daß er die Schnauze hält angesichts aller Anstalten, die geeignet sind, ihm den Frieden zu rauben.»

Dieser Absatz eines aus Anlaß der Friedenspreisverleihung an Albert Schweitzer, Romano Guardini und Martin Buber geschriebenen Pamphlets lenkt unseren Blick auf den Schreiber politischer Kampfartikel. Ihn dürfen wir schon deshalb nicht unterschlagen, weil Riegel das konkurrierende Nebeneinander des Lyrikers und des auf praktikable Vernunft erpichten Leitartiklers immer wieder zum Gegenstande der Reflexion genommen hat. Denn nicht nur wir haben es auf der einen Seite mit dem Poeten, dem Sänger, dem schwarzen Anakreontiker, auf der anderen mit dem aufgeklärten, aufklärungsbesessenen Kopfe zu tun – der Inhaber beider Konträr-Neigungen war sich seiner anlage- und vielleicht zeitbezogenen Wesensspaltung sehr wohl bewußt. Dabei ist hervorzuheben, daß Riegel niemals Zeitgedichte im strikten Sinne schrieb, daß er aber, wenn er Politik sagte, Tagespolitik meinte, und sich nicht ins Allgemein-Unverbindliche entwand. Wer nun meint, es handle sich halt um einen Poeten mit dem Interesse für Politik oder, umgekehrt, um einen politisch gebildeten und engagierten Mann, der eben auch Gedichte verfertigt habe, sieht weder die Polarität noch die Leistung der Verklammerung. Und hat nur wenig Ahnung von geistigen Hochspannungen, mit welchen ein Mensch zu leben imstande ist, der den Gedanken der Wirklichkeitsverneinung ins Extrem entwickelte, gleichzeitig aber in sich selbst den Widerspruch nährte: den Willen zur Wirklichkeitsveränderung.

Das Buch, das jetzt Riegels literarische Arbeiten vorstellt, hat die politischen Artikel nicht mit aufgenommen. Tagespolitik, so schien es, wollte sich diesen Versen von Absturz und Hoffnungslosigkeit schlecht beigesellen – dennoch wäre vielleicht gerade eine solche Konterpaarung aufschlußreich gewesen, da sie eine Ahnung von jener Gespannt- und Gespaltenheit des Wesens vermittelt hätte, die Riegel selbst in den nicht nur glänzenden, sondern auch fruchtbaren Begriff «Schizographie» einfaßte. Denn nicht einmal dies ist das Interessanteste an dem Dichter Riegel, daß er als Revisionist des literarischen Expressionismus Pathos und Slang auf eine ganz eigene Weise legierte, sondern daß sich in ihm die Existenz des dividierten Individuums unserer Zeit artikulierte als ein ständiger Balanceakt zwischen Krisen- und Klassenbewußtsein, zwischen «Politik und Individuation».

«Es scheint, das Ende einer großartigen Epoche der Menschheit tritt in die letzte Phase; es scheint, die Fülle dieser Epoche versiegte im ungeheuren Flußbett; es scheint, beide Ströme abendländischen Geistes, der weiße der Aufklärung, der Klarheit, des politischen Ingeniums, und der blaue des schweifenden Traumes, des umgetriebenen Herzens enden im gleichen Ort: die Ströme der großen Toten unseres Geistes, Styx und Acheron abendländischen Denkens münden in eine Brust, in die Brust des Jungen, des Unbekannten, dessen Bild wir zu zeichnen versuchen. Der Erbe beider steht auf und atmet, ärmer als die vor ihm und reicher. Er wird den Weg gehen, zwiefach gehöhnt, zwiefach geschlagen, zwiefach gesegnet – wir wissen eines gewiß: er ist der geborene Mensch.»

1961

78.) August 56. Als «delegierter Vertreter» von Westdeutschlands linker Studentenpresse (da gab es aber gar nichts außer uns) auf «IV. internationalem Studentenkongreß» in Prag (das gab es allerdings schon). Nahm wieder einmal – gesellschaftliches Wesen bis in tiefste Tiefen des Subjekts – an einer Massenepidemie teil, fiebriger Mandelentzündung diesmal mit Eiterabnahme teelöffelweise. Teilte ein Krankenzimmer im Zentralhospital mit 2 Indern, 2 Algeriern, 1 Venezolaner, 1 Madagassen, 1 Kubaner, fast der halben Dritten Welt, u. a. auch einem Palästinenser, «Mister Palestine» genannt. Dieser war mein direkter Bettnachbar zur Linken und litt offensichtlich heftiger als wir anderen an Kopfschmerz und Schluckbeschwerden, auf jeden Fall aber ausdrucksvoller und mit Abstand am farbigsten. Dabei setzte er seine Affektationen auf eine mir sehr sonderbar erscheinende Weise politisch ein. Oder vielmehr, es überlagerten sich die individuellen und die generell gesellschaftlichen Leiden so, daß die privaten Klagelaute unvermittelt in höhere Wehgesänge übergingen und sich das bittere Los eines ganzen Volkes in dieser seiner aktuellen Krankheit zu vergegenwärtigen schien. Diskutierten bei sich langsam verengenden Kehlen und unaufhaltsam steigendem Fieber über Flüchtlingsprobleme, Flüchtlingspolitik, Vertriebenenmißbrauch, wie ich meinte, denn diese Dauereinlagerung von Palästinaflüchtlingen in Wüsten-Camps betraf doch immerhin konkrete Menschen mit einer begrenzten Lebenszeit und einem Anrecht nicht nur auf unendlich prolongierbare Hoffnungen, sondern Glück.

Mit einsetzender Genesung erreichte unsere Debatte dann einen kritischen Grad. «Palestines» furor arabicus kannte keine Grenzen mehr, mit ausladenden Gesten begann er, die Juden (das war ich) in ein imaginäres Meer zu treiben (das war rechts von meinem Bett), wobei er meine Zudecke unversehens zur Landkarte zerknautschte mit bereits eingenommenen Städten hier, noch zu nehmenden Höhenzügen dort und meiner Nachtjacke als zen-

Auf der Moldau, Prag, August 1956

tralem Verteidigungsnest im besonderen. Da ich allmählich befürchten mußte, das Opfer eines magischen Jagdzaubers zu werden, packte ich den Aufgebrachten schließlich bei den Handgelenken und warf ihn mit einigen Ringergriffen meiner Jugend auf den Boden, nun meinerseits nicht mehr bereit, ihn ohne gewisse Kompromißvorstellungen aus der Klammer zu entlassen. Befreiung wurde ihm schließlich zuteil nicht durch die Kollegen der Dritten Welt (die damals, 1956, eher meine pragmatischen Sozialismus-Vorstellungen zu teilen schienen), sondern vom Heil- und Pflegepersonal, das seinen Patienten, meinen Kontrahenten, von mir befreite. Habe diese kleine Arabeske öfters erzählt, zuletzt anläßlich des Sinaikrieges, um einer von haltlosen Gegengewalt-Vorstellungen erfüllten Ulrike Meinhof gewisse Tausendundeinenacht-Flausen auszutreiben. Jetzt, wo ich bei Durchsicht meiner Memo-Mappen noch einmal den Prag-Hefter öffne, stoße ich auf die wirkliche Überraschung, die handgeschriebene Dedikation: «Mein herzlicher Gruß begleite meinen westdeutschen Freund – Yasser Arafat
(Unterschrift: Mr. Palestine – 17 Taalat Harb. Str. Cairo, Egypt)».

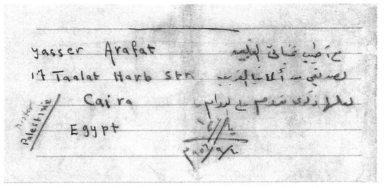

«Mein herzlicher Gruß begleite meinen westdeutschen Freund»

79.) Ab 56 Entfaltung allgemein segensreicher und unbezahlter Aktivitäten beim «Studentenkurier» (ab Oktober 57 «konkret»). Polemisches Literar-Glossarium «Leslie Meiers Lyrik-Schlachthof» (mit Adressaten Holthusen, Krolow, Weyrauch, Poethen, Heißenbüttel, Härtling u. a.); Installation poetischer Premierentribüne «Das Experiment»; Entdeckung und moralische Förderung von neuer Arbeiterliteratur (Arthur Granitzki, Richard Salis); Hebammendienste und gärtnerische Hilfstätigkeiten bei Verleihung von Literatur- und Grafikpreisen (aus meinem Notizzettelkasten: Rü: Da sind doch wenigstens mal 'n paar Arbeiter drauf auf dem Krämer seinen Grafiken. Rö: Aber so modisch. Flächig. Völlig aperspektivisch. Rü: Besser 'n Arbeiter ohne Perspektive als überhaupt keine Proleten mehr in der modernen Malerei); Eröffnung «Leslie Meiers Tafelrunde», wo namhaften Kritikern namenlose Texte sogenannter Großmeister zur Begutachtung vorgelegt wurden; Versuche, die Kulturpolitik der «Akzente» durch Transzendentalbluffs zu entlarven, beispielsweise Einsendung von Vigineversen, die ich mir an einem Nachmittag abassoziiert hatte (Antwort an den «Sehr geehrten Herrn Torborg» leider negativ); politische Herstellung von Fotomontagen, die in der «Borba», aber auch in der «Deutschen Soldatenzeitung» nachgedruckt wurden – mit unterschiedlichen Akzentsetzungen; politische Leitartikel zum Tagesstand unter dem Pseudonym «Johannes Fontara». Aus den diversen Posteingängen:

«Dear Mister Leslie Meier, sehr geehrter Herr Rühmkorf: Besten Dank. Die Schlachtung ist fast perfekt. Doch Dreck kann man sich abwischen ... Doch *ein* Vorwurf ist so persönlich, daß ich am liebsten nach Ihrer Devise vorgehen möchte: in die Fresse hauen. Sie sagen mir Opportunismus nach und glauben den Vorwurf

Titelblatt des «Studenten-Kurier» vom März 1957, «Fotomontagen, die in der ‹Borba›, aber auch in der ‹Deutschen Soldatenzeitung› nachgedruckt wurden.»

damit belegen zu können, indem Sie Widmungen aus ‹Unter den Brunnen› aufzählen und außerdem Ihren Lesern noch mitteilen, über wessen Gedichte ich in dem Band ‹In Zeilen zuhaus› geschrieben habe ... Daß man sich an solcherart Gedichten freuen kann, ohne an Klinkenputzen zu denken, können Sie sich gar nicht vorstellen ... Solche Unterstellungen kann nur äußern, der selbst daran denkt ... Würden Sie bitte so freundlich sein, den Brief zu veröffentlichen. Mit besten Wünschen Ihr Peter Härtling.»

(Eine modifizierte und systematisierend gebündelte Neufassung der L. M.-Attacken erschien im Jahre 1962 in der Anthologie «Bestandsaufnahme».)

Das lyrische Weltbild der Nachkriegsdeutschen

Wenn wir das legendäre Elend der ersten Nachkriegszeit über seine Dichtkunst, über seine poetische Produktivität befragen, dann wollen diese grauen Jahre durchaus nicht so golden erscheinen, wie unsere Erinnerung sie gelegentlich malt. Vielmehr erscheint, was uns unsere rückgewandte Wunschvorstellung als schönes Hand-in-Hand von Kunst und Armut, Ausdruck und Entbehrung, Hunger und Schwung und Motus darstellt, als eine Fiktion des späteren Wohlstandsüberdrusses. Zwar ist nicht zu leugnen, daß der Zeitraum zwischen 1945 und 1947 sein eigenes Fluidum besaß aus Veränderungselan und Überlebenslust, und dennoch führten alle guten Vorhaben noch nicht zu Gedichten, die, gemessen an dem, was nach dem Ersten Weltkrieg Lyrik hieß, stand- und stichhalten können. Vor allem aber scheint sich mitnichten bekräftigen zu wollen, daß diese Zeit ihr wirklich eigenes, vom Hunger profiliertes Gesicht besessen und daß sich in ihr so etwas wie ein Epochenstil abgezeichnet hätte. Das krasse Gegenteil erstaunt. Daß nämlich die ersten Nachkriegspublikationen mit Umbruch und Erschütterung, mit Wandlung oder Neubeginn nicht das mindeste zu tun hatten und daß die Überkatastrophe anscheinend nichts Erheblicheres als die perfekte Mittelmäßigkeit gezeugt hatte.

Die Lage war allerdings nicht ganz undifferenziert. Weil ja die ersten Veröffentlichungen aus den Lagerbeständen bereits bekannter, bereits eingeübter Poeten bestritten wurden, die nun zur Einsicht gaben, was ihnen mit den überkommenen und übernommenen Ausdrucksmitteln zu sagen gegeben war. Das hatte sich einst vor einer zu groß geratenen Zeit ins Geringe und Bescheidene geflüchtet, das hatte sich im Grauen seine Enklave geschaffen und auf heroische Blähsucht mit Kleinkunst geantwortet; nun suchte es sein Publikum, und fand den angemessenen Widerhall bei all jenen, die nach dem Höllentanz wieder Heimchen am Herde sein wollten. Bei denen der Hunger zum täglichen Brot gehört, bei denen das Entsetzen auf der Tagesordnung gestanden hatte und die es jetzt nur noch nach der Windstille in der Zeit verlangte. Nicht Stimulantien waren da gefragt, sondern Tranquilizer, nicht Höhenflug und Höllensturz, sondern Trost, Zuspruch und der Halt am Herkömmlichen. Das boten denn, das versprachen die meisten Publikationen jener Zeit bereits vom Titel her: «Das Weinberghaus», «Die Silberdistelklause» F. G. Jünger – «Alten Mannes Sommer» R. A. Schröder –

«Abendländische Elegie» Hans Carossa – «Venezianisches Credo» Rudolf Hagelstange – «Irdisches Geleit» Oda Schäfer – «Die Herberge» Albrecht Goes – «Mittagswein» Anton Schnack – «Hier ist das Wort» Josef Weinheber – «Verse für Minette» Georg v. d. Vring – «Die Begegnung» Georg Britting – «Die kühlen Bauernstuben» Ernst Waldinger – «Der Laubmann und die Rose» Elisabeth Langgässer. Nun läßt sich sicher nicht immer gleich vom Titelanspruch auf Tendenz und Temperament der jeweiligen Verssammlung schließen, dies aber zeigte sich denn doch von aller Katastrophenstimmung weitgehend unberührt und ungeschoren. Hier sprach das Gedicht nicht aus der Zeit, hier hatte man sich von dem Lärm der Schlachten und vor den Forderungen der Geschichte an einen Ort zurückgezogen, wo keine Entscheidung mehr zählte, wo Verantwortung und Bekenntnis in gleichem Maße aufgehoben schienen und wo sich «heute» auf «Geläute» reimte:

> O Feentage! Alte Zeiten!
> So war es einst, so ist es heute.
> Wie leicht und froh die Schlitten gleiten.
> Von fern kommt silbernes Geläute.
> F. G. Jünger

Der Einwand, daß es immerhin noch anderes gegeben hätte und neben poetischen Silberdistelklausen doch auch «Moabiter Sonette» Haushofer, «Die Wohnungen des Todes» Nelly Sachs, «Totentanz und Gedichte zur Zeit» Marie Luise Kaschnitz wird schon durch die schlagende Disproportion der Mengenverhältnisse widerlegt. Und außerdem, wo waren denn nun eigentlich die Jungen, die Heimgekehrten, Tiefverstörten, die Fünfundzwanzig- bis Dreißigjährigen? Wo traten sie auf den Plan, definierten sich als Generation, hauten auf – nein, zerhauten die Pauke? Und wo, die Frage ist doch fällig, zeigten sich Spuren, zeigte sich auch nur der Hauch einer Auf- und Umbruchsliteratur, ein Wagnis aus Stil, ein Neubeginn aus Sprache, eine Wendung im Satzbau? Denn daß es dies nicht war, dieser rezidivierende Rilke, bedarf ja wohl nicht der Erörterung:

> Wie eine Felswand steigt dein Tod empor
> Aus lauter Übermacht und Überragen.
> Ich schwinde hin, und mein geringes Klagen
> Ist wie ein Mann, der sich im Fels verlor.
> Hans Egon Holthusen, 1947

War es vielleicht so, daß ein Zuviel an Erlebnis, ein Übermaß an äußerer Gefährdung und innerer Unruhe dem jungen Menschen die Stimme verschlagen hatte, die Fähigkeit zur Artikulation? War es so, daß der erlebten Wirklichkeit keine Form gerecht wurde, kein Reim gewachsen, keine Stilisierung angemessen war? Wie es denn ja auch von dem begabtesten Prosamann der jungen Heimkehrergeneration, von Wolfgang Borchert ausgesprochen wurde: «... wer denn, ach, wer weiß einen Reim auf das Röcheln einer zerschossenen Lunge, einen Reim auf einen Hinrichtungsschrei, wer kennt das Versmaß, das rhythmische, für eine Vergewaltigung, wer weiß ein Versmaß für das Gebell der Maschinengewehre ...?»

Die Buchpublikationen der ersten Nachkriegsjahre geben auf die Frage nach junger, eigenständiger Literatur meist nur enttäuschende Auskünfte. Sie scheinen einzig das Schlagwort von der «schweigenden Generation» bestätigen zu wollen, der seinerzeit zusammen mit den Begriffen «Nullpunktsituation» und «Kahlschlagliteratur» (Wolfgang Weyrauch) die Runde machte. Auch wenn man heute noch einmal die Zeitschriften jener Zeit durchblättert, die zusammengestoppelten Anthologien, die behelfsmäßigen Sammelbroschüren, so findet man die Situation nur sehr unvollkommen oder aber in ihrer Unvollkommenheit repräsentiert. Diesen Sammlungen gebrach es meist an Richtung und Kontur, sie hatten anscheinend zuerst einmal versucht, alle möglichen versprengten einzelnen wieder unter Dach und Buchdeckel zu bringen, ohne das alteingesessen Formtreue vom Flugversuch des Anfängers zu sondern und ohne auf stilistische Geschlossenheit zu achten. Man muß schon sehr genau hinsehen, um nur einen Anflug von Richtung zu entdecken, kann allerdings rückblickend feststellen, daß sich die sachlichen Ironiker, die Grau-in-grau-Maler begabter erwiesen als die Um- und Aufgewühlten, und daß antiheroische Nüchternheit und ein skeptischer Goodwill anscheinend bessere Prämissen für das Entstehen lyrischer Kunstwerke waren als die nach außen gekehrte Leidenschaft.

Wo die Lyrik die Ortsbestimmung des Menschen vornahm – so bei Günter Eich –, da lief es allemal auf die Nennung flüchtiger Aufenthaltsorte hinaus: Gefangenenzelt, Strohsack, Schlafbunker, Bahnhof, Nissenhütte, Baracke, Wartesaal. Hier erschien der Mensch als ein Wesen ohne gültigen Grund unter den Füßen und bar aller geistigen oder weltanschaulichen Immobilien. Was war schon viel mehr über ihn auszusagen, als daß er noch lebte? Welcher Halt konnte ihm angewiesen werden, wenn nicht das Naheliegende? Ein Gedicht Eichs, «Inventur» genannt, zieht die Bilanz der Überbleibsel. In programmatischem Understatement und vorsätzlicher Wortkargheit bekennt sich das zu nichts Festem berufene, zu nichts Höherem bestimmte Individuum zu seiner geringsten, seiner einzigen Habe:

Dies ist meine Mütze,
dies ist mein Mantel,
hier mein Rasierzeug
im Beutel aus Leinen.

Konservenbüchse:
Mein Teller, mein Becher,
ich hab' in das Weißblech
den Namen geritzt.

Also: keine heilig beschworenen Vorsätze, keine Blankowechsel auf die Zukunft, sondern: die gezielte Nüchternheit der Bestandsaufnahme. Und wo der Name des Menschen neu geschrieben wird, dort nicht auf Ruhmestafeln und Ehrenmale, sondern auf die leere Konservendose. Das Ich definiert sich als vorläufig; seine Hoffnung bezieht sich auf die vorhandenen Restbestände; der Radius der Besitznahme ist auf die Reichweite des Armes reduziert.

Obwohl Günter Eich nicht der einzige Bedichter der situationären Misere war und obwohl sich auch andere junge Begabungen an einer Poesie des scheinbar Unpoetischen versuchten, war er doch einer der ganz wenigen, die eine seelische Disposition der Zeit konsequent in die Art der Schreibweise einbezogen. Die meisten blieben beim Beschreiben, Umschreiben stehen. Das waren die zahlreich auftauchenden Talente, deren Umgang mit der Poesie das Provisorium nicht überdauerte. Sie traten hier oder dort mit ein oder zwei beachtenswerten Gedichten hervor, waren einige Zeilen lang auf der Höhe der schlimmen Zeit und verschwanden für immer aus dem Gebiet, dem Gebiet der schönen Literatur. Zwei Strophen des 1925 geborenen Hans-Henning Zencke mögen für alle die anderen instabilen Begabungen stehen, die da kurz das Plakat zeigten, ein Überlebenssignal gaben, die Erkennungsmarke vorwiesen und dann die Poesie für immer hinter sich ließen.

Noch einmal an alle! Die Uhrzeit tut nichts mehr zur Sache.
Noch zweimal an keinen! Der Beifall ist nicht von Belang.
Der Hunger heißt Hunger in akademischer Sprache,
Im Massenchor und im lyrischen Einzelgesang.

Noch einmal an alle! Ihr steht vor der letzten Bescherung.
Wer fürchtet sich vor dem rosagesprenkelten Wolf?
Vergeßt eure Namen. Vergeßt eure Menschheitsbekehrung.
Der Mensch muß sich selber bekehren. Nicht schießen! Spielt Golf.

Während so ein Teil hochbegabter lyrischer Kabarettisten zum Golf und zum Journalismus überging, entwickelten sich aus einem Sonderzweig der modernen Dichtkunst, der sogenannten Naturlyrik, Blüten fort und fort. Die deutsche Nachkriegspoesie verlegte ihr flüchtiges Quartier vom Wartesaal zum Wiesenrain, vom Wohnbunker zum Schuttabladeplatz.

Mißtrauisch, absichernd, gegenüber allem, was Mensch, Gemeinschaft, Geschichte und Politik hieß, bekundete der Poet sein gesellschaftliches Ohnemich durch seine Flucht ins Abseits. Gleichwohl konnte er sich hier durchaus auf gewisse vordringliche Erkennungsmerkmale seiner Zeit berufen, da die Vegetation sich von allen Umwälzungen, von Göttermacherei und Götterstürzen demonstrativ unbeeinträchtigt zeigte, und über den Ruinen der Zivilisationslandschaft das Leben in Form von Unkraut triumphierte.

> Der Löwenzahn, der wilde Hafer samen
> sich maßlos aus.
> Auf Mörtel, Schutt und Ziegelrest, sie kamen
> in totes Haus.
>
> Oda Schäfer

Ich möchte in diesem Zusammenhang behaupten, daß die Naturlyrik so lange kraftvoll, so lange fruchtbar war, als sie sich bestimmter zeittypischer Zu- und Gegenstände annahm, und daß sie immer tiefer in die Öde und in die Irre geriet, wo sie sich von allen gesellschaftlich bedingten Erscheinungsformen dieser Welt emanzipierte. Die besten Beispiele für die günstige Vermählung von Natur- und Zeitpoesie lieferte uns Karl Krolow in einigen suggestiven Soldatengedichten, deren geheimer Doppelsinn in der Bedeutungsüberlagerung von «Feld» und Feldzug liegt.

Und sie speien die Hoffnung wie Tabak, im Munde gekaut,
in den Schlamm vor die Füße und hinken vorbei,
verziehn die gesprungenen Lippen und gehn ohne Laut
unter im Schweigen, im knisternden Scharbockskraut,
im Ohr das Gemurmel der höllischen Wahrsagerei.

In den Jahren zwischen 1948 und 1950 begann die Naturlyrik dann ins
Weite und Breite zu wuchern. Flink auf der Flucht vor Tragik und Er-
schütterung und rück- und rückgetrieben an den Hang, den Knick, zum
Rasenstück, zum Beet und Blumentopf geriet die Lyrik immer tiefer ins
Bescheidene und Verschnittene. Der Poet nahm keine Aufregungen
mehr an und keine Anstrengungen mehr auf, und selbst wenn man einräumen muß, daß es immer wieder zu einigen überraschend schönen
Einzelstücken kam, daß sich von Elisabeth Langgässer bis zu Rainer
Brambach, von Lehmann über Krolow bis zu Piontek gelegentlich
einige kleine Großartigkeiten ergaben, ist doch die ganze Richtung
nicht ohne Mißmut zu betrachten. Weil jener Exodus aus der Zeit, weil
jene Flucht vor dem widerwärtig Gegenwärtigen die naturverbundenen
Dichtersleute ganz allgemach in die ästhetische Provinz führte, wo sie
am Ende alle die gleichen Entdeckungen machten und die nämlichen
Blumen für sich in Anspruch nahmen. Schließlich glichen sich die Flo-
rilegien aufs Haar, der einsame Wanderweg wurde zum Trampelpfad,
die Lust am Detail ließ die Gedichte verqueckt und verkrautet erscheinen, und gerade der Wunsch nach Vielfarbigkeit und Differenzierung
hatte nur jene katalogische Stupidität zur Folge, die jede Unterschei-
dung unmöglich machte. Als im Jahre 1953 die von Holthusen und
Kemp herausgegebene Lyrikanthologie «Ergriffenes Dasein» herauskam, da stand es vollends fest, daß die gesamte poetische Moderne ein
einziger Blumenladen war. Von überallher duftete es auf einen zu: Nicht
einer, der nicht durch die Blume sprach, und unter soviel Outsidern und
Abgesonderten kaum jemand mit unverwechselbarem Muster und individuellem Bukett. Ein Motto über allen zog sich als grüner Faden von
Lehmann über Bergengruen bis hin zu Holthusens programmatischem
Erörtertext: Kleine heile Welt. Indes, was sich von vornherein gegen jedes Mißlingen und gegen jeden zu hoch gezielten Fehlgriff abgesichert
zu haben schien, das scheiterte dann doch an der eigenen Harmlosigkeit. Mehr noch: an der Unmöglichkeit, sich «gegen die aufreibenden
Tendenzen des geschichtlichen Prozesses» mit Vegetarismus zu behaupten und die «kulturpessimistischen Schwindelanfälle» im Heublumen-

hemd zu bestehen. Ich meine, daß der heimliche Traum von einer unbeschadeten Welt, daß die Wunschvorstellung einer Wiedergeburt des Mythos aus dem Geiste der Kleingärtnerei zwangsläufig fehlschlagen mußte, weil das Mißverhältnis zwischen den tatsächlichen Ängsten, Melancholien, Krisenstimmungen des dividierten Individuums und der mediokren Heilskonzeption nur zu unfreiwillig komischen Effekten führen konnte. Vor allem, weil der offensichtliche Sentimentalismus, der da auf den Anschluß ans Elementare bedacht war, sich niemals selber zum Problem, sich nirgends selbst zum Gegenstande einer (möglicherweise ironischen) Reflexion nahm und so bei allem Ernst und aller Bewegtheit oft ins panisch Putzige entglitt.

> Aus seinem Schlaf steigt Baldrian,
> die Wurzel tut ihn wieder an.
> Rotzagel kommt, den grauen Rücken
> vor seinem weisen Herrn zu bücken,
> Schwanzfeder steil.
> Das Lieschgras streichelt meine Hände,
> Die Ammer singt ihr Lied zu Ende,
> Die Welt bleibt heil.
>
> Wilhelm Lehmann

Der die Kräutersammler und die Botaniseure der Naturpoesie später «Bewisperer von Nüssen und Gräsern» hieß, war Gottfried Benn. Er bestritt sein Comeback in den Jahren 1948/49 mit den beiden Büchern «Statische Gedichte» und «Trunkene Flut» und ließ diesen Gedichtsammlungen bald erörternde Schriften folgen, die geeignet waren, das Behelfsprogramm der Naturlyrik durch eine wirklich komplexe Dichtungstheorie abzulösen. Die ersten Nachkriegsjahre hatten von Benn nur wenig Notiz genommen, weil sie weder die faschistische Vergangenheit des Mannes zu übersehen, noch seinen Formrigorismus zu würdigen in der Lage waren, nun, wo die Rufe nach Abrechnung und Rechtfertigung allmählich verhallten und die Währungsreform (dieser Wechselbalg von geistiger Wasserscheide) mit dem gröbsten physischen Hunger auch alle sozialen Veränderungsgelüste beseitigte, schien die Möglichkeit der Rehabilitierung und auch des Wiederverständnisses gegeben. Des Wiederverständnisses – weil erst die Aufhebung der akzidentellen Misere und die Überwindung der Hungerödeme den Blick freigaben nach innen und auf die tieferen Skrupel und Verzweiflungen des vom Kollektiv entbundenen

Ich. Man muß es wohl so verstehen, daß erst nach einer Zeit, die als simpelstes und oberstes Gesetz die Selbsterhaltung des freigesetzten Individuums gefordert hatte, die Selbst*beobachtung* einsetzen, erst nach Aufhebung der Versorgungskrise die «Ausdruckskrise» virulent werden, erst nach dem notgedrungenen Wandlungs- und Fortschrittsoptimismus (der sich z. B. in einer Vielzahl von Zeitschriftentiteln kundtat: «Die Wandlung», «Die Aussaat», «Der Anfang», «Horizont») der Kulturpessimismus ins Blühen geraten konnte.

Gottfried Benn war, wenn man so will, ein letzter Interpret und Fürsprech von absoluter Kunst, wie sie bereits im Frankreich der siebziger und achtziger Jahre des vergangenen Jahrhunderts von Mallarmé begrifflich festgenagelt worden war; er war zum andern einer der ganz wenigen deutschen Frühexpressionisten, die die Mitte des 20. Jahrhunderts lebend erreicht hatten, und wohl der einzige, der nicht nur mit Memoiren aus den goldenen Zehnern und Zwanzigern aufwartete, sondern mit einem Fazit aus Kunsttheorie und Weltanschauung. Die Lehre, die er der jungen deutschen Literatur mit auf den Weg gab, hieß: «Ästhetizismus, Isolationismus, Esoterismus – ‹der Kranichzug der Geistigen über dem Volk›» und «Das Wort des Lyrikers vertritt keine Idee, vertritt keinen Gedanken und kein Ideal, es ist Existenz an sich, Ausdruck, Miene, Hauch» und «Eine Wirklichkeit ist nicht vonnöten, / ja, es gibt sie gar nicht, wenn ein Mann / aus dem Urmotiv der Flairs und Flöten / seine Existenz beweisen kann».

Das alles meinte: Abkehr von der Wirklichkeit; hieß: Rückzug und Rückschau; bedeutete: Kunst als Enklave des zeitlos Absoluten in einer Umgebung aus Bedingtheiten, Teilaspekten, Interpretationsweisen, Spezialwissenschaften, Beziehungswerten, «Begriffschimären».

Nun hätte man zwar von Benn noch allerhand anderes lernen und übernehmen können als gerade diese reine Lehre vom reinen Kunstwerk, indes, man war in Westdeutschland gelehrig nur auf dem Ohr, in das einem von Absolution gesprochen wurde, von zeitfreier Schönheit und dem Mut nicht zum Widerspruch, sondern zur Absonderung. Die deutsche Lyrik, mit der hoffnungsvollen Chance konfrontiert, in Gottfried Benn und über Gottfried Benn den Anschluß an eine eigene nationale Großstadt- und Bewußtseinspoesie zu finden, wählte den anderen, den Weg in den widerstands- und spannungslosen Ästhetizismus. Denn was

Anklang und Aufnahme fand, war nicht das Scharfe, Grimmige, Zynische, waren nicht die Absagen, nicht die Ausfälligkeiten gegenüber einer Welt, die als einzige Wertvorstellung nur die Lust am wuchernden Wohlstand zu entwickeln fähig war – Nachfolge stellte sich vielmehr erst dort ein, wo bereits Lösungen vorlagen, Loslösungen, Fertiglösungen, Erlösungen. Und wo man sich und seine Vorstellungen von Moderne in Anspruch nahm, dort waren es mit Sicherheit Gebilde von der laxierten Wohlredenheit und der böcklinesken Schönmalerei jener unsäglichen, unsäglich oft zitierten «Welle der Nacht»:

> Welle der Nacht – Meerwidder und Delphine
> mit Hyakinthos leichtbewegter Last,
> die Lorbeerrosen und die Travertine
> wehn um den leeren istrischen Palast.

> Welle der Nacht – zwei Muscheln miterkoren,
> die Fluten strömen sie, die Felsen her,
> dann Diadem und Purpur mitverloren,
> die weiße Perle rollt zurück ins Meer.

Das war die kandierte Romantik nach dem ges. gesch. Geschmack des Restauratoriums, das La Paloma der intellektuellen Demimonde – rollt eine weiße Perle zurück ins Meer. Und soviel Sog und Suggestion besaßen diese Strophen und ähnliche, daß sie bald die gegenläufigsten Talente und Gesinnungen beeinflußten und einen Komplex von gut drei Generationen anzuregen vermochten, auch zu bevormunden, immer aber zu belasten. Kein Traditionsmeier so fest gefügt, daß er sich nicht noch nach der Bennvorlage hätte strecken können (Bergengruen, Lernet-Holenia, Horst Lange, Hagelstange), kein junger Absoluter so unmittelbar, dem süßen melodischen Strom zu widerstreben (A. A. Scholl, Cyrus Atabay, A. X. Gwerder). Dabei blieb es auch keineswegs bei aufrecht-offenkundigen Plagiaten, die im Handumdrehen, im Zitatausziehen zu widerlegen waren – bedenklicher, weil unaufdringlicher und weniger bestimmt, war eigentlich die Peu-à-peu-Durchseuchung des modernen Gedichtes mit Südaromen und Vergangenheitsparfüm. Freilich, als Pfusch und Stümperei ließ sich das meist ganz und gar nicht ansprechen, vielmehr waren in den Vordergrund getreten der talentierte Parasit und die reproduktive Geschmeidigkeit. Die nahmen und übernahmen, was ihrem Liliputanertum zupaß kam, die pausten durch, was ihrem Kaliber, ihrer Vorstellung von Größe entsprach, und sie vernachlässigten und übersahen mit Fleiß, was ihnen in Pfennigbeträge umzumünzen nicht gegeben war: Die Verbindung von Schönheit und Schock als voneinander abhängiger und aufeinander bezogener ästhetischer Größen. Daß Valéry gelehrt hatte, alle fünf Jahre müsse eine neue Lösung des Schockproblems gefunden werden, beliebten sie zu überhören wie die Warnung Benns «Der große Dichter aber ist ein großer Realist, sehr nahe allen Wirklichkeiten – er belädt sich mit Wirklichkeiten». Hellhörig wurden sie erst, wo man ihnen von Dunkelheit und Wirklichkeitsentfremdung zuraunte. Hier war ihre eigentliche Domäne, ihr Element, in dem sie sich fühlten weniger wie der Fisch im Wasser, aber wie der Olm in der Grotte. Sie hatten weder Einfälle noch wagten sie Ausfälle; was ihnen in unbegrenztem Maße zur Verfügung stand, waren Lesefrüchte und ungelöste Reste, das beides verstanden sie zu mischen und zu arrangieren, daß es der Ahnungslosigkeit vom Dienst und vom Dezennium den Anschein dunkler Erhabenheit, fremdartiger Schönheit und einsamer Heroität vermittelte. Als Walter Höllerer im Jahre 1956 das Lyriksammelbuch «Transit» herausgab, da zeigte uns wieder einmal eine Anthologie, wo die zeitgenössische Kunst stand, das heißt, wo sie steckengeblieben war – jetzt beim Andenkenhöker, im Antiquitätenladen, im Zeughaus, Schmuckgeschäft, Museum, in der Petrefaktensammlung. Dort hatte sich etabliert, was den Kontakt, auch den Konträrkontakt zur Zeit, Gesellschaft, Natur und Wirklichkeit von Grund auf scheute; dort hatte sich gefunden, was dem Alltag die Gefolgschaft, der Gegenwart das Interesse aufkündigen wollte; dort schmückte sich mit allen möglichen Raritäten und Erlesenheiten, was dem gemeinen Durchschnitt zu entkommen trachtete. Nur eines hatte man ganz offensichtlich nicht bedacht –: daß nämlich all die Ausgefallenheiten am Ende ihr Stelldichein im Massenhaften finden könnten, und daß das Sonderbare, zur Regel erhoben, bar jeder Besonderheit sein würde.

Wenn man nur einmal in die Runde blickt und die Bestände überschlägt, dann trifft man unter soviel Exulanten kaum einen mit eigenem Vokabular, originellen Bildern, apartem Wortzierat, sondern ein rundum kommunes Symbol- und Dekorationsmaterial. Die Auswechselbarkeit – um irgendwo zu beginnen – begann bereits dort, wo unsere modernen Neoromantiker, auf der Suche nach stilgerechten Fahrzeugen für ihren Auszug in die Exklusivität, alle auf die gleichen Museumsstücke verfielen: Barke, Brigg, Karavelle, Kogge, Fregatte, Einbaum, Dschunke, Triere; und die Flucht vor bewohntem und gewohntem Gelände führte sie nun immer tiefer ins Allgemeine. Denn das Meer, auf das sie sich hinauswagten, bot nicht im geringsten die Möglichkeit zu individuellen Abenteuern – dies Meer war eigentlich nur ein Symbol der Nacht, und die Nacht hieß auch Dunkelheit, Abgrund, Gegenwelt, Traumbereich, und da warfen sie denn ihre kunstreich gewirkten Netze aus und förderten nach oben – nein, keine Schollen, Sprotten, Stinte, Barsche, Seehasen, Steinbeißer – sondern: alle die nämlichen Schalentiere, Stachelhäuter, Isolationssymbole: Muscheln, Schnecken, Seesterne, Korallen, Ammonshörner, alle die nämlichen Schling- und Schreckgewächse und Untergrundwesen: Tang und Algen, Schwämme und Quallen.

Wenn sie dann irgendwo an Land gingen, unsere Supramariner, so war das mit Sicherheit kein gewöhnlicher Ort, sondern ein Reich, für dessen Altehrwürdigkeit die Insignien abgedienter Herrschaftsformen, so Krone, Zepter, Purpurmantel bürgten. Krieger und Hirten belebten die heroische Landschaft, und wie Lanze, Speer und Schwert und Schild dem einsamen Manne dienlich waren, so standen Leier, Harfe und Zimbel dem Sängerpriester zur Verfügung. Einsiedler, Pilger, Eremiten und andere seltsame Heilige deuteten den Vogelflug, lasen die Schattenspur, wiesen die Fährte. Wohin und worauf zu? Nun, allemal zu Stätten ausgesuchter Einsamkeit, zu Grotten (nächtigen, schattigen, schmalen, vernarbten), zu Höhlen, Kratern, Löchern, Spalten, Klüften, Labyrinthen oder, vielleicht, in freundlicheres Gefild, wo Brunnen und Tränke, Zisterne und Oase dem Fremdling sich eröffneten. Der allerdings, durch einen Durst ganz eigener Art geplagt und ausgezeichnet, nun wiederum das gebräuchliche Trinkgefäß, sagen wir Tasse oder Bierglas, nicht zur Hand hatte, dafür aber Kelche und Amphoren, Vasen und Urnen, Aschen- und Tränenkrüge. Also gelabt, schlug er dann die seit Anno Tobak unversehrten «Saiten» und sang von Tempel und Lorbeer, von Zypressen und Marmor, von Oleander und Säulen und Türmen und Zelten und Torsen. Sein Leib- und Lieblingsadjektiv war ohne Zweifel das Wort «alt». Was nämlich seit langem schon den Schlager unserer schwärmerisch rückgewandten Gegenwart bewegte, was sich als Fluchtromantik niederster Plattform Tag für Tag und Stunde für Stunde ausströmte als Millionen umschlingende Sehnsucht nach der guten alten Zeit mit «altem Cowboy», «alter Linde», «altem Försterhaus», «altem Riverboat» und «alter lieber Weise», das fand seine Entsprechung, wenn auch auf anderer Stufe, der Marmorstufe, in unserer altgierigen Poesie: «alte Krüge», «alte Bilder», «alte Vasen», «alte Schriften», «alte Zeichen».

Ich spreche nicht von Randerscheinungen, ich spreche von der Mode und von Kollektivphänomenen, die nicht nur das Gedicht von gestern, sondern auch die Poesie unserer anstehenden Gegenwart kennzeichnen, und an denen sich eins vor allem ablesen läßt: daß unsere zeitgenössische Lyrik nicht im geringsten durch ein Zuviel an Gefühl gefährdet wird und nicht durch Einfühlung, Anschaulichkeit, Stoffaufnahme, Thematik, Meinung, gesellschaftliches Engagement, sondern einzig durch seine kopflose Zeit- und Wirklichkeitsflucht. Sie führt mit Sicherheit ins stumpfsinnigste Klischee, sie beschert uns Wachsblumen statt gewachsener, gibt Angelesenes für Erlesenheit aus und Plastikperlen als Rarissima.

Ich möchte, da wir die «istrischen Paläste» noch gerade im Ohr haben, nur an dies eine Beispiel anknüpfen und Ihnen meine These vom Ausverkauf der Raritäten mit einem ganzen Sack voll mühelos zusammengekehrter Solitäre belegen: «attischer Mond» Lange, «patmische Reiter» Bergengruen, «ionisches Salz» Bachmann, «umbrische Nacht» Celan, «maurische Muschel» Schwarz, «magische Straße», «im eleusischen Wind» Jokostra, «sarmatische Zeit» Bobrowski, «Inseln, elysisch»; «venezianische Lüster» Usinger, «im chimärischen Strom», «cherubinische Landschaft» Krolow, «phönizische Vasen» Groß, «troglodytische Zeit» Eich, «assyrische Karten», «ägyptische Prinzen» Wyss, «nubische Prinzen», «ambiotische Flut» R. P. Becker, «nubische Wüste» Enzensberger, «punische Nacht» Riegel, «Firmament, siderisch» Weyrauch, «siderischer Montgolfier» Rühmkorf, «ägyptisches Schneelaub», «pharaonische Weiße», «galaktische Rotation», «äquinoktisches Trauma» Demus, «stygische Ausfahrt» Guesmer, «labyrinthische Jahre» Holthusen, «magische Zeichen», «flandrische Haine», «siderische Städte» Busta, «arktischer Mond», «cyrillische Rätsel», «ligurische Küste», «sibirische Gletscher» de Haas, «magische Pforte», «sizilischer Herbst» Kaschnitz, «provenzalische Landschaft» Fritz, «saronischer Golf» Raeber.

Man sieht die Ketten-, die Perlenkettenreaktion. Auch, wie das Allzuedle, von weither Rührende, von langzuvor Bezogene einer neuen Gewöhnlichkeit anheimfällt und wie es dem auf schönen Eindruck Bedachten an individuellem Ausdruck mangelt. Und selbst wenn wir einräumen, daß das einzelne Zitat natürlich noch gar nichts gegen den einzelnen Autor sagt, will uns das Ganze als nicht ungefährliche Verflachung des modernen Gedichts in eine saccharine Feierlichkeit erscheinen. Zumal wenn sich die genannten Attrappen nicht isoliert finden, sondern im Zusammenhang mit allen möglichen anderen Schmalz- und Goldbackenheiten jenen lyrischen Liberace ergeben, den man heutzutage als absolute Dichtkunst schönpreist: «Den Flor von Tränen und den Rosenhauch» Scholl – «Mit Rosen, Nüssen und Wein die Porta Nigra umkränzt» de Haas – «Die Trauben bluten, Mandeln und Wein verbittern unsern Abschied» Bächler – «und ohne Duft erblüht die schwarze Rose» Hartung – «Aus Mandelholz und Myrrhen» Groß – «Laß überall ein Stück deines Herzens zurück, durchschwängere es mit Oleanderduft und dem der Myrten» Atabay – «Ziehbrunnen grüßen hinterm Ölbaumhügel» Fritz.

Wir haben weit vorgegriffen, um dem Verlauf von Deszendenz-, auch Abstiegslinien folgen zu können, wir haken also noch einmal zurück und schauen uns den Zeitraum zwischen 1948 und 1952 im bunten Querschnitt an. Im ganzen war es eher eine Karenz- und Stillhaltezeit als eine Periode neuer Vorstöße. Vielleicht könnte man von einem etwas richtungs- und reibungslosen Intervall sprechen, einer Zeit des stillen Stoffwechsels, der Anregungsverarbeitung, der verhaltenen Osmosen und Akzentverschiebungen. Eine schöpferische Revision des deutschen Expressionismus und eine Besinnung auf die eigenen modernen Traditionen, die dem Anfang sehr wohl angestanden hätten, ließen weiter auf sich warten. Sicher hatte man in den provisorischen Anthologien der sogenannt «Abseitigen», der «Verbotenen und Verbrannten», der «Verschollenen und Vergessenen» gedacht, auch einiges an Exilliteratur in seine deutsche Sprachheimat repatriiert (Paul Zech: «Sonette aus dem Exil»; Max Herrmann-Neisse: «Heimatfern»; Karl Wolfskehl: «Sang aus dem Exil»), das aber wollte in Deutschland gar nicht recht heimisch werden. Hier hielt man sich lieber an die Hüter des Herkömmlichen, an die Anerkannten und Unverbannten. Es ist ja geradezu hanebüchen, daß bis zum Jahre 1952 zwar Sammelbände und lyrische Gesamtausgaben erschienen von Hans Carossa, Hermann Hesse, Konrad Weiss, Rudolf Alexander Schröder, Manfred Hausmann, Werner Bergengruen, Börries von Münchhausen und Agnes Miegel, nichts aber von Ernst Stadler, Franz Werfel, Jacob van Hoddis, Alfred Lichtenstein, Ernst Blaß, Paul Boldt, Albert Ehrenstein, Ernst Wilhelm Lotz, Ferdinand Hardekopf, und von Heym nur ein ungebundenes 20-Seiten-Heft.

144

Die junge deutsche Poesie konsolidierte indes ihre Position. Die Naturlyrik gewann an Einfluß und verlor an Gesicht, je mehr sie auf Reinzüchtung bedacht war. Die Benn-Nachfolge geriet in die Bahnen besonderer Einseitigkeit, da sie erstens nur einen abgespaltenen Teilaspekt verfolgte und nur die Rosen, nicht aber die Dornen und Stacheln für sich in Anspruch nahm, dann aber auch durch Einflußkreuzungen keine größere Reichhaltigkeit gewinnen konnte, weil sie zu Mischungen nur insofern bereit war, als diese die bereits getroffene Auswahl noch einmal bestätigten. Ich meine, daß die allenthalben bekundete Aufgeschlossenheit gerade gegenüber den Gedichten von Georg Trakl, Else Lasker-Schüler und Yvan Goll das nämliche Selektionsprinzip verriet, das jener bereits monierten Benn-Auswahl zugrunde lag und das von einer ganz besonderen Vorliebe für alles Weiche und Verhangene, Traumhafte, Feminine, Süßmelodische, ansprechend Exotische und dunkel Irrationale gelenkt war. Hier also war eine Erweiterung und Belebung der poetischen Möglichkeiten nicht gerade zu erwarten. Die schöpferische Hoffnung von Nachfolge- und Anknüpfezeiten heißt überhaupt nicht, kann niemals heißen Zuspitzung und forcierte Weiterentwicklung von isolierten Sonderzweigen (wenn auch das dürftige, das Partialtalent immer wieder auf den Zwang zum Spezialismus verweisen wird), die verheißungsvolleren Möglichkeiten einer Revisionsepoche liegen vielmehr in Legierungen, Überlagerungen, Bastardierungen. Daß eine planvolle Mischkunst sehr wohl zu individuellen Resultaten kommen kann, zumal wenn diese Kunst nicht nur auf sinnentblößte Materialspannungen und eine abstrakte Methodenkombination reflektiert, sondern auf neue Beziehungsverflechtungen des gesellschaftlichen Seins und neue Spannungsverhältnisse der menschlichen Seele, zeigte sich zum Beispiel in den ganz unterschiedlichen Interferenzlösungen der Günter Eich, Karl Krolow, Wolfgang Weyrauch. Die seltsam didaktische Schock- und Schauerpoesie Eichs war von dem magischen Realismus Krolows so weit geschieden wie dieser von den Versuchen Weyrauchs, Volksliedfolie, Plakatstil und naturlyrische Ausdrucksmöglichkeiten einander zu vermählen. Auch Holthusen, der die unterschiedlichsten Anregungen zur Vereinigung brachte und Rückgriffe auf die Tradition nicht scheute, muß wohl in diesem Zusammenhange genannt werden. Allerdings zeigte es sich gerade bei diesem gewandten Theoretiker und Zergliederungsmeister, daß alle kluge Kombination von verschiedenen Ausdrucksweisen nicht immer schon absolute Stilsicherheit bedeuten muß. Auch, daß die Einsicht in das Wie des modernen Gedichts oft eben nur bis zum Wie gerät, sei es der Wie-Vergleich im besonderen, sei es ein schöngemachtes Quasi allgemein genommen.

Mit dem Jahre 1952 begannen dann neue Jahrgänge in den Vordergrund des Interesses zu rücken. Sie waren von den Leuten, die den Anfang gemacht hatten, durch eine Altersspanne von etwa zehn Jahren getrennt und unterschieden sich von ihnen durch eine sichtlich und hörbar veränderte Artikulationsweise. Obwohl diese plötzlich auftauchenden Talente untereinander durch keine Schule und keine geistige oder biografische Herkunft verbunden waren, war ihnen nicht nur eine neue dichterische Intensität gemein, sondern auch ein seltsam verqueres, gespanntes und dennoch leidenschaftliches Verhältnis zu Welt und Wirklichkeit. Um die Ausnahme vorwegzunehmen, nenne ich Walter Höllerer (Jahrgang 1922) vor den hier gemeinten drei Dichtern Werner Riegel (1925), Ingeborg Bachmann (1926) und Paul Celan (1920). Höllerers erster und einziger Gedichtband, der den Titel «Der andere Gast» trug, ist in zweierlei Hinsicht interessant. Zuerst einmal, weil er zum Zeitpunkt seines Erscheinens einen wirklich neuen Ton in die deutsche Nachkriegslyrik brachte, etwas ganz Unprogrammatisches, Persönliches, einen durch keine Manier verzerrten, durch keine Vorbilder belasteten Impressionismus. Zum anderen aber auch, weil wir hier einen Mann, der später zum Vorkämpfer einer abstrakten Fliesenlegerpoesie und zum Bahnglätter der lyrischen Strukturtapete wurde, als ausgesprochene Anschauungs- und Einfühlungsbegabung debütieren sehen, sagen wir, Verse spinnen von ganz eigenem Geflirr, ursprünglicher Musikalität und luftiger Beweglichkeit:

> Doch jetzt im Eselkarrn
> da siehst du schon noch mehr:
> Und daß die Wolken Wolken sind,
> das blaue Meer ein Meer,
>
> und gar nicht ein Symptom,
> und nicht ein Stück, ein Biß,
> und nicht ein Katalyt und nicht
> ein Schattenriß.

Einige Jahre weiter wollten dann allerdings die programmatisch erstarrten «Quarzaugen» die Wirklichkeit nicht mehr wahrnehmen, und der schöne Sensualismus wich einer aufdringlichen Splitter- und Scherben-symbolik: «Fische erfallen im / Eckigen Strom, / Splitter, Quadrate, / Stürzen Chimären / Herab vom Turm / Durch die Rosenkaskade / Ohnesieg ohnehaß ohneleid / Ohne Zeit.»

Durchaus aber auf der Schneide der Zeit hatten einige junge Poeten der Jahre 1952/53 Stellung bezogen. Ihre Hoffnungen und Befürchtungen waren ganz auf das gefährdete Intervall Gegenwart ausgerichtet: «Zwischen den Kriegen» Riegel, «Die gestundete Zeit» Bachmann. Es hatte eine ganze Weile gedauert, bis es zu solchen Titelsignalen in deutscher Sprache kommen konnte, und sie deuteten gleichermaßen auf ein verändertes Selbstbewußtsein wie auch auf den Wandel im Ausdruckswillen. Vorbei die Jahre des Sichkleinmachens und des Augenverschließens, vorbei die Jahre einer trostlosen Trostliteratur und der geblümten Diminutive – statt dessen konnte man jetzt am ehesten von einem seltsamen, aus der Art geschlagenen Heroismus sprechen, einem Heroismus, der auch sein eigenes Pathos entwickelte: die leidenschaftliche Lästersuada Riegels, die hochgespannt-kaltblütige Didaktik, wie wir sie in den besten Versen Ingeborg Bachmanns finden, das pasteurisierte Pathos Celans. Bei Riegel erscheint der Aufruf an die Menschheit zum Widerruf verkehrt. Eingekesselt zwischen einer verdammenswerten Vergangenheit und einer Zukunft der schlimmen Aussichten, behauptet das dichterische Individuum seinen Leerplatz innerhalb der fehlgefügten Bürgerordnung. Wer einmal geglaubt hatte, daß das deutsche Volk sich nach der Niederlage ohnegleichen zu Sitte und Anstand erholen würde, der sah jetzt alle guten Vorsätze an eine niedere Wohlstandsmentalität verraten und allen braven Wandlungswillen aufgegeben zugunsten einer neuen, der ewig alten Wehr-und-Waffen-Freudigkeit. Was anderes blieb dem Dichter, als seine hingeopferten Hoffnungen durch hohnvolle Invektiven zu ersetzen und die Erfahrung täglicher Ohnmacht mit einem hochgemuten Zynismus zu vergelten?

Immer noch regt sich sterbend die alte Freiheit.
Aber die Freiheit stirbt, der unkende Untertan.
In den beleuchteten Städten glitzert die Neuheit,
die schon bei Etzel war und bei Dschingis Khan.
Daß noch der Mond bescheint die lärmende Paralyse!
Tritt in die Finsternis! Vorbei aller Traum, was tut's?
Wir waren, o Mensch, dein Herz, deine Tränendrüse,
und Kuckucksschrei und Nächte im Kukuruz.

Sie hatte weder zukunftsfarbene Fahnen, die neue Zeitdichtung des Jahres 1952, noch erwartete sie Heil vom Anruf der Vergangenheit. Sie stand den progressiven Idealvorstellungen so skeptisch gegenüber wie den Regressionsparolen und sagte weder schöne neue, noch gute alte, sondern: verkehrte Welt. Ein neues Leit-, ein neues Leidensmotiv der jungen deutschen Lyrik fürwahr, denn erst jetzt konnte man für gültig und bündig nehmen, daß die Hoffnungen des Anfangs verspielt, die Träume fehlgelaufen waren. Daß alles strebende Bemühen sich auf eine falsche Ordnung hin versteifte, verzogene Wertsysteme endgültige Gestalt annahmen, leere Aufstiegskategorien und rüde Geschäftspraktiken an die Stelle traten des einstigen Veränderungselans, daß neue Sicherheitsvorkehrungen nur wiederum Unsicherheit vorbereiten halfen und die ehemals völkisch-nationale Phraseologie komplett durch eine abendländische ersetzt worden war. Verkehrte Welt, das war weit mehr als nur ein Tagesthema und Gegenstand der kritischen Beschreibung, das sollte als Tiefentrauma forthin die Schreib*weise* selbst angehen und sie in ganz besonderem Sinne verändern. In jenem, daß nun der Widerspruch zu einer ästhetischen Determinante wurde und der entschiedene Einsatz von Antithese und Verkehrung, Paradox und Oxymoron die Negativposition des Dichters bereits von sich aus bekundete. Auch alles, was ein wenig später an Verstellungspraktiken und Verzerrungsmethoden neu belebt wurde, was als ironisches Pathos oder parodistische Didaktik (z. B. bei Enzensberger) zutage trat, demonstrierte in seinem Brechungsstil durchaus den neu geschärften Bruch zwischen Ich und Gesellschaft, zwischen Veränderungsgelüst und einer ebenso gründlichen Skepsis. Dabei ist hervorzuheben, daß diese junge deutsche Poesie sich von Anfang an durch eine besondere Diszipliniertheit auszeichnete, daß ihre gut durchlüftete Zornigkeit mit den dereiernenden Protestvorstellungen jenes muffigen Vereins junger englischer Männer nicht zu vergleichen war und daß ihre gezielten Absagen und Widerrufe mit der gereimten Sozialkritik des 19. Jahrhunderts so wenig gemein hatten wie mit den ungaren Struwwelpetermythen amerikanischer Beatniks. Ausharren und widerstehen, so hieß die Botschaft des deutschen Gedichts, und sie lautete bei Celan: «Auch wir hier, im Leeren, / stehn bei den Fahnen», bei Enzensberger: «was du tust, ist aussichtslos. gut: / du hast es begriffen, gibst es zu, / aber finde dich nicht damit ab, / mann mit dem stein», bei Ingeborg Bachmann:

Alle Tage

Der Krieg wird nicht mehr erklärt,
sonden fortgesetzt. Das Unerhörte
ist alltäglich geworden. Der Held
bleibt den Kämpfern fern. Der Schwache
ist in die Feuerzonen gerückt.
Die Uniform des Tages ist die Geduld,
die Auszeichnung der armselige Stern
der Hoffnung über dem Herzen.

Er wird verliehen,
wenn nichts mehr geschieht,
wenn das Trommelfeuer verstummt,
wenn der Feind unsichtbar geworden ist
und der Schatten ewiger Rüstung
den Himmel bedeckt.

Er wird verliehen
für die Flucht vor den Fahnen,
für die Tapferkeit vor dem Freund,
für den Verrat unwürdiger Geheimnisse
und die Nichtachtung jeglichen Befehls.

Ingeborg Bachmann begegnete einer nach ihren Maßen verkehrten Welt durch die systematische Umwertung der großen, der geläufigen Worte. Das Gedicht begab sich in die Antithese, es verwahrte sich gegen die Redensart durch Konterspruch und Gegenrede und setzte die Wahrheit wieder in ihre Rechte ein, wo es die geläufigen Lügen auf den Kopf stellte.

Eine ganz andere Möglichkeit des Gedichtes, sich mit der Welt ins Unvernehmen zu setzen, zeigte uns Paul Celans 1952 erschienener Lyrikband «Mohn und Gedächtnis». Diese Lyrik, die mit methodischem Bedacht der gemütlichen Anteilnahme an unserer vertrauten Erfahrungs- und Erscheinungswirklichkeit entsagte, hatte von Anfang an ein großes zentrales Thema: Die Trauer über die Unfähigkeit zur Eroberung der Welt. Ein außerordentlich empfindliches, «wirklichkeitswundes» Individuum versuchte hier, die Erfahrung, daß einer auf sich selbst und nichts sonst angewiesen ist, durch einen ganzen Kanon von Rückzugspraktiken, von Reduktionsverfahren darzutun. Die Kunst, der Celan ihre Kontur ritzte, erschien wie ausgenommen von den Gesetzen des Werdens und der Zeitlichkeit, und ihr Umriß bildete sich dort, wo Tag und Wärme, Farbe, Licht, Veränderung und Bewegung endeten und gerade von alledem nur noch ein Hauch, ein Rest von Leben, eine Spur von Geschehen wahrnehmbar war. Wo sich die Eigenschaften leicht vertauschen konnten von Subjekt und Objekt, wo Laut in Stummheit, Licht ins Dunkel umzuschlagen immer in Gefahr war und ein vollkommen oxymoröses Sprechen gelegentlich davon Kunde gab, wie nahe hier alles am Schwenkpunkt siedelte: «Schwarze Milch der Frühe, wir trinken sie abends». Indes, wer bei einem Gedicht wie der «Todesfuge» zum Lobe ansetzt und fast schon Worte wie meisterlich und eisig-einzigartig auf der Zunge wägt, der möchte dann den dreigestrichenen Applaus doch nicht ohne gewisse Zurücknahmen aus sich entlassen. Denn obwohl Celan sicher als Ausnahme nicht nur unter dichtenden Zeit-, sondern auch Artgenossen anzusprechen ist und obwohl bei ihm gemeinhin überzeugt, was man bei anderen zeitgenössischen Zeitflüchtern von Poethen bis zu Demus, von Raeber bis zu Atabay nur als ein modisches Make-up empfindet (ich meine vor allem eine aufdringliche Feierlichkeit der Diktion und Stilisierung ins Würdevolle), vermag man doch gewisse Schwächen nicht zu übersehen. Zuerst einmal mißhagt aufs äußerste, daß das System der Schlüsselwörter (Krug, Brunnen, Urne, Asche, Mohn, Kelch, Muschel, Schatten, schwarz, Pappel) eigentlich nur ein Sortiment von Nachschlüsseln ist. Das heißt, daß Celan hier mit vorgegebenen Symbolen arbeitet, Symbolen, die seit Mallarmé eingeführt, seit Benn und Trakl kommun sind und die durch allzu häufigen Gebrauch schon lange an Ausdruckskraft verloren haben. Mohn steht für Schlaf, Pappel für Einsamkeit, das Schwarz signalisiert Gefahr, die Muschel (hartes Gehäuse, weiches Innen, Gelegenheit der Perlenbildung) entspricht dem Dichter-Ich, das alles ist so eingeführt wie leicht erschlossen, und so gesellt sich denn dem kühlen Entzücken an manchem eisfarbenen Bilde und der kunstvollen Tonlosigkeit der Sprachmelodie immer wieder der Ärger über den altbekannten Chiffrenreigen. Aber auch von anderen, von Schwächen am Rande muß hier noch einmal (oder: endlich einmal!) gesprochen werden. Wobei «am Rande» ganz konkret jene Randzone des Ausdrucksbereiches meint, die für Celan die Norm- und Mittellage darstellt. Celan, so sagten wir bereits im vorhinein, versucht zu reduzieren. Der Wirklichkeit vornehmlich durch Furcht und Vorbehalte verbunden und gleich mißtrauisch gegenüber

der veränderlichen Natur wie den Begegnungen der Geschichte, schafft
er sich im Gedicht einen Ort, wo die Zeit stillsteht. Das ähnelt von Ansatz und Absicht her durchaus der Bennschen Konzeption vom «statischen Gedicht», führt aber durch besondere methodische Einseitigkeit
wieder zu neuartigen Resultaten, die – und hier scheidet sich das Urteil
in ein hochgestochenes Zwar und ein zumindest gleichwertiges Aber –
auf der einen Seite das feinste Sensorium entwickelt zeigen fürs Halb-
verschluckte, Kaumausgesprochene, Fastganzzurückgenommene, für
Hohlform, Raunton, Negativabzug, für ästhetisch-sensorische Schwel-
lenwerte und Kapillarreize, dann aber doch bereits vorauszuweisen
scheinen auf kommende Schwundstufen und Dörrzonen der schönen
Literatur. Hier sei denn insbesondere auf Celans letztes und konsequen-
tes Gedichtbuch «Sprachgitter» verwiesen, das kaum noch ein kompak-
tes Urteil, kaum eine eindeutige Stellungnahme mehr zuläßt, weil sich
am gleichen Ort die Effektivität und auch die Unfruchtbarkeit eines ins
Extrem getriebenen Kunstprinzips dartut. Und wenn man gerade noch
Bewunderung zollen mußte für etwas, das im kaum noch Spürbaren gekonnt, im Ebennoch gemeistert erschien, so kann sich bereits einige
Zeilen weiter ein seltenes Unbehagen bemerkbar machen, weil man
Beschränkung ins allzu Enge streben sieht und das Monotone und
Monochrome wie von ungefähr ins Karge und Dürftige hinüberglei-
ten.

> Körnig,
> körnig und faserig. Stengelig,
> dicht;
> traubig und strahlig; nierig,
> plattig und
> klumpig; locker, ver-
> ästelt –: er, es
> sprach,
> sprach gerne zu trockenen Augen, eh es sie schloß.

Von hier aus ist es denn nur noch eines Haares Breite bis zum Versagen
in beiderlei Sinn, zum nur mehr symptomatischen document humaine.
Ein kleiner Zuwachs an Weniger, ein winziges Mehr an Verlust, und wir
stehen vor dem Ziegelwandmuster der Avantgarde.

Die trat bereits im Jahre 1954 in Erscheinung und äußerte sich gleichzeitig in zwei programmatischen Buchtiteln: «Kombinationen» Helmut Heißenbüttel und «Konstellationen» Eugen Gomringer. Hier wurde von vornherein die Methode zum Thema, das Verfahren zum Inhalt erklärt, und wenn die dargebotenen Texte das Versprechen auch nicht immer in bar einlösten, und insbesondere Heißenbüttel zwar methodische Einseitigkeit, aber vorerst noch nicht Methodennudismus praktizierte, so krankten doch die Resultate meist an einer gewissen Holzigkeit, die ohne weiteres aus dem eingeschlagenen Holzweg herzuleiten war.

Ich will dabei gar nicht bestreiten, daß man dem ernsthaften Struktur-Methodologen Heißenbüttel seine Zweifel an der herkömmlichen Syntax, am überkommenen Beziehungsgeflecht der Sprache und seine Skepsis gegenüber den formalen Konventionen von Strophe, Reim, rhythmischer Gliederung abnehmen kann; ich möchte nur einwenden, daß seine poetischen «Demonstrationen» am ehesten dort zu überzeugen vermögen, wo der Prinzipienreiter nicht aufs Ganze, sondern, vielleicht, aufs Halbe geht. Das heißt, wo er noch zwischen Bild und Gedanken zu vermitteln sucht, wo er den konventionell syntaktischen Zusammenhang wenigstens noch in einer Schrumpfzone, «einfache Sätze» genannt, aufrechterhält und wo die nackte Reihentechnik noch nicht in aller Kargheit triumphiert:

Einfache Sätze

Während ich stehe fällt mein Schatten hin
Morgensonne entwirft die erste Zeichnung
Blühn ist ein tödliches Geschäft
ich habe mich einverstanden erklärt
ich lebe

Aber mag solch ein Text auch noch über die «Ausdruckskrise» und ihre Opfer hinwegtäuschen, ein Gebilde wie das folgende macht dann vollends deutlich, wohin es mit dem Traum von einer Wiedergeburt der Schöpferunschuld aus dem Geiste der «Wortmechanik» geraten kann und bis zu welcher Dürftigkeit der Reduktions- und Reinigungszwang am Ende führt: zur öden Addition und ins kalte Räsonnement.

das sagbare sagen
das erfahrbare erfahren
das entscheidbare entscheiden
das wiederholbare wiederholen
das beendbare beenden

das nicht sagbare
das nicht erfahrbare
das nicht erreichbare
das nicht wiederholbare
das nicht beendbare

das nicht beendbare beenden

Sicher, da haben wir eine Aufzählung imperativischer Thesen, eine Abfolge von antithetisch gesetzten Negationen und am Schluß sogar eine Art von Pointe im Crossing over von Aufforderung und Verneinung, aber wenn das auch alles seine Ordnung haben mag, seine Domino- und Kreuzworträtselordnung, so will es doch im Vergleich mit Dingen, die wir vordem als Kunst zu bezeichnen neigten, nicht mehr als im vollen Sinne satisfaktionsfähig erscheinen. Obwohl gewärtig, daß Heißenbüttel an dieser Stelle einwenden wird, es handele sich ja auch gar nicht mehr um Kunst im alten, sondern um Kombination im neuen Sinne, möchte ich dennoch zu bezweifeln geben, ob die Methode Nick Knatterton die alten Verbund- und Gliederungssysteme zu ersetzen fähig ist. Nein, ich denke nicht daran, hier in das Loblied auf die schlimme Ausschließlichkeit mit einzufallen und das, was stur und gesetzestreu, strukturgesetzestreu ins immer Ärmere sich entwickelt, als konsequent zu preisen – viel lieber möchte ich mein Veto anmelden, wo alles-alles und letzthin sogar Walter Jens von Reduktion schwärmt, als läge da ein apriorisches Verdienst. Als ob Reduktion von vornherein Gewinn hieße und nicht zuerst einmal: Wegnahme, Entzug, Abtrag.

Es muß an dieser Stelle eingeblendet werden, daß die Lehre von der Machbarkeit der Kunst, die all den Reduktionsversuchen unserer Zeit zugrunde liegt, ganz gleich, ob sie sich *Kombinationen, Konstellationen, Konkretionen* oder *Artikulationen* nennen mögen, weder von heute noch von gestern, sondern von langzuvor kommt. Der Traum, auf den sich all das beziehen darf, von einem künstlichen Arkadien, ist ja bis in die deutsche Romantik zurückzuverfolgen, und er war von Anfang an ge-

Foto Ulrich Mack

Als Lektor im Rowohlt Verlag, um 1960

koppelt mit jenem Individuationstrauma, das sich als Einsamkeitsgefühl, Beziehungsangst, Erschöpfungsschauder leitmotivisch durch die gesamte moderne Poesie zieht. Das Machenwollen und die Furcht vor der Leere, die Fabrikationstheorien und die Sucht nach der verloren geglaubten Schaffenseinfalt, die Erkenntnis einer progressiven Emanzipation des Bewußtseins und stärkste Regressionstendenzen, die Trauer über die Unnatur des Intellekts und der hoffnungsvoll verzweifelte Glaube an die Übernatur des formschaffenden Geistes, das war der unveräußerliche Antagonismus der modernen Dichtkunst und der modernen Kunsttheorie von Novalis über Mallarmé bis zu Gottfried Benn. Ein Antagonismus, dessen vollkommene Entfaltung und dessen vollkommene Balance dort gesichert schienen, wohin das freigesetzte, glaubenslose, keiner Gesellschaftsklasse mehr verpflichtete Dichterindividuum seine letzte Hoffnung projizierte: im absoluten Gedicht. Im Kunstwerk, das in ganzer Freiheit und zu keinem anderen Zweck geschaffen worden war, als daß es sei: rein, ungetrübt, hart und beziehungslos, ein lauteres Fürsich.

Allein, es hat den Anschein, als ob ein über lange Jahrzehnte hin praktikables Prinzip nur bis zu einer bestimmten Wendemarke fruchtbar werden und weitere Radikalisierung nur noch die Quellen des Versie-

154

gens erschließen konnte. Als nämlich unsere zeitgenössischen Laboranten sich anschickten, nicht nur mehr das Absolute zu machen, sondern das Machen zu verabsolutieren, als sie die Mittel für unmittelbar erklärten und die Methode zum Ziel, da setzte die Selbstverdauung der Sprache ein, und der Dichter wurde zum Fortnehmer und Auslasser. Die Produktion, des äußeren Gegen- und Widerstandes beraubt, verkehrte sich zur Reduktion. Das aber war ein recht gefräßiger Gast, den man sich da zu Tisch geladen hatte, denn je mehr man ihm vorwarf, desto mehr wollte er. Zuerst schien es zwar, als ob er es nur auf die herkömmlichen Gliederungsprinzipien, auf die leeren Formalitäten der Sprachkunst abgesehen habe, dann auf die Metaphorik, dann auf die Syntax, und schließlich wußte man es ganz genau, er hatte all das nur fortgetilgt und abgetragen, um zu dem Einenletzten vorzudringen, zum Elementarbaustein, zum Radikal, dem Wort, dem ja der Chefideologe des Rezesses, ich meine Max Bense, «direkte Existenzmitteilung» zuschrieb. Und so stand es dann da, stocksteif-statisch und autonom, unwillens, sich zu binden und mit der alleinigen Absicht, sich selbst auszudrücken – ein Unterfangen, das folgerichtig irgendwann zum Leerlaufen führen mußte:

> schweigen schweigen schweigen
> schweigen schweigen schweigen
> schweigen   schweigen
> schweigen schweigen schweigen
> schweigen schweigen schweigen
> Eugen Gomringer

Das war sich, nebenbei gesagt, auch schon selbst darüber klargeworden, daß es im Vergleich mit allem, was früher Kunst hieß, nicht mehr recht bestehen konnte, und es proklamierte folgerichtig Gedichte für abgesetzt und aufgehoben zugunsten von: Text. Das verwahrte sich schlauerdings gegen alles Maßnehmen und alle Vergleichswerte und betonte, daß es hier gar nicht um Stil gehe, sondern um: Struktur. Das wollte unangefochten über die Runden kommen und alles machen dürfen, und es erklärte wertende Literaturkritik für inkompetent, dafür aber geneigte Strukturanalyse für recht am Platze. Ach, soviel bemühtes Strukturenlesen und kein Verlaß! Soviel statistische Ästhetik und soviel unausmeßbare Freistatt fürs Nurknöcherne, Nurlederne, Nurpapierene! Wie denn und wo scheidet sich hier der genuine Vereinfacher vom bloßen Pflasterer, der Experimentalmann vom Verhackstücker, der Könner vom Kastelhuber? Was darf ich als mißlungen bezeichnen, was als geraten? Was ist schon ein Titan und was nur ein Wechselbalg? Was eine runde Sache, was ein Windei?

Ich frage nicht, wohin hier etwas führen soll – es hat bereits geführt. Wir sind also nicht nur mehr auf spekulative Befürchtungen angewiesen, sondern auf Belege, die selbst die letzte Hoffnung, daß am Ende das Wort sei, über den Haufen warfen. Als nämlich im Jahr 1960 ein anthologisches Synoptikum erschien, das unter dem Namen «movens» auf allerlei Bewegung schließen lassen wollte, da hatte man dort zumindest das Verdienst auf seiner Seite, noch einmal Betrieb in die versteiften Vokabelinformationen, noch einmal Schwung in die Leichenstarre gebracht zu haben. Der Reduktionsprozeß, der entschiedene Vorsatz, nicht Beziehungen zu stiften, sondern Beziehungen aufzulösen, das Komplizierte ins Einfachere zu überführen, das Zusammengesetzte zu zerlegen, dem durch die Unteilbarkeit des Wortes für eine Zeitlang eine Barriere vorgeschoben zu sein schien, übersprang auch noch – nein, zertrümmerte selbst diese Schranke. Die Wörter brachen auseinander, die Lettern waren frei, frei in der Hand der jungen Unmittelbaren (franz mon, claus bremer, diter rot, bazon brock, carlfriedrich claus), die jetzt, wie in einem paradiesischen Urzustand, die Sprache neu entwerfen konnten:

diter rot

Das war nun nicht einmal mehr finales Kobolzschlagen. Hier hieß es nur noch: die Wunden hoch und die Symptome vorgewiesen, und auch der theoretisierende Bierernst der Abbruchstrategen und die Leichenbittermienen der Selbstkommentatoren erweckten kaum anderen Eindruck, als daß man hier einer Beerdigung beiwohnte. Die Beerdigung der an galoppierender Schwind- und Magersucht zugrunde gegangenen Sprache.

«Die Reduzierung, absolut gesetzt, gebiert das Nichts», sagte Harry Kramer in dem einzigen gescheit-handfesten Aufsatz des Buches «movens», und so reduzierte es sich denn am Ende alles auf den Rest Schweigen zu, auf die lautlose Wortkunst, kurz auf das leergemergelte, das unschuldsbleiche Blatt Papier, das jungen Leuten immer noch und wieder mal als originelle Kundgabe des künstlerischen Offenbarungseides erscheint.

Bleibt die Frage, ob sich neben soviel suizidem Elan noch etwas anderes fand. Was nicht auf Mangelerscheinungen und Substanzverluste pochte als auf Merkmale von Originalität, was nicht Kavernen bot an Stelle von Profil, Gefuchtel für Freiheit ausgab, Hickauf und Ladehemmung zum Zeichen der Zeit erhoben wissen wollte, Symbolhandlungen zur «direkten Existenzmitteilung» erklärte und methodisch erknobelte Fehlleistungen für Bewältigung hielt. Ich glaube allerdings, daß wir schon seit den Jahren 1956 / 57 nicht nur hoffen dürfen, sondern die schönsten Exempla eines höchst fruchtbaren, rundum erfreulichen Revisionsprozesses geliefert bekommen haben. Die Revision ist unter anderen an die Namen zweier Dichter gebunden, die kurioserweise beide ein Tier im Wappen führen. Günter Grass pries «Die Vorzüge der Windhühner», Hans Magnus Enzensberger übernahm «Die Verteidigung der Wölfe», und wenn sich diese beiden Poeten auch von Temperament und Methode, von ihrer künstlerischen Absicht und von ihrer Weltansicht her kaum zusammenreimen lassen wollen, so läßt sich doch gerade an solch differenten Typen ein mehr als nur persönlicher Wandel in der Ausdrucksgesinnung vorzüglich demonstrieren.

Was nämlich die Gedichte von Grass und Enzensberger bei aller Unterschiedlichkeit auszeichnend verband, war die willentliche Offenheit gegenüber Weltstoff und Wirklichkeit. Diese Lyrik spielte sich nicht mehr im luft- und leuteleeren Raume ab, sondern bezog sich auf, verhielt sich zu, brach sich an: Gegenstand und Gegenwart. Und wenn wir nun noch, um den Vorgang richtig einzuschätzen, weitere Gedichtbücher dieser beiden Autoren heranziehen (Grass: «Gleisdreieck» – Enzensberger: «landessprache»), so runden sich die Veränderungstendenzen zu einem ganzen Reigen von Revisionspraktiken, und die zunächst als zufällig erschienenen formalen Vorlieben, Einflußkreuzungen, Methodenmischungen, Brechungserscheinungen, Wortaffinitäten, Wahlverwandtschaften hier und Antipathien dort lassen symbiotische Zusammenhänge erkennen.

Zuerst einmal wurden die fruchtlosen Bemühungen abgeschrieben, das Wort durch die Abdestillation seines flüchtigen Sinnes dingfest zu machen («konkrete poesie»; Zeitschrift «material»); hier wurde das Puristenevangelium vom reinen Sein der Wörter ans zuständige Himmelreich, nach St. Nirgendwo, verwiesen und dem Wort sein Recht eingeräumt, seine Lust gegönnt, Beziehungen einzugehen und Beziehungen zu dokumentieren. Das heißt auch, daß die Dichtersprache ihr Vokabular nicht mehr aus der poetischen Requisitenkammer bezog, sondern daß sie ihre Wörter dem täglichen, dem Umgangs- und Gebrauchsfundus entnahm. Statt weiter auf die allseits beliebten Aschenkrüge und Säulenstümpfe zurückzugreifen, zog man es vor, von Dingen zu sprechen, zu denen man nicht nur ein platonisch-literarisches Verhältnis hatte: Dienstmädchen, Hammelfleisch, Kinnhaken, Küchenfenster, Gasometer, Stehplatz, Miete, Sicherheitsnadel, Hebamme, Malzbonbon, Nadelöhr, Kaffeewärmer, Sechzig-Watt-Birne (Grass) – statt eine Lehre von der Leere dem Nichts anzuvertrauen, bezog man sich jetzt auf Erfahrung, Anschauung und Umwelt: fahrpläne, abschußrampen, armeebischöfe, security risks, maschinenpistole, druckerschwärze, tip, amortisation, sozialpartner, todesstrafe (Enzensberger). Während sich das Vokabular solchermaßen differenzierte, auf ein allgemein Bedeutungsvolles verzichtete und das spezifisch Deutliche anstrebte, zeigte es auf der anderen Seite einen offensichtlichen Hang zur Vergesellschaftung und Kommunikation. Es wollte für, auch gegen etwas sprechen, Zusammenhänge herstellen, Beziehungen knüpfen, Verhältnisse, auch Mißverhältnisse dartun, Fehlgefügtes trennen. Disparates sinnvoll kontern, Entsprechungen aufdecken, Vergleiche ziehen. Vergleiche! – das aber hieß, daß mit der Abkehr vom Absoluten auch die leeren Symbolkartuschen einer spiritualistischen Ästhetik dem Müll anheimgegeben wurden und daß die poetischste aller Beziehungsformen, die Metapher, radikal modernisiert wurde. Es ist hier beizufügen, daß die Metapher ja keineswegs der dichterische Versuch ist, dem Maler Konkurrenz zu machen, sondern eine ganz und gar literarische Form des Vergleiches. Hier zeigt sich, wie weit einer zu spannen und gleichzeitig zu fügen vermag und ob einer die neuen Erfahrungs- und Bewußtseinswirklichkeiten zu versinnlichen fähig ist. Und es scheidet auch den nur konservierenden, den Traditionswahrer vom schöpferischen Experimentalisten, daß dieser heute wie eh Sonnenstrahl und Pfeil, Mond und Sichel, Ruhm und Lorbeer, Einsamkeit und Wüste, Gefahr und Klippe, Rausch und Mohn, Abkapselung und Kristallinität in Beziehung treten läßt, jener aber Geschiedenheiten überlagert, wie es kein Muster vorgibt, und Beziehungen stiftet, wie sie keine Konvention von vornherein gesichert erscheinen läßt: «Efeu, Meterware der Nacht» – «der Pförtner blättert lustlos in den Türen» – «der Sommer hängt noch an drei Fäden» – «nun streift der Herbst seine Handschuhe ab» – «im Dickicht süßer Gardinen» – «ein Vogel eine geflügelte Axt» – «ein Buch zerfällt im Spagat» – «die Spinne spielt Jojo» – «der Atem ein Shawl» – «die Strecke stottert Fahnenmaste» – «das Fleisch, der modische Belag» – «Die Tage schrumpfen, Äpfel auf dem Schrank» – «Scheren, die in den Schneiderstuben das Lied von Frühling und Konfektion zwitschern» (Grass). «wer näht dem general den blutstreif an die hose?» – «das leinentuch / aus rotation und betrug / das du dir täglich kaufst / in das du dich täglich wickelst» – «die gloriole der feigheit aus rostfreiem blech» – «ein schwarzer zucker rinnt aus den Lohntüten» – «pünktlich leeren die boten den briefkasten voller tränen» – «nach phlox und erloschenen resolutionen riecht der august» – «bleicher farbloser jubel weht wie eine riesige zeitung im wind» – «wo die zukunft mit falschen zähnen knirscht» – «in den staatsdruckereien rüstet das tückische blei auf» (Enzensberger).

Eine neue Methaphorik bedeutet eine neue dichterische Interpretation der Welt. Sie steht hier so wenig für sich allein wie das aus dem Umgang mit Gegenständen des Alltags (mögen es nun Haushaltsgegen- oder politische Tatbestände sein) wiedergewonnene oder doch geschärfte Sehvermögen. Sie ist mit allen möglichen anderen Artikulationsveränderungen aufs innigste verzahnt und wie diese auf ein gründlich verändertes Lebensgefühl zurückzuführen. Ich spreche vom Lebensgefühl jener Jahrgänge, für die Faschismus, Krieg und Diktatur gerade noch bewußtseinsprägend geworden waren, bei denen der Neubeginn dann just mit einer altersbedingten Umbruchssituation zusammengefallen war, und die den Aufstieg aus dem Nichts zu nichts als Gütermehrung bei schwindendem Idealismus und erwachender Kritizität erlebt hatten. Eine Generation, im Überschlag, die ohne Fehl, aber nicht ohne Erfahrung war, die keine Signale zur Hand hatte, aber dennoch nicht resignieren wollte, die die Welt in ihren sozialen und naturalen Gegebenheiten akzeptierte: als Reibungswiderstand.

was habe ich hier? und was habe ich hier zu suchen,
in dieser schlachtschüssel, diesem schlaraffenland,
wo es aufwärts geht, aber nicht vorwärts,
wo der überdruß ins bestickte hungertuch beißt,
wo in den delikateßgeschäften die armut, kreidebleich,
mit erstickter stimme aus dem schlagrahm röchelt und ruft:
es geht aufwärts!

Enzensberger

Nun mag, wer solches liest, vielleicht nur ungern eine Beziehung zu den
Gedichten des Günter Grass hergestellt sehen, da dessen kohlschwarze
Kapriolen und heimtückische Hausbackenheiten einem anderen Berei-
che anzugehören scheinen als der aufgeklärte Pessimismus Enzensbergers – ich meine aber doch, daß sich gerade mit diesen ungleichen Begabungen eine generationstypische Wandlung in Lebensgefühl und
Diktion belegen läßt. Sie heißt: Abkehr von aller feierlichen Heraldik
und kunstgewerblichen Emblemschnitzerei, Absage an Tragik und sau-
ertöpfische Heroität, Ablösung des Klagegesanges durch die Groteske,
Umschlagen von Pathos in Ironie. Die Interpretation der vorhandenen
als einer verkehrten Welt führt hier bei einer wesent-willentlich antitra-
gisch, antiheroisch eingestellten Generation folgerichtig zu einem kohä-
renten System von literarischen Brechungsverfahren und Verfremdungs-
praktiken, die sämtlich das Witzige mit dem Bösartigen, das Lustige und
das Verletzende, das Ironische und das Ernstgemeinte, das Komische
und das Bittere im Verein zeigen. Es ist dabei von sekundärem Interesse,
wieweit sich nun die einzelnen Autoren in ihren Intentionen und in ihrer Schreibweise unterscheiden und mit welchem Oberbegriff einer
seine Brüche auf einen Nenner bringt, hier geht es ja zunächst einmal
um die Generationskonstante – (Scherz, Ironie, Satire, Groteske und
tiefere Bedeutung) – und die erscheint in den Gedichten von Grass
(Jahrgang 1927) so gut wie in den Versen Enzensbergers (1929). Der
Name Martin Walser (1928), an dieser Stelle beigefügt, möchte, wenn
auch nicht gerade Poesie, so doch die Ironie als vorzügliches literarisches Erkennungsmerkmal einiger benachbarter Jahrgänge repräsentieren helfen. Eine Ironie, die – noch einmal rückbezogen auf Fragen des
poetischen Revisionismus – nun keineswegs nur Zugabe und Begleit-
musik ist, sondern der Ausdruck eines neu geweckten, neu gespannten
und belebten Verhältnisses zwischen Ich und Außen, Individuum und
Gesellschaft, Kunst und Natur. Und nicht einmal nur Ausdruck. Viel-

mehr ein Bezugsprinzip selbst, eine Methode zugleich der Anteilnahme und der Auseinandersetzung, der Kommunikation und der Dissoziation. Sie erst ermöglichte es, daß das moderne Gedicht die Quarantäne durchbrechen und sich wieder der übelbeleumdeten Wirklichkeit stellen konnte. Weil sie nicht auf billige Aussöhnung und nicht auf altvertrautes Einvernehmen aus war, sondern den wesentlich modernen Bruch zwischen Ich und Welt von vornherein einkalkulierte und ihn auf keinen Fall verkleistert sehen wollte.

Ich möchte sehr bezweifeln, daß es für die Dichtkunst im Augenblick noch andere als ironische Verhaltensweisen gegenüber der Welt, der gesellschaftlichen Wirklichkeit und ihren Gegenständen gibt. Zumindest aber unterstreichen, daß die Ironie, jenseits aller kunstgewerblichen Befriedungsversuche, jenseits von angewandter und absoluter, von platter Werbe- und flacher Strukturlyrik, ein Mittel an die Hand gibt, das Ich und sein Außen in ein höchst spannungsvolles, in ein fruchtbares Mißverhältnis treten zu lassen. Mag man sie immer sekundär nennen, zweifelhaft und indirekt – so aber und nicht anders heißt nun einmal die Kunst. Direkte Wege auf die Wirklichkeit zu, direkte Ausfahrtsstraßen, die von der Wirklichkeit fortleiten, gibt es für die Kunst nicht. Wer das Direkte will, soll hingehen, anpacken, auffressen oder: verschweigen, verstummen, erstarren. Aber das Wort, das weder ist, was es bedeutet, noch bedeutet, was es materiell ist, lasse er aus seinem Spiel, das ja auch nicht mehr Spiel genannt werden kann.

Der Schlußpunkt ist gesetzt worden, wo vielleicht dieser oder jener jüngere Autor noch weitere Ausführungen erwartet hätte. Hier möchte ich zu meiner Entlastung anmerken, daß sich wirklich neuartige Revisionen bei der jüngsten deutschen Lyrik nicht entdecken ließen.
Mancher Verfasser hervorragender und geschätzter Gedichtbücher, der weder bei Namen noch mit Titeln aufgerufen wurde, betrachte sich nur ja nicht als ausjuriert und abgewiesen. Ein Opfer notwendiger typologischer Vergröberungen, wird er gebeten, sich durch solche Autoren stellvertreten zu fühlen, die er jeweils für rechtmäßig erhöht oder zu Unrecht geschmäht erachtet.
Die auf den ersten Blick unzumutbare Ausklammerung Brechts wird vielleicht verzeihlicher erscheinen, wenn man bedenkt, daß Brecht in dem Zeitraum, der hier zur Analyse stand, nur wenige und nicht durchaus seine besten Gedichte geschrieben hat. Der Einfluß vornehmlich sei-

ner didaktischen Poesie auf Autoren wie Eich, Weyrauch, Bachmann, Enzensberger, selbst Grass und Schnurre (bis zu den jungen Christoph Meckel und Peter Hamm) läßt zwar eine beachtliche Wirkbreite erkennen, dennoch, und ob man auch die Brechtsche Lehrlyrik zum wichtigsten Widerpart der Bennschen Lehre vom Monolog erklären muß, ist man hier eher geneigt, von praktischer Vorbildlichkeit zu sprechen als von Weitergabe und Aufnahme bestimmter Dichtungstheorien.

Die sogenannte «Lyrik der anderen Seite» konnte in unserem Zusammenhange leider nicht berücksichtigt werden, da sie unter einem anderen Stern und unter anderen gesellschaftlichen Voraussetzungen ihren eigenen Entwicklungsverlauf nahm.

80.) Oktober 56 die zunächst bahnbrechenden Volksaufstände in Polen und Ungarn, die allerdings hier zunehmend in offene Konterrevolution umschlagen. In konzertierter Aktion zu den sowjetischen Abwiegelungsversuchen die Free-enterprise-Bombardements anglo-französischer Bombereinheiten in Kairo und Alexandria. Beginn von ersten antiimperialistischen Großdemonstrationen, in denen wir unsern Teil zu Differenzierung des öffentlichen Bewußtseins leisteten. Spürten zum erstenmal so etwas wie eine Verlängerung unserer Redaktionsschreibtische zur Straße hin, gleichzeitig aber auch den Gegendruck von Presse- und Polizeigewalt, die sich die in Bewegung kommende Welt im Sinn der herkömmlichen Herrschaftsprinzipien zurechtordneten.

Während sich in einem Teil des Ostblocks die studentische Opposition immer höher in Rechnung gestellt sah (Auszeichnung z. B. der polnischen Studentenzeitung «po prostu» mit dem «Staatspreis für die hervorragende Rolle im Kampf um die Demokratisierung Polens»), versuchte man uns mit allen Mitteln der Diffamierung, des Anzeigenboykotts und des Indizierungsverfahrens (betr. Artikelserie «Gebärzwang» und Diskussion um den § 218) aus der Öffentlichkeit zu eskamotieren.

81.) Wintersemester 56/57 Zuspitzung der schlechten Beziehungen auch zum Autoritätspersonal der Universität. Unvergeßliche Selbstbehauptungsversuche in den Kopfnicker-Seminaren von Wolfgang Schöne (Kunstgesch.) und Hans Pyritz (Lit. Wiss.) und Herausforderung der Ordinariengewalt im Alleingang. Scheiterte hier wie dort, nein, beileibe nicht an politischen Kontroversen in freier Feldschlacht, sondern durch unentwegte Zusammenstöße in jenen Gängevierteln des Überbaus, wo Politik sich bereits zu Wissenschaft und Lehre verschnörkelt hatte und unliebsame Meinungen als unwissenschaftlich und politische Wissenschaften als Ansichtssachen abqualifiziert wurden. Ein charakteristischer Lehrfall, dargestellt an der Endauseinandersetzung um Arnold Hausers «Sozialgeschichte der Kunst und Literatur». Py: «Sie sollen hier keine persönlichen Meinungen vortragen; sie sollen uns ganz einfach in zwei, drei Sätzen entwickeln, warum diese soziologische Methode ein Herantragen literaturfremder Kriterien an die Literatur bedeutet; ähnlich wie wir es bereits im Fall von Lukács durchexerziert haben; so schwer kann das doch nicht sein.» Rü: «Aber Sie werden mir doch wohl noch erlauben, die Literatursoziologie zunächst mal als Methode darzustellen, ohne Pro und Contra, einfach von ihrem analytischen Ansatz her.» Py (der auf die Uhr blickt): «Sie sollen in zwei drei Sätzen ...» Rü: «Also gut, um den Zusammenhang von wirtschaftlichem Sein und den höheren Bewußtseinsformen, auch den künstlerischen Darstellungsformen, plausibel darzustellen, wenden wir uns kurz den Produktionsverhältnissen des Paläolithikums ...» Py: «Aber was hat denn das mit uns zu tun?» Rü: «... und der entscheidenden Wende der Wirtschaftsformen in der Jungsteinzeit zu, der sogenannten neolithischen Revolution ...» Py (der seine Bücher zusammenrafft): «Tcha, ich habe nun wirklich viel Geduld gezeigt, meine Damen und Herren, außerordentlich viel Geduld, aber für die Steinzeit ist mir meine kostbare Zeit zu schade. Ich schließe hiermit das Seminar.»

Ging mit dem dumpfen Gefühl eines zerschmetterten Daseins (d. h. dem Verlust von sieben Jahren Ausbildungszeit) in die Ferien. Da die gegebenen Verhältnisse nicht das geringste Rütteln am Korsettgestänge des Lehrsystems gestatteten (das sehr wohl ein integraler Pressionsfaktor des politischen Herrschaftssystems war), verdichteten hilflose Wut und ohnmächtig unterdrücktes Aktionsbegehren sich in einem Nasenfurunkel, der durch keinerlei therapeutische Maßnahmen zurückzudrängen war und selbst der Penicillin- und Sulfonamidbehandlung standhielt. Monatelanger Umgang mit unerträglichen Kopf-, Hals-, Nasen-, Ohrenschmerzen nährte allmählich den Wunsch, der Welt zu zeigen, was ich leide, und individuell erlittenen Terror mit individuellem Gegenterror zu beantworten. Ging mit bis ins einzelne durchphantasierten Mordplänen um. Entsann mich der technischen Fertigkeiten meiner Jugend und entwarf im Geiste akustische Schock-Apparaturen, mit denen ich den (in eigner Sache sehr sensiblen!) Ordinarius aus der Universität zu vertreiben hoffte. Erhob mich aber schließlich einfach nach bewährtem Rezept (s. Schluß 14) und machte mich an Entwurf von Uni-Schlüsselroman mit Hauptfigur «Papyr». Bereits nach Niederschrift von ersten zwei / drei Seiten bekanntes Schlüsselerlebnis: Selbstbefreiung durch Initiativaktionen. Aufbrechen des Furunkels und Übermichkommen weiterwirkender Erleuchtungen: Heraus aus der Privatpatientenrolle; rein mit der Feder in die Fressen reaktionärer Obrigkeiten, auch in Form von prototypischen Einzelpersonen; literarische Schandmützen kleben, Steckbriefprosa.

82.) 29.7. – 14.8. zur Erholung auf den Weltjugendfestspielen in Moskau. Interessant!: die Reihen der Volksfrontler beginnen sich aufs Bunteste zu füllen. Mit den Lyrikern Reinhard Opitz und Reimar Lenz («Lyrische Blätter») kommt jetzt schon eine völlig neue Generation ins Spiel (beschleunigter Generationswechsel; fünf Jahre Altersunterschied als Bedingung stark ab-

weichender Bewußtseinsent-
wicklungen), die ironische
Verhaltenheit des liberalen
Journalismus scheint zumindest zu aufmerksamem Interesse aufgeweicht (Hans Dieter Roos), das altpazifistische
Kriegsdienstverweigerertum
erkundet verbindlichere Formen der Parteinahme (Hans
A. Nikel), apolitische Mu-
senjünger und Galerieton-
Artisten kommen aus der Re-

«zur Erholung auf den Weltjugendfestspielen in Moskau» (1957)

serve und fügen sich mit musikalischen Reminiszenzen an unsere nationale Bauernkriegstradition locker ins internationale
Klassenkampfkonzert (Wolfram, der unermüdliche Privatunter-
halter unserer Buden- und Kabarettjahre. Und sang mir, als eine
asiatische Grippe mich wieder einmal von der falschen Seite her
sozialisierte, «Innsbruck ich muß dich lassen» und unsere alten
Overcome-Lieder vor: «Als Adam grub und Eva spann, / Wo
war denn da der Edelmann?»).

83.) Im direkten Anschluß Bildungsaufenthalte in West- und
Ostberlin. Zumal hier herrschte in Künstlerkellern ein differen-
ziertes Sozial- und Geistesleben, wie es derzeit in Westdeutschlands Bumskellern undenkbar war. Freie Rede gedieh, wie man
es nie für möglich gehalten hätte. Gute, hervorragend ausge-
stattete Bücher trafen auf ein ungewöhnlich aufgeschlossenes
Publikum. Das beste Theater der Welt hatte den Tod seines In-
itiators blühend überlebt. Das Kabarett, in der Bundesrepublik
bereits in Wohlstandsschlaf verfallen, trieb unerwartete Spitzen.
Der Meinungs- und Büchertransfer wurde allenfalls durch
westdeutsche Zöllner behindert, die uns die schönen Heinrich-
Mann, Kleist-, Heine-, Feuchtwanger- und Balzacausgaben

gleich blockweise abnahmen. Beängstigend allerdings die für die DDR allmählich bedrohlich werdende Abwanderungsbewegung von Facharbeitern und Intelligenz den höheren Lebensstandards zu. Beängstigend die von Springer geschürte Kampagne «Macht das Tor auf». Wie weit eigentlich noch? Mein Freund Staritz sagte: «Wenn Ulbricht schlau ist, zieht er einfach eine Mauer durch Berlin. Radikal abriegeln den Laden. Das hält doch kein Staat der Welt aus, daß er unentwegt Intelligenz ausbildet, und dann schwimmt das ab, alles bar Geld und verlorener Baukostenzuschuß an den Westen.»

84.) Wieder nach Hamburg und mit aller Stimm- und aller Federkraft in den Wahlkampf. Ergatterte mir mit Röhl zwei Karten für die große Adenauer-Erhard-Show in den St.-Pauli-Markthallen, und dann pfiffen wir gekonnt auf Schlüsseln und machten so lange qualifizierte Zwischenrufe, bis die Ordner uns bei Armen und Beinen packten und wie Vieh vor die Tür schmissen. Da aber lag außer uns kein Augstein und keine Gräfin Dönhoff und überhaupt kein Mensch von der liberalen Presse und kein oppositioneller Rundfunkkommentator und auch niemand vom «Echo», sondern nur noch ein Paar Genossen von der kommunistischen Studentengruppe und ein paar alte Bekannte vom Hafenarbeiterstreik August 55 und von der Straßenbahntarifdemonstration Mai 51 und ein paar SDS-ler und ein kleiner Redakteur von der «Anderen Zeitung», der sagte: «Wir werden immer mehr, das letzte Mal waren wir nur fünf, die sie rausgeschmissen haben.»

Lebhaftere Ostpolitik

Fünfzigkommavier Prozent bundesdeutscher Wahlstimmen für Konrad Adenauer, ein Resultat von freien demokratischen Wahlen, sicher, aber das Bekenntnis auch zu einem Demokraten? Viele Leute von Rang und Kopf hatten vor ihm gewarnt. Viele Leute von Amt und unter ihrer Würde hatten SEINEN Namen von den Kanzeln herab verkündet. Das

166

Ergebnis ist zweifellos frappierend, dennoch nicht unerklärlich, der Mann paßt, paßt wie die Faust aufs blinde Auge dieses bundesweiten Restauratoriums, auf seine Eisschrankmoral und sein Nestwärmebedürfnis, seine Beharrungsfreude und seine Veränderungsunlust, im übrigen einundachtzig Jahre, liest und schreibt noch ohne Brille, welche rein biologische Garantie für weitere vier Jahre Stabilität und Sicherung der Bestände, fragt sich nur, was im einzelnen noch verankert werden wird.

Deutsch sein heißt «festhalten am Bestehenden», und sei es bis viertel nach zwölf. Wobei das getrübte Realitätsbewußtsein sich alles mögliche unter dem Gütesiegel «bestehend» vorgestellt haben mag, nur eben vermutlich nicht dies: die deutsche Spaltung, die Obstipation in Sachen Ostpolitik und also die unentwegt anstehende Kriegsgefahr. So sicher ist der Kalte Krieg nämlich wieder nicht, daß er den heißen gewissermaßen unter Eis konservierte; und er ist es vor allem nicht dann, wenn man ihn unter dem Vorwand, das politische Klima zu erwärmen, nur in einen neuen, gefährlicheren Aggregatzustand überführt. Denn das und nichts anderes hat es zu bedeuten, wenn neuerdings von regerer Ostpolitik in Bonn geredet wird, nichts Besseres, wenn man von einer «Verbesserung der Beziehungen zu Polen» spricht.

Polen, so hatte es ja schon öfter einmal geheißen, vor allem Polen sei eine Nation, zu der man sich ein besseres Einvernehmen wünsche. Wie diese Einvernahme praktisch auszusehen habe, erfuhr man aber erst kürzlich aus einem Fernsehinterview, das Adenauer dem «Columbia Broadcasting System» gewährte: den Polen gütigst klarzumachen, daß Polen noch nicht verloren sei, jedenfalls nicht für uns, die Gebiete jenseits der Oderneiße in die Montanunion und in den Gemeinsamen Markt mit einzubeziehen und, Höhepunkt der innigen Zusammenarbeit, die sogenannte «sogenannte DDR» brüderlich in den Schwitzkasten zu nehmen, das heißt in die Zweiländerklemme. Phantastisch! – einerseits «keine Experimente» und «festhalten am Bestehenden» und auf der andern Seite Großraumpolitik über die Grenzen Europas und eine nicht vorhandene DDR hinweg bis tief in die polnischen Weizenanbaugebiete und seine Bergbaudistrikte. Als ob es den Polen nicht zunächst einmal um eine unmißdeutliche Garantie ihrer Westgrenze ginge und als ob es nicht gerade die DDR gewesen wäre, der sie die erste vertragliche Voraussicherung verdankten. Egal, was man in Polen immer über seinen Nachbarn DDR denken mag, an diese sichere Friedenstaube in der Hand wird es sich halten, kaum an die Spatzen unter den Bonner Dächern. Die erste Prämisse einer fruchtbaren Ostpolitik ist also klipp und kalt die Kenntnisnahme einer Deutschen Demokratischen Republik, mag man von seiner Seite aus noch soviel an diesem Nachbarn auszusetzen haben.

Bleibt natürlich die Frage, ob Bonn bei seinen anscheinend unveräußerlichen Zwangsfixierungen eine erfolgverheißende Ostpolitik überhaupt betreiben kann. Nicht dreht es sich ja vornehmlich nur um einen Mangel an Fingerspitzengefühl, nicht darum, daß ein objektiver Tatbestand von einiger Komplexität trickreich umschifft werden könnte. Unverrückbar wie das klare Faktum DDR steht der Bemühung, nein, steht uns selbst eine Bewußtseinsblockierung in der Quere, die vor lauter Nichtanerkennung überhaupt nicht mehr zum Erkennen der Lage kommt. Aber die Tatsachen, die von Polen aus gesehen schon lange Tatsachen sind, und die als solche jetzt noch einmal von Jugoslawien bestätigt wurden, durch Aufnahme vollgültiger diplomatischer Beziehungen zur DDR, sie strecken sich nicht nach unseren weltumfassenden Wunschvorstellungen. Strecken sich nicht, sondern verzerren sich allenfalls um ein weiteres im Auge des Zwangsneurotikers, als er die Folgeerscheinungen seiner Pseudologia phantastica auch noch zu verdrängen sucht. Beraten durch seine Eskamotage-Trias Hallstein, Brentano und Grewe, hat Bonn es für gut befunden, neben der DDR jetzt auch noch den jugoslawischen Botschafter aus seinem Blickfeld zu entfernen. Was für die Wirklichkeit indes nur heißt, daß ab jetzt die DDR allein deutsche Belange in Jugoslawien diplomatisch repräsentiert.

Wo eine Hallstein-Doktrin zum politischen Glaubensartikel erhoben wird, da ist des doktrinären Glaubenskrieges kein Ende. Da wird man für Ostpolitik vermutlich noch halten, was oft nur Anrempelei, gelegentlich Schamlosigkeit ist, zum Beispiel gegenüber einem Land, das seine entscheidenden Eindrücke von deutscher Ostlandstrategie immerhin durch deutsche Panzer- und SS-Einheiten erfuhr und das trotzdem als eines der ersten nach dem Kriege uns die Versöhnungshand entgegenstreckte. Daran zu erinnern hatte die Stirn der scheidende jugoslawische Botschafter Kveder, und die Verlustbilanz, die er noch einmal zu ziehen wagte, belief sich («menschlich gesehen», wie in Bonn die Politik gern anvisiert wird) auf 1 700 000.– Menschen (in Worten: Einemillionsiebenhunderttausend), also rund gerechnet zwölf Prozent der Bevölkerung.

Kein Argument für Bonn natürlich, dem es vor allem darauf ankam, zu zeigen, was ein Glaubensartikel, was eine Harke ist. Was eine Wiedervereinigung ist oder auch nur ein Weg zu dieser, muß bis zur nächsten Kreditprobe offen bleiben. Daß sie auf uns zukommt, ist freilich kaum noch eine Glaubens-, sondern nur eine Frage der Zeit: spätestens, wenn uns durch Länder wie Ägypten oder Indien bedeutet wird, daß sie sich durch unsere Erpressungspolitik nicht länger in ihrer souveränen Entscheidungsfreiheit beschneiden lassen.

«konkret», November 1957

Bombensichere Chancen

Neuerlich sehr beliebt geworden sind Hypothesen, die sich mit einer angeblich «wachsenden Annäherung» der beiden Supermächte USA und UdSSR befassen. Ich möchte allerdings meinen, daß diese interessant vor allem als Ausdruck wachsender Entscheidungsunlust bei der jüngeren Lagediagnostik sind, als ein Stück Phänomenkritik, das sich die Durchleuchtung gesellschaftlicher Hinterhalte ersparen möchte. Vornehmlich der Korrektur bedarf dabei jener scheinbar blockadebrechende Gedanke, daß die verbalen Friedensbeteuerungen der beiden Blockwarte im Grunde wertgleich seien, gleich viel wert oder in gleichem Maße vorgegeben. Solche Bemühungen um eine Mixtura solvens innerhalb der internationalen Blockpolitik sind nicht nur selbst nicht wertfrei, sie ertränken überdies jeden Ansatz zu differenzierteren Analysen in einer vagen Pauschalität. Schon bei etwas genauerem Hinsehen zeigt sich nämlich, daß solche Kollektivurteile wie «den Frieden wollen beide» oder «Friede, das ist doch nur ein Propagandaslogan» an den ökonomischen Realitäten vorbeizielen, da eben ökonomische und innenpolitische Erfordernisse die Sowjetunion auf einen friedlichen Konsumkurs geradezu verpflichten, herrschende Wirtschaftstendenzen in den USA hingegen eine permanente Politik am Abgrund des Krieges nahelegen. Wohlgemerkt handelt es sich nicht um irgendeinen idealischen Friedenswillen hier, eine voraussetzungslos kriegerische Aggressionslust dort. Während man dem Genossen Verbraucher im Osten die versprochenen Aufstiegssymbole, als da sind Waschmaschinen, Staubsauger oder auch nur haltbares Schuhwerk, endlich zu bescheren hat, wächst, wo ganze Industriezweige bereits durch Absatzflauten und Marktrückgänge zum Darniederliegen gekommen sind, der Zwang, sehr wohl systemgebunden, die Wirtschaft durch die Produktion von Kriegsmaterialien neu zu beleben.

Selbstverständlich liegt es im Interesse des Systems, die Aufdeckung der eignen Prosperitätsgesetze als Propagandaplatitüden abzutun. Was sollten die Damen und Herren Wahlberechtigten anders von einem System auch halten können, würde es ihnen «freie Wahlen» so unretuschiert alternativenlos vor Augen führen. Tatsache bleibt freilich, daß die USA heute über einen dicken runden Stamm von vier Millionen Arbeitslosen verfügen, daß ein Anschwellen der Unbeschäftigtenquote auf fünf Millionen im ersten Halbjahr 58 bereits fest einkalkuliert ist und progressiv inflationistische Tendenzen parallel mit einer veritablen Rezession verlaufen.

Es spricht allerdings von Naivität, Entspannungswillen, gar «echten», dort zu vermuten, wo die Konjunktur nur durch Rüstung auf Dauer gewährleistet werden kann, die Rüstungswilligkeit des Steuerzahlers aber direkt mit seiner eignen Scharfmachbarkeit und – der immer neuen Produktion kritischer Situationen zusammenhängt. Der technologische Unterlegenheitskomplex der Sputnik-Ära kommt den Sanierern dabei gar nicht so ungelegen, und der Gaither-Report, jene jüngste Horrorbilanz von Rückständigkeitssymptomen, wird bereits, wohldosiert, in das Bewußtsein des amerikanischen Steuererbringers eingefüttert. Entspannung in so einem Fall, bei solcher Lage der Dinge? Die Aussichten scheinen schwarz, da das, was in US-Amerika Wirtschaftspolitik als Außenpolitik praktiziert, nicht gerade geneigt scheint, in Verfolge Leninscher Prognosen «am Frieden zu ersticken». Im Gegenteil werden nach einer Meldung der «Washington Post» die Möglichkeiten kleiner begrenzter Kriege gerade im Gaither-Report bereits mit aller Sorgfalt durchkalkuliert, wobei man als derzeit günstigste Austragungsorte kommender Wirtschaftskampagnen den nahen und den fernen Osten ins Auge faßt. Ein ständiger Waren- als Waffenfluß und Dauerbombardements als garantierter Dauerabsatz, das freilich wären Perspektiven, die der Detroiter Autoindustrie, bei 500 000 überschüssigen Wagen im November letzten Jahres, wieder auf die Räder hülfe, und den Ölgesellschaften, 1956 auf einem Sechstel ihrer raffinierten Vorräte kleben geblieben, neue Liquidität verhieße.

In weiterer Verfolgung der Perspektiven ist dann aber auch eine Bundesrepublik nicht mehr auszunehmen, sie hält sich ja nicht heraus, ist vielmehr wirtschaftlich hautnah an den USA orientiert und mit der Konservierung des Kalten Krieges sozusagen persönlich betraut. Daß man es sich auch hier nicht mehr erlauben kann, ein Friedensangebot grundsätzlich in den Wind zu schlagen, ist nur allzu verständlich. Man betont

Hamburg, Arnoldstraße, ca. 1958

also schon, daß man eine Friedensofferte wie den «Rapacki-Plan ernsthafter Prüfung unterziehe». «Ernsthaftigkeit» und «Prüfung» sind in Geschäften des Kalten Krieges immer inklusive. Trotzdem steht heute fest wie die deutsche Eiche, daß Bonn gar nicht daran denkt, als möglich oder wünschenswert ins Auge zu fassen, was nicht gewünscht wird – bei der Kuratelmacht. Da müßten ja nicht nur alle hochfahrenden Pläne abgeblasen werden, die die USA für uns noch in der Hintertasche haben; eine atomwaffenfreie Zone in Mitteleuropa, das hieße doch auch, die bereits installierten Atombasen verschrotten, vier Bataillone mit Honest-John-Artillerieraketen (50 km Reichweite) nachhause schicken, sechs Bataillone mit Corporal-Fernlenkraketen (100 km Reichweite) aus dem Land weisen und das einzige in Europa stationierte Matador-Geschwader (unbemannte Bomber, 800 km Reichweite) von deutschem Boden verbannen – soviel souveräne Weisungsvollmacht scheint aber bei unserer freiheitlichen Demokratie nicht im Haus. Nicht genug Entscheidungsfreiheit, um die mutige Anregung eines Ostblock-«Satelliten» nach eigenem nationalen Ermessen zu beantworten.

«konkret», Januar 1958

Tendenz lustlos

Just zu dem Termin, als die Sowjetunion ihren doppelvolkswagenschweren Sputnik III um die Erde schickte, gelang es der US-Außenpolitik durch wahrhaft raumgreifende Fehlerfolge in drei Kontinenten das Weltinteresse von den technischen Triumphen der Russen fort und auf sich zu ziehen.

Das plakativste Ereignis fand quasi beim Nachbarn und vor der Haustür statt: in jenen acht südamerikanischen Staaten, die Vizepräsident Richard Nixon mit allen guten Wünschen und den leeren Händen seiner Regierung zu bedenken hatte, eine Aktion, die, freilich etwas voreilig, als «Trouble-Shooting» angekündigt worden war. Nachdem man bereits in asiatischen und arabischen Zielgebieten die Konkurrenz sowjetischer «Lächeloffensiven» hatte spüren können, wurde den USA jetzt auch in ihrem engsten Bannkreis der tief gefallene Kurs der eignen Freundschaftsangebote bescheinigt. Die verkrampfte Hochstimmung bei der Rückkehr des durchgefallenen Goodwill-Botschafters, das Zwangslachen, das dem elend bespienen, mit Steinen attackierten und unter Hohn und Schande abgewiesenen Präsidentschaftskandidaten in seinem

Heimatland entgegenschlug, konnte kaum übersehen machen, daß die Vereinigten Staaten im Wettbewerb um freundliche Gesichter in aller Welt eine erstklassige Schlappe erlitten hatten. Aber US-Amerika wäre nicht US-Amerika gewesen, hätte es die Prügel, die dem Repräsentanten seiner Außenpolitik verabfolgt wurden, nicht zum Märtyrerzeichen überkompensiert. Mit den Worten der «New York Herald Tribune»: «Die Amerikaner sind heute sehr stolz auf ihren Vizepräsidenten». Dabei hatte Nixon gar nicht nur für seine Nation allein kassiert. Die Protestbeiträge der Gegendemonstranten enthielten genau jene wohlabgewogene Mischung aus persönlichen und gesellschaftlichen Ressentiments, wie breiteste Bevölkerungsschichten des Subkontinents sie gegenüber den Hegemonialbestrebungen des Nachbarn und der besonderen Machart eines potentiellen US-Präsidenten empfinden.

Steht zu fragen, wie es zu diesem eklatanten Preissturz amerikanischer Care-Artikel überhaupt kommen konnte, wieso die Public Relations-Kampagnen neuerdings ins Leere gehen und warum die Goodwill-Exporte keine Frucht mehr bringen, es sei denn das faule Obst, mit dem man Nixon in Lima, Bogotá und Caracas bewarf. Waren es, wie man uns weiszumachen suchte, kommunistische Radikale, die den Wechsel auf freiheitliche Demokratie zu Protest gehen ließen? Nixon selbst bemühte sich nach seiner Heimkehr entschieden um diese Version, und Dulles tat das Seine, den NATO-Partnern Nixons Mystifikationen für bare Münze zu verkaufen – wer anders als Kommunisten sollten Interesse daran haben, das Ansehen der USA in Südamerika zu schmälern? Damit war freilich betrügerisch unterschlagen, daß es auf der ganzen Welt Gesinnungsgruppen die Fülle gibt, denen die hegemoniale Außenpolitik der USA auf den Wecker geht: Patrioten und unabhängigen Sozialisten aller Schattierungen, venezolanischen Studenten und chilenischen Volksfrontanhängern, arabischen Nationalisten (antikommunistischen) im Libanon, französischen Siedlern in Algier (wegen Gefährdung eigner Ausbeutungsinteressen, versteht sich), ja selbst kanadischen Autonomiepolitikern, die die Überfremdung Kanadas durch das amerikanische Kapital im Zeichen eines «ökonomischen Nationalismus» bekämpfen.

Die Abwehrreaktionen gegen US-amerikanische Einflußnahmen sind weltweit und allgemein. Das Beispiel Südamerika hat allzu oft und allzu deutlich gezeigt, wohin es mit Gesellschaften geraten kann, die sich in einseitige ökonomische Abhängigkeit zu den Vereinigten Staaten begeben und zwangsläufig Krisen und Rezessionen mit durchzuleiden haben, die nicht auf ihrem eignen Mist gewachsen sind. Längst hat sich das US-Kapital in Südamerika Domänen geschaffen, die vielfach der Herrschaft über komplette Staatsgebilde gleichkommen. Vornehmlich während des Krieges wurden in ganz Lateinamerika Rohstofflager, Buntmetall- und Ölvorkommen mit US-amerikanischem Geld und für das US-amerikanische Kapital aufgeschlossen und billig auf die aktuellen Bedürfnisse des eigenen Marktes abgestimmt. Nun, wo sich im Zeichen von Rezession und Konjunkturflauten der nordamerikanische Markt verengt, läßt man die wirtschaftlich labilen Länder Lateinamerikas ganz ungerührt mit ihren Monokulturen allein und praktisch in der einseitigen Überproduktion ersticken. Es bedarf keiner Frage und auch keiner tendenziösen Auslegungen, daß die südamerikanischen Nationen sich gründlichst genasführt vorkommen und selbst reaktionäre Regimes, wo sie in der UNO immer noch brav die Hand im Interesse ihres ideologischen Vormanns heben, nach Auszahlung verlangen.

Mag dies die USA noch nicht kritisch gekratzt haben, weit mehr im Bemühen um Ruhe vor der Haustür verstört da schon das Auftauchen eines gänzlich ungeliebten Nebenbuhlers. Immerhin haben sich in den letzten zwei Jahren Handelsbeziehungen zwischen lateinamerikanischen und Ostblockstaaten angebahnt, die den Wirtschaftsabsolutismus mit seinen Monopolbastionen schmerzlich in Frage stellen. Brasilien und Kolumbien gingen die Sowjetunion um Abnahme ihrer Kaffeeüberschüsse an, eine Affenschande sozusagen, da es solche Überschüsse nach traditioneller Marktregelung zu verbrennen gilt. Argentinien gar ließ sich von der Sowjetunion einen 30-Millionen-Kredit gewähren, was auch nicht sein soll, weil Kredit mit dem Glaubensleben allgemein zusammenhängt. Hier werde nicht Handel getrieben, sondern Politik, diagnostizierte die US-Presse, was allerdings niemand bezweifelt hatte. So wenig wie außer Zweifel stand, daß Nixons politischer Exkurs von dezidierten Wirtschaftserwägungen zu trennen war – der Absicht, einen Mangel an lohnenden Handelsofferten mit dem Mantel der Nächstenliebe abzudecken. Und hier genau liegt denn auch der Hund begraben, den man posthum gern «freiheitliche Demokratie» nennt.

Apropos hätte man sicher auch auf diesem Feld des Demokratieverständnisses und des wahren Freiheitsglaubens gern einiges mehr von Richard Nixon gehört. Vermutlich waren die Studenten von Lima und Bo-

gotá gar nicht allein aus wirtschaftlichen Erwägungen auf die Straße ge-
eilt, nicht, um den Präsidenten um Geld anzugehen und Rechenschaft
für Außen- als Ausbeutungspolitik zu fordern. Aber um wahrheitsge-
mäße Auskünfte über Probleme der praktischen und täglichen Demokratie war es ihnen denn doch zu tun. So forderten sie Nixon immer
wieder zur Deutung eines Demokratiebegriffs heraus, unter dem der
Teufelspakt mit der Ultrareaktion anscheinend nicht nur Platz hat, sondern planmäßig praktiziert wird. Darlegungen der Rechtsgründe, die
die räuberische Annexion Guatemalas erklären könnten. Erläuterungen
jener exklusiven Vorlieben, wie sie zum Beispiel dem verhaßten venezolanischen Diktator Jiménez und seinem Polizeichef Estrada zugute kä-
men, die doch in den USA ein sonniges Asyl gefunden hätten.

Auf all das mußte Richard Nixon die Antwort schuldig bleiben. Er war
gekommen, den Völkern Südamerikas die Freundschaftshand des Großen Bruders zu reichen und ihnen den schwarzen Mann an die Wand zu
projizieren, vor dem sie sich zu hüten hätten. Er mußte erfahren, daß
das Bild des schwarzen Mannes bereits vor seinem Eintreffen faßbare
Kontur angenommen hatte: als Gestalt des Großen Bruders und seines
Repräsentanten Richard Nixon.

«konkret», Juni 1958

Oil ins Feuer

Als vor zwei Jahren anglo-französische Bomberkommandos noch einmal versuchten, den Marasmus der Kolonialherrschaft durch eine Roß-
kur aufzuhalten, wollte es unseren unabhängig überparteilichen Beob-
achtungsstationen scheinen, als ob zwei ungezogene Sondergänger aus
der moralischen Front des Westens ausgebrochen seien; aus kleinkariert
selbstsüchtigen Motiven, in Verkennung eines längst hinfällig gewordenen Imperialismus und in unentschuldbarer Parallelität zu den Ungarn-
vorkommnissen. Wie schön, daß sich das angeschlagene moralische
Selbstverständnis in so dunklen Stunden an die unbefleckte Strahlen-
krone der amerikanischen Unabhängigkeitsgöttin halten konnte und an
die Sprüche, die der Präsident der «klassischen Antikolonialmacht» den
flegelhaften Bundesgenossen um die Ohren klatschte. Hoffnungen von
der Hand in den Mund, denn spätestens seit der nach eben diesem Präsidenten Eisenhower benannten Doktrin verrauchte mit der Illusion eines Ausnahmefalls, einer Panne, eines bloßen Stilbruchs im Moralge-

Hamburg, Arnoldstraße, ca. 1958

füge des Westens auch das Vertrauen in die sittliche Integrität der großen Repräsentativmacht selbst.

Das heißt, es verraucht leider gar nicht so überall. Die deutschen Unabhängigkeitsschreiber, entschlossen, ihren Traum von der «klassischen Antikolonialmacht» weiterzuträumen, diskutierten die Doktrin nur halben Herzens und die möglichen Konsequenzen schon gar nicht mehr; um wieviel heftiger muß jetzt die Betroffenheit sein, wo ihr moralisches Über-Ich aus seiner Parade-, ihrer Traumrolle fällt und – in dem Moment, als eine arabische Nation, der Libanon, sich eine demokratische Verfassung zu erkämpfen ansetzt – der herrschenden Polizeidiktatur zur

Hilfe eilt. Erschrecktes Erstaunen seitens der unabhängigen Überparteilichkeit. Man ringt mit sich. Beschwört. Faßt sich verwundert an einen Kopf, in dem «sich das Denken immer wieder wund stößt», wenn es «nach den eigentlichen Absichten der Westmächte fragt». Paul Sethe und andere hätten wohl besser daran getan, «eigentliche Absichten» nicht permanent in sittlichen Beteuerungen zu vermuten und das bemooste Vertrauen auf die Meriten des amerikanischen Unabhängigkeitskrieges endlich als historisch verfallen abzuhaken.

Immerhin gab es für die USA weder im Rahmen des Artikels 15 der UNO-Charta, noch selbst der Eisenhower-Doktrin eine rechtliche Handhabe, in die innenpolitischen Sozialkämpfe des Libanon einzugreifen. Gerade noch hatte auch der UNO-Generalsekretär Hammarskjöld nachdrücklich vermerkt, daß von einer Infiltration des Libanon durch externe Kräfte keine Rede sein könne, als das erste Sortiment amerikanischer Ledernacken die Strand- und Uferzone vor der Stadt Beirut zu infiltrieren begann. Dringend um Hilfe angegangen, sicher, aber von einem sturzreifen Präsidenten, den mit der Mehrheit seiner Untertanen nicht viel mehr verband als die Zügel eines rabiaten Polizeiregiments. Es hatte sich anläßlich der Nixon-Reise nach Lateinamerika ergeben, daß die betonte Vorliebe der USA für diktatorische Regimes, politische Raubritter, Kleintyrannen und reaktionäres Schiebertum notwendig ins Gespräch kam, eine Vorliebe für das jeweils Rückständigste, Antisozialste, der Demokratie am heftigsten Abholdeste am Ort. Heute pfeifen es bereits die Spatzen von allen Dächern, leider noch nicht aus allen Blättern, daß die Freiheit, die die Vereinigten Staaten zu schützen vorgeben, nur die Herrenfreiheiten einer dünnen Oberschicht sind und daß ihr sprichwörtlicher Unabhängigkeitskrieg Kampf für die Unabhängigkeit von kritischer Opposition heißt. Gerade der Libanon bietet hier ein rundum faßliches Modell. Hier herrscht ein Staatspräsident, dessen Wahl vor einem Jahr nur durch die rücksichtsloseste Ausschaltung aller namhaften Oppositionspolitiker zuwege gebracht werden konnte, und dessen Herrschaft ihre bisherige Stabilität einzig amerikanischen Lieferungen von schwerem Polizeigerät verdankt. Trotzdem wäre er jetzt wahrscheinlich schon vom Tisch der Geschichte hinweggefegt worden, hätten die USA ihm nicht das Letzte an Beistand gewährt, was freundschaftliche Fürsorgeunterstützung zu bieten fähig ist: bewaffnete Intervention zur Niederschlagung innenpolitischer Unruhen. So nimmt sich ein Protagonist demokratischer Menschenrechte und nationaler Selbstbestimmung aus, wo man ihn ungern aufsucht, auf dem Boden der Wirklichkeit und im Bezugsfeld realer Sozialkämpfe.

Aller Voraussicht nach wäre es nämlich im Libanon sowohl als in Jordanien zu blitzhaft revolutionären Umstrukturierungen gekommen, ähnlich wie im Irak, wenn nicht Parachutisten und Marineinfanterie die bereits sinkenden Staatsschiffe geentert und eine heillose soziale Unordnung konsolidiert hätten. Und noch einmal: herbeigerufen? Schon, aber von Leuten, die zu den bestgehaßten ihrer Völker und Nationen gehören, Miet- oder Quislingen, gekrönten und geschobenen, Repräsentationsfiguren jedenfalls zu jenem Demokratenflor gehörig der Tschiangkaischek, Francisco Franco, Syngman Rhee, Rafael Trujillo oder Fulgencio Batista.

Demnach: handelt es sich wieder einmal um eine jener «tragischen Verkennungen der progressiven Kräfte» in einem Teil der Welt, die für die USA nachgerade schon professionell geworden sind? Oder sollte man besser fragen, ob die systemgebundene Selbstsucht des Westens ernsthaft überhaupt auf jemanden anderen hätte setzen können als eben diese dünne Patina aus korrupten Präsidenten, Ölschiebern, privat einsäckelnden Stammesfürsten und reaktionären Monarchen? Wie es scheint, bleibt der US-Nachfolgeorganisation des alten Kolonialismus kaum eine andere Chance als dieser Pakt mit desolaten Oberschichten, denn nur im Verein mit ihnen läßt sich der Raubbau an den Rohstoffreichtümern noch eine Weile weiterführen. Wird hinter der hochherzigen Versicherung Eisenhowers, daß man «die Integrität des Libanon habe sichern» wollen, schließlich nichts anderes erkennbar als der Wunsch, den Russen das Wasser und den Arabern das Öl abzugraben.

Darüber hinaus bedeutet die US-amerikanische Intervention freilich ein Spiel mit dem Feuer, wie es gefährlicher, freventlicher, nach Hitlers Weltkrieg von keiner Nation gewagt worden ist. Wollte man seine Phantasie um gleichwertige Analogien bemühen, man hätte sich schon eine Landung von russischen Truppenverbänden in südamerikanischen Unruhegebieten vorzustellen – sagen wir, eine Entsetzung des durch United Fruit um seine nationale Selbständigkeit gebrachten Guatemala durch sibirische Eliteeinheiten. Erst aus dem Vergleich mit solchen, wiewohl immer noch nicht hinreichend krassen Gegenexempeln erhellt nämlich der volle Wahnwitz, den ein US-Außenminister Pakt- und Beistandspolitik zu nennen wagt. Solche Paktpolitik – verstanden als weltweite Paktiererei mit den Kräften der politischen Reaktion – sie ist gewiß nicht angetan, Sicherheiten zu stiften, sondern Unsicherheit auf Dauer für den ganzen Erdball bündig zu garantieren. Schon hat doch Hussein, König von Großbritanniens Gnaden und Herrscher über ein synthetisches Staatsgebilde proklamiert, daß er «dem Irak Frieden und Ordnung zurückgeben» wolle. In Verfolge bisher praktizierter Kumpanei könnte das durchaus bedeuten, daß die Länder, in denen man die Wiege der Menschheit vermutet, in absehbarer Zeit zum Grab der Menschheit werden.

«konkret», Juli 1958

85.) Im Oktober 1957 Umbenennung vom «Studentenkurier» in «konkret». Hatte selbst den neuen Namen «Gegenstand» vorgeschlagen, der aber aus verkaufspsychologischen Gründen abgelehnt wurde. Wie sich das anhöre, wenn jemand zum Kiosk käme und sagte: «Ich hätte gern einen Gegenstand.» Obwohl – «konkret»?! – da wisse nun wirklich jeder, woher der Wind wehe: «Und die Frage konkret gestellt: / Wessen Straße ist die Straße? / Wessen Welt ist diese Welt?» Ab Ende 58 erste Anzeichen eines Entzweiungsprozesses, bei dem weniger interessant war, woher der Wind wehte, sondern wohin: einem neuen Diskussionsspiritualismus zu, einer ideologischen Straffung und Kalzinierung, die mit dem Gründerklima nicht mehr viel zu tun hatte. Ganz neue Schreibkräfte stießen hinzu, Reinhard Opitz, Hans Stern, Jürgen Manthey, Jürgen Holtkamp, schließlich Ulrike Meinhof – alles erstklassige Köpfe, aber keiner mehr mit dem wichtigen Zungenspitzengefühl für Zeitung. Opitz bedeutete mir dem Sinn nach, daß es nicht wichtig sei, ob eine Zeitschrift gut gemacht, sondern daß sie richtig gedacht sei, dieses und anderes entfremdete mich dem Blatt (Schlimmeres, die Inhaftierung eines guten Freundes in der DDR, der Lust an großer Tagespolitik überhaupt). Entsann mich statt dessen meiner alten Passion für Selbstausdruck und fertigte – immer schon Quartalsdichter – auf einen mächtigen Schwung einen ganzen Haufen Gedichte an.

86.) Dez. 58. Erhielt den ersten und einzigen Literaturpreis meines Lebens, den freilich gleich in zweifacher Ausfertigung. Hans Bender hatte für P. R. votiert und Ferdinand Lion für Leslie Meiers abgelegte Sachen. Kaufte mir für die gnadentriefenden tausend Mark einen Kühlschrank und eine Gaspistole (beides heute noch in Betrieb). Erwog nach dem dankbar zu Kenntnis genommenen Herztod von Hans Pyritz meine Studien wieder aufzunehmen, lernte aber auf einer Deschnerlesung den Rowohlt-Lektor Rino Sanders kennen, über ihn wieder Ledig, und so schürzte sich aus Zufällen ein neuer Knoten.

Foto Rosemarie Clausen

Lesung vor Freunden (links der Organist Gerd Zacher)

87.) Daß es bald ein Knoten im Halse werden würde, wußte ich noch nicht. Hielt es auch zunächst noch für einen gewaltigen Hochsprung auf der sozialen Rangskala, für 250,– Mark im Monat erstklassige Gutachten für den Leitz-Friedhof anzufertigen. Erst allmähliches Begreifenlernen dieser Art von Brotschreiberei als restlos entfremdete Arbeit. In dialektischem Gegenschlag: Schreiben als Wutanfall: Politische Oden, Hymnen, Gesänge, Gedichtband «Irdisches Vergnügen in g» (mit g als

Schrumpfform von Brockes' «Irdischem Vergnügen in Gott» und zugleich physikalischem Symbol der Fallbeschleunigung). Versuche, wenigstens dem Bewußtsein der eigenen Bildungsschicht auf die Beine zu helfen. Reaktion der eigenen Bildungsschicht: Reaktion. Friedrich Sieburg: «Für unsern Autor sind die Aussichten hell, wir werden ihn bald beim Rundfunk, als Redakteur oder Lektor, sehen, und überall wird er seinen Hauptberuf als Revolutionär ohne ernste Störungen weiter ausüben können. Wir brauchen solche Leute, unsere Gesellschaft bedarf der verlorenen Söhne, der Umstürzler und Bußprediger; wir sorgen dafür, daß sie nicht im biblischen Schweinekoben oder im Dachstüblein verkommen, sondern ihren sicheren Platz am Diplomatenschreibtisch finden.» Gelernt und gut behalten: Die politische Reaktion beginnt mit dem Umdekorieren. Sie lügt gerissener als noch vor sieben Jahren.

Hymne

Völlig im Einklang mit diesem Satze Hamanns,
daß der purpurne Mantel des Genius
nur den blutigen Buckel ebendesselben verdecke,
(sehr fein beobachtet)
justiere ich meinen Hintern auf dem Hocker von Riemerschmidt:
Ja!
in meiner Branche ist Glut und Finsternis durchaus der Umgang!

Zwischen Geburt und Beil halte ich mich
meinem Zeitalter zur Verfügung
Ein klarer Kopf hat sich auf meinen Schultern konstituiert,
voll süßen Grimms
auf die hierorts gehandelten Sitten:
wie es speckgeknebelten Halses von Freiheit quäkt:
kein Stroh zu gemein, kein Arm unerschwinglich,
und dem man das Licht noch vorkaut, er mietet
den Streifen Abendlandes vor meiner Türe.

Der unter solchen Umständen zu singen anhebt,
was bleibt ihm zu preisen?
was wäre, he-denn, eines erhobenen Kopfes noch wert?
Trainiert und geflügelt
nahet der Gauner im Glück:
eine schöne Gesellschaft möchte sich maßnehmen lassen,
zwischen Hacke und Schnauze: Erhabenheit!
Dahinter den Mond, wenn ihm Tran,
Tran, hell wie Tau, aus zerlassener Locke träuft;
schöneres Bild eines Hochkommens, handkoloriert – gemach!
gemach, Señores,
euch laß ich den Tiger tanzen!

Aber nun:
die ihre Schwäche nicht adelt,
halten um Lieder an;
brav unter ihre Dächer geduckt,
wie sie die Peitsche zu unansehnlichen Brüdern gekämmt hat: Kumpel!
mach uns ein Lied!
der du als eins unter andern
hungriges Hündlein bist,
mit den Lüsten und Hündlein
u-hund
dem trauten Wauwau eines allen gemeinsamen Grundgesanges –
Ihr Jecke, das ist, was einem in Deutschland das Hirn an die Decke
treibt:
rührt euer Klinkerherz andres als Schuß und Schlag,
oder:
wo ich euch aufspiel, legt ihr da mit Axt an?

Deutschland [1] – Deutschland [2]
hier wird mir kein Bruder geworfen;
hier steht die Luft, wie die Torheit stolz auf der Stelle tritt.
Zwar
mit Forsythia führt sich auch diesmal wieder der Lenz ein, mit Rosen-
bändern,
aber Träne auf heißen Stein ist des Wackeren Jammer!
Ach, wodenn träfen sich Zweie im stillen Anschaun des Mondes,
gleich
in Erörterung der kernwaffenfreien Zone?

Woooooo,
liebende Freunde und reflektierende,
drängte hoffnungsvoller nach vorn die Verfeinerung?
Daß des Edlen «Avanti» mächtig aufkläre unter Irdischen,
ihrer Schwalben Geleit, gütlichem Sommer zu –

Oh Ihr Gefährten
unsichtbar noch, aber im Dunkel schon ausgespart,
aus dem Schlamm des Vaterlandes erhebt euch!
Die Unmuts-Zunge rührt,
froh der Anfechtung und e i n e s Zornes voll.
Daß ein künftig Geschlecht euch anständig spreche.
Größe von eurer Größe zu nennen weiß
und Nein von Eurem Nein.

1 BRD; 2 DDR.

Schäfer-Lied

Der rote Rühmkorf, wie er singt und spinnt,
geht ihm sein Hirn zutal;
man hat ihm eine Freude angezündt,
die Ohren allzumal.

Wie nun, teilt dieser biedere Genoß
die Wünsche des Pervont?
Lockt es den Lorbaß-rhododaktylos
tief ins Sanellenblond?

So seis! man hat mir Käs und Glut
und eigne Laster kunstvoll angericht.
Ich trag dressiertes Feuer unterm Hut,
das leckt mir am Gesicht.

Ein schöner Tag, die Nornen stricken Strümpfe,
derweil ich in Angora-Wolken äs.
S'ist Fried, und keck entblößt die Rüben-Nymphe
archaisches Gesäß.

Sich seiner Zung zu freun
nach Flut und Ararat!

Die Erde, die uns noch ermöglicht hat,
soll heut nicht ungepriesen sein.

Lies mir das Glück aus der gedunsenen Hand;
auch pfleg der fetten Ruh.
Schon gut – ich habe Pankow anerkannt;
der Wind bläst ab und zu.

Das Wesen, das zergeht.
So wendet man das Heu in seinem Kopf –
Ob Meister Gockel von der Krise kräht,
er muß doch in den Topf!

Nun häng ich mich als Aï ins Geäst,
ein eingesalzener, verstockter Tor.
Treib deinen zappelichten Traum zunest:
Ick bün all door.

Heinrich-Heine-Gedenk-Lied

Ting – tang – Tellerlein,
durch Schaden wird man schlau;
ich bin der Sohn des Huckebein
und Leda, seiner Frau.

Ich bin der Kohl- und bin der Kolk-,
der Rabe, schwarz wie Priem:
Ich liebe das gemeine Volk
und halte mich fern von ihm.

Hier hat der Himmel keine Freud,
die Freude hat kein Licht,
das Licht ist dreimal durchgeseiht,
eh man's veröffentlicht.

Was schafft ein einziges Vaterland
nur soviel Dunkelheit?!
Ich hüt mein' Kopf mit Denkproviant
für noch viel schlimmere Zeit.

    Und geb mich wie ihr alle glaubt
    auf dem Papier –:

als trüg ein aufgeklärtes Haupt
sich leichter hier.

Verlagsgutachten Karl Heinz Poppe:
Guatemala – Roman*

5. 9. 59

Der Stoff ist grundsätzlich interessant und genau das Geeignete für uns.
Die Wechselbeziehungen zwischen US-Außenpolitik, Großausbeuter-
tum und südamerikanischen Nationalrevolutionen zu einem Roman
verwebt und verflochten zu sehen, erfreut mich gewissermaßen a priori
und bedeutet als ideologischer Großangriff die Einlösung eines längst
fälligen literarischen Versäumnisses. Die kräftig antikapitalistische Tendenz des Buches scheint mir auch nicht zu dick und plump, zumal die
Absicht, das Leiden unten am Boden und die Herrschaft oben, d. h. das
Leben des anonymen Indios und einen Dulles simultan in einen Büh-
nenrahmen zu bringen, vom inszenatorischen Einfall her fasziniert.

Die Schwächen des Buches liegen keineswegs bei der Konzeption, sondern in der Ausführung im einzelnen. Zwar wird das Verhältnis von Aus-
beutern und Eingeborenen, von Gutsbesitzern und Proleten eingehend
geschildert, nur – fehlt es dann wieder an einer literarisch plausiblen
Darstellung all der heimlichen und unheimlichen Verbindungen zwischen Ausbeuterschaft und den politischen Hintermännern. Die einzige
konkret sichtbare Ausbeuterfigur, der Bananenpflanzer Emilio Meier,
bleibt, wie er hier so ins Bild gebracht wird, restlos privat, ein Blutsauger
im Alleingang. Er hat weder Verbindungen zu politischen Direktivenge-
bern in den USA noch zu den Armas-Leuten, macht weder mit den (kon-
terrevolutionären!) Rebellen gemeinsame Sache, noch intrigiert er gegen den Arbenz-Kurs, ja, er ist zum Zeitpunkt der Revolution nicht einmal mehr Bananenpflanzer, sondern Hotelbesitzer: ein politisch desin-
teressiertes Privat-Schwein ohne jeden interessanten – auch für den Auf-

---

* Mit dem Abdruck des Gutachtens ist kein Kunstanspruch verbunden. Zu
zeigen war, was ab Mitte der fünfziger Jahre unser Bewußtsein nachhaltig veränderte: ein US-Amerika-Bild, in dem sich wirtschaftlicher Imperialismus, der
Pakt mit der Konterrevolution, CIA-Außenpolitik und die bewaffnete Intervention zur systemorganischen Einheit fügen. Die Bedenken des Lektors richteten
sich einzig gegen die triviale Literarisierung des Themas. Sie wurden vom Autor Poppe weitgehend zur Kenntnis genommen.

bau eines Enthüllungsromans interessanten – Konnex zu politischen Kräften. Das heißt aber, daß der Roman genau an der Stelle, wo er hätte aufklären und entlarven müssen, unverbindlich wird, inkonsequent.

In Verfolge solcher Inkonsequenz zerfällt er, ziemlich wahllos, in Informations- und Anekdotenteile, ohne daß der Erzählpart wirklich für Politik transparent würde oder, andersherum, die politischen Lageberichte und Faktenaufzählungen erzählerisch aktiviert würden, d. h. dem Roman als Erzählstoff eingebunden. Der Versuch, Assoziationen aufzudecken oder zu wecken, endet in der Dissoziation.

Daß auch der Bahnhofsvorsteher Felipe Mendoza nur durch ein Mißverständnis zum quasi-politischen Verbrecher wird, fügt sich in den angesprochenen Mangel an Folgerichtigkeit. Man hört im Hintergrund die Stimmen der Arbenz, Armas, Dulles – man sieht im Vordergrund die Herren Meier und Mendoza, nur bedingt sich das gar nicht wechselseitig, weist kaum etwas zwingend auf das andere zurück, bleibt im Grunde alles bezugslos.

Allein an einer Stelle, dort, wo von der künstlichen Unmündigkeit der Angestellten des Emilio Meier die Rede ist, wo das Schuldenproblem und die permanent am Kochen gehaltenen Schuldgefühle der Mädchen Concha und Maria in Beziehung gesetzt werden, wird im Privaten Politisches sichtbar, Systembedingtes – dennoch: die große Politik schwebt immer bloß so darüber, und auch die Terrorflieger des Oberst Armas hängen ziemlich unvermittelt in der Luft.

Leider, wenn man darüber noch hinwegsehen will, bietet aber auch der Erzählstil kein zureichendes Äquivalent. Sicher, Poppe hat ausgedehntes Quellenstudium betrieben, Details en masse gesammelt, Kolorit durch exotische Namen und Termini anzumischen versucht, aber gerade hier macht sich der Eindruck des bloß An- und Aufgelesenen breit. Außerdem stoßen wir auf bereits typisierte Figuren-Konstellationen und Aktionsschemata, die gewiß nicht von Poppe in die Literatur eingebracht wurden, sondern von Traven. Da haben wir den ausbeuterischen Pflanzer, der sich an seinen Angestellten vergeht; da begegnet uns wieder der bekannte Indio, der jahrelang einem auszehrenden Job nachgeht, um sein sauer Zusammengekratztes in einer Nacht zu verjubeln und zu verhuren; und da treffen wir auf die kaputtgeschundene und vernuttete India (auch eine alte Bekannte), die den Weg zurück ins Dorf und in die Dorfgemeinschaft nicht mehr wiederfindet. Vor allem scheint der Roman nur halb so saftig, halb so plastisch wie er uns (von sich aus) erscheinen möchte. Weder vermögen die recht kunstlos aneinandergereihten Hauptsätze die Handlung lapidar in Marsch zu setzen, noch ergibt die schon summend summierende Aufzählung von Lokalspezialitäten, Früchten, Pflanzen, Gebäudearten, Gebrauchsgegenständen am Ende so etwas wie ein buntes Bild. Alle auf Stimmungserzeugung angelegten Derbheiten finden sich doppelt und dreifach. Eine Koitalszene folgt auf die andere, eine Vergewaltigungsnummer der nächsten, bis man nach dem zwanzigsten Paar «großer fester Titten» und nach der zehnten Garnitur «prall sitzender Kleider» sehnlichst nach anderer Kost verlangt als dieser aktionsarmen Akt-Szenerie, zum Beispiel politischer, aber da entläßt uns der Autor in einen Trockenbereich des dürftigen politischen Lageberichts. Wenn hieraus etwas Lesbares und Druckbares werden soll, muß der Verfasser noch mal ganz neu an die Arbeit gehen; mit winzigen syntaktischen Veränderungen, wie gehabt, wie geschehen, ist es hier nicht getan.

Verlagsgutachten Nelly Sachs:
Schwedische Lyrik-Anthologie

Hrsg. von Hans Magnus Enzensberger
durch: Suhrkamp Verlag (ohne Begleitbrief)
30. 6. 61 / 11049

Diese Anthologie ist weder etwas für unsere Paperback-Reihe noch für irgendeinen Verlag, der noch bei Sinnen und Stilgefühl ist.
Um die Kläglichkeit und Stümperhaftigkeit zumindest der Übersetzung in die Breite zu beweisen, sei hier ein kurz kommentierter Abriß der vertretenen Autoren und der gröbsten Auswahl- und Übersetzungsentgleisungen geboten.
Anders Österling – (Geb. 1884) – Eher altväterliche als moderne Naturlyrik. Hier berührt unentwegt etwas «überirdisch», wird «ergriffenen Blickes» an etwas gehangen, «die Mühle, sie seufzet» und «Erinnerung zittert». Eine Vielzahl von Stellen wirkt unfreiwillig komisch: «Wir mahlen das Brot in des Antlitzes Schweiß».
Dan Andersson – Ein prä-moderner Balladensänger:
   «Zwölf Schläge die Glocke im Bauernhof schlug,

Drin das Gesinde, gefaltet die Hände
Zum Herrn im Zorne, Gebete trug
Um der bitteren Prüfung Ende.»

Einige Lapsus, die die unmögliche Übertragung weiterhin belegen: «Und die Spindel sich hüpfend dreht», «Ich höre eine Rede von bebend Gebein», «Klopfe sie zu Staub in hilflos Nacht».

Bertil Malmberg – (Geb. 1891) – Nichtssagend. Exemplarisch für -zig andere aparte Eindeutschungen der Nelly Sachs: «Kinder sipperten wie Feuchtigkeit».

Pär Lagerkvist – (Geb. 1891) – Blubo, Schillersches Pathos und Storm-sche Idyllik in grausigem Verein.

«Die Schreckenswelt ist voller Blumenduft
Und alle Auen farbenreich sich schmücken.
Aus Henkersnacht schwebt Samen durch die Luft
Und junges Leben bebt, um zu beglücken.»

Eine muffige, stockfleckige Angelegenheit. Hölzern insbesondere, wo der Reimzwang eben als Zwang und nicht als ästhetischer Reiz empfunden wird.

Edith Södergran – (Geb. 1892) – Bevorzugung anaphorischer Anknüpfungen und parallel gebauter Sätze. Ungereimte Liturgien auf Tod, Blut und Mond: «Der Mond spinnt seine wunderbare Webe.» Das übliche Symbolgewucher einer fundamentalen Frustration: «Auf Eure große Schlange will ich steigen», «Was zögert der Stier? Mein Charakter ist ein rotes Tuch», «Meiner Gedanken Ring geht um meinen Finger».

Nils Ferlin – (Geb. 1897?) – Ein seelensuchender Quartelkomödiant. Liest sich in der vorliegenden Übertragung sperrig und holzig.

«Doch alles was ungeschickt tastet
das weißt du so gut
es ist als ob nur das allein hätte
eine Seele im Blut.»

Hjalmar Gullberg – (Geb. 1898) – Der kläglich gescheiterte Versuch eines dichtenden Jehovazeugen, die Bibel umzuschreiben.

«Es gab der Ewige mit seinen Händen
Zion ein neues Kleid.
Das Volk wird keine Lichter mehr verschwenden,
Denn es wird leuchten seine Herrlichkeit.»

Karin Boye – (Geb. 1900) – Neunzehntes Jahrhundert. Eine Verinnerlichungstrine: «Kellersprößlinge meines Innersten Fasern« – «Im Innersten des Alltags» – «Ein tief geheimes Fest» – «Aber tief in allen meinen Tälern» – Stilistisch: verkorkster Jugendstil: «bleicher Opal» – «Muschelpokal» – «kosmisches Licht» – «des Rhythmusses blumiges Dunkel» – «Näher zu dir wollen die Kelche zittern».

Rabbe Enckell – (Geb. 1903) – Ein kosmischer Stürmer und Drücker:
«Stunde wenn dunkle Meteoriten
Die Menschenseele durchbohren.»

Artur Lundkvist – (Geb. 1906) – Kraft und Plastizität hat selbst diese Dolmetscherin nicht ganz austilgen können. Großartige Bilder. Einfluß von Surrealismus und Futurismus. Hin und wieder der Eindruck von einem lyrischen Lawrence.
«Das Pferd welches unter mir brennt
und einer entkleideten Frau in der Sommernacht gleicht.»

Johannes Edfelt – (Geb. 1904) – Unbekömmliche Mischung aus Neuromantik und Expressionismus. Vorliebe für nicht gerade attraktive Komposita: «Lichtrettungstat» – «Scheintodschlaf» – «Blutkreisbahn» – «Fliederduftzeit» – «Tiefenschleim» – «Qualenschrein». Die Übersetzung bietet nicht Poesie, sondern verhunztes Deutsch. «Es fechtet irgendwas» – «Die Seele schaudernd steht im Urlichtgraus» –
«Tritt mit dem Fieberfuß
Trauben, bis rinnt der Fluß.»
Was ist «dünungsblind»? «aufgeschauert»? «unaussäglich» (ein kompliziertes Laubsägemuster betreffend?)? Unfreiwillige Komik vom Bande:
«Tief in des Brunnen und Echos Tal
Netzen sich Lippen, die hitzen und stechen
Mit dem ewigen Löscher der Qual.»

Harry Martinson – (Geb. 1904) – Gedichte mit vornehmlich maritimen Motiven. Ausflüge ins Komische führen zu wenig kurzweiligen «Aniara»-Bombasmen.

Olof Lagercrantz – (Geb. 1911) – Bilderwelt und Anschaulichkeit lassen einen genuinen Poeten vermuten. Leichte Brecht-Deszendenz. Die Übersetzung transponiert das meiste ins Lächerliche:
«Sie hatte einen altbemalten Schrein
Mit Blumen und Blatt darauf,
Dort legte sie alle Strümpfe hinein,
Durchlocht vom Kinderlauf.»

Harald Forss – (Geb. 1911) – Zwischen Edda und Surrealismus beheimatete Je-länger-je-lieber-Lyrik.
«Über Schatten die niemals Glut verfahlen sehen

Ruft im Hahnengeschrill die Wächterin des Blutes Ankunft verkündend.»

Erik Lindegren – (Geb. 1910) – Geschult an Lautréamont und französischem Surrealismus. Zuviel assoziativer Leerlauf, zu unökonomisch gehandhabte Anaphorik. Einige hübsche Bilder und ein apart schwarzer Humor versöhnen mit vielen Unzulänglichkeiten.

Karl Vennberg – (Geb. 1910) – Zwiespältiger Eindruck. Surrealistische Bildwucherungen wirken in die Dauer und Breite langweilig breiig und formlos.

Maria Wine – Platte Klagen über den müden Geliebten: «Auch er ist satt wenn ich hungrig bin: ich verstehe: Einsamkeit ist des Menschen Los.»

Werner Aspenström – (Geb. 1918) – Kraftloser Literaten-Modernismus. Das Gelungenere läßt Analogien zu Ingeborg Bachmann erkennen.

Ragnar Thoursie – (Geb. 1923) – Nicht unangenehmer, auf Details versessener Realismus. Gute, an der Wirklichkeit orientierte Bildwelt.

Bo Setterlind –

«Es ging ein alter Ackersmann
sang in die dunkle Erde.
Den Korb mit Samen in der Hand
sang er und streute: ‹Werde›.»

Herrn
Dr. Hans-Magnus Enzensberger, *
Suhrkamp Verlag,
Frankfurt am Main,
Untermainkai 13.

3. 7. 61

Lieber Herr Enzensberger,
Ich habe mir die schwedische Lyrik-Anthologie (übersetzt von Nelly
Sachs) zunächst mit Interesse, dann nicht ohne Vergnügen angesehen.
Bei genauerer Lektüre beantwortete sich mir dann auch die Frage,
warum Sie dies Objekt nicht im Suhrkamp Verlag in Angriff genommen
haben, zumal Sie sich doch bisher gerade für Nelly Sachs werbend verwendet haben. Leider scheint mir dies Manuskript wenig angetan, zum
Ansehen der Übersetzerin beizutragen. Ich gestehe frei, daß ich mit der
schwedischen Lyrik zu wenig vertraut bin, um die Relationen von Original und Übertragungen zu ermessen – scheue mich aber auch nicht,
über diese Auswahl, über diese vorliegende Übersetzungsfassung öffentlich den Kopf zu schütteln. Da auch unfreiwillige Komik belustigt, habe
ich mich beim Lesen nicht gerade gelangweilt, schon weil der Katalog
der Entgleisungen und Fehltritte so überaus reichhaltig ist. Ich glaube,
ich brauche Ihnen nicht durch Zitate zu belegen, was Ihnen, wie ich annehmen darf, schon vor der Weiterleitung der Kollektion aufgefallen war.
Zum Schluß nur noch meine Gratulation zu Ihrem hochvorzüglichen
Wahlaufsatz in der ALTERNATIVE (unserer, nicht der Skriverschen).
Mit den schönsten Grüßen bin ich
Ihr
ROWOHLT VERLAG GMBH LEKTORAT (Peter Rühmkorf)
PS: Das Manuskript geht gleichzeitig an Sie zurück.

* Die Wiedergabe des Sachs-Gutachtens versteht sich als kleiner Beitrag zur
Entmythologisierung hohler literarischer Gesinnungswerte. Es widerlegt außerdem die Dauerunterstellung, die deutschen Linksautoren hätten sich stets
in seifigem Einverständnis über die literarischen Aktienkurse geeinigt. Daß der
Fall Nelly Sachs seinerzeit nicht zu einem Gegenstand der öffentlichen Auseinandersetzung wurde, erklärt sich aus der Rücksichtnahme gegenüber einer alten Dame, sowohl wie aus der Disziplin gegenüber gemeinsamen politischen
Gegnern.
Hans Magnus Enzensbergers ritterliches Kapitulationsschreiben ging leider bei
einem Archivbrand im Jahre 1970 verloren.

88.) Werde oft gefragt, ob ich den alten Rowohlt noch lebend erlebt hätte. Ja, sicher, aber eigentlich nur von ferne. Er residierte, als ich in den Verlag eintrat, in einem mächtigen Bürgerbücherzimmer, fast Staat im Staate, aß aber schon seit langem kein Glas mehr und widmete sich neben eigenwilligen Repräsentationsaufgaben («Demokratischer Kulturbund») nur noch den alten Freunden, Ernst von Salomon, Walther Kiaulehn, die haben ihre eigenen Geschichten. Dagegen Ledig! Er hatte mich als Leslie Meier irgendwo auf dem Papier entdeckt und begann, wie mir schien, auch etwas auf den Lektor R. zu hören. Bis ich dann die Erfahrung machte, er hatte sehr viele Ohren, die drehte er in alle Himmelsrichtungen, da saßen aber viele Windmacher, und die bliesen ihm den Verlag zuerst zu einer wunderbaren imperialen Seifenblase auf und dann fast auseinander. Er hatte auch viele Gesichter. Zum Beispiel dies: Er liebte wirklich und nicht nur von Geschäfts wegen die Dichter, vor allem die, die er nicht kriegen konnte, und diese sentimentalische Passion trieb ihn häufiger als man ahnt zu alkoholischen Exzessen weit über die Rentabilitätsgrenze hinaus. Wo all die anderen, Piper, Unseld, sehr genau wußten, wann Geschäftsschluß war und wo der Leberschaden begann, ließ er sich erst richtig in Unendlichkeitsgespräche verwickeln. Wo andere längst verstohlen auf den Terminkalender geblickt hatten, in dem auch der Aufbruch von überschäumenden Festen seinen Fixpunkt hatte, ging er – endlich mit der Geisterwelt allein! – geradezu befreit zu Boden, um von dort aus weiter zu räsonieren. Im Gegensatz zu seinen Vertragskünstlern allerdings, denen am nächsten Tag die Luft von gestern fehlte, den Honorarforderungen den rechten leichten Aufwind zu verleihen, der Kasse macht, betrat er, in einem erschreckenden Maße voll verhandlungsfähig, das Hochseil der Finanzakrobatik und drehte seine Pirouetten. Bei Vertragsverhandlungen, bei schwebenden Buchabschlüssen – praktisch immer wo Kapital- und Schreibkraft zusammenstießen – vermochte er so perfekt Tragödie zu spielen, daß sich der knurrende Magen eines Lohnschreibers daneben wie eine sinister kunstlose Privatangelegenheit ausnahm. In der Rolle seiner selbst, d. h. von jahrelangen Demütigungen verbittert und von aktuellen Geldnöten gepeinigt, versuchte dann manchmal ein Dichter mattstimmig auf seine desolate Lage aufmerksam zu machen – Ledig malte die seine und die seines Hauses kraftvoller, plastischer, überzeugender. Der Dichter zeigt grau in grau auf offene Wechsel und unabweisliche Ratenforderungen – Ledig krümmt sich vor Schmerzen und Entbehrung. Der eine knifft verbitterte Falten in seine Stirn, kaum daß er den Mund noch aufkriegt – Ledig balanciert seine betrübten Augen auf dem oberen Brillenrand und bekommt einen Niesanfall, daß der Autor glaubt, er selber müsse Hilfestellung leisten. Damit erst ist der Boden praktisch bereitet, das Klima geschaffen, in dem der eigentliche Teil der Verhandlung vor sich geht. Ledig ruft nach Herrn Busch, Herr Busch bestätigt knapp die Lage kurz vor dem Zusammenbruch, und der Autor scheidet mit dem mulmigen Gefühl, daß er doch lieber hätte etwas ablassen sollen, um die gemeinsame Unternehmung nicht zu gefährden. Erlebte allerdings auch einmal die andere Seite des Prozentenpokers, als gerade mein Gedichtband «Kunststücke» erschienen war, Günter Grass eine Ausstellung seiner Grafiken durch eigenes Dabeisein hatte verschönen helfen und Ledig sich groß in den Spendierhosen zeigte. Steuerlich abschreibbares Bündnerfleisch flatterte heran. Châteauneuf du Pape floß zum Mengenrabatt. Da begann sich über den Umweg von Autorenanteilen allgemein das Gespräch plötzlich mit faßbaren Inhalten zu füllen, der geradezu unfaßlich unterhonorierten Dichtertägigkeit des Dichters R., und in einer Art auktionsartigen Meistbieterlaune ließ Ledig meine Anteile auf eine kulturgeschichtlich einmalige Marge von 20 Prozent hochschnellen. Verdiente zehntausend Mark auf einen Schlag, richtete mir zum erstenmal so etwas wie eine Wohnung ein und wies spätere Hinweise auf die Würdelosigkeit der Situation mit der (nach wie vor

geltenden) Bemerkung ab, daß ich mir Würde höherer Art nie
habe leisten können. Ich nicht! In dieser Gesellschaft nicht. Außer wenn es mal nicht mehr mit rechten Dingen zuging.

Für Heinrich Maria Ledig im alten Ton
aber mit neuen Ausblicken

Ehrlich, wie hätten Sie's gern, ein Achrostikon, eine Ode?
Einen klassischen Arbeiterchor?
Lieber säße ich hier mit der Quetschkommode
und spielte Ihnen was vor.

    Nun nehmen Sie doch endlich mal die Schmonze vom
    Gesicht da weg, Chef. Hier will einer sein
    Ständchen bringen, ne persönliche Aufwartung
    sozusagen. Und was Ihre tränentreibenden Tragödien
    anlangt – das kommt morgen noch früh genug auf
    die passende Umlaufbahn.

Lieber im Lausen, im Lembke, in Lehmitz Stehbar
in Einigkeit beschlürft –
Bis die richtige Welt, für uns nicht mehr sicher begehbar,
aufweicht und Falten wirft.

    Wissen Sie, ich beobachte Sie jetzt schon eine
    ganze Weile. So als Sieger am Spielautomaten
    über Herstellung und Vertrieb. Oder wie marktgerecht
    Sie Ihr Ektoplasma zur Entfaltung bringen:
    keine Verpackungsfrage ohne den Ausdruck
    tiefer innerer Notwendigkeit. Aber, aber, aber ...

Wahres Wesen, lieber Verleger,
findet heimlich und spät zum Zenit,
früh um fünf, wenn man es an geblümeltem Hosenträger
in die Höhe zieht.

    Wie? das klänge Ihnen verdächtig nach Matti
    und Puntila und in Einzelfällen kämen *Sie* mit
    zwanzig Prozent für die Exaltationen Ihres Unter-
    bewußtseins auf?! Richtig – aber darum reden wir
    hier ja auch nicht über Kapitalismus und Selbst-

194

entfremdung, sondern vom ewig reinen Gegensatz
von Artistik und schöner Menschlichkeit. Zwar:

Von Ihren sieben Häuten kenne ich nur
die Hälfte und auch die nicht ausführlich.
Aber geben Sie mir Ihre Hand, frei flackernd, ein Stück unterbroch-
ner Natur,
die scheint mir nicht unnatürlich.

Schlagen Sie ein, Mister L. Solidarisieren Sie
sich beizeiten. Solang die Verhältnisse
halten, liegt noch manches in Ihrer Macht.

Daß Ihre breite mit meiner hohlen Brust
klingender kommuniziere –
Prost, Ledig! Nastrowje! Mit Vergnügen, wenn auch mit Verlust:
Immer der Ihre.

Aus Festschrift Heinrich Maria Ledig-Rowohlt, 1968

89.) Wieder zurück Anfang 60. Höhepunkt Liederproduktion
und Erzeugung neuer, in deutscher Sprache bishin unbekannter Reibelaute zwischen «heute Hoffen – morgen tief». Behutsam sich anbahnende Bekanntschaft mit Wagenbach und Grass.
Letzterer war nach dem sehr vehement über ihn hereingebro-
chenen Erfolg seines Blechtrommel-Buches zunächst durchaus
noch als Privatperson vorhanden. Er war ein ernsthafter Skat-
spieler (d. h. jemand, der sich mit Skat nicht nur demonstrativ
gemein macht), begabter Handlinienleser und unterhaltsamer
Geschichtenerzähler, obwohl er schon früh an der allgemeinen
Epikerkrankheit litt, seine unerhörten Begebenheiten (selbster-
lebte) doppelt und dreifach, nein, dreißigfach zu erzählen (im
Gegensatz zu Lyrikern, die einen Witz nur einmal machen). Ich
hielt ihn von Anfang an für einen wirklichen Elementarschrei-
ber, der mehr als nur mit Wasser kochen konnte; um so mehr
war sein kommoder Umgang zu schätzen, und auch als sein
Ruhm sich richtig auftat wie eine Wundertüte, blieb seine Persönlichkeit in ihren großen Zügen unverbildet. Im Gegenteil,

er schätzte durchaus den Umgang mit andrer Leute kontroversen Meinungen, und wiewohl ihn und uns Hamburger Marxisten / Konkretisten halbe Welten trennten, verbrachten wir viele Nächte gemeinsam bei Korn und Bier und Sympathie (in denen sich so seltsame Nachtwanderer-Einheiten bildeten wie das ungleiche Paar Güntergrass / Ulrikemeinhof). Erhebende Stunden dann auch auf dem «Ball der einsamen Herzen», gegenüber von Mantheys, Ecke Lehmweg, wo literarischer Ruhm soviel wie Hekuba war, und «der Herr mit dem Schnauzer» über Mikrophon gebeten wurde, die offene Tanzart endlich einzustellen. – Ein schwieriger Fall für seine Bekanntschaften wurde Grass erst, als die Qualität seiner politischen Meinungsbeiträge seinem wachsenden Bedürfnis nach ungebrochener Resonanz nicht mehr nachkam. Er, der von Anlage, Milieuschäden und Temperament her eigentlich zum Anarchismus neigte (seiner persönlichen Auflehnungsform gegen kleinbürgerlichen Stinkmief) versuchte sich plötzlich links zu definieren, was freilich aus Mangel an tieferer Geschichts- und Bücherkenntnis nur bis zum Godesberger Programm reichte. Mit dem Sprung auf den Paukboden der Politik begab er sich nun auf eine Bühne, wo andere die bessere Ausbildung, den schärferen Perspektivblick, auch entschiedenere Zielvorstellungen besaßen, eine Konkurrenz, der er mit zunehmend unerträglicher werdendem Besserwissertum begegnete. Seiner kleinbürgerlichen Einzelhändlerdenkungsart gemäß war die nachgodesbergische Sozialdemokratie das Äußerste, was er sich an politischer Grundlagenforschung zumuten konnte. Seiner an sich löblichen Verhaftung an den Teppich, d. h. dem haushälterischen Blick auf das wirklich und praktisch Erreichbare, gesellte sich, wertmindernd, eine fast kindlich-aperspektivische, eine naive Oskar-Optik, die bloße Phänomene für gesellschaftliche Triebkräfte und Verpackungsgewichte für politische Inhalte hielt. Aber auch was die Einschätzung seiner eigenen Kreationen anging, wußte er bald nicht mehr, wo die Politik anfing und die Kunst aufhörte bzw. wo die öffentlichen Dinge radikal im argen lagen und das Subjekt seine Grenzen hatte. Schließlich griff das magische Denken (die Verwechslung von Wunsch und Wirkung) so mächtig Platz in seinem Bewußtsein, daß die zur Institution aufgeblasene Privatperson ernsthaft zu glauben schien, sie hätte goldene Hände, die schlechthin allem, was sie berührten (Bau, Steine, Erden, Druck und Papier und selbstverständlich Politik) den Stempel der Allgemeinverbindlichkeit aufdrückten. Das letzte private Wort, das ich von ihm hörte, war in der «Süddeutschen Zeitung» vom 10. 7. 71 abgedruckt, wo er meine frühen Verdienste um das alte «konkret» belobigte und die neueren Erscheinungsformen des Blattes durch die Volkswartbrille kritisierte, das sei ja vielleicht ein verlotterter Porno-Verein. Nun, in der Zwischenzeit haben sich manche Institutionen der späten Fünfziger und der frühen Sechziger verwandelt, manche im Deckblatt, manche in der Substanz, und manche existieren überhaupt nur noch in der Erinnerung.

90.) Zum Beispiel die sagenhafte «Gruppe 47», die Hans Werner Richter 1947 privatunternehmerisch gegründet hatte, und die 20 Jahre lang so etwas vorstellen wollte wie eine Degussa der schönen Literatur – sie war es mit Abstrichen. Ich selbst debütierte vor diesem Forum im November 1960 mit Oden und Liedern erster Wahl (schwer von sich selbst zu sprechen, ohne privat zu werden). Die durchweg freundliche Resonanz beflügelte mich dann im folgenden Jahr, noch einmal mit lyrischen Arbeiten vorstellig zu werden, traf aber auf eine Großekoalition von Nörgelingen, die keinen Neuling über die eigene Hutschnur erhöhen wollten, dafür aber Grassens Schöneberger Lutschbonbons mit den schillerndsten Gütebanderolen versahen. Hatte tagwendend klassische Alpträume. Ließ Grass und der Komplettierung halber die ganze Ignorantenfronde in die Grube fahren, stand tränennaß vor frisch gefüllten Reihengräbern und verschaffte mir so das Glücksgefühl einer Massenbeerdigung nebst dem Luxus der Trauerkundgebung. Nahm fernerhin zwar noch an vielen Tagungen teil – indes das Mißtrauen in die Bewertungskriterien blieb. Die Vorzüge der Unternehmung schienen mir eher in dem Faktum zu liegen, daß ein Verlagslektor sich im Geschwindkurs Überblick über sämtliche Literatenschreibtische verschaffen konnte, nicht in einem Auspendel- und Eichverfahren, das zwangsläufig auf eine Bestätigung der gefälligen Mittelmäßigkeit oder der plump auffälligen Ausgefallenheit hinauslaufen mußte. Las seit 1961 nie wieder vor diesem Gremium.

Was sich wie private Animosität ausnimmt (und sich in voller Blöße auch als solche zu erkennen gibt), muß dennoch nicht unbedingt zu falschen Urteilen führen. Rückblickend war die Gruppe eine Mischung aus Literatur-, richtiger Literaturkritikertrust, Schutzgemeinschaft von rechtlosen Wanderarbeitern und – ein unnachahmlicher Alpdruck. Eine Wertpapierbörse, wo die Tageskurse gemacht wurden, die oft nur Schwindelkurse waren, obwohl sie über Jahre einen Rang stabilisieren konnten – unten oder oben. Ihre höchsten Weihen als gewissermaßen moralische Anstalt empfing die Gruppe im Jahre 66 mit ihrer Einladung an die Princeton-University nach USA – für meinen Geschmack ihr tiefster Fall, da ihre Rolle im Restaurationsgefüge damit völlig klar wurde. Nicht mehr nur ging es jetzt um eine Einbindung in die offizielle SPD-Politik, sondern in ein bereits sich anbahnendes Interessengeflecht von SPD und USA (das versuchte ich später auf einer Fernsehdiskussion anklingen zu lassen, nur daß mir dann Richter brüsk den Ton abschnitt und von der weiten Unschuldslandschaft fabelte). Ein kennzeichnendes Kuriosum war dabei, daß sich die moralische Zerrüttung zunächst überhaupt nicht politisch ausdrückte, sondern als literarische Kriterienkrise. Es bedurfte zu dieser Zeit tatsächlich nur eines Handke (und eines Kuby, der den Kunstbubi zum Barrikadenkämpfer umstilisierte), ein hochformalistisches Bewertungssystem zum Einsturz zu bringen – NUR: daß die antizyklische Wende fast postwendend wieder in den Zyklus einmündete und die Überbaurevolution gegen einen statischen Typ von Beschreibungsprosa zu noch viel Üblerem führte: Einpendeln des Wertpapiermarktes auf k.u.k.-Immobilien.

91.) 1961: Das Jahr ist vollgestopft mit Lektoratsarbeiten, Büchergewühle, Papiergeraschel, Fußnotengetrappel. Allesinallem: die Biografie ist zu Ende, die Bibliografie beginnt. Recherchiere und schreibe Borchert-Buch in der Rekordzeit von zwei Monaten. Hielt die Arbeit zunächst für so beiläufig hingeschmissen, daß ich sie unter Pseudonym veröffentlichen wollte (was mir der Verlag aber ausredete), und begann den Wert der Unternehmung erst abzuschätzen, als ich von San Francisco bis Dubrovnik, von Paris bis Kiew Doktorhüte auf meinem Mist hervorwachsen sah und mein 1800,–Mark-Honorar sich unter der Hand geschickter Ausschreiber, Featurefabrikanten, Nachtprogrammersteller zu einer wahrhaftigen Goldlawine ausweitete. Davon traf mich kein Sterntaler.

92.) 1962: Publikation Gedichtband «Kunststücke – 50 Gedichte nebst einer Anleitung zum Widerspruch», in einer Reihe und in gleicher Auslieferung mit Hans Mayers Essaysammlung «Ansichten». Reagierte auf süffisante Wetten bezgl. des einen oder des anderen Marktchancen mit angemessenen Kompensationsträumen. Versuche im Laufschritt den Zug meiner Fahrschülerzeit zu erreichen, während Hans Mayer mich mit dem Fahrrad überholt, jovial grüßt und mich auf die fortgeschrittene Zeit aufmerksam macht. Ich: «Kunststück! – Sie mit dem Fahrrad!» Es war meine einzige tiefere Begegnung mit Hans Mayer.

Frontispizfoto der Erstausgabe «Kunststücke»

Variation auf «Gesang des Deutschen»
von Friedrich Hölderlin

Wie der Phönix aus den Scherben, oh Vaterland,
Edelstahl platzt in den Nähten, Fette erholt,
Farben bei lebhaftem Angebot Aufgalopp, Kursgewinn,
Hanomag, hundertprozentige Rheinstahltochter ...

also erhobest du dich, verlorengegebener
gräulich geviertelter Aar, doch bald auf der Höhe schon
deines alten Gewichts, und, ei, den Tauben gleich
an Kropf und Krallen!

Du Land, chromblinzelnd, wo man die Meinung verzieht
bei stillem Anteil, bin ich der deine schon?
Sieh, auch ich bin fix in der Lüge
freundlich blinket mein Damaszenergebiß.

Wenn ich mich auf meine Feinde besinne,
morgens, wenn mir der rote Kamm unterm Hut schwillt ...
leicht von den Knöcheln gebrochen, wächst ihr schon
neuer Vorrat, der morchelhäuptigen Hyder.

Wer wollte da? an welchem Fels? wozu?
mit was? dem Adler trotzen, dem längst überfütterten?
der von des Himmels Kaltschale nippt,
dein nicht zu achten und Helden-Unschlitt.

Oh Freund, vor kein Schafott bestellt, in Frieden,
wer bläst sich da auf und wie ohne Zweifel?!
Zück deine Hauer, alteingesessen, da bleibet ein
abgestochener Brei auf der Walstatt.

Kennst du Minervens Kinder? Was kümmert sie
des wüsten Donnerers, des sie nicht achten, Gebell?
Schickt, schickt ihn nur ins Glück, da wird
keiner über die eigenen Zähne straucheln.

Das geht in Größe glatt, das ist wie über Nacht
ins Licht gefordert und vor die Sterne geschleift,

jeder zu allem aufgerufen, man teilet
dir vom Schmer des Säkels und heißt dich verdauen.

Nimm nun dein Pfund auf dich und wuchere,
ehe der schlechtere Mann das Licht absahnt –
unter die Gauner erhoben, sollst du
deinen Hintern zum Fluge lüften.

Gegrüßt in deinem Glanze, mein Vaterland!
Mit neuen Namen lockst du, mit Blust und Bluff,
wenn das entbundene Fett als Flamme
mächtig über die eigenen Ufer lodert.

Noch schwillst du an von unterdrücktem Krieg,
sinnest ein neu Gebild, das von dir zeuge,
das, einzig wie du selbst, das aus
Stroh geschaffen, goldene Körner treibt.

Wo sind nun Dichter, die ein neu Gemythe
auftun diesem blauen Schlaraffenblick?
Tausendgut – Güldenfett – Rosenschleck –
Eselein deck dich, Deutschland, käufliche Mutter.

Also: aus voller Brust geklampft, aus vollem Magen
das Lied, aus überfließendem Munde gespendet:
Schmierig währt am längsten, wer wollte da
mürrisch gegen die Seligen vorgehn?!

Die in der Sonnenlache, die im Gewinnbereich
ihren Jubel aus eigener Tasche bestreiten;
und – die Hand an der Börse – schwört es
sein gestrichen Maß Glück und Persönlichkeit.

Gebt also, gebt ihn endlich, gebt den Himmel frei,
und scheltet nicht, nein, besser preiset ihn, den wohlgelenken,
den Mann, der nach Sintflut und -feuer
wieder den Wanst in die Waage hievte.

Der was die ALTEN sungen, der Dichter spann,
wirklich erfährt, das prästabilierte Behagen:

Nun: Blüten angelandet! nun: Sternenstreusel! und
mit dem Sänger geteilt auf Kippe und Schweigen.

Auf Kippe und Gedeih, daß nie und keiner
die Kreise jemals störe, Wanderer, kommst du nach
Deutschland, sage du habest uns hier
unterliegen sehen, wie es der Vorteil empfahl.

Aussicht auf Wandlung

Mein Dasein ist nicht unterkellert;
wer schuf das Herze so quer?
Bei halber Laune trällert
der Mund sein Lied vor mir her.

Ach Liebste, könntest du lesen
und kämst einen Versbreit heran,
da sähest du Wanst und Wesen
für immer im Doppelgespann.

Ich halte der Affen zweie
in den knöchernen Käfig gesperrt;
und ich teil die Salami der Treue
mit ihm, der um Liebe plärrt.

O Herz, o Herz, wen verwunderts,
daß du zerspringen mußt?
Der tragende Stich des Jahrhunderts
geht hier durch die holzige Brust.

Hunger und Ruhe vergällt mir
ein scheckiger Wendemahr!
Zu jeder Freude fällt mir
die passende Asche aufs Haar.

Der Abend, der rote Indianer,
raucht still sein Calumet.
Was scherts ihn, ob ein vertaner
Tag in der Pfeife zergeht ...

Sei, sei der Nacht willfährig!
Steig in den Hundefluß!
Jetzt kommt eine Wandlung, aus der ich
als derselbe hervorgehen muß.

93.) Habe vergessen, wann ich Enzensberger kennenlernte; es muß jedenfalls Ende der Fünfziger gewesen sein und kurze Zeit nach der Kubanischen Revolution. Er besuchte mich in meiner Parkallee-Wohnung, wo ich zwischen Apfelsinenkisten hauste, und mokierte sich über den Antagonismus Fidel Castro-Arno Schmidt, den ich für mich in einen Goldrahmen gespannt hatte. Sagte «So geht es aber auch wohl nicht, Herr Rühmkorf», was damals allerdings weniger gegen Schmidt als gegen Castro zielte (Anlage: kenne auch Erich Fried noch aus gewissen Zeiten, als wir über Funk den Wert von «Antiatomgedichten» diskutierten und er die ganze «scheußliche Gattung» zum Teufel wünschte). Jedenfalls war Enzensberger und wurde für mich immer mehr: dichtender Generationsgenosse, den ich als Genossen und Dichter gleichzeitig hätte ansprechen mögen. Daß es fast nie dazu kam, rührte vermutlich von der nahezu vollkommenen Unvermischlichkeit der Temperamente her (eine Beobachtung, die sich ganz mit den Erfahrungen Walsers deckt, für den E., trotz ganz anders ausgebildeter Freundschaft, immer etwas Unfaßbares behielt). Wenn wir uns zufällig einmal trafen, entwich er alsbald in dringende Termine, Verabredungen auf Flugplätzen, Besprechungen in Hotel-Lobbys, Projektkonferenzen für alle Medien und auf allen Wellenlängen. Vermutlich ist er überhaupt kein Festkörper, sondern ein Luftwesen, das Prinzip Hoffnung auf Rädern, der Weltgeist auf Achse, sich den Zeitströmungen auf eine seglerhafte Art akkommodierend, dennoch sie schamlos nutzend zum Transport einerseits seiner selbst und zweitens seiner politischen Nutzlast (oder umgekehrt), tief unbereit, auf etwas so Materiales wie sagen wir mal ein freundschaftliches Gespräch sich einzulassen. Was er floh (jedenfalls vor seiner quasi-plebejischen Phase) waren Gaststuben mit laufendem Fernseher und dem Fettgeruch von gestern. Was ihn anzog, als gäbe es da reine Himmelskost zu naschen, waren internationale Zeitungskioske, die umschwirrte er wie ein Kolibri, hier kurz den Schnabel in «Dagens Nyheder» tunkend, dort in den «Paese Sera», um schon wieder bei der «Prawda» zu sein und gleich darauf bei «Le Monde» oder «Saturday Evening Post».

Geistig (das darf man in diesem Zusammenhang wohl sagen) kam er von den Überbauseminaren Adornos her; das befähigte ihn, sich auf den Markt einzulassen, ohne sich die Flügel je schmutzig zu machen oder auch sich mit der Gesellschaft anzulegen, ohne daß es ihm fundamentale Risiken, wirtschaftliche Einbußen, lebensbedrohliche Feindschaften eingetragen hätte. Er hatte einen so unverschämt guten Nerv für den Kairos, für den einmaligen, unversäumlich günstigen Moment, daß die Medien, die er angriff, gleichzeitig zu seinem eignen Übertragungsapparat wurden. Ob er den «Spiegel» attackierte (1957, was schon was heißen wollte und gerade eben was hieß) oder die Nachrichtenpolitik der «FAZ» (1962, was ihm außer aufwendigen Dementis auch noch von Springer Wind aus vollen Bakken zutrug), immer wurde er mit ganzer Kraft erörtert, reflektiert, von den Betroffenen ernst genommen, niemals totgeschwiegen, niemals einfach vor der Tür gelassen. Daraus mag ihm neidhammelhafte Mißgunst einen Vorwurf zurechtzwirbeln, ich denke nicht daran. Ich fand es immer bewundernswert, mit seinen Erbitterungen auf so gutem Fuß leben zu können; und das war doch auch wirklich begrüßenswert, daß hier bei einem mal Erfolg nicht bei sich selbst blieb, sondern immer Erfolg gleichzeitig der ganzen linken Sache war und Wasser auf die Mühlen unseres Fortschritts. Er hat aufs Gesamt wohl nur eine Publikation zu verantworten (eine Sache sehr am Rande seines eigentlichen Aktionsfeldes), die ich als offen reaktionär empfand, das war sein beliebt-beleibtes Kinderbuch «Allerlei-rauh» – da war er der Entrückungslust des Restauratoriums un-versehens auf den Leim gegangen und folgerichtig klebengeblieben auf sogenannten Ur-Sachen, die alles andere waren als dies, Kunstsachen nämlich, Spielsachen für besserer Leute Kinder, von Rauheit keine Spur und sternenweit entfernt von allem Plebejischen.

Da wir das Wort gerade in der Hand haben: es gab in der jüngeren Politpublizistik der Bundesrepublik wohl wesentlich nur zwei entscheidende Linkstriebe (parteiunabhängige), die «konkret»-Fraktion in ihren wechselnden Zusammensetzungen und ihn, zunächst ein solistischer Wunderknabe auf dem Medien-Klavier, dann Haupt des Kursbuch-Kreises – und daß sich das nie richtig treffen und verbünden wollte, hing nun in der Tat nicht mehr mit Temperamentendingen zusammen, sondern kraß divergierenden Richtungen in der Richtung: einer plebe-jischen, den Dreck und auch die Schande nicht scheuenden und einer edeljakobinischen, die den Vierten Stand am liebsten in der dritten Instanz aufsucht, seit einiger Zeit in Form der Dritten Welt. Während es für ihn und die Seinen immer so etwas wie ein hervorragendes Nervenerlebnis zu bedeuten schien, sich ge-mein zu machen (die Lust des Geistes, to mingle with nature, Heinisch gesprochen), wurackten wir immer sehr viel tiefer un-ten herum, mit zweideutigen Mitteln und nie stubenrein, aber der Dreck, der kam von der Basis her, und da saßen wir auch nie wie zuhause, leichten Hauptes und leichter Hände.

94.) 1961–1965: Die Tage der Großen Koalition und unermüd-liche Versuche von Grass und Richter, die Gruppe 47 auf SPD-Kurs einzuschwören. Schrieb schneidige Zwar-Aber-Appelle, zweischneidige Politpolemiken und kaum minder in sich zerfa-serte Literaranalysen. Vor die gegebenen Alternativen gestellt (in denen DFU so wenig praktische Hoffnung zu bieten schien wie seinerzeit GVP), geriet die politische Schreiberei zwangsläufig zum dialektischen Hakenschlagen im Niemandsland. Schrieb Adhoc-Pamphlete mit punktuell gebündeltem Zorn (Springer! Nach wie vor Friedensfeind und Arbeiterverkäufer Numero Eins!) und Empfehlungsartikel von getrübter Partei- und Anteilnahme. Eingriffe in die Literaturdebatte in Aufsätzen von hoher Komplikatesse und mit beschränkter Haftung. In einem Beitrag für «Festschrift Adorno 60 Jahre» vermochte ich allenfalls «einige Aussichten für Lyrik» auszumachen, nicht «Aussichten» aus der Lyrik heraus in die Gesellschaft, wie Peter Hamm sie 1966 dann schon wieder entdecken konnte. 1963 wußte ich nur erst, wohin die Literatur nicht zeigen sollte, durfte, konnte, und wo ihre gesellschaftliche Mißweisung begann. Die versuchte ich auch dem Frankfurter Überbaukatecheten via Festschrift ins Bewußtsein zu lancieren, was da aber ganz haarscharf dran vorbeifuhr. (Im PS, daß es mich später restlos angewidert hat, als ihn die neue Nacktkultur zum Verstand bringen wollte, den sie selbst verloren hatte. Er hätte Belehrung über die Tatsachenwelt rechtzeitig besser und billiger haben können. Obwohl natürlich auch wir ... s. unter 111).

Einige Aussichten für Lyrik
I

Was soll ein Gedicht? Was will es? Kann es? Was ist ihm zuzutrauen, anzutragen, aufzubürden und sonst niemandem? Wo kommt es her? Wo zieht es hin? Wofür steht es? Wogegen steht es? Das sind so Fragen. Fragen freilich, die jede Generation aufs neue zu stellen hat und beantworten muß wie von Anfang an. Denn ob man auch Prognosen jederart eher mißtrauisch als gutgläubig gegenübersteht, dies jedenfalls zeichnet sich ab als eine Art von Faustregel: daß das Gedicht am ehesten zugrunde geht an Fraglosigkeit und daß es zur Formalität erstarrt, wo es mit vorgefundenen Antworten sich begnügt. In diesem Sinne gibt es Sicherheiten weder im Für noch im Wider und scheinbar eherne Grundgesetze moderner Kunstproduktion haben für genauso fragwürdig zu gelten wie überlieferte und liebgewordene Gegnerschaften. Man glaube doch nur ja nicht, daß es Spannungen gibt auf immerdar und Konfrontationen von unbegrenzter Haltbarkeit. Zuneigungen und Verwahrungen wechseln ihre Mienen, für unveräußerlich erachtete Immobilien hängen sich ans Bein, Vorgaben können sehr wohl in den Pferch führen, und was man eben noch als progressiv und an der Front zu bezeichnen neigte, enthüllt alsbald die Züge der Reaktion. Was allerdings nicht heißt, daß alles zu jeder Zeit jede Rolle spielen könne oder daß Werte nur eine Frage wären der Beleuchtung. Vielmehr, daß alles seine Zeit hat, die Aufgaben des Gedichtes sich ändern mit den Umständen, Lehrsätze und Leitlinien nicht ungebrochen tradiert werden können und daß auch Wertzuschläge wie progressiv und reaktionär, modern und unmodern nur nach Maßgabe der gesellschaftlichen Voraussetzungen erfolgen können.

Nun mag man vielleicht einwenden, Voraussetzung, das zähle weder so noch so, und interessieren dürfe nur, was schließlich im Vers, gefaßt, zutage trete. Dem habe die Aufmerksamkeit zu gelten und daran habe Kritik und Wertung sich zu wenden. Aber: wenn solche Forderung auch bestechend klingen mag und wenn der Vorsatz, ein Kunstwerk nur aus sich heraus verstehen zu wollen, zunächst recht ehrenwert erscheint – es ist doch weder der auf nichts als Form gespitzte Kunstbetrachter so frei wie er sich wähnt, noch je ein Kunstwerk unabhängig von allerlei gesellschaftlichen Bedingtheiten. Mehr noch: ein Kunstwerk, das die Bedingungen, zu denen es angetreten, kritisch zu reflektieren sich versagt, scheint ganz besonders hilflos in die Umstände verstrickt, und ein Poet, der sich für schlechthin und voraussetzungslos erachtet, ist meist der erste Diener und das bewußtseinsblinde Opfer von Vorausgesetztem.

Dies auf die Verfassung bundesdeutscher Gegenwartsgedichte bezogen, will meinen, daß Mangel an kritischem Bewußtsein hier offensichtlich zu einem prägenden Moment der Verskunst wurde, daß sich Versagungen nach undurchschautem Gesetz einstellten, Fehlleistungen kraft, oder richtiger unkraft eines Systems und Mängel unter Druck von Präokkupationen. Im Überschlag: daß das breite Feld der bundesdeutschen Durchschnittspoesie an Voraussetzungen sich gebunden zeigt, die mehr und mehr als Hemmschuh und Maulkorb sich erweisen. Der Anschein wohl genutzter Freiheit trügt, und wer genau und wer genügend lange prüft, der erkennt nicht nur die Systematik der Versagungen; dem wird sich dann auch die Meinung, daß Kunst im westlichen Deutschland *jede* Richtung einschlagen und *jede* Haltung annehmen könne, als höchst korrekturbedürftig herausstellen. Insofern als er alle Theorie und alle

PR liest die Deutsche National-Zeitung, etwa 1962

Programmatik in *eine* ganz bestimmte Richtung sich bewegen sieht und interessante Einzelheiten immer außer Kurs und gegen die Doktrin gebildet. Wie aber heißt der Kurs und wie verläuft die Strömung?

Die Antwort, nur auf den Blick erstaunlich, lautet: daß das Kursbuch deutscher Gegenwartspoetik sich wie ein Negativ liest dessen, was im östlichen Teil unseres Landes verordnete Kunstideologie ist. Da findet sich zu jeder Forderung die Gegenthese, zu jeder Regel das Pendant, zu jedem Topf der Deckel, zu jedem Ja das Nein und jedem Nein das Doch, und am Ende drängt sich der Verdacht auf, daß beide Richtungen sich auf sinnige Art bedingen, und daß hier unversöhnlich gegeneinander steht, was sich ergänzt. Dort die Gesellschaft – hier das Ich, dort Dienstbarkeit – hier Freiheit, dort der Gebrauchstext – hier das Objekt an sich, dort Propaganda – hier der Monolog, dort Wirklichkeitsveränderung – hier Wirklichkeitsentfremdung, dort Fortschritt – hier Lage, dort Traktoren – hier Kristalle, dort Botschaften – hier Strukturen, dort Raumpiloten – hier Fremdlinge, dort dies – und hier das Echo und nur nirgends ein Minimum an Bereitschaft, den eigenen Regelkanon zu durchbrechen.

Wie das? Und: woher diese Einmütigkeit vor allem dort, wo man doch am ehesten erwartet hätte, daß Differenzierungen entstanden wären, bunte Varianten in Menge, Individualitäten? Woher diese Eintönigkeit der Physiognomien, die Uniformität der Spruchbänder, der Gleichklang der Thesen? Und woher gar die Breitenwirkung? Das Avancement einer doch wohl esoterischen Dichtungstheorie zu Schulbestand und Lehrmeinung? Woher diese nahezu unangefochtene Herrschaft eines Formalismus, zu dessen unbefragten Hauptstücken zählt, daß Kunst nichts anderes im Auge zu haben habe als Kunst? Die Erklärung, daß es sich halt um eine Mode handele, sagt dabei freilich gar nichts; denn auch die Moden leiten sich her und sind gemacht und kommen Interessen entgegen und wären ohne propagandistischen Vorschub gar nicht möglich. Woher der Vorschub also? Und woher das Interesse?

Die Antwort, die hier versucht wird, kann insonderheit jenen nur wenig behagen, die mit der Leugnung einer rechtsbürgerlichen Kunstideologie dieser am besten erbötig sind. Und wenn ich behaupte, daß die herrschende Richtung ganz unmißdeutbar Anpassung an das herrschende System verrate, muß sich naturgemäß herausgefordert fühlen, wer sich mit seinem Votum für die unbedingte Autonomie der Kunst von allen niederen, extraästhetischen Interessen frei glaubt. Ein schwieriges Kapitel! Zumal der Vorwurf «Formalismus» den Vorwerfenden wie von selbst an die Seite jener rückt, die mit dem Wort begreifen können zu glauben, was ihr parteilich kontingentiertes Fassungsvermögen überschreitet. Aber bevor wir hier an die Brust schlagen – und das nicht an die eigene – wollen wir zunächst versuchen, einen Blick zu tun und einen Einstich zu wagen in jenes verästelte Gewebe der Kulturideologie, in dem politische Motive und ästhetologische Argumentation aufs verwirrendste und gleichwohl sinnreichste verknüpft erscheinen.

Wir gehen dabei von Sicherem aus. Das heißt von dem, was Streit nicht aufkommen und Meinungsverschiedenheiten wohl kaum entstehen lassen dürfte: dem Tatbestand, daß Kunst im Zeichen des Kommunismus parteilich definiert und daß über die Rolle der Poesie im ideologischen Kampfe nicht von der Poesie entschieden wird. Daran also ist kein Zweifel. Kein Zweifel auch darüber, auf welcher Seite bei den erbitterten Debatten über Sinn und Form der Kunst unser aller Sympathien lagen, denn daß wir immer dort, wo zwischen Freiheit und Knechtung der Kampf entbrennt, für jene stimmen und nicht Partei nehmen für die Partei vom Dienst, entspricht durchaus unserer Anschauung von Kunst, die uns geradezu ein Synonym von Freiheit darstellt. Freiheit und Kunst, das steht für uns in unverbrüchlicher Allianz, und enger und intensiver noch als alle anderen Verbindungen von Freiheit – Freiheit und Wohlstand, meinetwegen, Freiheit und Fortschritt, Freiheit und soziale Gerechtigkeit – will uns das schlichthin symbiotische Ineins von Freiheit und künstlerischer Produktion erscheinen. Ja, in den Hervorbringungen der Kunst gewinnt für uns ein höchstes Ideelle sogar so etwas wie objektiven Wert, wird Freiheit faßbar, handgreiflich. Zwar ist nicht zu leugnen, daß auch unsere Freiheit zu denken, zu meinen und zu reisen einen realen Erlebniswert besitzt, und doch will Reise, Meinung und Gedanke vergleichsweise flüchtig erscheinen gegenüber dem, was sich an ungezwungener Entfaltung eines Individuums in der Kunstgestalt repräsentiert.

Wir halten hier inne und überprüfen unsere Stellungnahme. Sind wir bereits gefangen in landläufige, also herrschende Ansichten? In unseren Urteilen abgelenkt, beeinflußt, fremdgesteuert? Hat sich bereits einer Ideologie anbequemt, was als spontane und schlechthin «menschliche» Abneigung gegen eine Reglementierung des Schöpferischen nur allzu berechtigt sein dürfte? Doch wohl noch nicht. Und trotzdem wird selbst ein politischen Gedankengängen rundum abgeneigter Vollautonomer gestehen müssen, daß unsere, fast neige ich dazu zu sagen gemeinsamen, Überlegungen einen politischen Stress bekommen haben.

Daß die Betrachtung ästhetischer Gegenstände sich auch bei uns schlecht freihalten kann vom Mitwirken politisch infiltrierter Wertvorstellungen und daß zumindest die Befürchtung, Kunst könne auch hierorts als Demonstrationsobjekt beim «Wettkampf der Systeme» herangezogen werden, so hergeholt nicht mehr erscheint.

Ein Blick in die Praxis sieht den Verdacht zum Tatbestand erhärtet. Die Möglichkeiten, Kunst propagandistisch auszuwerten und über die Kunst Front zu machen, sind ja nicht gerade schüchtern genutzt worden; das bürgerliche Feuilleton zeigt sich seit langen, wirkungsvollen Jahren bemüht, ästhetische Thesen in die gesellschaftliche Auseinandersetzung zu schicken; und jeder beliebige deutsche Tag mit jeder beliebigen deutschen Tageszeitung bietet Gelegenheit, die Ideologen vor Ort und an der Front wirken zu sehen. Und, bitte, was anderes hätte sich gleich gut geeignet, den unendlichen Vorzug unserer Sozietät gegenüber jener östlichen, zwangsverordneten, darzutun, als gerade sie, die Kunst, die mit Sicherheit durch keine Maßnahme voranzutreiben ist, durch keine Anstrengung auf Weltniveau zu hieven, durch keine Subvention und keine Planung zu fördern und zu beflügeln. Ja, wo sie gewaltsam nach vorn geschoben wurde, da war es offensichtlich, daß sie sich versagte. Wo man sie drückte, da gab sie den Geist auf. Wo sie auf die Höhe der Zeit gebracht werden sollte, da begann sie zu schimmeln. Wo man sie benutzte, anwandte, einspannte, gebrauchte, da war sie mißbraucht im Wortumdrehen. Das aber waren doch Belege, das gab doch Argumente an die Hand, gegenüber denen alle anderen Prioritätsbeweise vergleichsweise grob ausfallen mußten. Kurzlebig dazu, denn, wenn man sich immerhin noch Zeiten und Zukünfte ausmalen konnte, wo die Bilanz nicht mehr mit Vergleichsziffern von Kühl- und Fernsehtruhen zu bestreiten war, so blieb doch weiter unbestreitbar, daß die Kunst mit Freiheit alles und mit Fortschritt und Weiterkommen gar nichts zu tun hatte.

Hier wäre abermals Grund, zu pausieren und rückzufragen, ob dieser Stand der Dinge und Gedanken bereits auf Gegenzwänge und Ausführungsbestimmungen zu schließen erlaube. Von Legislative jedenfalls scheint hier noch nichts bemerkbar, und der Gedanke, daß Kunst keinen Fortschritt kenne, scheint ideologisch so neutral wie der Wunsch, Freiheit und Poesie vermählt zu sehen. Allein so wenig das Theorem von einer aussichtslosen Kunst sich absichtslos nach vorn geschoben hatte, so wenig blieb es für sich. So eifrig begann mit ihm zu prägen und zu stempeln, was der Freiheit voll zu dienen vorgab und was mit diesem

Gütestempel doch wiederum nur die kleine Freiheit auszeichnete: die aussichtslose. Die an sich. Die absolute. Die Freiheit, die in ihrer Unermeßlichkeit keinen Zwang kannte außer dem, wirklich voraussetzungslos genutzt werden zu wollen, und die dann doch eben den einen Haken hatte: daß sie nur so viel Bewegung erlaubte wie erlaubt war. Und mit dieser Patent-Freiheit wurde die Kunst nun belehnt und belastet. Tag für Tag konnte man das hören, Kritik für Kritik wurde das laut, Aufsatz für Aufsatz bleute es das nach: daß die Kunst ihr eigener und höchster einziger Gegenstand zu sein habe, daß sie, intern, zu allem entschlossen sein dürfe, daß sie noch niemals so frei gewesen wäre wie heute und allen Grund habe, sich dieses Vorrechts (der Fingerzeig gegen die Elbe) zu freuen.

Das alles sah nun nach Druck und Dirigismus überhaupt nicht aus. Das schien so jenseits aller Politik und fern von Forderungen irgendwelcher Obrigkeit, so nur geschmacksbedingt und wie von ungefähr entstanden, und doch, wenn man es recht besah – die es promovieren halfen und was am Ende herausbriet – es war die herrschend und immer herrischer werdende Richtung kaum anders denn als Richtung der Herrschenden zu bezeichnen. Der Formalismus nämlich – Kunst mit nichts anderem im Sinne als Kunst – der Formalismus und sein ganz theoretisches Verbundsystem, sie paßten so unverbrüchlich ins politische Konzept der Gesellschaftsinhaber, weil hier ja einerseits die volle Freiheit ausgeläutet werden konnte des Individuums, zum andern aber auch die Gefahr, daß in Freiheit gezeugt werde, was dann möglicherweise gegen freie Wirtschaft zeugen könnte, von vornherein ausgeschlossen war. Weil aber den bürgerlichen Kunstkritikern dann letztlich doch auch die Gesellschaftsinhaber paßten und weil eigentlich keiner an etwas gerührt sehen wollte, und die rechten natürlich noch weniger als die wenigen linken, regelte sich in freier und geheimer Übereinkunft auch das Kunstgesetz. Die Kunst hieß autonom. Hieß zeitlos, bedingungslos, harmlos. Das Auftauchen von Unruhefaktoren war nicht zu befürchten.

Dabei waren die rechtsbürgerlichen Kulturstrategen, halb Treibende, halb Aufgesessene, halb reizhungrig, halb veränderungslustig, halb ganz dem Geist verpflichtet, halb völlig dem Geld- und Auftraggeber, von vornherein in einer glücklichen Position. Konnten sie doch an ein Leitbild sich halten, das ihren Hoffnungs- und Beharrungsmomenten vollkommen entsprach, und es schlug die Stunde Gottfried Benns genau in jenem Moment, als die Gesellschaft, repräsentiert durch ihre Wertevermittler und Programmgestalter, ihn berief. Er belieferte die Feuilletons

mit einschlägigem Diskussionsmaterial, die Kulturamtswalter mit Sprache, die Zensurenerteiler mit Begriffen, die Krisenfunktionäre mit der
Illusion, daß das Abendland noch in Betrieb sei, und die letztlich doch
wohl auf den Status quo eingeschworenen Zwischenhändler mit allerlei
Lage-Formeln. Überhaupt Lage, das war ja auch ein Begriffsfixativ von
ganz besonderer Art. Weil es da, wo man Lage feststellte, keine Veränderungen gab, keine Entwicklung, auch keine Kräfte, so oder so gerichtet, so oder so in Bewegung, so oder so im Wechselspiel, nur eben Lage,
und das meinte: Die Ruhelage. Und just in die ließ sich das deutsche
Gedicht lancieren, das durch nichts Äußeres sich bewegt wähnte und
das, «an niemanden gerichtet», übersah, daß es durchaus *von jemandem*
gerichtet worden war.

Die Täuschung war vollkommen. Die deutschen Poeten, Lyrikmacher,
Versmonteure drängten sich geradezu an den so freundlich eingeräum-
ten Freitisch und zahlten mit Bescheidenheit in bar. Gaben Ruh. Priesen
die Arabeske. Blieben auf dem Teppich. Ließen sich ihr Leiden an der
Gesellschaft von der Literatursoziologie bestätigen, aber schöpften wiederum Hoch- aus jenem Klemmgefühl, daß drüben alles viel schlimmer
wäre. Wurden dunkel und dunkler. Blieben jedoch interpretierbar. Bezogen ihre Widersacher aus der öffentlichen Hand und ließen sich ihre
Antipoden – so sozialistischen und nationalsozialistischen Realismus, so
Innigkeit und Erbaulichkeit – von den approbierten Strukturmethodo-
logen anpassen. Als ob denn Konfrontationen wie zwischen alt und neu,
hüben und drüben, gestern und heute, abstrakt und gefühlvoll sei's von
der Partner-, sei's von der Gegnerschaft her interessant gewesen wären.
Als ob nicht alles darauf angekommen wäre, einen Formalismus in Frage
zu stellen, der nur noch Repetitoren seiner eigenen Vergangenheit im
Gefolge hatte.

Vom einmal akzeptierten Dogma her für immer ans Papier gefesselt –
hier bin ich Kunst, hier darf ich's sein – liefen deren Selbstrechtfer-
tigungen denn folgerichtig immer wieder auf literarhistorische Ablei-
tungen hinaus. Unwillens und unfähig, ihre eigene Bedeutung auf Zeit,
Gesellschaft, Wirklichkeit zu beziehen, beriefen sie sich auf die Ahnen-
ketten, blätterten sie unermüdlich die Kalender durch von Mallarmé bis
zu Trudel Stein und verwiesen auf ihre hohe Herkunft. Und in der Tat,
nur daß es herkam und von langer und nervöser Hand anscheinend vorbereitet wurde, bedeutete hier so etwas wie Legitimation.

Aber am Ende verhalf dem Formalismus weder der Anruf seiner Widersacher, noch die Beschwörung von Vorläufern zu überzeugenden Resul-

taten. Schlimmer: erwies sich der mit sehr viel Konsequenz und rabiater Prinzipientreue eingeschlagene Weg als von ganz eigener Abschüssigkeit. Wo nämlich der Verzicht auf äußere Gegen- und Widerstände sich mit dem Willen, die eigene Freiheit wahrzunehmen, paarte, da war es, daß die unbedingte Aktivität als tödliches, gegen die Kunst selbst gerichtetes Prinzip zu funktionieren begann, und in der mahlenden Dialektik von Freiheit und Wortmaterial wurde die Sprache zerschroten. Die freiwillige Selbstkontrolle der Kunst ging folgerichtig über in die freiwillige Selbstauflösung.

Es soll nicht Sache dieses Aufsatzes sein, die wechselnden Erscheinungsbilder des Formalismus zu beschreiben und zu bewerten und über die Vertreter unterschiedlicher Gruppierungen im einzelnen zu entscheiden. Ich habe auf diesem Gebiet ja auch schon einige kritische Arbeit hinter mir und stehe für Einzelfragen gern mit anderen Abhandlungen zur Verfügung. Worum es hier geht, ist allein, den Formalismus – und ich wiederhole: Kunst, die glaubt, daß das Formgesetz in ihr selbst veranlagt sei – einiger fundamentaler Trugschlüsse zu zeihen. So dieses Irrtums, daß Poesie sich durch Abkehr vom Politischen unabhängig machen könne und Unmittelbarkeit erwerben durch die Beschäftigung mit sich selbst. Das Gegenteil ist der Fall. Wo nämlich Poesie sich kategorisch und von vornherein abschließt von allem, was Gesellschaft heißt, und ihre eigene gesellschaftliche Rolle zu reflektieren sich versagt, da wird sie mit Sicherheit der Politik aufsitzen. Wo sie sich frag- und zweifellos im Besitze uneingeschränkter Freiheit wähnt, da ist ihre Autonomie am ehesten in Gefahr. Wo sie sich ihre Position als schönes Abseits aufschwätzen, wo sie sich blind für autonom verkaufen läßt, da leistet sie bereits Hand- und Spanndienste. Wo sie der Zeit grundsätzlich das Interessse aufkündigt und der Gesellschaft Anteil an der eigenen Diktion bestreitet, da schweigt sie der Gesellschaft nach dem Munde.

Der Restaurationsvorwurf, auf lyrische Herrgottsschnitzer und botanisierende Naturpoeten abgewälzt, bringt keine Entlastung. Der mitleidigironische Blick auf die bücherstützende Barockmadonna zeugt von Heuchelei. Das Restauratorium ist wirksam nicht nur dort, wo sich das sozial bestimmende kaufkräftige Bürgertum seine Wohnungen mit Ewigkeitswerten vollschlägt, sondern in gleichem Maße hier, wo sich die Lüge vom Bleibenden, das angeblich die Dichter stiften, in der Forderung nach dem reinen, von des Tages Pflichten befreiten Kunstwerk neu verankert. In ihrem Bestreben nach Zeitlosigkeit gewinnen die zunächst so unvereinbar erscheinenden Tendenzen des Kulturbetriebes ihren eigentlichen Gene-

ralnenner, und die fast wahllose Hatz der Kulturkonsumenten nach Al-
terthümern und die gleich kopflosen Verwahrungen der Kunstproduzen-
ten gegenüber dem Fluß und dem Zug der geschichtlichen Mächte, bestätigen in wechselseitiger Ergänzung den Charakter eines Säkels, das –
wie man es auch wendet – keine Zeit mehr hat.

Wer aber nur noch bestätigt, der nickt mit dem Kopf. Wer nur noch
Zeugnis ablegt von den Zuständen – wozu die Vielzahl der amtierenden
Formalästheten immerhin entschlossen ist – der zeigt sich bereits ein-
gemeindet. Ganz gleich, ob sich die Anpassung am Ende lohnend und
lukrativ herausstellt oder als finanzielle Fehlspekulation. Denn: Anpassung und Absatz sind nicht durchaus von einander abhängige Größen,
und genausowenig wie extreme Erfolglosigkeit schlüssig auf Qualität
erkennen läßt, haben Käuflichkeit und Verkaufsziffern zwingend miteinander zu tun. Auf jeden Fall wäre es fahrlässig, den Mangel an Kaufin-
teresse für die dichtenden Formalisten geltend zu machen und aus ihm
das Gütesiegel «unzeitgemäß» ableiten zu wollen. Mit gleich windigem
Rechte ließe sich nämlich die geringe Auflage als Beweismittel für extreme Langweiligkeit zitieren. Eine Argumentation, auf die wir uns lieber nicht einlassen.

Dagegen wollen wir zu unterstreichen nicht müde werden, daß ein Jemand, der ohne Zeit auskommen zu können glaubt, bereits kräftig mit
der Zeit marschiert. Daß einer, der heute vom Primat der Form spricht,
eben diesen Primat nur noch aus zweiter Hand beziehen kann. Daß
einer, der von vornherein auf Kunst pocht als eine fix gesetzte Antithese
zur Gesellschaft, sich bereits vergesellschaftet erweist. Und daß, wer
Autonomie vorweg für sich beansprucht, damit nur kundtut, daß er der
Autonomieprobe ausweichen möchte.

II

Was soll ein Gedicht? Was will es, kann es und so weiter? Die Fragen sind
noch anhängig. Dennoch hat uns die Erkenntnis, daß ein Gedicht, das
sich um seine Autonomie sorgt, die Selbstbestimmung nicht aus der
hohlen Hand bestreiten kann, vermutlich ein Stück weitergeführt. Die
Folgerung hier heißt ja, daß Poesie ihre Freiheit neu zu ermitteln hat,
daß Unmittelbarkeit sich offenbart als ein Verhältniswert und daß ein
Poem autonom nur werden kann umständehalber. Seine Konturen lassen sich nicht in schöner Independenz gegen das Nichts abstecken, seine
Spannungen sind nicht in der Sprache selbst begründet, seine Aus-

drucksgesetze nicht aus einem überzeitlich-internationalen Formenkanon der Poesie abzuleiten, sein Individuationsauftrag hat zu gelten als Berufung auf Zeit.

Um zu revidieren: Daß es so etwas wie eine spezifisch moderne Ausdrucksverfassung gibt, will hier kein Mensch bestreiten. Es gibt sehr wohl gewisse Imponderabilien moderner Dichtkunst, nachzuweisen vielleicht seit Baudelaire, zurückzuverfolgen bis zu Poe, als angelegt bereits zu entdecken in der Deutschen Romantik, und die Lehre von der Machbarkeit der Kunst zählt so gut dazu wie eben auch der Gedanke von der dichterischen Autonomie. Ich meine sogar, daß uns bestimmte Fundamentalsätze der «modernen» Kunstprogrammatik gar nicht selbstverständlich genug werden können, wenn anders wir nicht immer wieder in die heil- und fruchtlosen Grundsatzdebatten von topmodern und knochenkonservativ hineingeraten wollen. Ich glaube aber auch – und hier bringt Dialektik Leben in die erstarrten Formationen – daß, was für sicher und abgemacht gelten muß, nicht freigesprochen werden kann von neuerlicher Erprobung. Wir haben es ja gesehen: Eroberungen von einst, Vorstöße und Gewaltsamkeiten, wie sie sich mit der Zeit zu Bremsvorrichtungen verkehrten. Wie ehemalige Bewußtseinsanstöße zu Zwangsfixierungen wurden und Ausfallstraßen zu Sackgassen. Und das nun gerade nicht, weil allen selbstverständlich war, was selbstverständlich hätte sein müssen, sondern weil Übernommenes und Überkommenes noch immer als das Neueste und Vorderste erschien.

Hier aber wollen wir uns einzuhaken nicht scheuen. Und wollen uns, ohngeachtet ihrer Versaubeutler, der Revolutionsbewegung der modernen Künste für zugehörig und bis in die Kapillarnerven verbunden erklären und, gleichwohl unbehelligt durch möglichen Beifall von der falschen Seite, betonen, daß alle Grundprinzipien und Ecktheoreme der Moderne noch einmal zum Maßnehmen anzutreten haben. Hier unsere modernen Traditionen – dort die Gesellschaft, dort die Wirklichkeit, darüber setzt kein Vers sich unbestraft hinweg, und wer aufs Letztere verzichten zu können glaubt, begibt sich eben jener Spannungen, ohne die ein Gedicht zur leeren Formalität verkommt.

Daß es dabei sehr oft politische Reflexionen sind, durch die das Gedicht hindurchmuß, darf seinen Herrn und Autor nicht verstören. Auch ein Gedicht, dem es um nichts so sehr wie Freiheit geht, kann von den bestehenden Formen der Dienstbarkeit nicht blindlings abstrahieren. Auch ein Poem, das seinen Leerplatz in der fehlgefügten Bürgerordnung sucht, darf des Bewußtseins von Druck und Zug gesellschaftlicher

Kräfte nicht entraten. Und gerade einem solchen Vers, der spielen und sich in Unschuld wiegen möchte, stünde es wohl an, kundzutun, in welchem Lande er spielt und wie die Unschuld dort nicht heißt.

Die Frage nach Wert und Spannweite der Freiheit ist für die Poesie konstitutiv. Sie wird dringend in Zeiten, wo ohne Befehl und Weisung sich immer nur das Gewünschte einstellt und wo die Angst, daß Freiheit ruiniert werden könnte, die Absicht, sie zu nutzen, von vornherein verdrängt. Ein seltsamer Befund: Die ihrer am mindesten bedürfen, weil sie ohnehin mit dem Geforderten in Einstand leben, legen mit Inbrunst nahe, daß mit der Freiheit Maß gehalten werden müsse; die geneigte Observanz rühmt sich, und nicht zu Unrecht, ihrer Rechte; und der den Stachel nicht wahrnimmt, wider den sich zu löcken lohnt, behauptet, daß alles gewagt und geschrieben werden könne.

In solchem Klima gedieh dann allerdings auch die Reglementierung aufs wundersamste. Unter allgemeinen Ehrenbezeugungen wurden die Grundrechte in den Ruhestand versetzt, die Meinungsunterschiede eingeebnet, die Splittergruppen ausgeklaust, die wenigen liberalen Querköpfe außer Betrieb gesetzt und Dichter, wie selten sie auch die verbriefte Freiheit wahrnehmen als Recht zu Beifallsbekundungen, sondern zum Widerspruch, diffamiert, diffamiert, diffamiert. Man mache sich doch nichts vor. Hier, wo das Kopfschütteln außer Mode gekommen und eigentlich gar nichts mehr strittig ist außer eines Mannes Kaufpreis, hier schrumpft auch der schmale Raum zwischen dem für herausnehmenswert Erachteten und dem Geradenochzugelassenen von Tag zu Tag. Schon heute sind wir nicht mehr im Besitz unserer gestrigen Möglichkeiten, und ein lautes und vernehmliches Nein, geäußert *vor* den Verfahrensfragen und Ausführungsbestimmungen, ist schlechterdings kaum noch denkbar. Was denkbar?! Zuhaus und unter Angehörigen, versteht sich, kann jedermann sich unbeschadet seiner scharfen Meinung rühmen, und Schiebladeninhalte werden auch fürs nächste vermutlich noch nicht dem Zugriff der Kontrolleure ausgesetzt sein – wie aber, wenn Sie mit einigen Veränderungsvorschlägen öffentlich werden möchten? Na dann machen Sie mal! Sie können ja nicht einmal mehr *Pazifismus* sagen, nicht einmal *Neutralität*, nicht einmal mehr *blockfrei*, und Ihre differenzierteren Ansichten über Landesverrat beschließen Sie lieber im eigenen Kopfe.

Solche Erwägungen, vorgetragen, wo über die Poesie und ihre Möglichkeiten Auskunft erwartet wird, mögen dem reinen Gegenstande unangemessen erscheinen, und nicht ganz zu Unrecht wird die Nase rümpfen, der Politik in der Kunstdebatte wie schlechten Atem scheut. Nichts nämlich scheint dem luftigen Wesen des Gedichtes ferner zu liegen als Macht und Wirkung, Hebelkraft und Einflußnahme, und gar als völlig unvereinbar nehmen sich die Ebenen aus, wenn man die kleineren Tageshändel sich im einzelnen vergegenwärtigt. Namen wie Dufhues, beispielsweise, und Paczensky, wie Gruppe 47 und «Spiegel»-Affäre, Strauß oder Springer, Fünfprozentklausel und Großekoalition, das alles, sollte man denken, entziehe sich der Stilisierung wie von selbst, das müsse ein Vers, der auf Form hält, wohl doch von vornherein ausscheiden. Der Einwand klingt so unrecht nicht. Dennoch ist er so wenig von Präokkupationen frei und so tief in der herrschenden Formalideologie verwurzelt wie die Meinung, daß Kunst keine Meinung zu haben habe, wie die Ansicht, daß das Gedicht im Öffentlichen fehl am Platze wäre, wie der Gedanke, daß Poesie von Vorsatz und Prinzip in Ohnmacht sich bescheiden müsse. Warum denn, bitte, bliebe der Unbefangenheit zu fragen, warum denn sollte, müßte, dürfte, könnte Kunst nicht? Warum sollte dem zeitgenössischen Poeten grundsätzlich vorenthalten bleiben, was Dichtkunst vieler Zeiten und vieler Länder zu gegebener Stunde für sich in Anspruch nahm: das Recht, sich kräftig einzumischen in alltägliche Belange? Schließlich sollte man doch dem Gedicht zunächst einmal Vorurteilsfreiheit einräumen und seinem Dichter das Grundrecht, wahrzunehmen und aufzunehmen, was er für wichtig hält. Und nicht sogleich einen Verhaltens- und Enthaltungskodex dekretieren wollen, dessen scheinbar goldene Regeln sich schon bei flüchtiger Prüfung als Blech vom Tage entlarven.

Nein, Dichtkunst ist nicht das, kann nicht sein, als was die Kulturwarte und Dogmenverwalter sie sehen möchten. Ihre Lebensmöglichkeiten und Aussichten liegen jenseits der akkreditierten Regelsysteme und Schnittmusterbogen, und über ihr Wohl und ihr Wehe entscheidet, ob sie sich freimachen kann aus jenem ideologischen Dunstkreis, der den Notstand der Gesellschaft überlagert als seine Emanation. Zwar ist nicht zu leugnen, daß Poesie, auch wo sie der Gesellschaft entgegentritt als ihre Herausforderung, selber bereits als Kind der Not erkennbar wird, gegen die sie sich wendet; aber wo anders läge denn sonst überhaupt ihre Freiheit, wenn nicht in dem Versuch, sich nicht abzufinden. Wenn nicht in dem Versuch, die Zwangsfixierungen zu durchbrechen und mit ihnen die Bannmeile all der geläufigen Apriori und Vorkontrollen, mit denen eine der Veränderung grundabholde Gesellschaft auch ihr, der Kunst, einen Platz im Bestehenden zuweisen möchte. In diesem Versuch allein liegt ihre Chance. An dieses Wagnis heftet sich die Hoffnung auf Progreß. Und wenn wir auch gleich zugeben müssen, daß wir hier immer nur erst von Voraussetzungen sprechen und daß Voraussetzung noch lange nicht Gedicht ist, so wollen wir dennoch zu behaupten wagen, daß in dieses Vorfeld bereits die wichtigsten Entscheidungen über Gedeih und Verderb des Verses fallen, und daß an ein Befolgen oder Nichtbefolgen der herrschenden Diätvorschriften mehr an potentiellem Mißraten oder Gelingen geknüpft ist, als unsere strukturenlesende Schulweisheit sich träumen läßt. Was freilich ein Gedicht an zeitlichem Stoffe zu fassen und zu fügen fähig ist und was ein Vers verdauen kann und was er verwerfen muß, das wäre eine zweite Frage. Sie ist von hier aus nicht und nur vom einzelnen Talente durch seine individuelle Auswahl zu beantworten.

Die Rede ist von den Aussichten der Poesie. Das heißt von ihren Hoffnungen. Was ihr angeblich verwehrt sei, was sie nicht könne, nicht hoffen dürfe, ist ihr von andrer Seite genügend lange dargetan worden. So soll denn jetzt von ihrem Vermögen gesprochen werden. Auch von dem, was ihr zuzutrauen ist. Auch von dem, was sie leisten kann. Auch von dem, was ihrem Willen zur Form scheinbar entgegensteht und ihrem geistigen Wesen dennoch vollkommen entspricht. Auch von dem, das ohne das Gedicht keine Hoffnung mehr hat, benannt zu werden. Und hier nun meine ich allerdings, daß trübe Zeiten, die mit sich selbst im reinen sind, die Poesie nicht unbeteiligt beteiligt sehen sollten. Vielmehr, daß es dem Vers sehr gut anstehen würde, wenn er dort Laut gibt, wo stummes Einvernehmen waltet zwischen Führungskräften und Angeführten; wenn er dort Zweifel säte und Skrupel entfachte, wo das Verhängnis sich als demokratisch gewählt täglich rechtfertigen kann; wenn er dort unangemeldet mit der Wahrheit hervorkäme, wo das Geschäft der Wahrheit schon von niemandem sonst mehr besorgt wird; wenn er dort Widerspruch anzeigte, wo all die unabhängigen Zungen unabhängiger Zeitungen bereits zum Unisono übergehen; wenn er dort nicht zu Vergessen bereit wäre und der Vergangenheit Schatten aus dem Sack ließe, wo Wohlstand meint, die Opfer hätten sich gelohnt; wenn er dort an die Stirn tippte, wo neue Opfer bereits im Gespräch sind und das Sterben für ein Vaterlandsfragment süß und selig geheißen wird; wenn er dort mächtig aufklärte, wo Irrationalismus und Hermetismus an der allgemeinen Verfinsterung weben. Das wären doch – warum nicht? – Aufgaben! Lohnenswerte, auch fürs Gedicht, gerade für Gebilde, denen man nachsagt, daß sie Vorsicht und Rücksichten am wenigsten zu kennen brauchten. Und: welchen Wesens wären sie denn, wenn nicht dies ihr bestes Teil wäre, daß sie aussprechen und kundtun können, was sich anderen verweigert?! Und zu was könnten sie besser berufen sein, als für Vakanzen einzustehen und Rechte wahrzunehmen, auf die, wer sonst mit Wörtern öffentlich umgeht, keinen Wert legt?! Man könnte ja geradezu sagen, daß das Gedicht, was das Austragen von Wahrheiten anlangt, allmählich eine Monopolstellung gewonnen hat. Und gar nicht einmal nur, weil ein allfälliges Versäumnis sich gerade anbietet, sondern auch, weil bald nur noch Gedichte frei passieren können. Ihr Narrenstatus gibt ihnen Schutz; wäre es da zuviel verlangt, daß sie die öffentlich nicht mehr praktizierte Wahrheit auf ihre und mit unter ihre Kappe nähmen? Zwar als Vertrauensmann der Obrigkeiten wird sich mit solchem Treiben kein Mensch empfehlen können, und Preise und Stipendien lägen auch nicht mehr zum Greifen nah (die Rechte lügt!) – aber das Hochgefühl, einem nun wirklich seltenen Gewerbe nachzugehen, wäre ja auch nicht zu verachten.

Für seine Skrupel aber, seine Bedenken und Zurücknahmen, für seine Zweifel in die eigenen Möglichkeiten, da sollte man den Mann, den wir hier ins Auge gefaßt haben, schon selber sorgen lassen. Denn: solange es den Poeten noch gibt, der vom Gedicht erwartet, daß es wirksam werde als Initialzünder und Unruheherd, so lange wird just dieser Typ das Mißtrauen gegenüber dem eigenen Geschäft zu seinen Unveräußerbarkeiten rechnen. Weil es gerade ihm am ersten bewußt ist, daß er im letzten auf gar nichts sich beziehen kann, auf keine Partei, keinen Sozialverband, keine gesellschaftlich bestimmenden Faktoren, kein Glücksystem, und weil eine Zeit, die ihre Hoffnungen nur noch auf das Gedicht richten darf, dem Gedicht selbst für Illusionen keinen Platz mehr läßt. Die Situation scheint paradox. Das stete Bewußtsein von der Ohnmacht des Gesanges, es sollte jetzt gerade dort zu finden sein, wo eben noch von Aussichten und Möglichkeiten die Rede war? Das provozierende Gedicht sollte zugleich das resignierende sein? Der Trutzvers den Skrupeln besonders nahe? Die streitbare Strophe für Anfechtungen geradezu wesensmäßig prädisponiert? Allein, was keinem artistischen Wirklichkeitsflüchter mehr Probleme schafft, keinen Formalästheten mehr bekümmert, mehr bekümmern kann, das Erschrecken vor der Wirkungslosigkeit des dichterischen Wortes, das wird wohl täglich aufs neue wachgerufen dort, wo einer sich anschickt, im Gedicht die Wahrheit zu Markte zu tragen. Und wenn der Gemeinte auch gelegentlich imstande sein mag, seinen Versen Vorderfront zu geben und sich eindeutig zu erklären, gezielt entgegen, Fürsprech, Unterschreiber, Widersacher, so wird der vollkommene Mangel an Rückhalt ihm doch immer wieder die eigene Fragwürdigkeit demonstrieren.

Und hier kommen wir nun gegen Schluß an eine Erkenntniskehre, von der aus alles wieder gefährdet erscheint, was uns eben noch als Aussicht des Gedichtes vor Augen war. Denn was anderes bliebe dem Poeten als dann doch nur der Trost, den schöne Spiele bieten, wo ihm die Furcht, daß nichts bewirkt und nichts verhindert werden kann, den Mut zum Wankelmut verkehrt? Und was anderes bliebe ihm als wiederum nur das Vertrauen auf den Halt der Strophe, geformt, gegliedert und gebunden, wo das Bewußtsein der Vergeblichkeit ihn von Anlaß zu Anlaß frisch aus der Fassung geraten läßt? Ich sage nicht ja. Ich sage nicht nein. Ich glaube aber sagen zu können, daß er auch da hindurchmuß, der Poet, wie durch die Hoffnung auf Wirksamkeit. Zwar wird er oft genug versucht sein, sich im Gedicht für eingekeilt und abgeschlossen zu erklären, und wer wollte es ihm verargen? Und wer wollte einen Enttäuschten schmähen, der gegen die Welt der Faktenschieber und Gewaltanwender hoffärtig eine eigene auszuspielen trachtet aus Wort- und Wetterleuchten? Und doch gibt es für ihn und seine Kunst nicht diesen schlichten Freispruch auf immerdar. Es gibt kein Sesamwort. Es gibt die reine Löseformel nicht, die das Gedicht entbindet und seinen Autor, jenseits von Zorn und Anteilnahme, in Freiheit setzt. Artistik jedenfalls rechtfertigt keinen ganzen Mann mehr, und das nun wirklich nicht, weil nicht sein kann, was nicht sein darf, sondern weil es eben diesen ganzen Mann gar nicht mehr gibt. Weil diese Vorstellung vom ungeteilten Individuum, das sich in Sprache, das in Kunst sich realisiert, längst selbst als Ideologem einer Stillhaltegesellschaft erkennbar geworden ist, und weil das sogenannte lyrische Ich sich überhaupt nur dialektisch noch seiner selbst versichern kann. Mag es immerhin möglich sein, daß in der Auseinandersetzung zwischen dem, was Kunst sein will, und dem, was Anstoß stiften möchte, nicht das Zeitgedicht das letzte Wort behält; mag man es gleichwohl für möglich erachten, daß einer auszieht, die Wahrheit zu schreiben, und doch am Ende im Zwielicht dasteht und seine Zweifel hochhält; eins freilich scheint mir unbestreitbar, daß nämlich auch eine artistische Lösung gar nicht mehr denkbar ist, es sei denn über den Widerstreit mit Hoffnungen und Absichten, die nicht primär dem Gedicht gelten, sondern den Zuständen in einem Lande, das wahrlich des Angstschweißes der Edlen wert ist.

1963

Lieber und verehrter Herr Rühmkorf,
ganz gewiß kennen Sie die Situation dessen, der einen sehr dringlichen
und verantwortungsvollen Brief zu schreiben hat; dem gerade die Ver-
antwortlichkeit der Sache in den Weg sich stellt, und vor dem schließlich
die Zeit, die er hat verstreichen lassen müssen, zu einem fast unübersteigbaren Hindernis wird. So, wörtlich so, ist es mir mit Ihnen er-
gangen und Ihrem Aufsatz. Sie haben mir damit eine unendliche Freude
bereitet. Ich habe ihn, gerade auch dort, wo wir um Nuancen differie-
ren – und alle Differenzen, über die den Kopf zu zerbrechen sich lohnt,
sind ja solche um Nuancen –, überaus schwer genommen, fand nie die
Zivilcourage, wohl auch nicht die Kraft, Ihnen etwas Vernünftiges darüber zu schreiben. Als Nebenentschuldigung könnte ich immerhin,
ohne Unwahrheit, die Last der akademischen Arbeit und meine eigene
Produktion anführen, möchte das aber lieber Ihnen und mir ersparen.
Nun endlich begebe ich mich mit einem Ruck an die Sache. Ich bitte
Sie, zugleich mit meinem Dank auch den Ausdruck der Entschuldigung
zu empfangen, daß ich so lange zögerte.

Daß ich im Kern mit Ihnen d'accord bin, wissen Sie – ich möchte fast annehmen, Sie wären sonst nicht der Einladung gefolgt, zu den «Zeugnis-
sen» etwas beizusteuern. Es ist darum vielleicht besser, auf einige Details
einzugehen. Sie alle stehen unter dem Gesichtspunkt der Kontroverse
über Engagement und l'art pour l'art, zu der ich selber, wie Sie vielleicht
nicht wissen, vor einiger Zeit etwas beigetragen habe, einen Aufsatz in
der «Neuen Rundschau», «Zur Dialektik des Engagements», der noch
unter dem Regime von Rudolf Hirsch in Heft I, 1962, erschien.

Fraglos haben Sie recht, wenn Sie dagegen angehen, daß die «Kunst ihr
eigener und höchster einziger Gegenstand zu sein habe». Aber trifft das
den Komplex l'art pour l'art wirklich ganz? Deren Begriff war doch
wohl *polemisch*: gegen den belehrenden Charakter der Kunst auch in
dem sublimierten Sinn, wie er hierzulande durch den deutschen Idealismus, Schiller zumal, vertraut ist. Dahinter stand, daß die Kunst gerade
in ihrem Wahrheitsgehalt, der schließlich mit Praxis konvergiert, um so
reiner und kräftiger ist, je weniger sie diesen Wahrheitsgehalt zu Thesen
macht; die «Tableaux Parisiens» von Baudelaire, etwa das Gedicht über
die Dienerin mit großem Herzen, sagt gesellschaftskritisch mehr als alle

Barrikadenlyrik von Herwegh und seinen besseren französischen Äquivalenten. Natürlich ist Ihnen das so gegenwärtig wie mir, aber man sollte doch hier theoretisch auf eine gewisse Deutlichkeit dringen, um nicht, aus berechtigtem Ärger über jenen bundesdeutschen ästhetischen Formalismus, der keinen etwas kostet, den Traktorendichtern den kleinen Finger zu reichen. Wäre Kunst sich selbst ihr eigener Gegenstand, so wäre sie bloße Tautologie und hätte keinerlei Existenzrecht. Es ruht allein in ihrem Wahrheitsgehalt, aber der, das «Gedichtete», ist doch seinerseits nicht identisch mit dem im Gedicht unmittelbar Gesagten und kann, geschichtsphilosophisch variierend, von diesem sehr weit sich entfernen. Die von Ihnen geforderte Beziehung auf mögliche Praxis muß in dem Gedichteten liegen, nicht in dem «message». Das Gedichtete aber ist notwendig durch Form vermittelt, diese nicht sein Akzidens. Verzeihen Sie, wenn ich so professoral daher rede, aber derlei Distinktionen sind wohl unvermeidlich, wenn wir uns über die Dinge klar werden wollen, die Sie angerührt haben.

«Formalismus»: das Wort ist mir, eben des Gebrauches wegen, der im Osten davon gemacht wird, nicht sehr behaglich, aber daß es mir bei Dichtungen, die nichts als Tapetenmuster sind, ebenso unbehaglich ist wie bei den entsprechenden Bildern und Musiken, die man bei uns so leicht honoriert, werden Sie mir glauben. Nur, meine ich, müßte man sehr genau sagen, wogegen es geht, und die Namen nennen, die odios sind. Und hier handelt es sich nun wirklich um Nuancen. Ich habe beobachten können, daß, ob die sogenannten formalistischen Richtungen industriellen Förderungsgremien in den Kram passen oder nicht, von der Beschaffenheit der Sache selbst abhängt. Wenn ich (nun meinerseits allzu formal) es allgemein ausdrücken sollte: davon, ob die Form wirklich sedimentierter Inhalt ist, ob in ihr etwas sich ausdrückt, was dann auch in die Praxis eingreift, oder nicht. Von meinem Metier her, der Musik, will es mir scheinen, als gäbe es dafür allerlei Kriterien; etwa das einer bestimmten Spannung der Sache in sich (goutiert wird nur das Spannungslose, Dekorative); Aggressivität des Gestus, die weniger leicht abreagiert wird als man meint; dann aber auch die Sachgehalte, die, wie immer auch verwandelt, in die von der diskursiven Botschaft sich lossagende Form eingehen; an Ihre eigene Lyrik wäre zu denken, auch an die von Enzensberger, auch an die Prosa von Helms; während etwa, was Bense herstellt, unter Ihr Verdikt fiele.

Daß die Epitheta, die Sie der Autonomie von Kunst zuerkennen, soweit sie Ideologie sei: «zeitlos, bedingungslos, harmlos», unmittelbar das negieren, was Kunst überhaupt sein kann, ist offenbar; aber solche Ideale haben doch im allgemeinen weniger die Formalisten als Leute mit Aussage bis hinab zu Bergengruen und Carossa. Wenn man schon, wie ich es mit Ihnen für notwendig halte, auch die neue Kunst in ihrem sozialen Zusammenhang sieht, kann man sich schwer dagegen verschließen, daß «Unruhefaktoren» immer noch mehr in den Arbeiten der Avantgardisten gefühlt werden als bei solchen, die, wie sie selber das nennen, um des Menschen willen schreiben. Gewiß, weder advozieren Sie das, noch tun Sie es gar; aber vor dem Mißverständnis muß man sich schützen. Benn hat politische Greuel angerichtet, aber in einem höheren politischen Sinn hat er immer noch mehr mit uns zu tun als sehr viele andere; er war besser als seine Ideologie, und wo er es nicht war, war er es darum, weil seine Gedichte selber schlecht waren; wo seine Lyrik an die aus Studentenzeitungen mahnte. Da, glaube ich, liegt bei ihm der Hund begraben, nicht bei der poésie pure, mit der im übrigen ja seine wilden und großen Anfänge, vor allem die Rönne-Prosa wenig zu tun haben.

Sie schreiben, die freiwillige Selbstkontrolle der Kunst geht folgerichtig über in die freiwillige Selbstauflösung; ich kann Ihnen das nachfühlen. Wenn Sie «Das Altern der neuen Musik», jetzt in den «Dissonanzen», nachlesen, ein Prosastücklein, das ich vor zehn Jahren schrieb, so werden Sie merken, wie vertraut mir die Dialektik ist, von der Sie sprechen. Aber ich habe das Gefühl, daß ich damals etwas ungerecht war, und daß nun auch Sie es sind. Denn um das Problem von «Freiheit und Wortmaterial» kommt die Dichtung so wenig herum wie die Musik um ein nahezu identisches, auch, und gerade, wenn sie dabei um jenes Moment des Sachgehalts nicht sich bringen läßt, ohne das nun wirklich die Formkonstruktion in den schlechten Formalismus überginge. Es ist fast unmöglich, die auseinander weisenden Forderungen nach der konstruktiven Durchartikulation und nach jenem, lassen Sie mich sagen: Stofflichen zusammen zu bringen, an deren Durchdringung mir die Möglichkeit von Kunst heute zu haften scheint. Aber diese Fast-Unmöglichkeit ist keine andere als die der Kunst selber. Wer sich ihr nicht stellt, wird für sein scheinbar minder gefährdetes Verfahren nur desto bitterer zu zahlen haben.

Ich glaube, daß unsere Kontroverse sich löst mit der Frage nach der «Beschäftigung mit sich selbst». Darin steckt eine Äquivokation. Daß Kunst nicht ihr eigener Gegenstand sein kann, darin stimmte ich Ihnen bereits zu; andererseits aber muß sie, weil kein Stoff, keine Idee, keine Form mehr ihr vorgegeben ist, um überhaupt dessen fähig zu sein, wodurch sie mehr wäre als nur sie selbst, «sich mit sich beschäftigen», auf sich und ihre Verfahrensweisen reflektieren. Ich kann mir nicht vorstellen, daß wir darin verschiedener Ansicht sein sollten.

Lassen Sie mich hier abbrechen; ich bin mir dessen bewußt, wie sehr, was ich Ihnen schreibe, gegenüber Ihrem höchst bedachten Text den Charakter des Tastenden und auch allzu Allgemeinen hat. Nicht einmal davon bin ich ganz überzeugt, daß ich in dieser überaus heiklen Zone überhaupt auszudrücken vermochte, was mir vorschwebt. Ich wäre aber schon zufrieden, wenn ich Sie wenigstens mit meinem langen Schweigen versöhnt hätte, und gar, wenn es mir gelänge, nun Sie aus der Höhle zu locken und zu veranlassen, mir ein paar Worte zu schreiben.

Ihr dankbar ergebener
Theodor W. Adorno

95.) Gleichzeitig wachsende Unlust an den Kulturverarbeitungs- und -zubereitungsbetrieben und Interesse für Untergrund-, Randständigen-, Volks- und Kinderliteratur. Gab Primanerverse heraus, entdeckte in Bengta Bischoff die vielfach gebrochene Stimme einer ungebrochenen Natur, begann literarisches Treibgut zu sammeln, anonyme Zeugnisse des stets sangeslustigen und lästerfreudigen Volksgeistes. (Bloße Ventilfunktion? Die Pfeife auf dem Dampfkessel, die den Druck von innen in Musik umsetzt? Alles Quatsch! Dummes Podiumsgebafel von Leuten, die weder was von Musik noch von Kritik, noch vom Volk verstehen, dem nicht nur wir von oben runter was beizubringen haben, sondern wo wir selbst was lernen können.) Sammelwut jedenfalls verdichtete sich zeitweilig zur fixen Idee, zu fixen Verhaltensformen. Konnte überhaupt zeitweilig keine Menschen mehr bloß so herumstehen sehen, ohne an ihre Erinnerungspotentiale zu rühren. Verschaffte mir auch Zugang

Hinterhof Oevelgönne 1967

zu Kindergärten und trieb mich auf Schulhöfen und Spielplät-
zen herum; verfolgte betrunkene Lehrlinge, wo sie gerade zu
Gesängen übergingen; mischte mich unter Arbeiter (was ich
fast verlernt hatte); nahm Teil an Richtfesten, Winzerfesten,
Bauernhochzeiten und Kindergeburtstagen; bekam in meiner
Straße allmählich den Ruf eines Mitschnackers, und wurde von
Polizei gestellt, als ich ein rollerndes Kind dreimal um den
Block verfolgt hatte. Und wollte doch nur – «Parademarsch,
Parademarsch, der Hauptmann hat 'n Gummiarsch, und wenn
man darauf drückt ...» – wissen, was schließlich da herauskam;
das konnte ich aber den Wachtmeister auch nicht fragen. Als
später die Sammlung in die Welt zurück entlassen wurde, aus

227

der ich sie mir brockenweise angeeignet hatte, und gar das 69er Taschenbuch, da schien allerdings bei einer ganzen Nation das Faß der Kindheit auszulaufen. Da trug man mir in Massen entgegen, mit was, wie die Verleger meinen, das Volk nichts zu schaffen haben will: Lyrik, Poesie, Lieder, gereimt und gebunden und frech wie Oskar.

Verserzählungen

Teddy wollte Auto fahren
Hatte kein Benzin
Setzt er sich in' Kinderwagen
Und du mußt ihn ziehn

Ich will dir mal was sagen
Von meiner Tante Hagen
Von meiner Tante Rutschpartie
Hat ein großes Loch im Knie

Jazz im Krüppelheim
Alles tanzt auf einem Bein
Holz auf Holz das klingt so gut
Wenn man damit jazzen tut

Jazz im Krüppelheim
Alles tanzt auf einem Bein
Stell dein Holzbein an die Wand
Reich mir deine Gummihand

Der Mai ist gekommen
Die Bäume schlagen aus
Ich hab was abbekommen
Und muß ins Krankenhaus

Johann Jakob Schäufele
Maler und Lackier –
Und wenn er nichts zu malen hat
Dann scheißt er auf Papier

Die Mutter fährt mit Käse
Aufm Dreirad über Land

konkret

lädt ein zu einer Erst-Lesung

Peter Rühmkorf

Links, links, Hinterm Schupo stinkt's

Eine Einführung in den
literarischen Untergrund

Es singen   John, Sybille, Bruno
von den

City-Preachers

Freitag, d. 4. November, 20.00 Uhr
Universität Hörsaal A (Hauptgebäude)
Eintritt 2,– DM   Studenten 1,– DM

Kartenvorverkauf in den Buchhandlungen
Engel, Glogau, Laatzen, Simon

Plakat Lesung « Über das Volksvermögen » 1966

Sie hat ne rote Neese
und 'n Arsch voll Zuckerkand

Opa kaut Schweizerkäs
Ohne Gebiß
Ob er aber mit dem Oberkiefer kaut
Oder ob er mit dem Unterkiefer kaut
Oder ob er überhaupt nicht kaut
Ist nicht gewiß

Da droben am Berg
Da steht ein kleins Haus
Da schauen drei Menscher
Zum Fenster hinaus
Die erste ist deppert
Die zweite ist blind
Die dritte die blade
Die kriegt an klans Kind

Max und Moritz diese Rüpel
Schaukeln sich am Pferdeschniepel

Es war amol a Moan
Der hieß Bimboan
Bimboan hieß er
Lange Forze ließ er
Lange Forze kunderloan
Mit dem Ohrsche Putter schloan

Auf da Wiesn sitzt a Heuschreck
Auf oamal is a stad
Do hot eam da Bauer
Den Schädel ogmaht

Seht da kommt das Fräulein Hase
Schiefe Absätze krumme Beine lange Nase
Und in jedem Strumpf ein großes Loch
Aber laufen kann sie doch

Meine Frau ißt gerne Sülze
Wenn se keine kriegt, dann brüllt se

Ich bitt um eine Gabe
Für mich und meine Frau
Hab neunundneunzig Kinder
Und einen Wauwau

Fraa Hotzedotze
Frißt die Äppelkrotze
Von de Landstraß so gern
Hat 'n Gummimaache
Wie 'n Mewelwaache
Und e Rotznas
Wie e Latern –

Wir bitten die Herrschaften, die Manege zu verlassen
Denn der Elefant muß Wasser lassen
Die Musike gibt das letzte Zeichen
Und der Elefant beginnt zu seichen

Der Elefant von Celebes
Der hat am Arsch was Gelebes
Der Elefant von Borneo
Ist hinten so wie von vorneo

Es war emol a Mo
Der hat drei Hosen o
Die erschte war verschissen
Die zweite war zerrissen
Die dritte war verbrunzt
Des war sei ganze Kunst

Mieken Bruhn
Schitt an' Tuun
Schitt vorbi
Schedderi –

Hei sitt, hei sitt
Hei sitt in' Schapp un schitt
Un harr he door noch lang in' seeten
Harr hei den ganzen Schapp vull scheten

Ich hab mein Arsch in Heidelberg verfroren
In einer klaren Winternacht

Ich zog den Mantel über beide Ohren
Nur an den Arsch da hab ich nicht gedacht
Und als wir Abschied nahmen vor dem Tore
Beim letzten Kuß da hab ichs klar erkannt
Ich hab mein Arsch in Heidelberg verfroren
Mein Arsch der hängt am Neckarstrand

Mir lossen uns fott –
Mir lossen uns fott –
Mir lossen uns fottografieren

Am Asch am Asch-
Am Asch- am Asch-
Am Aschermittwochmorgen

Mir essen driss-
Mir essen driss-
Mir essen drissig Brütcher

Mir drinken piss-
Mir drinken piss-
Mir drinken bis wir voll sind

Wos mache die Schneider oll
Auf der Ruahe Alb?
Do e Fädeli dort e Fädeli
Gibt scho wieder e Hoselädeli

(Blechner)
Do e Blechli dort e Blechli
Gibt scho wieder e Scheißhausdächli

(Schuster)
Und wenn die Frau im Kübel seicht
Daß dem Meister 's Leder weicht

(Metzger)
Strumpf hergnomme neigschisse
Zugebunde abgebisse

(Pfarrer)
Sie schiebe 's Meßbuch hin und her
Und denke: wenn nur 'd Kirch aus wär

(Schreiner)
Fresse Spän und scheiße Bretter
Schaffe dann wie 's Dunnerwetter

Lenore fuhr ums Morgenrot
Und als sie rum war, war sie tot

Jesus sprach: Es werde Licht!
Doch Petrus fand den Schalter nicht

Dies Gedicht erdachte Goethe
Als er in der Morgenröte
Schweigend auf dem Nachttopf saß
Und aus der Morgenzeitung las

Der Weihnachtsbaum steht öd und leer
Die Kinder schauen blöd umher
Da läßt der Vater einen krachen
Schon fangen alle an zu lachen
So kann man auch mit kleinen Sachen
Beamtenkindern Freude machen

Protestanten Katholiken
Heut ist Fromms-Reklame-Ficken
Männer Frauen Kinder Greise
Zahlen heut nur halbe Preise
Männer die im Krieg gelitten
lernen hier elektrisch ficken
Männer mit 'm Holzbein
Kommen umsonst rein
Besucht den Fickverein!

Der Pfarrer von Wold
Is neunzig Joar olt
Is Haut nur und Boan
No immer will ers toan

Der Pfarrer von Steyr
Hat gläserne Eier
Und wenn ihm die brechan
Dann nimmt er die blechan

Der Bischof von Bozen
Der tut sich was protzen

Weil er 'n Bischof von Brixen
erwischt hat beim Wichsen

Beim Schwanawirt ist Hochzeit
Beim Schwanawirt ist Tanz

Da packt die Schwanawirtin
den Schwanawirt beim –
Schwanawirt is lustig
Beim Schwanawirt spülns Geigen
Da packt denn der Schwanawirt
'D Wirtin bei der fei-
erlichen Handlung
Do sogt a klana Bua
'N Schwanawirt sei Oide
Des is ja a Hur-
ra die Leberwurscht und hurra die Blunzen
'D Schwanawirtin hots Loch verstopft
Drum kanns a net brun-
nen vor dem Tore
Da steht a oida Jud
Der sagt zu seiner Sarah
Geh zeig mir deine Fu-
Chs du hast die Gans gestohlen –

Sau-sau-sauberes Mädchen
Hur-hur-hurtiges Kind
Schnall-schnall-schnall dir dein Ränzel
Schicks-schicks-schicks nach Berlin

Isabella von Kastilien
Hatte Schenkel weiß wie Lilien
In der Mitte wie zum Trotze
Eine rabenschwarze rumdarassa

Und die Elsa von Brabant
Nahm ihn gerne in die Hand
Und so hat sie auf die Dauer
In der Hand 'n kalten rumdarassa

Und die Fürstin von Burgund
Nahm ihn gerne in den Mund

Und dann tät sie ohne Mucken
Den ganzen Schmand herunter rumdarassa

Und die Damen in der Wüste
Haben meterlange Brüste

Und die Herren werden gebeten
Bei Gebrauch nicht darauf zu treten

Auf der Brücke von Madride
Saß ein alter Eremite
Und er zog sich frisch und munter
Die ganze Vorhaut rauf und rumdarassa

Schnell schnell schnell
Gehn wir ins Bordell
Uff uff uff
Gehn wir in den Puff
Schnell noch eine Nummer geigen
Ehe hier die Preise steigen –

Uff uff sprach Winnetou
Setzte ein P davor
Und verschwand darin

Mitn Oasch übers Glander
Das Tuttl im Mäu
So pudern die Holzknecht
Aller-allerwoi –
Die Vutt sitzt am Fensterbredl
Kampelt si de Hoar
Da Beidl rennt im Zimmer rum
Und wird dabei a Noarr
Alkohol Nikotin Vut Vut Vut –

Liebling Ade
Scheide tut weh
Schwänzle schmerzt auch
Das ist der Brauch

Im Wald und auf der Heide
Verlor ich Kraft durch Freude
Die Folgen davon sind
Mutter und Kind

Die Eier werden billiger
Die Mädchen werden williger
Es stinkt auf den Aborten
Kurz Frühling allerorten

Spaß muß sein
Sprach Wallenstein
Und schob den ganzen Sack mit rein

Loch ist Loch, sprach Isidor
Und vögelte ein Ofenrohr

Prinz Eugen der edle Ritter
Vögelt durch das Fenstergitter

Auf der Straße nach Canossa
Liegt der Schwanz vom Barbarossa
Die Leute stehen rundherum
und wundern sich: is dös a Drumm!

Ich hab heut einen Fuchs gefangen
Zwischen Bauch und Beinen
Ich hab ihn wieder losgelassen
Vielleicht fang ich noch einen

So bi Lütten
Seggt Fru Smitten
Kriegt min Dochter ook all Titten

Eins zwei drei wer ist der Schuft
Der meine Tochter hat gebufft?
Man schleife ihm die Eier eckig
Gnade Gnade!
Die meinen sind aus Schokolade
Der Vorhang fällt und voller Grausen
Hört man die Eierschleifmaschine sausen

Zwei Bauern gingen in den Wald
Der eine machte den andern kalt
Drum: wollt Ihr kalte Bauern sehn
So müßt ihr in den Wald reingehn

Peng! sacht de Scheng
De Bochs es zo eng

Kennst du das Land
Wo die Kartoffeln blühn
Wo der Bauer seinen Pflug muß selber ziehn

Wo die Knechte und Mägde werden
um ihren Lohn beschissen
Das ist mein Heimatland, mein Elvertissen

Wo die Bomber kreisen nachts am Firmament
Wo mal ab und zu ein ganzer Stadtteil brennt
Wo die Bomben sausen und das Licht geht aus
Da ist meine Heimat da bin ich zuhaus

Maximen und Reflexionen

I. Thema I

Alles dreht sich um drei P
Pimmel Punz und Portemonnaie

Votzensaft und Nillenkäse
Sind die schönste Majonäse

Zipf und Futt
Vertragen sich gut

Vertragen sich besser
Als Bruder und Schwester

Kutt und Pisser
sünd Geschwisser

Votz ist Trumpf
Und Bibbel sticht

Ob im Osten oder Westen
Vögeln geht zu zweit am besten

Die Votze ist kein Grammophon
Sie spielt auch keine Lieder
Doch ist sie ein Erholungsort
Für steifgewordene Glieder

Rot ist die Liebe
Schwarz ist das Loch
Dick ist die Rübe
Rein muß sie doch

237

Vögli – wenn mögli – dreimal tägli

Rote Lippen dicke Titten
Um so besser geht das Ficken

Hast du Käse auf der Stulle
Kannst du ficken wie ein Bulle

Loch ist Loch
Rein kommt er doch

Da hilft kein Pudern und kein Schminken
Votze muß nach Votze stinken

Votze Arsch und Piepel
Sind die drei Artikel
Titte Sack und Ei
Sind die andern drei

An der Nase des Mannes
erkennt man den Johannes

Auf jedem Schiff das dampft und segelt
ist einer der die Waschfrau vögelt

Es gibt nichts Schöneres auf der Welt
Als wenn ein Mädchen stille hält.

Sie irren, Herr von Busse,
Ein bißchen wackeln musse
Denn in diesen schweren Zeiten
Muß ein jeder mitarbeiten

Männer die nicht trinken raufen rauchen
Sind auch für die Liebe nicht zu gebrauchen

Und hast du erstmal A gesagt
Dann sagst du auch noch B
Und hast du 'n erstmal drin gehabt
Dann tut es nicht mehr weh

Nach dem Essen sollst du rauchen
Oder eine Frau gebrauchen
Hast du beides nicht zur Hand
So wichse für das Vaterland

Was ist der Liebe höchstes Ziel?
Daß vier Arschbacken hängen an einem Stiel

Es lebe die Liebe der Wein und der Suff
Der uneheliche Beischlaf der Papst und der Puff

Die bekannte Onanie
Stärkt das Hemd und schwächt die Knie

Sie sind doch zu bedauern
Die armen kalten Bauern

Scheiß auf Weiber
Scheiß auf Liebe
Kehr zurück zum Handbetriebe

Willst du gut und billig mausen
Laß ihn durch die Finger sausen

II. *Vom Essen und Arbeiten*

Slopen freten supen
Spazieren gohn un Pupen
Dat sleiht an

Wer die Arbeit kennt
Und danach rennt
Und sich nicht drückt
Der ist verrückt

Schlips und Kragen
Nix im Magen

Tweemeterfiev
Un nix in' Liev

Wie die Verpflegung
So die Bewegung

Sport
Ist Mord

Akkord
Ist Mord

Wer Gott vertraut
Un Prüntjes kaut
Hätt jümmer dicke Backen

Wer auf Gott vertraut
Und sein Kohl anbaut
hat den Winter über Sauerkraut

Wer Gott vertraut
Und Bretter klaut
Der hat ne schöne Laube

Ich laß mich nicht mehr nötjen
Und nehm mir noch ein Brötchen

Arbeit macht das Leben süß
Faulheit stärkt die Glieder

Lieber den Magen verrenken
Als dem Wirt was schenken

Arbeit adelt
Wir bleiben bürgerlich

Wo man raucht, da kannst du ruhig harren
Böse Menschen rauchen nicht Zigarren

An deinem Busen laß mich rasten
Wie der Ochs am Futterkasten

Alle Leute sollen leben
Die uns was zu Essen geben
Alle Leute wern verhaun
Die uns was vom Essen klaun

Das erste Bier das zweite Bier
Das dritte gibt Courage
Und wer es mir nicht glauben will
Der lecke mich am Arsche

Frisch fromm fröhlich frei
Beschissen ist die Turnerei

Halte stets die Ruhe heilig
Nur Verrückte habens eilig

Selig sind die Bekloppten
Denn sie brauchen keinen Hammer

Dein ärgster Feind das merk dir wohl
Das ist der böse Alkohol
Doch in der Bibel steht geschrieben
Du sollst auch deine Feinde lieben

Wo du nicht bist
Herr Jesum Christ
Da schweigen alle Flöten

Wo Mistus
Da Christus

III. Ausdruckskunst

Liebe Köchin lieber Koch
Hier fällt deine Kunst ins Loch

Nix an to mooken
Schißt int Bett
Schißt int Looken

Zieht euch warm an
Die Kälte greift sonst den Darm an

Und schlägt der Arsch auch Falten
Wir bleiben doch die Alten

Jedes Böhnchen
gibt ein Tönchen

Erbsen Bohnen Linsen
Bringen den Arsch zum Grinsen

Tief im Herzen Seelenfrieden
Und am Hintern Hämorrhoiden

Hab Sonne im Herzen
Und Zwiebeln im Bauch
Dann kannst du gut furzen
Und Luft hast du auch

Der Morgenschiß
Kommt ganz gewiß
Und wenn es erst am Abend is

IV. Vanitas

Votze Stock und Pumpe
Alles ein Gelumpe

Rosen Tulpen und Narzissen
Das ganze Leben ist beschissen

Was ist Bagatell?
Zwischen Arsch und Punz das Fell

Von oben Lyzeum
Von unten Museum

Oben seiden
Unten meiden

Außen hui
Innen pfui!

Einer Frau und einem Glas
Drohet jede Stund etwas

Freud und Leid sind Naturgebot
Man lebt zu kurz und ist zu lange tot

Von der Wiege bis zur Bahre
Sind die besten Lebensjahre

Uhr im Pißpott Geld ist weg
An den Fingern Mösendreck
Und im Herzen Trippersorgen
Überschrift: Der Montagmorgen

Der Säufer und der Hurenbock
Die frieren selbst im wärmsten Rock

Das Leben ist eine Hühnerleiter
kurz und beschissen

Himmel Arsch und Zwirn
Der Mensch der kann sich irrn

Hohle Teen un nix to bieten
Groten Moors un nix to schieten
Und 'n Piemann de nich steiht
Door frogst du mi noch, wo dat geiht

Hast du Tripper oder Schanker
Bist du noch längst kein Kranker
Erst wenn die Nille kracht und zischt
Dann kannste sagen: mich hats erwischt

Und wenn ein Mann nicht mehr kann
Schafft er sich ne Holznille an
Und geht auch sie noch entzwei
Kauft er eine sich aus Blei

Liebe Glas und Jungfernschaft
Sind der Dinge drei
Wenn man daran stößt
Peng sind sie entzwei

Alkohol und Nikotin
Rafft die halbe Menschheit hin
Doch nach altem Brauch
Stirbt die andere Hälfte auch

Außer Spesen
Nichts gewesen

V. Werbe-Beratung

Kannst du aber langsam nur
und möchtest auf die Schnelle
Dann geh nicht zu Neckermann
Dann wende dich an Quelle

Wenn eine Frau dich pudelnackt
von hinten an der Nudel packt
Wenn dir also viel Gutes widerfährt
Das ist schon einen Asbach Uralt wert

Abends Eiche – (Kieler Eiche Brauerei)
Morgens Leiche

Münchner Biere unerreicht
Drei getrunken vier geseicht

Holstenbier
Kommt von hier (man zeigt auf den Hosenstall)

Wer noch nicht war bei Siemens AEG und Borsig
Der hat den Kummer des Lebens noch vor sich

Was die Kripo für die Sitten
Ist Hautana für die Brust

DKWuppdich – für Zweimarkfuffzig

1 2 3 4 – alle fünfundzwanzig Meter
Steht ein Rolli-Eisvertreter
Und mit Schuhwichs und Persil
Macht ein jeder Eis am Stiel

Stille Nacht – heilige Nacht
Alles kauft – Horten lacht

Eis am Stiel
Kost nicht viel
Wer dran leckt
Der verreckt

Lieber Gott mach mich krumm
Daß ich in den Goggo kumm

Hast du Minimax im Keller
Brennts im Dachstuhl um so heller

Ich trinke Kaba –
Und woran stirbst du?

Früh tritt der Tod den Menschen an
Kaufst du die Wurst bei Tengelmann

Pepsodent mit Irium
Macht die Zähne schief und krumm
Pepsodent mit Schokolade
Macht sie wieder gerade

Vom Opa bis zum Kinderschänder
Versichert bei der Bundesländer

Die beste Befriedigung für die Hausfrau ist Pril:
Ein Spritzer ins Becken und jede Hausfrau strahlt

BMW – steig aus und geh!

Alete kotzt das Kind
(statt: Aletekost fürs Kind)

Siehst du die Gräber am Walde dort?
Sie rauchten Sullima-Record

Hausfreund breitet sich nicht aus
Hast du Yohimbin im Haus
Yohimbin ist großer Mist
Wenns der Hausfreund selber frißt

Die Lieblingsfrau des Maharadschah
Kauft ihren Handkäs nur bei Latscha
(Delikatessengeschäft in Ffm)

Nur die gute Blaubandbutter
Hilft dem Vater auf die Mutter

Ri ra Reiter (Tabak)
Drei Züg – do leiht er

Nach dem Beischlaf mit der Lola
Eisgekühltes Coca-Cola

Nach dem Essen sollst du ruhn
Oder eine Frau aufs Bette tun
Hast du keine Frau zur Hand
Nimm PRIL denn PRIL entspannt

Ich wasch mir meine Pfeife
Mit Sunlicht Seife
Ich wasch sie auch mit Bayrum
Und auch ums Ei rum

Und hast du einen kleinen Pitt
Zu klein für große Scheiden
Dann schreibe an Versandhaus Witt
Du weißt ja: Witt aus Weiden

Wenn nun auch dein Ding entzwei
Verloren auch dein Mut
Dann wend dich an die AEG
Die aus Erfahrung gut

«1964: Hochzeit mit der
Genossin Eva-Maria Titze»

96.) 1964: Hochzeit mit der Genossin Eva-Marie Titze (diplomierte Antiatomkämpferin u. zus. mit Erika Runge und Ulrike Meinhof in der weiblichen Initiativ-Trias des Berliner Studentenkongresses unvergeßlich hervorgetreten) in Müffi und Anne Lerchers Othmarscher Behelfsheim. Letzter Höhepunkt unserer guten alten Zeit mit vaterländischen und Volksliedern, Gospels, Spirituals, Aufbauhymnen und einem unaufhörlichen Wolfram Vietze an der polnischen Radleier. Weil wir ihn ununterbrochen hatten füttern müssen, hatte er sich schließlich so dick gefressen wie der Bär in der Fabel, daß wir ihn aus dem Holzstrebensessel gar nicht mehr herauskriegten und mit dem Gestell um Hintern und Hüften herum zu Bett bringen mußten. Er kurbelte aber noch im Halbschlaf weiter, während die Basis bereits zu Bill Haley-Musik vibrierte, Dic Busse mit nostalgisch nach innen gekehrten Augen sein Nobody-Knows-Banjo schlug (13 dick vollbepackte Jahre an Erinnerung dazwischen), Kurt-Kaiser-Kapellan den Hans-Beimler-Kamerad sang und Otto-und-Antje-Meierdiercks-und-Müffi-und-Röhl-und – ich (Heijo-heiheijo!-heijoheijoheijoho-heijoheijoho-heijo!) den ganzen Pluralismus an die Wand brüllten. Das war die geschichtsträchtige und weltentrennende Stunde, wo Ledig sich, bereits halb unterm Möbel-Hühnlein-Sessel, fragte, wo er überhaupt gelandet sei, und Ulrike Röhl das prophetische Wort sprach: «Ihr seid etwas, was ich nie verstehen werde, ihr seid etwas völlig anderes.»

97.) 1963 / 64 Tutor und Quizmaster an Hasenclever / Höllerers Berliner «Literarischem Colloquium», einer kulturellen Überbauinstitution der Fordwerke oder der CIA oder beider zusammen. Wirkte nachts als unbezahlter Nachtwächter im einsam-eisigen Wannseehotel (wo die Außenwelt die Verbindung zu mir nur noch mit Schneebällen aufnehmen konnte) und tags als Friedensrichter im Menschenfresserkreis der jüngeren Kollegen (Fichte, Bichsel, Chotjewitz, Stiller, Kurbjuhn, Buch, Born, Piwitt, Peter Schneider), die sich mit der Unerbittlichkeit einer zu großen Hoffnungen berechtigenden neuen Generation an die Gurgeln gingen. (Wehe aber dem Außenstehenden, der sich mit unzureichendem Rüstzeug in die Runde wagte. Sah einmal Ernesto Grassi, aber auch Martin Esslin und Alfred Andersch zu großer Visite heranrauschen und, von Gegenargumenten durchlöchert, wie geplatzte Luftballone zu Boden gehen. Das waren für mich untrügliche Anzeichen zukunftweisender Wetterwolken.) Trotzdem lag über allem ein fast idyllischer – vielleicht etwas giftiger – Friede. Piwitt webte mit Buch und Bichsel um die Wette an kleinen feinen Kunstprosen. Chotjewitz kannte das Wort Liu Schao Tschi noch nicht einmal von weitem. Kurbjuhn entwarf literarische Seestücke mit spitzigen Pointen. Nur Peter Schneider bereitete sich auf dem Irrweg über Hegels Ästhetik langsam auf Marx vor. Verfaßte allerdings auch nur hochabstrakte Theaterszenen, wo nicht Klassen, sondern Farben miteinander im Streit lagen und Blau-Rot-Dialoge für Dialektik standen.

98.) Stellte zusammen mit Helmut Herbst den Farb-Tendenzfilm «schwarz-weiß-rot» her, den ersten künstlerisch wertvollen und politisch durchschlagenden Scharfschuß gegen die

«Bild»-Republik. Anschließend Versuch, den Dialog eines zwischenmenschlichen Mißverständnisses in fortschreitend sich entfremdende Bilder zu fassen («Abends wenn der Mond scheint»), nur daß von dem schönen Programm nachher auf dem Film nicht viel zu sehen war. Vollkommen vorsatzlos hingegen stieg das Nachbarteam Moorse / Vandenberg ins Drehgeschäft und erfüllte mit «IN-SIDE-OUT» die Erwartungen des Kulturkreises aufs Perfekteste. Prämienreifes Kunstkonfetti. Popkotze.

Aus dem Trickfilm «schwarz weiß rot»

99.) Trotz schwerster ideologischer Bedenken einiges Gute über Walter Höllerer. Er war in den mittleren Fünfzigern Bundesdeutschlands unangefochtener Kulturpapst gewesen (bis ich ihn anfocht), erster Schleusenwärter der «Akzente», Weichensteller zahlreicher Anthologien und in seiner Virtuosität an der Kulturorgel so etwas wie ein rechter Enzensberger. Ich hatte seine zahlreichen Unternehmungen immer mit viel Zorn und Anteilnahme verfolgt, bis er mich dann einmal (noch in meiner Altonaer Besenkammer) besuchte und wir uns schlagartig in Sympathie gegenüberstanden. Private Beziehungen bahnten sich an, in denen Mädchen Rollen spielten, Gespräche über Kunst und Wissenschaft vergeistigten die Nächte, Einblicke in das Geflecht von Kultur und Industrie boten sich dar, nicht gerade erhebende, oftmals aufschlußreiche; und wie immer Unerbittlichkeit über solche Formen des Einvernehmens denken mag, das hatte schon seine Grandezza, wie er sich lässig und respektlos an den Tischen von Handel, Banken und Industrie rekelte, nie kleinlaut, nie unterwürfig, oft die Stirne zu sorgenvollen Imponierfalten zusammengeknifft: nun aber raus mit den Piepen, meine Herrn, ich handel hier nicht mit Scheiße, sondern mit Kunst.

Mit seiner Einberufung nach Berlin vervielfältigten sich dann seine Mittel, verbreitete sich sein kapitales Instrumentarium, das setzte er ein, objektiv vielleicht zur ideologischen Überkronung des Krisenherdes, subjektiv aber immer mit dem Blick auf das Blühen der Innung, und auch das brachte objektiv Nutzen. Hatte man ihn als große Unterhaltungskanone an die Frontstadt gerufen, so erfüllte er doch vor allem eine wichtige Rolle als Gulaschkanone, machte Millionen locker und brockte sie unter die Tausende, so daß der Ruf Berlins als kulturelle Kornkammer ins Fabelhafte wuchs, Künstler aller Sparten sich festzusiedeln begannen, und selbst aus Österreich brummte es heran, in riesigen Heuschreckenschwärmen, die Luft erfüllend mit Lettrismus und Lautgedichten.

In den frühen und mittleren Sechzigern schien Höllerer dann die Gigantomanie gepackt zu haben. Theatralische Riesenspektakel lösten sich ab mit lyrischen Massenveranstaltungen, Kritikerkongresse im Weltmaßstab wechselten mit Mammut-Film-Vorführungen, und Höllerer, der Schriftsteller, mühte sich ab an einem Infinitesimal-Roman, «Die Elefantenuhr». Diese Uhr begann dann aber mehr und mehr nachzugehen und schließlich stand sie völlig still. Das war auch die Zeit, als er seine glückliche Hand für Blumen, seine sensible Gärtnerhand verlor (welche fast nietenlose Besetzung allein im Kreis des «Literarischen Colloquiums»!) und dubiose Filmexperimente unterstützte, die kein Geschäft mehr waren und noch lange keine Kunst.

Weil ihn seine gute Vorwitterung für Kommendes verlassen hatte, traf ihn auch die Berliner Kulturrevolution fast unvorbereitet. Mit Einsetzen der großen Straßenunruhen, Pleinairdemonstrationen und Erschütterungen der Lehrgebäude, d. h. genau in dem Moment, als sich die jugendliche Intelligenz aus der Veranstaltungsklammer löste und sich selbst zu organisieren begann, verschlug es Höllerer buchstäblich die Stimme. Er war in die Uni gekommen, um wie gewöhnlich seine Seminare abzuhalten, als er plötzlich keinen Ton mehr herausbrachte, nicht den geringsten, und diese Symbolverhaltung setzte ihn für mindestens ein halbes Jahr außer Betrieb. Als ich ihn im Sommer 71 in London traf, wo er anläßlich einer deutsch-britischen Kulturwoche einen (hochwohlgelungenen, sehr eigentümlichen) Dokumentarfilm aus seiner neuesten Produktion vorführte, leugnete er zwar inständig solche psychologischen Zusammenhänge zwischen Stimmverlust im einfachen und im übertragenen Sinne, wie ich sie sofort unterstellte; aber die Rohrpostbriefchen, die er in meiner Schlüsselbox deponierte, waren immer noch in «Risinetten»-Schachteln verpackt («festsitzender Schleim wird gelöst», «eine Übersäuerung des Magens wird vermieden»).

Erkenne die Marktlage!

In Gottfried Benns «Roman des Phänotyp» lesen wir die beherzigenswerte Selbstermunterung: «Falls Sie die Maximen meines Lebens hören wollen, so waren sie folgende: 1. erkenne die Lage …» Nun weiß ich freilich nicht, ob das, was Benn sehr oft und immer etwas drüberhin als Lage ansprach, so ohne weiteres zu erkennen ist, und ich gestatte mir, die reichlich vage Losung für unsere Zwecke ein wenig zu entallgemeinern. Sagen wir es so: 1. erkenne die Marktlage.
Das mag zwar angesichts des teuren Gegenstandes, über den zu verhandeln wir hier zusammensitzen, etwas gewöhnlich klingen, und sicher nicht zu Unrecht wird die Nase rümpfen, wer Finanzgespräche in der Kunstdebatte wie einen Stilbruch scheut; gleichwohl glaube ich, daß vieles, was man so gern in anderer Höhe deutet, bereits parterre recht gut erklärt werden kann, daß feinere und feinste Möglichkeiten oft in vergleichsweise groben Sachverhalten begründet sind und daß, zum Beispiel, auch ein Gespräch über die Maßstäbe der Kritik nicht blindlings abstrahieren sollte vom Handelswert des zu begutachtenden Objektes. Stellen wir uns nicht unbefangen. Wir wissen ja sehr genau, daß Bücher gehandelt werden, und es wäre wirklich einzigartig, wenn ein Zeitalter, das in jeglichem Ding die Ware würdigt und das die Literaritäten der Saison auf Sellertellern herumreicht, nun gerade die Poesie-Kritik als autonomen geistigen Ordnungsfaktor erkennen ließe. Sie ist es gewißlich nicht. Als Instanz zwischen dem Markt und den Musen ist auch sie mit einbezogen in den Bannkreis viel schlichterer Wertschätzungen und Vorbehalte als nur ästhetischer, und wenn man gleich nicht leugnen kann, daß da gelegentlich einem Autor durch einen Rezensenten zu seinem idealischen Recht verholfen wird, bleibt dennoch kaum bestreitbar, daß Poesie soviel gilt, wie mit ihr zu verdienen ist.
Lyrik, so läßt sich allgemein und übergreifend sagen, hat auf dem freien Markt kein Aufkommen. Das macht, wie es scheint, weil sie bereits von ihrem Wesen her dem schnellen wie dem Breitenkonsum sich verweigert. Sie setzt spezielle Neigung einzelner voraus. Sie wendet sich an Vorgebildete und Vorbereitete. Sie hat keine Film- und Fernsehrechte zu vergeben. Sie ist nicht einmal in die Maschine zu übersetzen, und wenn sie es wäre, wozu? Um dann in anderer Sprache und auf anderem Markt nur wieder den Ladenhüter zu stellen? Nein, mit der edlen Dichtkunst ist wahrhaftig kein Staat und ist kein Geld zu machen, und ein

subtiler Dunstkreis wohlwollender Verachtung ist allenthalben spürbar, wo von ihr die Rede geht.

Wo aber beginnen nun Mißachtung und Zurücksetzung? Das ist schwer zu sagen. Ein Hauch von Geringschätzung auf jeden Fall weht bereits dort, wo sich der junge Autor zunächst besorgt und aufgehoben meint: in den Verlagen. Zwar, daß er gedruckt wird und daß man sich auch anderweitig für ihn verwendet, mag in ihm für eine Weile die Illusion erwecken, er werde ernst und für voll genommen; bis ihm denn eines Tages ein Licht aufgeht, daß die Bemühungen gar nicht so sehr ihm galten als vielmehr einem Jemand, von dem angenommen wird, daß er auch noch in ihm stecke. Dem potentiellen Dramenautor zum Beispiel oder dem großen Romancier von morgen, und es ist nicht zuletzt das Grass-Modell, das allen Verlegern als Warnung und Verlockung vor Augen steht. Wie sich hier nämlich aus scheinbar Unscheinbarem etwas in die Breite entwickelte, und wie aus einem schwierigen und sicher auch schwer verkäuflichen Lyriker am Ende ein viel beachteter Prosamann hervorging, das ist nicht unbestaunt und unbeneidet geblieben; und als eine Art von Durchgangsexistenz und Vorform zu Größerem darf sich der Poet denn auch in unseren Tagen noch einer gewissen Wertschätzung erfreuen. Der er ist, freilich, der er sein möchte, ist schon weit weniger gefragt, und schon gar nicht dort, wo man weiß, was er einbringt. Also auch nicht im Buchladen. Und warum denn auch? Unter den als gegeben gesetzten Umständen und angesichts einer als fix angenommenen Bedürfnisstruktur stellt Poesie den denkbar ungeeignetsten Verkaufsartikel dar. Es handelt sich ja meist nur um recht schmale Drucksachen, die preislich kaum mit sogenannten Werken konkurrieren können; aber selbst wenn man einmal hintanstellt, daß 7-Mark-80-Bändchen nicht den propagandistischen Einsatz lohnen, den 24-Mark-50-Bücher geradezu herausfordern, bleibt trotzdem eine werberisch kaum zu überbrückende Distanz zwischen geringerem Umfang und immer noch zu hoher Preislage. Und so geschieht es denn – die rühmenswerten Ausnahmen als das gelobt und ausgeklammert, was sie sind – so kommt es denn, daß die Lyrik abermals hintangesetzt wird. Nicht zur Schau gestellt jedenfalls. Nicht zur Genüge ausgelegt und herumempfohlen. Nicht so gefördert, wie es der Bedürftigkeit zu gönnen wäre.

Bleibt schließlich – um von jenen Programmgestaltern und Interessenveredlern bei Funk und Presse einmal ganz zu schweigen, die Gedichte nur dann einblenden, wenn irgendwo eine Lücke zu büßen ist – bleibt schließlich *die* Instanz, von der wir heute reden und von der man meinen

möchte, daß sie nach anderen Richtsätzen urteilt als merkantilen: die Kritik. Allein, was auf der einen Seite alle Voraussetzungen zu besitzen scheint, um eine zu kurz gekommene literarische Gattung zu rehabilitieren, dem lyrischen Autor die Aufmerksamkeit zu widmen, die der Unbezahlbarkeit gebührt oder, zumindest, ein Exempel zu statuieren von gleicher Chance vor dem Gesetz, das fügt sich auf der anderen dann doch wieder der Marktlage und einem für allgemein gehaltenen Konsuminteresse. Maßstäbe hin oder her! was nützt es viel, vom Pluralismus der herrschenden Ausdrucksform zu sprechen und was vom differenzierten Angebot der Nerven und Nasen auf seiten der Kritik, wenn das Gesetz der Platznot schon von vornherein über das Kunstgesetz triumphiert. Wenn dem Rezensenten – und so sieht die Regel, so sieht der Samstag aus – für lyrische Neuerscheinungen meist nur die Sammelbesprechung bleibt. Wenn der Pauschalbetrachter seine Maßbänder schon eh nur auf Fünfzeilenlänge ausrollen kann. Wenn der Reihenuntersucher – und das vor allen Wertzuschlägen und Urteilssprüchen im einzelnen – schon durch die Art der Besprechung kundtut oder kundzutun sich gezwungen sieht, was von der ganzen Gattung zu halten ist. Was dann allerdings gerade die allumarmende Sammelrezension noch sonst an Mißlichkeiten einbezieht, kann man sich auch ohne dichterische Bemühung leicht zusammenreimen: Das Schwierige wird auf die leichte Schulter genommen, das Differenzierte und Subtile mit der linken Hand erledigt, das keineswegs immer leicht Erschließbare auf den fahrigsten Blick taxiert.
Es ist nicht das einzige Übel, das offensichtlich mit dem geringen Markt, dem bescheidenen Öffentlichkeitswert der Gattung zusammenhängt. Auch die Enthaltsamkeit so vieler bedeutender Prosarezensenten, wenn es um Lyrik geht, hängt doch wohl eher mit dem Unbehagen am Unscheinbaren zusammen als mit grundsätzlichem Mangel an Organ und Sensibilität. Natürlich ist es ganz klar, daß geringe Übung auch dem Scheidevermögen nicht gerade förderlich ist, und Praxis und Empfindsamkeit stehen gewiß in einer bestimmten Wechselbeziehung; und doch scheint mir die Ignoranz der Großbesprecher durch anderes verursacht. Zum Beispiel durch das offenkundige Mißverhältnis, in dem sich Wissensaufwand und Wirkungskreis hier befinden. Wer hier zu scheiden und Recht zu sprechen ansetzt, der hat ja zunächst einmal sich selbst zu bescheiden, und wer gewohnt ist, die Augen der großen Lesegesellschaft auf sich und seine Urteilsverkündigungen gerichtet zu sehen, wird verständlicherweise scheuen, was so allgemeiner Aufmerksamkeit gewiß nicht gewiß sein darf.

Freilich will es einem bei einem derart breit gefächerten Desinteresse kaum wundernehmen, wenn die Poeten nun selbst zu Kritikern ihrer lieben Poesie wurden, und – das lenkt unsern Blick über die Misere nun endlich auch zu den Wertungen – fast immer streckten sie ihre Maßstäbe nach der zu kurz geratenen Kapitaldecke. Münzten das Ladenhüterbewußtsein um in ein Ethos der Unverkäuflichkeit. Priesen was nur geringen Absatz und wenig Förderung fand als «das Gedicht an niemanden gerichtet». Erklärten den Vers für nutzlos, zwecklos, aussichtslos und sich: für eingekeilt darin und abgekapselt. Auf der anderen Seite aber – und gerade hierin offenbart sich aufs schönste die in sich widersprüchliche Ambivalenz eines Abwehrmechanismus – auf der anderen Seite eigneten sie sich *die* Wertbegriffe jener Zweck- und Nutzwelt an, die sie ablehnten. Gaben vor, zu produzieren. Nannten sich Macher und Monteure. Hießen ihre Dichterstube ein Laboratorium. Und wenn man auch gern einräumen will, daß all diese Firmierungen schon so lange bestehen, wie es moderne Dichtkunst gibt, so ist doch nicht zu übersehen, daß sie zu wirklich generellen Standesetiketts und Ehrentiteln erst wurden, werden konnten in einer Zeit, deren Vorstellung von Poesie durch eine Büstenhaltermarke repräsentiert wird und die unter dem Namen Lyril mit Seife handelt.

Aber nicht hiermit wollen wir unsere Betrachtungen ausleiten und auch nicht mit dem Blick diesmal auf mögliche Gefahren, die sich dort abzeichnen, wo Lochkartenlyriker ihre technologischen Sachbezeichnungen ins Spiel bringen als wären es Wertbegriffe an sich; vielmehr lassen Sie uns bei jenem Dilemma noch kurz verweilen, das in der Doppelfunktion des Dichter-Kritikers selbst begründet ist. Hier nämlich stellt sich uns die heikle Frage, ob denn ein Lyriker von einigem Format und individuellem Zuschnitt überhaupt als kritische Instanz ernst zu nehmen ist. Sicher, er versteht etwas von der Sache. Sicher, er nimmt den Gegenstand so wichtig, wie ihn die Innung deucht, der er angehört. Aber – die Frage ist doch nicht mehr zu unterdrücken – kann einer, der seinen eigenen Weg und seine eigene Wahrheit gefunden zu haben meint, die Wege und Wahrheiten der Kollegen verstehen, billigen, gutheißen, abschätzen, anerkennen? Und: kann gerade er dem anderen Poeten ein Zeugnis ausstellen von vergleichsweise objektiver Gültigkeit? Ich weiß nicht so recht. Ich glaube aber schon gar nicht, daß der Koexistenzgedanke in Dingen der Dichtkunst der Lyrik selbst zugute kommt, und weit eher als durch polemische Ausfälle einzelner scheinen mir Glaub- und Vertrauenswürdigkeit der Poesiekritik durch jene unausgesprochenen Stillhalteabkommen in Frage gestellt, die den materiellen Notstand der Lyrik überlagern als ein undurchdringliches ideologisches Nebelfeld.

Kritiker-Colloquium 1963

100.) Herbst 64. Mit der «Gruppe 47» in Schweden, wo Röhl und ich den Stockholmer Mädchen ihre eignen Bellman-Lieder wieder nahebrachten. Sprachen auch über das ungewisse Schicksal der Zeitschrift «konkret», die gerade auf Kellerfahrt war und wieder hoch und an die Kioske wollte. Entwickelte Röhl aus der Perspektive eines antizipatorischen Kunden (wenn ich mal aus Zufall die Rasierklinge wechsel, verzeichnet der Wirtschaftsteil garantiert zwei Monate später Marktverschiebungen) die Leitlinien des kommenden Durchschnittsgeschmacks. Riet ihm entschieden, nicht weiter links am Lustprinzip vorbeizusegeln, sondern sich ungeniert gewisser Treibsätze, Einwickelpapiere, Trägerraketen, Deckblätter (und was derlei verfängliche Begriffe mehr sind) zu bedienen. Der gute Rat kam ihn billig, er katapultierte die Zeitschrift fast von einer Nummer auf die andere in die schwindelerregende Auflagenhöhe von 100 000 verkauften Exemplaren (vorher 30 000), auf längere Sicht dann allerdings auch ins Zwielicht. (Si audivisses, Ledig, si tu, Nikel! Hatte auch diesen beiden mal rechtzeitige Ratschläge unterbreitet: dem einen, nicht mehr wahllos zu expandieren, und dem anderen, die «DM» aber sofort wieder abzustoßen und den «underground» gar nicht erst zu gründen. Stehe heute – heirumfidibum, der Stiebel ist krumm, der Absatz liegt daneben – natürlich wieder einmal als Prophet da; habe nur leider diese meine Gottesgabe nie in eigener Sache kapitalisieren können.)

101.) Ab Herbst 64 Stipendium Villa Massimo in Rom. Hatte das Angebot vorher schon dreimal ausgeschlagen, weil ein Schriftsteller, der kein Reiseschriftsteller ist, nur zuhause arbeiten kann. Konnte zuhause nicht mehr arbeiten, weil das Geratter von Rowohlts Papiermühle mich krank machte und meine dichterischen Höhenflüge allein mich nicht über Wasser hielten. Und nun dies Land – wo ich schon als Schüler in mein Merkheft eingetragen hatte: «Das Verhalten des Regenwurms im T-Rohr ist für mich hundertmal interessanter und aufschlußreicher als Goethes Exkursionen nach Italien.» Versuchte mich mühsam mit kleinen Reiseimpressionen und feuilletonistischen Erörterungen in Betrieb zu halten, weniger Betrachtungen über anerkannte Sehenswürdigkeiten als Beobachtungen von abweichenden Kommunikationsformen und Verkehrsproblemen, d. h. Autoverkehr und Informations- und Pressewesen. Weiter wagte ich mich nicht vor.

Foto Leonore Mau

Villa Massimo, Rom, Frühjahr 1965

102.) Dann eher schon zurück. Da die Geschichte hier ja nun mal so demonstrativ zutage trat, mit strotzenden Artefakten, warum sollte man sie eigentlich nicht zurückverfolgen bis in ihre wahren Geheimzusammenhänge. Hatten doch schon einmal, die Eva und ich, dem Kalksandsteingeschiebe bei der Schulauer Zuckerfabrik so überaus aufschlußreiche Petrefakten abgewonnen – warum also nicht, statt mit der Äonen-Sonde in Jahrmillionen rumfuhrwerken, den schlichteren Jahrtausendbohrer angesetzt? Warum nicht einen bereits vorhandenen Such- und Sammeltrieb humanisieren, d. h. ihn auf Gegenstände lenken, die einen gesellschaftlichen und somit menschlichen Sinn ergaben? Begann mich denn auch sehr bald mit praktischen Bodenforschungen zu beschäftigen, die sich zu umfassenden Geschichtsforschungen auswuchsen, durch Bücherweisheit bereicherte, durch Museumsbesuche Tag für Tag untermauerte und durch Lissy Bindokats kritisch-blauen Archäologinnenblick mild korrigierte. Und dann stieß ich bei meinen trümmerkundlichen Exkursionen irgendwann auch mal auf Überlieferungsreste, die mich nicht mehr losließen. Das aber waren gar keine anfaßbaren Scherben diesmal, sondern Papierfetzen, Nachrichtenfetzen, bruchstückhafte Nachlässe der Geschichtsschreibung, in denen etwas von einer Stadt «Volsinii» zu lernen war, die war anscheinend nicht von Pappe gewesen, sondern für kurze Zeit ihres Daseins eine richtige antike Volksrepublik. Die warf bei mir die weiterwirkende Frage auf: «Was heißt hier Volsinii?»

Wie ich Volsinii ausgrub

Die Frage «Was heißt hier Volsinii?» ist nicht vom Schreibtisch aus gestellt worden und schon gar nicht in die stille Leseecke hinein. Sie hängt mit einem Italien-Aufenthalt des Verfassers zusammen, der ihm zunächst wie eine subtile Art von Verbannung vorkam, ein Versuch, ihn via Stipendium außer Landes zu komplimentieren und in eine Gegend zu versetzen, in der er nichts zu suchen hat. Sollte er hier etwa Ansichtskarten malen? Gereimte Reiseprospekte verfassen? Italienische Gesellschaft untersuchen ohne das nötigste Handwerkszeug, eine einigermaßen hinreichende Kenntnis der Sprache? Während man neben ihm bereits eifrig die Pinien des Massimo-Parks abporträtierte oder doch zumindest seine Material-Collagen mit lokalen Applikationen anreicherte, begannen sich ihm die ungewohnte Umgebung, die exotischen Speisekarten, die idiotischen Botschafts- und Institutsempfänge zunehmend auf die Brust zu legen. Was jeden anderen Autor von einiger Weltläufigkeit wenigstens zu kleinen Stimmungsberichten hätte veranlassen können, hing ihm unartikulierbar und wortlos aus dem Hals. Die letzten noch zuhause angefangenen Sätze eines Theaterstücks («Die Handwerker kommen») streckten haltlose Luftwurzeln aus, zum Anknüpfen gab es nichts, Lorbeer raschelte beziehungslos vor der Haustür, Zedern breiteten schwungvoll gelassene Dächer aus nicht für mich, Eidechsen, Grillen und Geckos boten flüchtige Unterhaltung, aber kein Motiv, von Katzen hielt ich damals noch nichts, Teigwaren mochte ich nicht, Fotografieren konnte ich nicht, das Fernsehen taugte nichts, so lag ich in ziemlich desolater Müßigkeit unter Palmen und versuchte, die eigene Fragwürdigkeit lose in Verse zu fassen.

Waschzettel

Leslie Meier
der sensible Hamburger Linksausleger
(enorme Nehmerqualitäten)
aber inzwischen natürlich auch aufs Hochseil übergetreten –
Hier, meine Damen und Herren, bezeugt sich noch einmal aufs
                                        Würdigste:
Der Versuch des Individuums, die tragisch verlorene Einheitlichkeit …
na, sehn Sie schon,
Wie es Balance übt zwischen Krisen- und Klassenbewußtsein.

Das ist doch nicht uninteressant
und auf unterhaltsame Art
sogar lehrreich:
Schwankend
und entschieden allein auf den eigenen Kopf gestellt,
mit vergleichsweise reinen Händen,
aber ohne genügende Hilfsmittel,
können Sie hier

einen Mann
In der Luft seinen Mann stehen sehn!
Was aber ließe sich Rühmliches bemerken als
daß das hier eine wirkliche Lücke zu füllen gilt.

De mortuis oder: üble Nachrede

Langsam schließen sich die Wunden der Jugend, und nichts will
an ihre Stelle treten.
Auch das Leiden an der Menschheit
wird ja mal zum bloßen Routinefall;
nun, dann kokelt die alte Seele wohl so allmählich zu Ende,
es geht immer so weiter mit uns,
und wenn es weiter so weitergeht wie bisher,
ist bald Schluß.

Jetzt, zum Beispiel, haben wir auch die Linden schon wieder im Rücken.
(Wer spricht noch vom Flieder?)
Man wagt fast gar nicht mehr Ich zu sagen bei soviel Geschäftigkeit.
Bald,
wenn mit unaufhaltsamen Blättern
der Herbst
abwinkt
und auch die Drosseln ihre Lieder einziehn,
heizt du die hohle Brust
– Jetzt Kohlen kaufen! –
mit Nietzschewörtern.

Kein Grund zum Aufgeben, Meister!
Auch das Alter ist noch ein durchaus vollgültiger Lebensabschnitt,
und solange der Stuhlgang gesichert ist,
der Tag doch nicht unerfüllt –
Ah – natürlich,
und dann noch der Trick mit dem Einerseits-andrerseits,
schleimlösende Dialektik:
das lernt man doch auch erst in, sagen wir, vorgeschrittenen Jahren.
Wenn die Spannkraft nachläßt.
Und der Mund sich auftut:
grau
und von Liedern leer.

Schluß der Audienz

Mensch, gehn Sie mir ab mit sich!
Ich komme Ihnen ja auch nicht mit meinen selbstgemachten
Patentveilchen.
Und lassen Sie den Hut bitte gleich oben.
So ein Schweißband hält nämlich die Gedanken viel besser zusammen.

Was, die Substanzfrage wollen Sie anschneiden, in wessen Auftrag denn?
Mann! Sie belegen Ihr Brot doch auch nur mit der eigenen Zunge.
Aber wissen Sie:
Leute wie Sie hab ich täglich welche Konkurs machen sehn.
Wenn da nur Ihr Geschäftsfreund mal plötzlich vom Konto zieht,
und Sie können nicht mithalten,
wackelt gleich der ganze gemütliche Überbau.

Die Menschheit?
Ans Herz damit!
Aber ohne mich.
Das Geistige?
Fraglos!
Aber nicht doch in diesem Zusammenhang.
Oder haben Sie schon mal ne Menschheit gesehn, die von da
ihren Brennstoff bezieht?
Aber wenn der Zuwachs des Humanvolumens Sie
wirklich ernsthaft beschäftigt,
die Akzeleration zum Beispiel,
dann werfen Sie doch da mal ein wachsames Auge drauf.

Nein, auf mich bringen Sie die Rede heute bestimmt nicht mehr.
Ehrlich gesagt, stilisier ich meinen Preßkopf lieber
unter Ausschluß der Öffentlichkeit,
und mit Tränen zur Lage
kann ich nicht dienen –
Friedlich
in meinen Chippendale-Sessel gelehnt
(das sei überhaupt keine echte Stellungnahme? Es ist die meine!)
fülle ich meine Person mit der unverbindlichen Abendluft.
Ja, ich entwickle hier noch meine eigene Klassik.
Aber auch die riecht,
zugegebenermaßen,
schon ein bißchen stark nach der Packung.

Solche Gedichte kamen natürlich nicht von ungefähr, und sie hatten auch schon ein bißchen mehr an Vorgeschichte auf dem Puckel als diese paar Wochen Rom-und-Umgebung. Was ihnen vorausgegangen war, politisch, das waren runde zehn Jahre Kampf gegen die westdeutsche Restauration gewesen, Kämpfe mit Unterbrechungen versteht sich, Entmutigungen, bis hin zu jener bodenlosen, daß die Partei, deren linken Flügel man zu kräftigen getrachtet hatte, sich dieses Flügels überhaupt zu entledigen suchte. Inzwischen standen alle Zeichen auf Großekoalition. Inzwischen waren die Weichen unabänderlich auf einen totalen Unternehmerstaat zu verstellt worden, zuerst von jenem Zeitungsunternehmer, der das öffentliche Bewußtsein zum bloßen Abziehbild seiner schmierigen Einwickelpapiere machen wollte, dann von den täglich in die Rotationsmangel genommenen Arbeitervertretern selbst, so daß sich die Dunstglocke einer Restaurationsgesellschaft täglich mehr zu einer eisern unangreiflichen Reaktionswirklichkeit verfestigte, in der sich auch politische Gedichte eher wie Ohnmachtshappen ausnahmen, nicht wie Räder im Getriebe, auch nicht wie Sand.

Vorausgegangen waren ferner grundsätzliche Zweifel an der gesellschaftlichen Relevanz von so vielfach gebrochenen Kunstgebilden, wie Gedichte sie nun einmal darstellen. Bemühungen, aus dem Freigehege einer privatistischen Eliteratur auszubrechen – die allerdings die andere Seite gewesen war von sehr alltäglichen, kunstlosen Zweck-, Nutz- und Leitartikeln –, um möglicherweise auf dem Theater die bis zur Unvereinbarkeit entzweiten Interessen wieder zusammenzuführen und an ein neues Publikum heran. Natürlich ist das leichter gedacht als getan. Die Position des Lyrikers in der eigenen Brust konnte nicht schmerzlos geräumt werden, das Fell, das einem gewachsen war inzwischen wie ein zweites, nicht einfach an der Garderobe abgegeben. Mochte Rimbaud den Schnitt zwischen Kunst und Wirklichkeit (ihm allenfalls als Aufbruch ins handelnde Leben, das heißt zum Leben eines Handelsmanns bewußt) auf seine Art vollzogen haben, mochten später, damals noch unerahnbar, ganze Kohorten von literarischen Brillantschleifern so mächtig am Sinn der Kunst verzweifeln, daß neben ihren Neigungen zur Radikalchirurgie die Leiden unseres Italienreisenden als bloße Evolutionswehen erscheinen; trotzdem war es alles andere als ein Privatissimum, daß er Ende Vierundsechzig damit begann, seinen lyrischen Privathaushalt aufzulösen. Privat daran war gerade noch die Methode, Poesie noch einmal im Medium der Poesie anzufechten und die Konkursmasse des «lyrischen Ich» metaphorisch unter den Hammer zu nehmen. Diese Gedichte, nur scheinbar ein Rückfall in den äußersten Subjektivismus, liquidierten im dialektischen Gegenzug doch gerade den Anspruch des Gedichts, ein ernstzunehmender Austragsort gesellschaftlicher Widersprüche zu sein, und ließen über den Weg der zynischen Selbstdenunziation den Barrikadenanspruch auf die Altenteilerposition herunterschrumpfen. Wohlgemerkt: das war kein Ich, das, besserwisserisch, andrer Leute Protestgedichte zerfetzte, das wies mit dem Finger, richtete den Pfeil zunächst mal auf die eigne Brust, wo künstlerischer Schein und gesellschaftliches Sein sich nicht mehr reimten.

Der römische Winter 64/65 war kein Spaß. Er begann vergleichsweise zögernd, verlagerte dann aber sein Gewicht in den Februar und kam am 11. m. c. mit Schneemassen nieder, die die öffentlichen Parks und privaten Ziergärten buchstäblich ins Knie gehen ließen. Eine Nacht lang hatte es gekracht, ununterbrochen, wie Feuerüberfälle, Schußwechsel mit unterschiedlichsten Kalibern, und am nächsten Morgen sah man dann die Bescherung: einmeterfuffzig Schnee, bis an die Brust der weiße Segen, gespickt mit Ästen, Zweigen, ganzen Bäumen. Die stolzen Zedern und Zypressen, anscheinend nur für linde Sommerlüfte konstruiert, waren weggeknackt wie Spaghetti.

Was für die Römer ein Jahrhundertspektakel war, für J. Becker und H. Bender sicher ein Motiv gewesen wäre und unsere Malerstipendiaten auch sofort vor die Landschaft trieb, konnte mein Interesse nur flüchtig in Anspruch nehmen. Das Vaterland hatte gerufen, das heißt eine kleine Schar von Freunden mich bedrängt, noch vor der Wahl meine Stimme abzugeben, und so rang ich mich fröstelnd und gegen tausend eigne Einwände noch mal zur SPD durch. Während ich, hakenschlagend vor mir selbst, die wenigen Pros und die vielen Contras bilanzierte und zu retten versuchte, was vielleicht doch noch zu propagieren war, eine Kandidatur des Gustav Heinemann für den Posten des Innenministers, schneite uns der derzeit amtierende ins Haus. Am 4. April schritt Höcherl die Studios ab wie man Paraden abnimmt, was gelernt, was gemacht, wie der Name, woran arbeiten – ich: «Lyrik, Essay, Drama, Tagebuch, Miszellen» – und dann war auch das vorbei, in schlackernden Hosen, gestreiften, aber als Alp- und Eindruck doch nachhaltig bewußtseinsprägend. Kurz, mein pp. Plädoyer für Heinemann verfestigte sich zu einem haltbaren Artikel. Als der Frühling dann ausbrach und von einem Tag auf den andern Mandelblüten die Stadt überschwemmten und den Markt verstopften, war die Lage des «lyrischen Ich» zwar bis zur Tabula rasa geklärt, das dramatische aber nach wie vor auf Stellungssuche. Im rastlos strebenden Bemühen, doch noch auf das Land mich einzulassen, dessen Sprache ich nicht beherrschte und dessen ideologische Idiome ich in den anstehenden paar Monaten kaum würde erlernen können, begann ich dort anzuknüpfen, wo die Latein- und Geschichtsbücher der Schuljahre mich seinerzeit im Stich gelassen hatten, einer sozialgeschichtlichen Sondierung der Antike. Zumindest diesen imposanten historischen Müllhaufen galt es ein bißchen näher zu durchforschen, der gehörte zum täglichen Umgang, bildete unübersehbar und erdrückend die Kulisse und war schließlich in der Lage, Jahr für Jahr die Tausende von Bildungstouristen anzulocken, das mußte doch was zu bedeuten haben.

Mit Eva Rühmkorf in Bolsena, Italien

Wer auf Geschichte gestoßen wird, so unvermittelt wie ich, der neigt dazu, sich ihren Sinn an Hand von anschaulichen Scherben zurechtzubuchstabieren. Diese Art der Verständigung muß notgedrungen bruchstückhaft bleiben, und der Fuß, der beim Gehen über die Äcker unentwegt an Fragmente stößt, wirft zunächst nichts als Fragen auf, äußerst

263

naive Fragen. Wie hingen die Töpfe einmal zusammen, von denen ihm hier ein Henkel, dort ein Boden, dort eine Tülle in den Blick kam? Wie – wenn man sich ihren Sinn als Umriß vergegenwärtigt hatte – war das einmal gebacken worden? Von wem? Zu wessen Nutzen? Für welchen Preis? Und wenn sich die Bröckel zu Töpfen, die Töpfe zu Hausständen, Küchen und Stuben zu Städten, Städte zu Reichen und Kulturen aufgetürmt und geklärt hatten, wie war das denn alles überhaupt zu Bruch gegangen? Das war doch nicht zufällig so aus der Hand geglitten. Beim Abwasch. Das war doch mit Gewalt kaputtgehauen worden. Und da gaben die hübschen Bildungsvorhänge denn auch ihr erstes Geheimnis preis, das hieß: lebendige Vergangenheit, und die hieß: Mord und Totschlag.

Gruß aus Rom

Auch unter Pinien läßt es sich leben, gewiß doch,
der ganze
unaussprechliche Süden paßt in ein Fliegenfenster
(dein sorgsam gerasterter Lichtblick)
und wie von ferne nur
dringt es in deine Stube mit Schwerter- und Schlachtenlärm.

Von ferne der Mut und der Ruhm.
Drei Jahrtausende, mindestens, rücken sie an, dich zu grüßen,
drei Jahrtausende randvoll!
Ja, hier gibt wirklich ein Heros dem andern die Klinke in die Hand.
Ein Triumph des anderen Huckepack.
Über die Ränder des braunen Lateinbuchs hinweg
ragt es wie goldene Lettern,
und aus den Fußnoten Niebuhrs,
unentwegt,
hörst du den Tritt der Legionen.

Entweder – oder!
Eine erstklassige Klassik schafft man nicht im Sitzen.
Wenn es ein Volk in eine andere Lage drängt,
wackelt der Hausrat.
Oder sehen Sie nur diesen lieblich gebuckelten Landstrich:
von wie viel Seiten berannt,
wie viele ausgesuchte Helden mußten sich

nicht aufeinander werfen,
um aus Sumpf einen Hügel zu bilden.

Was, diese Blutsuppe schmeckt Ihnen nicht?
Dieser hehre historische Schichtkäse?
Sie denken sich eine Zukunft auch wohl eher als
Zeitenrichter im Selbstverlag?!
Aber der Genuß von Aprikosen widerstrebt Ihnen nicht unbedingt?
Des Pfirsichs, der Kirsche?
Alles ganz legitime Beutestücke im übrigen.
Alles seinerzeit mal auf der Schwertspitze eingeführt.

Zenite!
Fulminanzen!

He – he, Ihr Tieferbleichten, nicht dem Ausgange geht es,
hier geht's den Sternen zu.
Da könnte ja jeder kommen und sagen:
mal eine Weile gar nichts, oder:
wo man nicht mehr den scharfen Zug der Geschichte im Nacken spürt,
der Platz im Garteneck –
Nein, Freundchen,
nein mein Lieber,
nein,
du Dezimalgespenst,
auch vierzehn Stellen hinterm Komma bläst man nicht Waldesruh.
Aber Leute,
die wirklich
ihr Grab noch ausfüllen, rufen dich an;
und es weist in die Zukunft mit handgehämmerten Wunden.

Man sieht, am Anfang der Erkenntnis stand der nackte Geschichtsnihilismus. Ich sah noch keine Fronten, von Klassen ganz zu schweigen, und auch Dramatik nur im Sinne eines gigantischen Durcheinanders. Plausibel also schon der Rückfall in die Lyrik und eine zähneknirschende Abrechnung mit der heroischen Welt. Auch als der Freund Wagenbach mir dann einen Brief schrieb, er plane eine Anthologie von heimatkundlichem Charakter, eine Art literarischer Landvermessung mit Schwerpunkt Herkunft und frühem Bodensatz, da konnte ich mich immer wieder nur absetzen von dem, was mir hier als Geschichte bis zum Hals stand: nichts mit Sinn und Verstand, nur blutiges Gerümpel.

Lieber Freund und Verleger,

nun weiß ich natürlich auch, daß die alten Meister oft gerade im Auftragsdienst Schönes und Gehaltvolles geschaffen haben, damit brauchst Du mir also nicht erst zu kommen. Und um es ganz klarzustellen: wer wüßte nicht ein Lied davon zu singen, daß selbst ein böser Termindruck gelegentlich aus vagen Dispositionen Diamanten pressen kann? Also auch darüber bitte keine lange Debatte. Aber: wo hätte man je davon gehört, daß einem der frühen Italienreisenden abverlangt worden wäre, vom Pincio aus die Kugelbake anzuvisieren oder die Kaiserwilhelmgedächtniskirche nach der Erinnerung zu malen?! Nein, lieber Freund, so geht es nun wirklich nicht, jedenfalls nicht bei einer so bodengebundenen Natur wie der meinen, die kann man nicht einfach im Schatten des Pantheon absetzen und sagen: Warstade-Hemmoor, Basbeck-Osten, nun leg doch mal los.

Und dabei habe ich es, zunächst durchaus noch guten Willens und bester Dinge, doch wirklich versucht. Will sagen, daß mein Unvermögen kein vorgeschobenes ist, sondern experimentell erwiesen: zwanzig Schreibmaschinenseiten (italienischen Formats) sind hier auf eigene Kosten mit Notizen bedeckt worden: volle zwanzig Schreibmaschinenseiten liegen vor und können notfalls eingesehen werden: Aufzeichnungen zur tektonischen Stellung des Nordseebeckens, besinnliche Betrachtungen über das Kommen und Gehen von Wasser, worauf ja wohl alles hinausläuft (Ancylushebung-Litorinasenke; ich nenne nur den einen großen Paradefall), dann wieder Einfallsquanten vermischten Charakters, metaphorische Brückenschläge zwischen geologischem Untergrund und individuell ausgestattetem Oberstübchen, epigrammatische Verneigungen vor Barthold Heinrich Brockes, Ritzebüttel, und Johann Heinrich Voß, Otterndorf, wehmütige Reflexionen über die stilprägenden Indianerhäuptlinge der Jahre sechsunddreißigbisvierzig (den Hammer von Hemm, zum Beispiel, und den roten Mustang von Bröckelbeck; alles Leute der näheren Umgebung, die auch mal im Kommen waren, alles Leute, die dann nach und nach in den Zement abgewandert sind), schließlich recht aufschlußreiche Erinnerungsprotokolle über das Fähnlein 13/384, Gebiet Nord-Nordsee (den Mumpitz hat man intus bis zur Bahre), das alles also geisterte mir so durch den Kopf und kam auch zu Papier, aber zum Gedicht, wie beabsichtigt, zu einem richtigen runden Poem, wollte es partout nicht gedeihen. Ich habe es hingedreht. Ich habe es hergewendet. Ich habe den Bogen einfach nicht geschafft vom rosenfressenden Nashorn am Rande des Eemmeers bis hin zum ferngelenkten Landmann unter der plombierten Dorflinde.

Nun könnte man vielleicht meinen, daß einer, der sich solcher Unfähigkeit selbst bezichtigen muß, praktisch schon unterwandert und daß der Süden sein Land geworden sei. Nein, Freund, auch an tyrrhenischem Gestade trecken für mich nur unverdient hochgekommene Wellen an den Strand. Auch Fiumicino fordert vergebens den Vergleich heraus mit Schwarzenhütten, wo man, wie hier, die Schiffe mit Zement vollbläst und Kohle löscht. Und je mehr ich die Gegend kennen, den Leuten auf den Zahn fühlen, die ganze historische Abteilung abschätzen lerne, um so sicherer weiß ich: mein Soracte ist im Grunde immer noch Sommers Berg, meine Via Appia bleibt die Butterkuchenstraße, mein Cannae fand statt bei Witts Kreidekuhle, Ecke Hansawald-Lamstedterchaussee, mein trippa alla romana heißt allemal Jüchen, meine zuppa inglese Bottermelkzuppmitklümp, und – wo man vor lauter Helden erster Ordnung den schlichten Nutzen gar nicht mehr sieht – was bietet uns denn schließlich, lehrt, sagt und singt uns diese sogenannte Geschichte? Oh, ich habe es schon begriffen, was sie uns singt und sagt, denn ich habe sie reden hören: gebrochen, und aus Scherben von Scherben. Und ich weiß auch, was sie uns lehrt: das Unverbesserliche! Das ist ja fast nicht mehr ernst zu nehmen, einer kommt, der kann weder lesen noch schreiben, und er hat auch sonst nicht gerade viel auf dem Kasten, aber er weiß, wen er ungestraft abmurksen kann: der hat Anrecht auf die Erinnerung. Und der *den* dann wieder erledigt, mit Gift oder von hinten, wird auch nicht vergessen; und wenn er die Hände nur genügend lange in Blut taucht, ist er kenntlich für Jahrtausende: als großer Schlachtenmaxe (Kriege zum Auswendiglernen, nicht zum Abgewöhnen). Nein, mit büstenreifen Gestalten darf man mir nicht mehr kommen, und von all diesen Herrschaften, die doch immer nur auf Kosten der Zivilbevölkerung über sich hinausgewachsen sind, weine ich keinem eine gute Träne nach.

Was natürlich nicht heißt, daß ich nicht noch andere kennte. Zum Beispiel, als wir noch klein waren – also etwa um die Zeit als das große Tonloch am Ostrand der Wingst noch fündig war und wir eine Zeitlang frei über Muschelgeld verfügten, Herzmuscheln, Helmschnecken und Taschenkrebse, das schönste Mittelmiozän – da gingen auch bei uns sehr eindrucksvolle Gestalten um. Ich gehöre nämlich zu der Generation, die

Männer wie Hein Peper und Hein Moppi wirklich noch persönlich gekannt hat. Wir haben sie doch gesehen. Wir sind ihnen fast jeden Tag begegnet. Und wenn die Jugend von Kreis Land Hadeln heute immer noch die alten Lieder singt, die wir schon damals kannten, und wenn sie vielleicht glaubt, daß die Mär von Hein Moppi (der beim Kommiß sein Dings verlor, das ihm erst nach vielen beschwerlichen Abenteuern und manchem Ungemach, endlich, in Rußland, wieder wuchs) eine bloße Legende sei, dann muß ich noch einmal ganz klarstellen: Hein Moppi, Leute, war kein Mythos! Und Kordelbrümmer war es natürlich ebenso wenig. Der wilde Mann des deutschen Doppelkopf, der jeden Ostern seine siebzig hartgekochten Eier aß (mitsamt der Schale!), ohne zunächst daran zu sterben. Oder Hein Peper, den sie alle für verrückt hielten, der aber doch echte Erleuchtungen hatte, und der uns den Untergang nicht nur von Altwarstade, Neuwarstade und Warstade-Herrlichkeit, sondern des ganzen Großdeutschen Reichs, lange vor Stalingrad, aus leeren Ecksteinschachteln weissagte. Oder Ol-Mudder-Döscher, die nach dem Rentenentzug praktisch nur noch vom zweiten Gesicht lebte. Oder Mudder Torborch, die mir (als einzige!) die Warzen wegzaubern konnte. Oder Oma sowieso (Namen tun hier nichts zur Sache), die gegen Ende des Krieges, als schon alles drunter und drüber ging, noch sechs junge Hunde bekam.

Und Du, mein grünblondes Kind, warst es schon gar nicht. Und ich weiß es auch noch wie heut, daß wir die Oste rauf-, oder die Oste runter fuhren, bis weit hinters Kattegatt. Und ich habe es wohl behalten, daß Du mich dann gleich darauf vergessen hast. Und ich kenne noch alle Deine neun Finger, jeden einzeln. Und möchte beschwören, daß damals auf Deiner Schürze ein kleines Schaf abgebildet war. Und ich habe mir Deinen Pullover ganz grün eingeprägt. Und einmal, da warst Du auf einmal ganz lang geworden, aber das war noch vor unserer Zeit, und einmal warst Du ganz dick. Aber eines vergesse ich nie. Aber das sage ich nun bestimmt nicht. Denn das kann man ja nicht so in drei Worten sagen. Denn das ist ja fast nicht mehr wahr. Denn das ist ja alles noch lange nicht zu Ende. Denn das ist ja ein richtiger Roman. Und ich kann gar keine Romane schreiben. Und ich habe ja auch gar keine Zeit. Und Du, mein Herr Verleger, mußt also auch noch warten. Aber Langeromaneundsowas, das schreibt Dir heute doch jeder.

Herzlich
Dein P. R.

Des Geschichtspessimismus andere Seite ist dann – ein Muster unfreiwilliger Dialektik – der Rückzug auf die geschichtslose Provinz. Einer allgemeinen europäischen Stimmung folgend, trieb es mich ab, fort von den sonnenbestrahlten und auch des Nachts noch illuminierten Triumph- und Heldenmälern in jene Modderzone eine Etage tiefer, einige Jahrhunderte früher: den historischen Unschärfebereich vor dem Imperium und seiner selbstgerechten Geschichtsschreibung. Definitiv ist es dies, was zunächst alle Etruskosophen vor und nach mir so tief in die etrurische Untergrundskultur hinabzog, daß hier ein offensichtliches Loch in der Geschichtsschreibung einen ganz ungemein verlockenden Spekulationsraum eröffnete. Man stelle sich vor: ein hochverfeinertes Seeräubervolk von dunklem Ursprung entert eines Tages die Halbinsel, setzt sich an den Küsten fest, schneidet Hafenbecken aus dem Gestein, drainiert die Maremme, dringt weiter ins Innere vor, läßt Hochöfen qualmen, zieht tiefe Kanäle durch den Tuff, sorgt für die städtische Wasserabfuhr, baut Brücken, zieht Tempel und vor allem Zyklopenmauern hoch, untertunnelt das ganze Land zwischen Vejo und Vulci mit unterirdischen Grabanlagen und Toten-Labyrinthen und verschwindet schließlich ohne Hinterlassung von Namen und eigenen Geschichtskommentaren wieder von der Bildfläche.

Zwar, Kommentare und Erläuterungen wurden schon geschrieben, aber von Rom aus, das von ihnen das Schreiben und das Waffenschmieden gelernt hatte. Wer aber waren sie eigentlich in eigener Sicht gewesen? Wo hatten sie sich reflektiert? –: «Hier im Krug Rindsblut freundlich die Mutter opfert» – «Ein Vollmondschaf für die Eingeweideschauerschaft als Opfer, ein gleiches im handwerklichen Verwaltungsgebäude hier» – «Ein Kalb, ein tochternes, zu der dreifachen Schenkung bei dem Totenfest und bei der Grabfeier gib hin mit Wein, mit Honigsamen in rechter Weise: zwei der Vater, zwei der Muttersbruder» – «Hier bestimmt und setzt fest die Familie Pumpu Plaute für das Grab geltend diese Opferfeier: ein regelrechtes Totenopfer, das als Frühopfer dargebracht werden soll» – so und ähnlich steht es da, endlos die gleichen frommen Sprüche, in Tonziegel gegraben, auf Mischkrüge gemalt, in Bleiplatten gekritzt, in Mumienbinden graviert, in Tuff gemeißelt und auf Sarkophage aufgetragen, ein Volk, das anscheinend jahrhundertelang allein fürs Opfern und für seine pompösen Begräbnisse gelebt hatte. Und dafür nun der ganze Aufwand von Handel und Industrie?

Ich muß gestehen, daß angesichts von soviel Weih- und Opferwesen bei mir sehr bald die Weihestimmung zu Ende war und ein bereits materialistisch vorgeschultes Mißtrauen einzusetzen begann. Ideologiekritik und das Sondieren von Überbauzauber gehörten bei mir ja allmählich zur Natur, um nicht zu sagen zum Geschäft. Ich hatte die Opfersprüche der Nazis gekannt und Gottseidank rechtzeitig ihren kruden Hintersinn herausgekriegt. Ich war mit Fahnenweihen und Sonnwendkulten genügend traktiert worden, um Todesmystik zunächst einmal für ein Sekundärprodukt zu halten, und die «Deutsche Ideologie» war sozusagen das Grundgesetz, das ich ständig unterm Arm trug. Nein, dieser Abstieg aus einer heroischen Welt der großen Namen in eine anonyme der Gräberschluchten und Totenhaine erweckte allmählich alles andere als Feierlichkeit in mir, und statt der frommen Meinung, daß hier ein Volk nur unentwegt für den Tod gelebt hatte, schien es mir unabweislich, daß hier jemand, und zwar ausgiebig, vom Tode gelebt haben mußte. Vermutlich eine gewaltige Industrie. Begräbnisunternehmen von für uns unvorstellbarem Ausmaß. Dennoch sehr klar ersichtlichem, denn ich kannte allmählich diese ganze etablierte Unterwelt aus dem ff, die verzweigten Stollensysteme im Untergrund von Cerveteri sowohl wie die Grabkammerlandschaften von Norchia, Blera, Castell d'Asso und Castro und die Tumuli von Populonia und Orvieto so gut wie die bemalten Totenstuben von Tarquinia, und als ich dann auch noch die geheimsten Kaninchengänge der Tomboroli kennenlernte (der Grabräuber), die zu Geheimnissen führten, die immer ökonomisch interessante Mirakuli eröffneten, da festigte sich der Verdacht vollends zur Sicherheit, und das verzauberte Suburbia gab mir sein tiefstes Geheimnis preis, das war ein schlicht wirtschaftliches.

Ich bin nicht unverfroren genug, das Überleben per Kühlschrank und die Zeugung von neuem Leben in Retorten bereits als letzte Lösung jenes Mysteriums anzusehen, das Leben und Tod heißt und in dem auch Lebenslust und Sterbensverklärung ihren Platz haben. Andererseits weiß ich aber auch, daß sowohl das eine wie das andere kostet und Genuß und Überhöhung, Kult und Feier schon immer bezahlt werden mußten. Eine Kultur der krachenden Küchen ist nicht denkbar ohne das Dazwischentreten von Handel und Industrie, wie auch ein blühendes Begräbniswesen nicht ohne Geschäftsträger auskommt, vieldeutigen Überhöhungsbeamten sowohl wie eindeutig profitierenden Zwischenhändlern. Und weil hier anscheinend mindestens so aufwendig beerdigt worden war wie genossen und gelebt, widmete ich meine gesellschaftskundlichen Interessen mit Vorzug jenem Sakralmagnatentum, von dem auch schon ältere Berichte immer wieder gern gesprochen hatten, nur immer leider auch besonders undeutlich.

Versuche ich es mir noch einmal zu vergegenwärtigen, dann war es tatsächlich dies, was mich über bloße Stimmungspoesie und vordergründige Reiseimpressionen hinaus zum tieferen Verständnis der Kulturgeschichte führte: der Weg zu den Gräbern. Von ihnen aus begann sich für mich die leere Landschaft zu bevölkern, zunächst noch schattenhaft, dann aber bald plastischer und in Farbe, und langsam nahm das «rätselhafte Volk» sehr deutlich Form an. Allerdings weniger als eine abzuheftende historische Qualität. Im Gegenteil, je enger ich ihnen auf den Pelz rückte, den alten Etruskern und ihren Geheimnissen, um so weniger blieben sie unter sich. Wie durch ein Myzeel, wie über ein unterirdisches Fadengeflecht stellten sich fortschreitend Beziehungen her zu durchaus bekannten Zeit- und Tagesläuften: Grabindustrie erschien als eine geradezu modellhafte Vorfassung moderner Verschleißwirtschaft, eine unheimlich heimliche Liaison von weltlicher und priesterlicher Herrschaft erinnerte an zeitgenössische Interessenverflechtungen, ein monopolisiertes Orakelwesen warf seine Schatten durch die Geschichte bis her zu unseren großen Informationsmonopolen, und als ich mich, mein Wissen zu komplettieren, durch Tausende von Gräbern, -zig Museen und hundert Bücher hindurchgewühlt hatte, da schälte sich aus dem Rätselschutt sehr deutlich ein exemplarisches Paradebeispiel heraus, eine Modellstadt mit einem Musterschicksal: das war die altetruskische Kapitale Volsinii, etruskisch Velznach, die schien mir in einem sehr speziellen Sinn des Wortes bedeutend.

Hier hatte sich in alten Zeiten, nach Plinius, Zonaras und Livius, etwa folgendes zugetragen: Um sich des obligaten Landesfeindes, der mächtigen Roma, angemessen erwehren zu können, hatten die Volsinier im Laufe jahrelanger Auseinandersetzungen auch ihre Plebejer und Sklaven unter die Waffen rufen müssen, eine Notlösung, die für die oligarchisch regierten Städte Etruriens keineswegs die Regel war (hier standen gemeinhin Ritterheere zur Verfügung mit einem fest an der Leine gehaltenen Troß). Ein Volksheer mit einer eigenen Führerschaft bedeutete aber eben nicht nur Entlastung, sondern die Einrichtung eines äußerst zweischneidigen Instruments. Da die zahlreichen kriegerischen Ausein-

andersetzungen mit Rom gemeinhin glücklich oder doch noch glimpf-
lich ausgingen, wollten die Gemeinen auch nach den Waffengängen ungern ihre Waffen aus der Hand geben, sondern traten wohl gerüstet vor
die Oberen ihrer Stadt, zu fordern was dem einfachen Volk Etruriens
nicht einmal dem Schein nach gewährt wurde: demokratische Freiheiten, angemessene Volksvertretung, Sitz im Senat, Zugang zum Opfer-
priestertum pp. Als den Besitzenden, den Possidentes, die Forderungen
schließlich zu weit gingen, entschlossen sie sich – wofür die Geschichte,
die antike sowohl als unsere eigene, zeitgenössische, genügend schlagende Exempel kennt –, den ehemaligen Landesfeind zu Hilfe zu rufen.
Zur Stützung ihrer alten ungerechten Ordnung, versteht sich, zur Wahrung ihrer Privilegien und zur Niederhaltung ihrer eignen Unteren. Als
der Anschlag verraten wird und die unteren Klassen erkennen, was ihnen
blüht, reißen sie auf einen kühnen revolutionären Zug die Herrschaft
des Gemeinwesens an sich. Allerdings: dem glücklichen Verlauf von Re-
formverlangen, Abwiegelungsversuchen, Konterreform und Revolution
folgt dann die Konterrevolution in ihrer klassisch höchsten Form: der
Intervention. Nach einer kurzen Zeit wahrhaftiger Volksherrschaft
schließt sich der Ring der römischen Legionen immer enger um die
Stadt, am Ende undurchdringlich, und eine der wenigen wirklich zustande gekommenen Volksregierungen des Altertums wird durch die
Hungerschlinge abgewürgt. Die Stadt wird nach heldenhaftem Abwehr-
kampf (im Jahre 164 vor) erobert, von ihrem Sockel gerissen und dem
Erdboden gleichgemacht. Ihre bedeutenden Erzschätze aber, von der
die antiken Historiographen Fabelhaftes zu vermelden wußten, wurden
postwendend nach Rom transportiert, um neue kriegerische Unternehmungen, den Kampf gegen Karthago, vorfinanzieren zu helfen. (Bibliografischer Hinweis: Ambros Josef Pfiffig: «Die Beziehungen zwischen
Rom und Etrurien in der Zeit von 311 bis 40 v. Chr.», Diss., Wien 1961)

Dieses Stück klassischer Geschichte, nach eingehendem Studium immer
mehr als ein Stück signifikanter Klassengeschichte zutage tretend, weckte
in mir nicht nur den Nerv für Geschichte überhaupt. Es schien
mir ein Stück aus dem dramatischen Kampf der Unterdrückten, das über
das Gefühl von bloßer Tragik hinaus, den Blick eröffnete für bestimmte
Unterdrückungs- und Einwickelverfahren von Gesellschaftsinhabern –
brennend präsent das Ganze – aber auch für den ununterkriegbaren Mut
der Unteren, ihre eigne Sache in die eigne Hand zu nehmen. Und der
schien mir auch durch die Niederlage gar nicht widerlegt. So wenig wie

mir etwa Spartakus dadurch widerlegt scheint, daß man seinen Aufstand schließlich niederwalzte. So wenig die Tage der Kommune auszulöschen sind aus dem Bewußtsein mit dem Bewußtsein, daß es nur Tage waren. Mein Volks-Volsinii hielt sich immerhin ein ganzes Jahr.

Trotzdem ist es für einen Schriftsteller mit dem Bewußtwerden typischen Klassenverhaltens hier wie da natürlich nicht getan. Für ihn heißt es ja, Erkenntnisse in Sprechweisen, letztlich Schreibweise überführen, Kämpfe in Dialoge verlagern, Forderung und Gegenforderungen, Stand und Widerstand als Rede und Gegenrede abhandeln. Das kann man bei einem Lyriker nicht durchaus voraussetzen. Rein in abstracto vor die Aufgabe des Dialogschreibens gestellt, würde er vielleicht fast zu meinen neigen, er könne zwar eine einzelne Figur zum Reden veranlassen, sie zu feurigen Proklamationen bewegen, ihr schreiende Paradoxa oder schneidende Antithesen in den Mund legen – wobei seinem Konterpart denn allerdings nur die schlichte Möglichkeit zu einem «Jaja, sehr richtig» oder «Gar nicht meine Meinung» bliebe. Seltsamerweise entwickelten sich mit der gestellten Aufgabe dann aber doch gewisse Fähigkeiten. Als die Vertreter der unterschiedlichen Klassen aus den Geschichtsbüchern heraus und vor mich hintraten, da begannen sich Sätze und Gegensätze, Sprüche und Widersprüche fast zwanglos, fast wie selbstverständlich auf die unterschiedlichen Interessenträger zu verteilen. Eindeutigen Rechtsansprüchen standen eindeutige Widerstände entgegen, eindeutigen Verschleierungen begegnete, erst zögernd, aber dann doch sehr entschlossen, der Griff nach dem Vorhang und nach dem, was er verhüllte, und auf manchen groben Klotz paßte dann haargenau ein spitzer Keil.

Und vielleicht noch etwas: als hochspezialisierter Lyriker hatte ich mit der Zeit die Fähigkeit entwickelt, die Ungereimtheiten der Welt in ganz besonders blutige Dissonanzen zu fassen, eine Fertigkeit, die mir längst nicht mehr genug war. Wer Lyrik sagt und es entschieden sagt, der sagt zwangsläufig auch Subjektivität, sagt Selbstausdruck auf Biegen und Zerbrechen, sagt Bindung bis zum Zerreißen; und weil dies direkte Ausdrucksbedürfnis bei mir schon immer im Hader gelegen hatte mit kontroversen Neigungen, hatte sich auch mein ganzes Schreiberleben praktisch aufgespalten in diese einsamen Fluoreszenznummern und einfache Aufklärarbeit im tagespolitischen Augiasstall. Nun, wo sich mir unter dem Druck neu arger Gesellschaftsverhältnisse (der Großen Koalition und ihren Folgeerscheinungen) die Frage des politischen Schreibens radikal neu stellte, schien mir die Theaterbühne zwar ein wirkungsvolleres Medium als Gedichte es jemals sein können und imprägnanter als der einfache politische Leitartikel – der Versuch, meinen beiden Bedürfnissen gesammelt gerecht zu werden, barg aber auch das ungeheure Risiko in sich, daß meine dividierten Neigungen und Talente nun vollends auseinanderfallen würden: kein Lyriker mehr auf dem von mir geräumten Platz und von politischer Dramatik noch nicht der Hauch einer Spur. Das waren so private Bedenken.

Im Moment, wo ich dies niederschreibe, scheinen mir solche Überlegungen freilich alles andere als privat. Diese sehr persönlich anmutende Schreib- und Ausdruckskrise der Jahre 64 / 65 sollte sich fünf Jahre später in wahrhaftigen Massenverstörungen fortgesetzt sehen, kollektiven Bewußtseinsaufbrüchen, die manchen jungen Autor für lange Zeit den Faden verlieren ließen (oder vielleicht die passende Nadel nicht finden). Inzwischen ist die Schriftstellerkunst sich gründlich fragwürdig geworden, und Konversionen und Verwerfungen kennzeichnen die gesamte Szenerie. Wie sieht es mit dieser aus? In großen Zügen so: einerseits selbstverständlich immer noch und unermüdlich Belletristik, die das Wort Krise nur von Hugo Friedrich kennt und auch nach sechs Jahren allgemeiner Bewußtseinsdämmerung weiterhäkelt, als könne es ernsthaft noch um Text-, nicht um Gesellschaftsstrukturen gehen. Andererseits junge Schreiber, eine ganze Fülle, die um die Mittsechziger mit subjektiven Stimmungsgespinsten debütierten, sehr ruhigen, allzu ruhigen Zustandsbeschreibungen, und denen ein neues Bewußtsein heute sage und schreibe die Stimme verschlagen hat – die alte Dekorations- und Ausstattungssprache. Daneben Umschlagsphänomene und Umorientierungen die Menge.

Da gibt es zum Beispiel Dramatiker, denen die alte Bühnenluft zu stickig geworden ist, und die sich plötzlich in Gedichten freier fühlen. Lyriker oder Romanciers verlangt es nach anderer, neuerer, auch breiterer Öffentlichkeit als die durch zwei Buchdeckel eingeengte, und diese drängen jetzt auf die Bühne, auf die Straße, auf den Marktplatz, zum Straßentheater. Lyrische Einmannunternehmer gehen in die Betriebe. Literarische Zauberkünstler fangen an, zu agitieren. Feinsinnige Essayisten versuchen sich an grober politischer Aufklärungsarbeit. Andere schließlich möchten Unsicherheiten wenigstens innerhalb der eigenen privilegierten Bildungsschichten stiften und auch das muß neu gelernt und will getan sein. Dabei praktisch unbrauchbar geworden, was man einmal so sicher gekonnt hatte. Die schönen Mosaiktechniken – für die Katz. Die beliebten Selbstreflexionsnummern, die mühsam einstudierte Rhetorik des Nichtanfangenkönnens – im Eimer. Die edlen Identitätsverschleierungstricks – von formalistischer Lächerlichkeit. Und nicht mit dem Silbergriffel, eher mit Hammer und Meißel versuchen sie, sich und ihrer Lesewelt einzubleuen, wo Barthel den Most holt und woher der Unternehmer den Profit. Fragen Sie mich, welche Erscheinungen auf dem Terrain von Schriftstellerei, Druck und Papier mich in den letzten Jahren vorrangig aufgeregt haben, dann sind es klar die immer offener zutage tretenden Wechselverhältnisse zwischen Bewußtsein und Schreibweise und beider Unterfutter. Der Status des erfolgreichen Privatunternehmers, den das System seinen Schriftstellern so freigebig frei stellt, hat sich ja auch als reichlich luftige Fata Morgana erwiesen, und praktisch proletarisiert die Schriftstellerei in dem Maße, wie sie sich mit Marx und Engels wirklich auf Gesellschaft einläßt, ich spreche nicht vom Gnadenplätzchen innerhalb der feinen Society.

Von den fast unübersteigbaren Schwierigkeiten, mit denen politische Kunst – bei allen Freizügigkeitsbeteuerungen – zu rechnen hat, wußte ich damals allerdings noch gar nichts. Ich verwandte mein Stipendium, wie mir scheint, adäquat zur Entwicklung von Fähigkeiten, die dem sozialen Kampf dienen sollten. Insofern wurde Italien für mich zu einem tiefgreifenden Bildungserlebnis, wo nicht im Sinn der Klassik, so aber sehr wohl im Selbstverständnis meiner Klassenposition.

Als ich Italien verließ, im Sommer 1965, hatte ich das gute Gefühl, eine Ausgrabung gemacht zu haben nicht für Museen, sondern für das Bewußtsein einer in gedunsener Eintracht vegetierenden Bundesrepublik. Was blieb, war noch einige Farben anzureiben, einige Züge zu überprüfen, nicht an Hand mehr von Büchern und Scherben, sondern jetzt angesichts der Wirklichkeit. Die wollte ganz genau angegangen, die wollte verändert sein.

1969

103.) Bei Wiederbetreten Vaterland literarische Existenz ungesicherter denn je zuvor. Möglichkeiten, von freier schriftstellerischer Tätigkeit zu leben = Null. Auch Aussichten «Volsinii» auf bundesdeutschen Bühnen zu neuem Glanz und frischer Belehrung aufzuerstehen reichlich ungewiß. Ganz neue hoch-

«Lyrik-und-Jazz» am 19. 8. 1966 auf dem Hamburger Adolphsplatz, links, am Klavier, Michael Naura, rechts, am Vibraphon, Wolfgang Schlüter

komplizierte Geschmacksfilter verhindern Einsicht in die krudesten Zusammenhänge von ganz großer Koalition aus CSU / CDU / Springerpresse / SPD / Filmfunkfernsehen / Bankenhandelundverkehr / Staatsoper / Nationaltheater / Druck & Papier und neudeutscher Ideologie. Allerdings – von unten her aufsteigend – Bedürfnisse nach schärferer Geisteskost als amtlich limitierter. Open-air-Veranstaltung «Lyrik-und-Jazz» (zus. mit Michael Naura) auf dem Hamburger Adolphsplatz mit Blick aufs Bankenviertel. Dreitausend relativ enthusiasmierter Leute auf einem Haufen und Verkauf von achthundert Büchern auf einen Schlag. Trotzdem Nichtfettmachung Kohls, da Institutionen für aufgemachte Rechnung selbstverständlich nicht aufkommen. Zwei Sternstunden vergleichsweise neuer deutscher Literatur werden abgeflimmert und aufgenommen und als sogenannter unbezahlter Mitschnitt ausgestrahlt. Davon kann ein deutscher Schriftsteller dann allerdings unter allge-

276

mein freundlicher Anteilnahme verhungern. Umweht von Magisterdiplomen und Semesterabschlußarbeiten und mit Rezensionsfahnen als Kranzschleifen.

Lyrik auf dem Markt

Als der Schutzverband Deutscher Autoren mir mit dem Titel «Dichter auf dem Markt» ins Haus schneite und seine Vorsitzenden mir nahelegten, ich möchte doch endlich meine Dachstube verlassen und mich – wie die Kollegen des Altertums – auf den Markt begeben, da nickte ich zunächst verständnisinnig, weil das schöne Beispiel mir ohne weiteres einleuchtete. Erst als ich dann wieder mit mir allein war und mir meine bisherige Existenz kritisch durch den Kopf gehen ließ, da war es, daß mir plötzlich ein Licht aufging, ich habe ja gar keine Dachstube, ich hätte vielmehr gern eine, vielleicht im lieblichen Pöseldorf, im niedlich verhutzelten Övelgönne, im bergichten Teil von Blankenese, und wie mir das freundliche Bild so nach und nach zu nichts zerging, zog auch der Markt nach, dieser uns höchstbehördlich eingeräumte Adolphsplatz, diese durch ein Dutzend und mehr kostenpflichtiger Einzelgenehmigungen abgesicherte Kulturschutzzone, diese vor einer wahrhaft imponierenden Kulisse aus Banken, Börsen und Kreditinstituten hingelagerte Darbietungsarena, und ich muß gestehen: das alles wurde mir denn doch ein bißchen unwirklich.

Das heißt freilich nicht, daß ich mich gerade schon wie Philip Lord Chandos fühlte. Sie kennen ihn, es ist der fiktive Briefschreiber, dem Hofmannsthal seine inzwischen berühmt gewordenen Zweifel an der Welt der Wörter, Bilder und Begriffe in die Feder diktierte, und Sie wissen auch, daß der Mann von Empfindungen geplagt wurde der Art, es würden ihm die Wörter «wie modrige Pilze» im Munde zerfallen. So also ging es mir nicht, und über so extreme Sensationen kann ich nichts vermelden.

Aber die Sache mit dem Markt und der Poesie erschien mir doch immer mehr wie ein schwarzer Schimmel, wie ein schwimmender Mühlstein, wie eine Geiß im Schwalbennest, und ernsthafte Sorgen drängten sich nach vorn – Sorgen über die realen Marktchancen solcher gereimten und gebundenen Kurzwaren, wie ich sie nun seit Jahren vertrete.

Wie sehen die Chancen aus und was ist mit der Sorge? Die Sorgen sehen etwa folgendermaßen aus. Um ein Gedicht von guter oder auch nur mittlerer Qualität wirklich marktfertig zu machen, das heißt, es aus dem ursprünglichen Rohzustand auf jene Hochform zu bringen, die der Kunde heute verlangt, muß bereits eine Vorinvestition von achthundert bis tausend Mark pro Stück geleistet werden. Diese Belastung seitens des Verfassers hat mit der sogenannten Inspiration zunächst überhaupt nichts zu tun. Inspirationen kommen auch ihm meist gratis zu und aus vergleichsweise heiterem Himmel. Man kann, wenn man das zur Zeit ein wenig diskreditierte Wort «Inspiration» lieber vermeiden möchte, natürlich genausogut von Einfällen sprechen – die muß man in jedem Falle haben; damit verschiebt sich aber allenfalls der Name, nicht das finanzielle Grundproblem, und das hat weder mit diesem noch mit jenem zu tun, sondern einzig mit dem Fertigungsprozeß.

Um Ihnen einen Einblick in die diesbezüglichen Schwierigkeiten zu geben. Wenn wir im Schnitt – und das betrifft wiederum nur die Güteklasse B, nicht die absolute Spitzenware: «Wer reitet so spät», «Er stand auf seines Daches Zinnen», «Wir kannten nicht sein unerhörtes Haupt», «Heilig Vaterland, in Gefahren», «Welle der Nacht, Meerwidder und Delphine» – wenn wir uns also dem wirklichen Mittelklassegedicht zuwenden und hier einen Inspirationsanteil von sagen wir zehn Volumenprozenten konstatieren, dann bleibt, ob wir es wahrhaben möchten oder nicht, ein irdischer Rest von neun Zehnteln, also die große Masse, für die muß doch zunächst einmal jemand aufkommen, die muß doch zunächst einmal von jemandem erstellt werden.

Ich bitte mich nicht mißzuverstehen. Daß das Bleibende von den Dichtern gestiftet wird, ist eine Maxime, über die wir uns nicht streiten wollen. Auch daß Poesie in dem, was ihr tiefstes Wesen ausmacht, aus höheren Sphären stammt und folgerichtig wieder dorthin strebt, braucht zwischen uns nicht weiter diskutiert zu werden. Wenn wir uns aber auf dieser Basis des Bleibenden und des Höheren sozusagen treffen, dann dürfte es doch wohl nicht mehr allzu schwierig sein, eine gewisse Einigung auch hinsichtlich der gemeineren Obliegenheiten zu erzielen. Gemeinhin herrscht ja auf seiten der Abnehmer, und das betrifft nun weniger Sie als Endverbraucher, sondern den Zwischenhandel und die Reproduktionsorgane, leider immer noch die Meinung, es sollte etwas in Rechnung gestellt werden, was letztlich unbezahlbar und überdies durch einen gewissen Schöpferrausch, eine gewisse Produktionseuphorie längst abgegolten sei. Dem ist aber keineswegs so, was zur Debatte steht, ist nur die Knochenarbeit, die reine Montagezeit, der Fertigungsaufwand, die Gestehungskosten, und wenn wir hier – wir wollen ja immer auf dem Teppich bleiben – die investierte Zeit mit rund gerechnet 180 Monatsstunden pro

Poem veranschlagen und die Arbeitsstunde mit etwa 5 Mark 50 berechnen, dann wird ohne weiteres ersichtlich, mit welchen Forderungen ein pp Poet vor seine Kulturnation hintritt. Fragt sich nur, wen er praktisch zur Kasse bitten und unter welchen Umständen ein Gedicht die Verauslagungen wieder einspielen soll.

Unter folgenden Umständen. Während zum Beispiel der Poet der Antike, immer schön mit seinesgleichen in Konkurrenz, auf Zuwendungen aus höchster Hand getrost vertrauen konnte; während der Sänger des hohen Mittelalters sich ebenfalls im Wettbewerb mit lieben Sangesbrüdern bewähren durfte und ihm auf der Höhe seines Ruhms oder am Ende seiner Tage immerhin eine Art von «lehen», Sinekure oder handfesten Besitztums winkte, hat sich der zeitgenössische Versproduzent auf gänzlich andere Wettbewerbsbedingungen einzustellen. Das alte Monopol der Poesie als öffentlicher Alleinunterhalter ist längst nur noch eine literaturhistorische Erinnerung. Die Illumination des Alltags und die Verschleierung der widrigen, das heißt der wirklichen Welt wird inzwischen durch bewährte Schnellschreibkräfte zuverlässiger bewältigt, als ihm mit seinen vergleichsweise archaischen Produktionsmethoden möglich ist. Die schöne Poetisierung des Daseins und die Versorgung breitester Verbraucherschichten mit Überhöhungsartikeln ist in Hände übergewechselt, die, wenn ich es einmal so metaphorisch sagen darf, den einen Finger am Puls des Volkes haben, den anderen am Drücker der Repro-Betriebe. So denn sieht sich der Dichtersmann unserer Tage auf Turnierbedingungen verpflichtet, die ihn an der Seite von Abi Ofarim und Drafi Deutscher, im Wettbewerb mit der «Stillen Stunde» und dem «Fall Rohrbach, III. Teil», im ungleichen Verein mit Hans und Anne und Guido und Robert, im Wettstreit um die Publikumsgunst mit Landserheft und Lore-Roman, Schulter an Schulter mit den großen Unterhaltungskanonen der Saison zeigen – aber was heißt hier schon Schulter an Schulter, die gleichen Start-, die gleichen Markt-, die gleichen Publikationschancen stehen wohl doch nur auf dem Papier, und *realiter* darf sich jeder noch praktizierende Poet als lebender Leichnam einer aussterbenden Gattung fühlen.

Zwar: freie Wirtschaft, freier Wettbewerb und freier Markt, so ruft das Zeitalter, repräsentiert durch einen seiner bedeutendsten Freizeitstrategen, noch dem letzten Pinscher zu, und man möchte es ja fast selber glauben, fast für wahr und gut und schön in einem halten, was uns unser Gewährsmann verspricht; Wanderer, wenn du dann allerdings auf den verwegenen Gedanken kommen solltest, vor die Pforten zu treten unse-

rer Veröffentlichungsanstalten, wo sie tagein, tagaus den feinen Zeit-
geist destillieren, der «für jeden etwas» heißt, siehe, du wirst dich wundern, und zwar gewaltig, wie beredt man dich auf die nahezu unbezahl-
bare Einmaligkeit deines Genres verweist. Überdrüssig des wieder und
wieder Wiederholten, verlangt man nach dir als einem leuchtenden
Mahnmal des Unabnutzbaren; das heißt, man legt Wert auf deine Un-
verwertbarkeit. Anscheinend bedrängt von Vervielfältigungsschaudern,
wie sie so heftig nur das Rad im Getriebe befallen können, klammert
sich an dich die letzte Hoffnung auf Non-Affirmatives; das heißt, du ver-
trittst gewissermaßen das einmalige Auftreten. Müde vom täglichen
Kampf gegen die literarische Prostitution, richtet sich auf dich und dein
unschuldig-unverkäufliches Wesen der Blick des Programmgestalters;
das heißt, daß man dir ein kleines Interesse allenfalls im Zustand der
Jungfräulichkeit gönnt.

O edle Dichtkunst, bei solcher Lage der Dinge scheint es mir in der Tat
ganz ratsam, du verzichtetest auf all deine Adelsdiplome und Un-
schuldspatente; du hast nichts zu verlieren als deine allseits geschätzte
Harmlosigkeit.

Rede: gehalten August 1966 auf dem Adolphsplatz

Ein Rücktritt als Auftakt

Frischfröhlich zu einem Porträt ansetzen, wer, unter uns gefragt, kann
das eigentlich noch? Offen gesprochen: dieser Mut, eine Person nach
dem Leben zu malen, und der Glaube – Punkt, Punkt, Komma, Strich –
das sei er denn auch, der in dem und dem Jahre Geborene, durch diese
und jene Schulen Gegangene, zunächst einmal so und so Geartete,
heute eher anders Einzuschätzende, der einerseits Familienvater, andererseits im öffentlichen Leben stehend, einerseits Rechtsanwalt und
Notar, andererseits Christ, Parlamentarier, bekenntnismutiger Einzel-
gänger, nicht ohne Sinn fürs Mögliche operierende Parteimann, der
Mut also und der Glaube, das alles in eins darstellen zu können, sind uns
ein wenig abhanden gekommen, und vor das Vertrauen in die einfache
Abschilderbarkeit eines Individuums treten begründete Zweifel hinsichtlich einer kaum zu erweisenden Identität. Auch wo man es nicht
mehr mit einem sagen wir unbeschriebenen Blatt zu tun hat, oder vielleicht gerade dort, drängen sich einige Bedenken mißtrauisch nach vorn,
betreffend: den Umgang mit vorgefärbtem Sekundärmaterial, betreffend: die große Schwierigkeit, aus öffentlichen Mitteln einen Mann

erstehen zu lassen oder aus mittelmäßigen Schwänken die Person; gleichwohl wird man es zunächst wohl doch einmal mit ein paar abgeschliffenen Standardinformationen versuchen, sei es auch nur in der Hoffnung auf eine Handvoll Datenobjektivität.

Heinemann, Gustav. Geboren am 23. Juli 1899 in Schwelm / Westf. Seit 1900 in Essen lebend. Vater zuletzt Prokurist der Fried. Krupp AG, lange Zeit Stadtverordneter in Essen. Nach dem Ersten Weltkrieg Studium der Volkswirtschaft, der Rechtswissenschaft und der Geschichte mit Promotionsabschlüssen als Dr. rer. pol. (1921 Marburg) und Dr. jur. (1929 Münster). Während des Studiums Tätigkeit in Deutsch-Demokratischen Studentengruppen (Richtung Friedrich Naumann). Aktiver Widerstand gegen den Kapp-Putsch und Festnahme durch Kapp-Anhänger. 1930 / 33 im christlichen Volksdienst. Während der Hitler-Herrschaft war Heinemann einer der führenden Männer der Bekennenden Kirche. Im Jahre 1928 Bestellung zum Justitiar und Prokuristen der Rheinischen Stahlwerke in Essen, dessen Vorstand H. seit 1936 als stellvertretendes Mitglied angehörte. 1945 wurde H. als Bergwerksdirektor Chef der Hauptverw. und o. Vorstandsmitgl. Im Jahre 1945 wählte die Kirchenversammlung in Treysa H. als Vertreter der Laien in den Rat der EKD (Evangelische Kirche in Deutschland), in welchem Amte er 1949 bestätigt wurde. Gleichzeitig wurde er 1949 in Bethel zum Präses der gesamtdeutschen Synode gewählt (bis 1955). H. war ferner seit 1946 ehrenamtl. Oberbürgermeister in Essen. Er gehörte der CDU an und war von Juni 1947 bis Juni 1948 Justizminister in Nordrhein-Westfalen. Er trat auf eigenen Wunsch von dem Posten zurück. Am 20. September 1949 wurde er als Innenminister in das erste Kabinett Adenauer berufen. Er geriet jedoch in wachsenden Widerspruch zu Dr. Adenauer über Zeitpunkt und Umfang der Teilnahme der Bundesrepublik an der westeuropäischen Verteidigung. Da sich eine Verständigung nicht ergab, trat H. am 9. Oktober 1950 zurück.

Wir halten den Zeitraffer-Film hier an und gehen in die Großaufnahme, wo eigene Erinnerung und Anteilnahme mit ins Spiel drängen. Das ist zwar, zugegeben, ein subjektiver Eingriff, und er konfrontiert uns augenblicklich wieder der Problematik des wirklichkeitsgetreuen Konterfeis; allein, der Blick durchs lupenreine Munzinger-Objektiv läßt einen auf die Dauer doch auch recht unbefriedigt; und weil er kaum etwas bietet, was man als lebenswahr und naturgetreu empfinden möchte, versuchen wir es einfach einmal anders herum. Sagen wir so: auch die Gedanken, die man sich über eine Person macht, gehören mit zu ihren Begleitumständen. Auch die Erwartungen, die ein Mann einmal zu wecken imstande war,

zählen in sein Gefolge. Und – ob einer es wahrhaben möchte oder nicht –
die Identität seiner Persönlichkeit belegt sich weder durch den scheinbar
wertfreien Daten- und Faktenabriß, noch ist sie Sache des freischweben-
den Individuums allein, sondern sie kann eingefordert werden zumal
durch jene Anteilnehmer, die auf ihn einmal ein Gutteil ihrer besseren
Hoffnungen delegierten. Daß übrigens gerade dem Dr. Heinemann solche Gedankengänge nicht ganz fremd sein dürfen, entnehme ich seinem
Plädoyer in der Sache Viktor Agartz, wo es heißt: «Und wenn ein Mensch
einmal von einer Aufgabe erfaßt worden ist … dann lassen ihn auch die-
jenigen nicht los – und das ist einfach eine Erfahrung des politischen Lebens –, die sich einmal auf ihn ausgerichtet haben, die einmal in ihm einen
Sprecher gesehen haben, die einmal etwas von ihm erwartet haben.» Dabei: der Rücktritt gleichsam als Auftakt genommen zu einer Personalbe-
schreibung, läßt keinesfalls auf Zufall schließen. In der Tat haben wir hier
den seltenen Fall, daß ein Politiker das, was man eine persönliche Lauf-
bahn nennen mag, mit einer Demission einleitete, und noch heute ist das
Image Heinemanns innigst mit jener singulären Sesselverweigerung aus
Gewissensgründen verknüpft. Von anderen wurde bekannt, daß sie, obwohl mehrfach der Lüge und der Korruption überführt, dennoch an ihr
Amt sich klammerten wie an einen höheren Auftrag. Von anderen ist man
es gewöhnt, hinzunehmen, daß sich die sogenannte Treue zu sich selbst
besonders als jene Fähigkeit dartut, zu unterschiedlichsten Bedingungen
am Leben und über Wasser zu bleiben – all diese stolzen deutschen Eichen,
die sich unter allen Umständen und allen Regierungen mit gleichem Mut
begrünen. Hier aber, in der Person des Gustav Heinemann, erschließt sich
Standvermögen plötzlich als eine ganz ungewohnte Qualität, und es vermittelt sich uns eine Ahnung von den Mühen, die einer möglicherweise
auf sich nehmen muß, um sich nicht zu verändern. Von Haus und Her-
kommen aus zunächst sehr wohl für die Beteiligung an einer christlich sich
nennenden, demokratisch bezeichneten Partei prädisponiert, als außerordentlich ernstsinniger, um nicht zu sagen strenggläubiger protestan-
tischer Christ den diesseitigen Heilsentwürfen der Liberalen und der Sozialisten skeptisch entgegengestellt, durch Erziehung und eigene soziale
Position wie selbstverständlich auf die Wertmaßstäbe des Bürgertums und
seiner Ideologie verpflichtet, aber entschlossen, das Wort bei seiner Wahrheit, den Begriff bei seinem Inhalt zu nehmen, stellte er sein Amt in dem
Moment zur Verfügung, als das Wort CDU sich ihm als Falsifikat entlarvte
und ein demokratisches Regiment als Kanzlerdemokratie:
«In der Kabinettssitzung vom 31. August sollte zu Fragen der Sicher-

heit der Bundesrepublik Stellung genommen werden. Aber schon am
Vortage übergab Dr. Adenauer dem amerikanischen Hochkommissar
McCloy das sogenannte Sicherheitsmemorandum, in dem er ohne Zustimmung des Kabinetts westdeutsche Soldaten gegen die vierte Be-
satzungsmacht anbot. In den Morgenstunden des 31. August war eine
Notiz über die Überreichung des Memorandums zu lesen. Sie war das
Gespräch unter den sich versammelnden Kabinettsmitgliedern. Man
war über die Eigenmächtigkeit des Kanzlers empört, bis er als letzter
hinzukam und die Sitzung eröffnete.

Dr. Adenauer entwickelte seine Sicht von der Lage und verlas das Sicherheitsmemorandum, so wie er es später am 8. Februar auch im Bundestag bekanntgab. Ich erklärte, daß ich sein Angebot für verhängnisvoll hielte und es nicht mitzuverantworten gedächte. Dr. Adenauer
fragte erregt, was das bedeuten solle? Ich sagte: ‹Ich scheide aus der
Regierung aus.› Der Eklat war da. Die übrigen Mitglieder der Bundesregierung ließen von ihrer Ungehaltenheit über die Art, wie sie übergan-
gen worden waren, nichts merken ...

Die Nachfolge im Bundesministerium des Inneren übernahm Dr. Lehr
aus der CDU, ohne daß die Fraktion dazu gehört wurde. Von ihr verab-
schiedete ich mich am 10. Oktober unter Darlegung der Gründe für mein
Ausscheiden. Diese meine Abschiedsrede war das einzige Mal, daß die
Fraktion im ganzen sich über meine Auffassung unterrichten ließ; jede
vorherige Aussprache mit der gesamten Fraktion war ebenso abgeriegelt
worden, wie auch die Fortsetzung eines Gespräches mit dem Vorstand der
zweitgrößten Koalitionspartei, der FDP, auf höheren Wink plötzlich vom
FDP-Vorstand abgesagt wurde, nachdem etwas von meinem Gespräch mit
ihr verlautet war. Ich erwähne das nur, weil mir die späteren Klagen über
die autokratischen Methoden des Kanzlers wenig imponieren können; als
es galt, den Anfängen zu wehren, hat man sich allseitig geduckt.»

Die Bilanz eines Rücktritts, Darlegung einer Rechenschaft, schmuck-
und ein wenig farblos fast, und auch nur so breit dargeboten, um den
Mann, der hier ohne eigene Absicht zu Porträt sitzt, einmal selbst zu
Wort kommen zu lassen. Immerhin, wenn man solche nennen wir es Blei-
stiftanmerkungen zur Lage einmal genauer ansieht und sich vielleicht
noch die nötige Stimme dazu denkt, spröde, zurückgenommenes Temperament, fast unpersönlich und den Affekt ganz in die Sache verlagert,
dann weiß man schon ein wenig mehr von einem Politiker, der als Person
ganz und gar zurücktritt vor dem, was ihm verfechtenswert scheint. Keiner, der sich – und wie viele hochfahrende Herren unserer Rechten und

unserer Sechzehntellinken möchten das nicht auch heute noch – mit ehernen Lettern ins Buch der Geschichte eintragen will. Nichts hier von dem pastosen Pathos bayerischer Christdemokraten, fränkischer Liberaler, wo noch der Satzbau die geschwellte Brust nachbildet. Nichts auch, um weiter im Bild zu bleiben, von der forschen Skrupellosigkeit der mittleren Generation, die es al fresco ins nationale Pantheon drängt. Und wer das deutsche Dröhnen sagen wir Erhards, die heisere Allzweckrhetorik sagen wir Wehners, die gutturalen Selbstapologien sagen wir Mendes nur einmal zum Vergleiche herbeizitiert, dem müßte sich unser Porträtand doch schon durch seine nüchtern-durchsichtige Vortragsart empfehlen. Rechtfertigung, die sich aus Fakten rekrutiert, das ist es, das Salz liegt in der Sache, und nur von ferne, oder sagen wir in Nebensätzen oder Untertönen verlautet etwas von dem schlichten Stolz eines Braven, nicht zu den Duckmäusern vom Dienst gehört zu haben.

Aber darum geht es nicht allein. Und auch nicht reduziert sich der Zusammenprall zweier Politiker auf die Unvermischbarkeit nur der Charaktere, eines autoritativ veranlagten hier, eines fundamental demokratisch denkenden dort, einer zutiefst katholischen Gesinnung und einer dezidiert protestantischen, einer auf Macht drängenden Persönlichkeit und einer rechtsbesessenen, eines gerissenen Mannes und eines ränkefreien; vielmehr, was in der Kabinettsitzung vom August 1950 zum erstenmal sich offen aussprach, waren zwei Möglichkeiten deutscher Politik, in großen Zügen: einer gegen den Rhein geneigten und einer auf den Zusammenhalt der Nation ständig reflektierenden. Heinemann war – für eine Weile und solange die Chancen reichten – ganz einfach die einzige wirkliche Alternative zu Adenauers kleineuropäischen Vorhaben. Er hatte als erster erkannt, daß Einseitigkeit am letzten zur Einheit führen würde. Er hatte vor einer überstürzten militärpolitischen Bindung an den Westen gewarnt, weil ihm solche Lösung auch die Zerlösung des Vaterlandes zu bedeuten schien. Er hatte als erster konsequent befürchtet, was man sich heute immer noch nicht als strikte Folgeerscheinung des Adenauerregimentes eingestehen will: die harte Tatsache DDR. Und eben weil er wußte, daß der Weg zu einem wiedervereinigten Deutschland gewiß nicht über einen Minengürtel (schon gar nicht über Atomminen) führen würde, schrieb, redete, warb, kämpfte er mit einem fast schon rührenden Mangel an Zynismus für eine Entschärfung des politischen Geländes. Das Wort Wiedervereinigung wurde für ihn zum Haupt- und Staatsmotiv. Das Bewußtsein der befristeten Gelegenheiten waren sein Traum und sein Trauma. Der Begriff «gesamtdeutsch» diente ihm eine Weile als Parteisignet. Und – weit entfernt davon, seinen berühmten Rücktritt als abendfüllenden Auftritt anzusehen – wurde er nicht müde, aufmerksam zu machen, wo er wirkliche Chancen erkannte, anzuklagen und zu mahnen, wo er die offizielle deutsche Politik nur mehr blockieren sah. Im Herbst 1951 gründete er die «Notgemeinschaft für den Frieden Europas», eine lose und vornehmlich durch guten Willen und dünne Flugschriften zusammengehaltene Vereinigung von Gegnern der deutschen Remilitarisierung. Im folgenden Jahre, zusammen mit der ehemaligen Zentrumsabgeordneten Helene Wessel, die «Gesamtdeutsche Volkspartei», die sich, finanziell beengt und ideell von nahezu allen Seiten verleumdet und denunziert, nie bis zu den nötigen fünf Prozent hin entwickeln konnte, die die herrschenden Kartellparteien zur Auflage für Neuzukömmlinge gemacht haben.

Auch außerhalb solcher parteilich gemeinten Vereinigungen ließ Gustav Heinemann keine Gelegenheit ungenutzt, seine frohe Botschaft von einer friedlichen Vereinigung der beiden deutschen Fragmente ins Öffentliche zu tragen. Freilich, wenn er geglaubt hatte, daß es im Interesse vieler Menschen liegen müsse, das demokratische Anliegen des Vaterlandes an das patriotische legiert zu wissen, dies an ein christliches und letzteres wiederum an den Wunsch auf eine friedliche Lösung der deutschen Dinge, so sah er sich doch bald ganz anderen Widerständen gegenüber als den erwarteten. Selbst der Versuch, den Stein des Anstoßes von Synode zu Synode, von Kirchenversammlung zu Kirchenversammlung zu rollen, und die schon recht reduzierte Hoffnung, wenigstens im gemeinsamen Glauben zwischen Deutschland und Deutschland vermitteln zu können, gerieten nicht so wie erwartet; und fast möchte man sagen, daß auf keinem anderen Felde so deutlich wie auf dem der kirchlichen Arbeit das Kräftespiel der heimlichen, der wahren Gravitationsverhältnisse der Macht sich offenbarte. Ob Heinemann sich, wie auf dem evangelischen Männertag in Frankfurt (15. Oktober 1950), gegen eine schiefe Auslegung von Römer 13 verwahrte und die «passive Unterwürfigkeit» von Christen rügte, oder ob er, wie auf der europäischen Laientagung in Bad Boll (22. Juni 1951), die besondere Verantwortung der Christen in Politicis hervorhob, ob er sich, in der Klosterkirche zu Cottbus (28. Oktober 1951), für eine «Mittlerrolle der Kirche zwischen Ost und West» verwendete, ob, auf der Weltkirchenkonferenz in Neu Delhi (November / Dezember 1961) gegen eine deutsche Atombewaffnung oder, in Evanston (August 1954), gegen die Äußerungen eines «monomanen Antikommunismus», ob er in Berlin oder Moskau (und, am schlimmsten, dort!), ob er die persönliche Haftung des Christen oder die Pflicht beschwor, den Spannungen in der Welt entgegenzuwirken (und, am schlimmsten, dies!), ob er sich gegen Dibelius' stockreaktionäre Obrigkeitsideologie wandte oder, so anläßlich der Bundestagsdebatte vom 23. Januar 1958, einen Christus anzurufen wagte, der «nicht gegen Karl Marx, sondern für uns alle gestorben» sei, immer gelang es ihm, an die geheiligtsten Präokkupationen der Evangelischen Kirche Deutschlands zu rühren und mit ihnen an die geheimen Interessenverflechtungen, die kirchliches und weltliches Regiment bei uns verbinden.

Zwar: gegen den Aufruf zur tätigen Mitverantwortung der Christen an der Politik hätten die Kirchenoberen und besonders die Oberkirchenräte wohl kaum etwas einzuwenden gehabt, und es war auch gar nicht so sehr der schöne Appell an die Freiheit eines Christenmenschen, der sie verstörte; nur: daß dieser Freiheit plötzlich ein anderer Inhalt zugewiesen werden sollte als der vertraute, daß Freiheit plötzlich bestehen sollte nicht nur als Einsicht in die von oben verordnete Notwendigkeit, sondern als Pflicht auch zum Widerspruch, das war es, was an wahrhaft eingefleischten Auffassungen rüttelte von Hirtenamt und Herdengeist. Das war es, was an jene bewährte, immer wieder dienliche Symbiose von Thron und Altar tastete; kurzum: was sich nicht ohne Neigung hatte vereinnahmen lassen, weil es zu gleichen Teilen glaubte vereinnahmen zu können, was für gewisse Segnungen des Staates zurückzusegnen bereit und in Gemeinschaft mit den christlich bezeichneten Parteien Obrigkeit zu bilden entschlossen war, das hatte nun seine liebe Not, gegen die Aufforderung zur christlichen Gewissensentscheidung des Einzelnen sich zu verwahren, die es, expressis verbis, noch nicht einmal abweisen konnte, weil es bedeutet hätte, mit einem gut protestantischen Fundamentalsatz sich anzulegen; und so denn nahmen sie – ein unerquickliches Kapitel! –, die ständig die Grenzen verwischten zwischen politischen und Glaubensdingen, Zuflucht zu der Behauptung, Heinemann politisiere den «kirchlichen», Heinemann trage religiöse, theologische Argumente in den «politischen Raum». Aber gerade die immer gleich verwaschene Art der Anwürfe und die sture Schematik der Verwahrungen ließen eines vor allem erkennen: daß man das Stillhalteabkommen mit der Regierung, schlimmer, einer ganz bestimmten Regierungspartei nicht angetastet sehen wollte. Ihm war man bereit zu opfern: die Unbedingtheit der Friedensbotschaft. Ihm war man bereit hintanzustellen: den Einfluß auf andere als christ-demokratisch eingeschworene Bevölkerungsschichten. Ihm war man bereit zu opfern selbst: seine

Handlungs- und Wirkungsfreiheit im Hinblick auf die bedrängten Bruderchristen in der DDR. Und somit opferte man dem Pakte mit der Macht – wie immer auch die schlimmen Entschuldigungen lauten – die Einheit des Evangeliums. Mögen die evangelischen Christen der DDR sich gewissen Forderungen ihres Staates nicht haben entziehen können, hier jedenfalls, bei uns also, regelte sich in Freiheit ein viel stärkeres Abhängigkeitsverhältnis zurecht, und das Bündnis zwischen einer Kirchenpartei und einem Parteichristentum stellt bereits heute die Einheit der Evangelischen Kirche in Deutschland in Frage.

Wenn ich hier anfüge, daß Gustav Heinemann nach seinem Austritt aus der Bundesregierung die Rückkehr in den Vorstand der Rheinstahlwerke verweigert wurde (er wurde mit einer Rente abgefunden) und daß seine gesamtdeutsch orientierten Missionsversuche ihn auch um sein Präsesamt in der evangelischen Synode brachten (am 7. März 1955), dann geschieht das nicht, um eine Schicksalstragödie auszumalen, schon gar nicht einen privaten Trauerfall. Eher schon, um eine Ahnung davon zu vermitteln, wie unsere bundesdeutsche Nachkriegsgesellschaft, repräsentiert durch ihre Gesellschaftsinhaber und Erbauungsinstitutionen, mit störenden Unruhefaktoren fertig wird. Eher schon, um zu zeigen, wie der sogenannte Pluralismus sich wirklicher «Abweichler» entledigt, und wie eine Verdrängernation den Angriff auf ihr trübes Selbstverständnis ahndet. Ganz gleich, ob man den einsamen Klarseher Heinemann aus Amt und Würden expedierte oder ihn gar nicht erst zur Kenntnis nahm, ob freie unabhängige Presse ihn herabsetzte, oder ob vollsynchronisierter Durchschnitt ihn einfach überhörte und übersah, sozialpsychologisch betrachtet, scheint überall der gleiche Abwehrmechanismus am Werke gewesen zu sein.

Wir müssen uns doch einmal vorstellen, wie sehr gerade das Problem der nationalen Einheit bei uns mit Vorurteilen belastet ist. Damit soll nicht gesagt sein, daß es als Thema ganz obenan steht, im Gegenteil, und wir wollen uns auch hüten, die lauten Meinungen von Funktionären der Vertriebenenverbände für Volkes Stimme zu nehmen. Aber: wenn man das bei vollem Bewußtsein miterlebt hat, wie man in Bundesdeutschland internationales Ansehen einzuhandeln suchte durch Absehen von gesamtdeutscher Politik; wenn man das aufmerksam beobachtet hat, wie man aus EVG zunächst, dann EWG, dann NATO, wie man aus Kleineuropa und atlantischem Bündnis sich einen Freundschaftsbund zusammenreimte und 17 Millionen Deutsche immer weiter aus den Augen verlor; wenn man gesehen hat, wie es nicht einmal schlau, sondern von

Herzen dämlich, nicht mit dem Stolz der Zurückhaltung, sondern voreilig-subaltern, wie es sich ohne zwingende Notwendigkeiten sogar seiner Alternativen begab und sein Heil im einfachen Schema, in der halben Lösung, im billigeren Angebot suchte, dann vermag man doch auch die Macht der Verdrängungen abzuschätzen, die mit der Frage nach der nationalen Einheit hier unlöslich verbunden sind.

Dabei, von einer neurotischen Verfassung des Gemeinwesens zu sprechen, wie wir es uns hier herausnehmen, rechtfertigt sich keineswegs aus der Tatsache einer exogenen Spaltung allein. Genausowenig wie man meinen möchte, daß die bewußtseinsklare Entscheidung für nur eine Seite die Ausbildung eindeutigen Selbstverständnisses verhindert hätte. Aber: weil eben die Entscheidung doch nur einen quälenden Bewußtseinskonflikt umgehen wollte und mit ihm die Mühen einer nicht ganz risikolosen Verhandlungspolitik, weil Trägheit, Käuflichkeit und Opportunismus maßgebliche Motoren gewesen waren und nicht ein einsichtsvolles Sichbescheidenwollen, verdichteten hochfahrende Ansprüche und dunkle Schuldgefühle sich zum kaum entwirrbaren, zum nationalen Komplex. Hier offenkundige Versäumnisse – dort rechthaberische Uneinsichtigkeit, hier die Übereignung der Verantwortung an die Siegermächte – dort der Anspruch, für die ganze Nation zu reden, hier der Appell an die «Brüder im Osten» – dort die immer präsente Bereitschaft zum Bruderkrieg, auf solche und ähnliche Brüche ist das deutsche Spaltungsirresein getauft, das sich mit Päckchenindiezone und Gedächtniskerzen über seinen Zustand hinwegzutäuschen sucht.

Was Heinemann dagegen zu bieten hatte, waren sehr direkte, sehr konkrete Angriffe auf die Grundlagen der deutschen Verdrängung selbst. Sein politisches Wollen zielte auf eine Entminung des innerdeutschen Versuchsgeländes. Seine Methoden hießen Rationalisierung und Entzauberung. Sein politischer Stil war gekennzeichnet durch Sachlichkeit und furchtlose Nüchternheit. Was Wunder, wenn man dort, wo man sich faktische Versäumnisse nicht als weiterwirkende Tatsachen vorstellen mochte, rechtzeitige Warnungen als Phantasieprodukte in den Wind schlug. Was Wunder, wenn man dort, wo man Magie und Namenszauber für Politik hält, gerade dem Dr. Heinemann das Aussprechen des Wortes DDR glaubte verübeln zu dürfen. Woran sie alle mitgeschaffen hatten durch Unterlassung, jetzt wollten sie's verschweigen und mit dem Namen aus der Welt geschafft sehen. Und eigentlich nur einmal – anläßlich jener berühmten Bundestagsdebatte vom 23. Januar 1958 – berühmt geworden durch das Auftreten des Gustav Heinemann und keines angemessen Gegners – fiel es wie der Schimmer einer Ahnung auf das verdunkelte Bewußtsein der deutschen Öffentlichkeit, und nicht ganz ohne Zerknirschung reflektierte man, für kurz, die welkgewordenen Möglichkeiten der Jahre 1952 und 1953.

Man halte dies hier nicht für den Versuch, an alte Wunden zu rühren; es sind die frischesten ja auch wirklich nicht mehr. Nur wie stille Gespenster noch leben die frühen Ermahnungen Heinemanns unter uns, und wenn wir auch gern einräumen wollen, daß die Geschichte ihm, wo nicht gerade Siege, so doch ein leidiges Recht hat zuteil werden lassen, so enthebt uns die bittere Genugtuung doch nicht der Frage nach dem weiteren politischen Unterkommen unseres Mannes.

Sein weiteres politisches Unterkommen? Die selbstgewählte Frage macht uns, zugegeben, etwas verlegen. Sie führt uns auch noch einmal ganz an den Anfang zurück. Knüpft wieder bei den Eingangsskrupeln an, die sich in Hinsicht auf die Porträtierbarkeit von lebenden Personen ergaben. Und bereichert sogar den Katalog der unterschiedlichen Bedenken noch um einige neue und gefährlichere. Wenn wir uns nämlich unserem Porträtanden jetzt noch einmal unter der Voraussetzung nähern, daß er seit einigen sieben Jahren bereits Mitglied der Sozialdemokratischen Partei Deutschlands ist, und daß diese Partei uns heute die Wende gar nicht mehr zusichern möchte, die sie uns früher verhieß, dann mündet die Sorge um die Identität eines einzelnen wie selbstverständlich in die Ratlosigkeit vor einem viel allgemeineren who is who. Man hat ja gerade in letzter Zeit, was die Vertauschbarkeit der Mienen und Meinungen angeht, einiges geboten bekommen. An sei's beunruhigenden, sei's schon wieder rührenden Konversionen ist kein Mangel. Das Problem des Identitätsverlustes, von uns bisher immer nur als mehr oder minder literarische Fragestellung angenommen, entpuppt sich als höchst konkretes Gegenwartsdilemma. Das Kragler-Modell nimmt schlimmes Leben an auf der politischen Bühne. Selbst ausgesuchte Leute beginnen, ihrer Persönlichkeit, nein nicht den rechten Schliff, sondern die totale Wende zu geben. Wer ist denn überhaupt noch wer? ist man geneigt zu fragen. Wer steht noch wo? Für was? Zu wem? Wer ist noch bei seiner eigenen Vergangenheit zu packen? Und, da das Ethos des Zusammenrückens schon totale Züge angenommen hat, bei einem eigenen Wesenszug? Es ist ja allmählich so weit gediehen, daß alte Kämpen des Sozialismus im Tone von Betschwestern reden. Männer, denen man noch vor einer Weile gern unser aller Freiheit ans Herz gelegt hätte, drängen in den Notstand. Und aus Verfechtern friedlicher Verständigung wurden – mit Abstrich, aber doch nicht unentschlossen – die neuen Atomstrategen. Eine Entwicklung, die einem wirklich fast nahelegen könnte, seine Stimme schon vor dem Gang an die Urne begraben zu lassen.

Ganz sicher ist die Entscheidung zur Wahl dem ernsthaften Wähler noch nie so schwergefallen wie bei der anstehenden, und wenn ich sage «zur Wahl», dann meine ich mitnichten «bei der Wahl», und wenn ich sage «ernsthaft», dann meine ich durchaus jenes sagen wir mal halbe Prozent von Skrupelhaften und Bedenkenschweren, das ich mich schon zu repräsentieren traue. Das freundliche Ansinnen, man möge doch von Linie ab- und lieber mehr auf Köpfe sehen, schafft leider auch nicht die rechte Erleichterung, weil uns Profile dummerweise in dem Augenblick angeboten werden, wo mit der Sache auch die Gesichter undeutlich geworden sind, und nichts so eklatant sich dartut wie gerade die Abhängigkeit von Profil und Programm. In einer noch gar nicht so weit entfernten «Spiegel»-Nummer fand ich im übrigen sehr ähnlich lautende Bedenken abgedruckt. Was man sich ernsthaft unter SPD noch vorstellen dürfe, fragte Rudolf Augstein, und dann, im Hinblick just auf den Politiker, den ich mit wirklich wählerischer Hand unter den paar verbliebenen Möglichkeiten mir herausgesucht hatte: «Wofür steht Gustav Heinemann heute? Früher habe ich es gewußt. Heute weiß ich es nicht mehr.» Und da muß ich denn gestehen, daß ich, obwohl gerade im Begriff, mir den Helden meiner Studentenjahre 1951 bis 1958 wieder ins rechte Licht zu rücken, auch keine bündige und zufriedenstellende Antwort wußte.

Aber etwas anderes wußte ich inzwischen dann doch schon. Genauer gesagt: ich wußte einfach, daß ich wählen würde, und daß ich es wußte, war nicht ganz zuletzt auf jene paar Zeilen Heinemann contra Niemöller zurückzuführen, die mich aus einem Himmel reinen Grolls und weltabgewandter Entschiedenheit wieder auf diese Erde zurückgerufen hatten. Ich hatte ja auch eine ganze Weile geschwankt, ob Wahl oder Nichtwahl. Hatte kaum noch gemeint, daß Parteinahme überhaupt möglich. Hatte mir selber weisgemacht, daß die Abgabe des weißen Stimmzettels die unschuldsreine Lösung, die Stimmverweigerung die anständigste Form des Votums sei, allein, als ich dann diesen nüchternen rechtschaffenen Mann einem rechtschaffenen und aufgebrachten die Sachlage erklären sah, da sah ich mittlerdings noch einiges mehr. Da sah ich nämlich, was ich in der Aufregung fast übersehen hatte. Da sah ich, was ich mir übersehen hatte und wirklich nicht mehr sehen wollte, die Herren Dufhues, Westrick, Rasner, Krone und den ganzen Apparat der Herrschaft und der Herrschaftsbefestigung. Aber das war es, weißgott, noch lange nicht. Ich sah nämlich auch noch den Altkanzler und seine unsterblich stockflek-kige Ideologie und des Neukanzlers fettfleckige. Und den Herrn Schrö-der sah ich, hilfloser sicher, als er sich selber sieht. Und ich sah den Herrn Mende. Herrn Seebohm sah ich Reden halten, Herrn Bucher absolut nichts dagegen haben, Herrn von Hassel alles mit einer neuen und scharfen Spitze versehen, und, ob ich es wahrhaben wollte oder nicht, ich mußte auch den Herrn Barzel noch sehen. Anspielungen auf Namen, ich weiß es, sind immer eine mißliche Sache, aber als ich dann des Herrn Lücke ansichtig wurde? Und die Frau Oberkirchenrätin Schwarzhaupt sah ich ja auch noch, sah, zwittrig, und den Unternehmern mehr zuge-wogen als eingestanden, den Christgewerkschaftler Blank, zwittrig, den Zwitter Kirchenpartei repräsentieren, Herrn Eugen Gerstenmaier, und obwohl ich schon lange genug gesehen hatte, um zu wissen, was los war, konnte ich meinen Blick doch nicht verschließen vor den Entwicklungs-ländern, der Familie, der Post, und als ich schließlich auch mit der Post mich noch befaßte, da war es wie unterderhand, daß ich noch einen wei-teren Herrn mit an die Strippe kriegte, nein nicht Herrn Stücklen, son-dern Herrn Hermann Höcherl, Bundesminister des Innern, und als sol-cher wollte er mir partout nicht aus der Leitung.

Nun kannte ich zwar Herrn Minister gewissermaßen schon persön-lich und vom flüchtigen Handschlag her. Gemeinsames Interesse hatte uns gelegentlich an gleiche Orte geführt, wo er, der Kunst und allem Schönen seine Reverenz zu erweisen, ich in Geschäften, anwesend war. Und doch, was jetzt auf einmal so alles auf mich eindrang und zum Dialog nicht gedeihen wollte, es war eigentlich kaum geeignet, eine ohnehin knappe Bekanntschaft wesentlich zu beleben. «Wir müssen hier wirklich aufpassen», vernahm ich nämlich als erstes, «daß uns in Sachen Staats-schutz nichts durch die Lappen geht», und als ich, des ungewohnten Jar-gons wegen, zunächst noch verstört, dann aber aufmerksamer lauschte, hörte ich gerade noch den entschwindenden Halbsatz: «vor allem der Ostblock und die – auf dem Filmgebiet recht zahlreichen – westdeutschen Journalisten, die ständig mit der Demokratie im Munde die Freiheit sy-stematisch lächerlich machen und eine höchst merkwürdige Bewunde-rung für fast alle Produkte der kommunistischen Literatur haben.» «Wie, westdeutsche Journalisten?» dachte ich, «das kann doch wohl nicht sein?» und ich wollte sogleich zurückfragen, um was es sich handele, und ob man da nicht eigentlich eher anderen Personen auf die Finger sehen sollte, als die Stimme vorausschauend versicherte: «Die ehemaligen SS-Führer, die als Verfassungsschutzbeamte Dienst tun, haben in zehnjäh-

riger Arbeit bewiesen, daß sie auf dem Boden des Rechtsstaates stehen.»
Nun, sicher, auf dem Boden des Rechtsstaates, das wollten wir auch
hübsch hoffen; aber jetzt verlangte es mich allmählich doch nach einiger
genauerer Auskunft, und ich fragte in die tiefsten Tiefen meines Telefons
hinein: «Herr Minister! Wie erklären Sie sich aber andererseits, daß bei
der Fülle noch gar nicht so lange zurückliegender Affären immer wieder
sehr heikle Rechtsfragen...?» Die Zapfstelle: «Die Bundesrepublik gerät
nicht durch ‹Affärchen› in Gefahr, sondern dadurch, daß die Deutschen
gute Zeiten einfach nicht lange zu ertragen vermögen und nach Abwechslung verlangen.» Ich: «Aber Sie scheinen hier die Kausalzusam-
menhänge nicht mehr recht zu überblicken. Zu einer Affäre gehört doch
zunächst einmal ein Auslösungsfaktor, und der war doch zum Beispiel im
Falle des Herrn Ahlers...» Der Anschluß: «Zugegeben, etwas außerhalb
der Legalität.» Ich: «Nun, sehen Sie, und wenn ich, hieran anknüpfend,
mal gleich auf die Abhöraffäre...» Das Horcherl: «Meine Beamten können nicht den ganzen Tag mit dem Grundgesetz unter dem Arm herum-
laufen.» Ich (eindringlich-bänglich, nicht ohne Furcht wegen sichtbar
entgleitender Rechtsgrundlagen): «Herr Minister, Herr Minister, das
darf doch Ihr Ernst nicht sein. Wie, unter solchen Umständen wollen Sie
denn den ganzen Straußkomplex...» Der Zapfer (barsch): «Die be-
trächtliche Leistung von Franz Josef Strauß!» Ich: «Den ganzen Strauß-
skandal...» Der Aufpasser: «Skandalinformationen über wohlbekannte
Leute sind zur marktgängigen Ware geworden.» Ich: «Aber, aber...» Der
Kiebitz: «Die Bundesrepublik gerät nicht durch ‹Affärchen› in Gefahr,
sondern dadurch, daß die Deutschen gute Zeiten einfach nicht zu ertragen vermögen und nach Abwechslung verlangen.» Ich: «Sie wiederholen
sich, was heißt hier schon Abwechslung? An welche Leute denken Sie
überhaupt? Was meinen Sie mit ‹Gefahr›?» Der Habichdichdocher-
wischt: «Der kapituläre Pazifismus, der nicht zu verwechseln mit dem
Willen zum Frieden in Freiheit ist, wurde in manchen Varianten Mode.»
Ich: «Namen!» Die Aufsicht: «Das rote Festival, zum Beispiel.» Ich:
«Oberhausen?» Der Mann im Ohr: «Wir wissen, daß sich ein beträchtlicher Teil der sowjetzonalen Prominenz in Oberhausen ein Stelldichein
gibt.» Ich: «–?–» Der Mitwisser: «Die Herren Spione arbeiten mit allen
Mitteln.» Ich (eindringlicher): «–???–» Der Unheimliche: «Auch in
München leben 180 000 Ausländer aller politischen Schattierungen, ver-
strickt in einen Dschungel von Untergrundaktivität.» Ich: «?¿?¿» Die
Gewissenswacht: «Sehen Sie, kein Land der Welt gestattet solche Frei-
zügigkeit wie die Bundesrepublik.» Ich: «Ja, und da wollen Sie, da mei-

Dr.Dr. G.W. Heinemann
Mitglied des Deutschen Bundestages

Herrn
Peter Rühmkorf

2 H a m b u r g 13
Parkallee 5

53 Bonn

Fernruf 206 ....

Die Wahl dieser Rufnummer vermittelt das
gewünschten Hausanschluß.
Kommt ein Anschluß nicht zustande, bitte
Nr. 23-01 (Bundeshaus-Vermittlung) anrufen.

43 Essen, 10. Juni 1965
Lindenallee 5
Dr.H./H.

Sehr geehrter Herr Rühmkorf!

Es darf nicht bei meinem eiligen Brief vom 17. Mai d.J. bleiben,
in dem ich Ihnen zwar meine volle Sympathie für Ihr Porträt bekundete, aber vor allem schnell ein paar Korrekturen für die RoRo-
Ausgabe anmelden wollte. Der Verlag beantwortete meinen Brief
mit der Zusendung eines fertigen Druckexemplars. So muss es denn
bei den Hinweisen bleiben, bis vielleicht ein neuer Druck fällig wird

Heute möchte ich Ihnen noch einmal sehr herzlich für die überaus
freundliche und verständnisvolle Art danken, in der Sie mich dargestellt haben. Ich bewundere Ihre Einfühlung in Kategorien, die nicht
die Ihren sind! Auch von anderen habe ich inzwischen nur Anerkennung
gerade über Ihren Beitrag zu dem RoRo-Band gehört.

Was nun bleibt, ist in der Tat die Aufgabe, den Einfluss im Sinne
Ihres Schlußsatzes im Kreise derer zu nehmen, die gemeinsam in der
ersten Linie die Wachablösung praktizieren sollen und wollen.

Mit freundlichem Gruss
Ihr

(Dr. Heinemann)

nen Sie denn, da sollte man –» Der Gedankenleser: «Niemandem bleibt es erspart, der Gefahr ins Auge zu blicken.» Ich: «... Maßnahmen ergreifen?» Der Vorsorgetreffer: «Vorsorgegesetze zum Schutz der Bevölkerung.» Ich: «Vorsorgegesetze?» Die Hörhilfe: «Der verantwortungsbewußte Mensch sorgt vor.» Ich: «Aber das geht dann wohl so langsam in einen andern Bereich über?» Der Fraglose: «Beides, die militärische und die zivile Verteidigung gehört zusammen.» Ich (mich langsam auf den Rückzug vorbereitend): «Und was haben Sie sonst noch so in Ihrer Schublade, Herr Minister?» Der Minister für innere Aufrüstung: «Zivile Dienstpflicht... Selbstverständlicher Teil der Verteidigung... kann heute nicht mehr bezweifelt werden ... die rechtliche Handhabe für gewisse Dinge ... Ich habe das Gesetz umgetauft und es als Gesetz über den Zivildienst im Verteidigungsfall bezeichnet ... Ein weiteres wichtiges Gesetz aus diesem Bereich ist das Schutzbaugesetz ... Jeder hat eine Chance ... Selbstschutzgerät, das jeder anschaffen soll ... pro Person 72 Mark ... Die Waffenentwicklung hat fürchterliche Ausmaße angenommen ... im Notfall die Aktentasche auf den Kopf ... immer wieder werden Menschen von Naturkatastrophen bedroht ... Aktion Eichhörnchen ... Hier hat eine große und entschlossene Anstrengung noch Sinn ... ein baldrianhaltiges Beruhigungsmittel ...» Ich (über alle Berge, aber nicht auf dem Weg nach Spanien): –

Ich: restlos belehrt und auch nicht mehr bereit, den Wähler in mir zu unterdrücken. Ich: selbst das heikle Problem der Kopfwahl nicht mehr ganz so kritisch musternd. Denn: mochte man über eine Situation, wo Hoffnung auf Veränderung sich nur mehr an Personen klammern darf, denken wie man wollte, dies jedenfalls hatte mein nächtliches Interview in mir zutag gebracht, daß man anscheinend doch noch mit Personen rechnen mußte. Ich meine das so oder so. Das heißt, wenn wir nun auch noch dagegenstellen, daß die Alternativfigur wahrscheinlich Gustav Heinemann heißt, dann sehe ich vor dem dunklen Hintergrunde aus Zweckpanik und Verniedlichung, aus laxer Rechtsauffassung und ideologisch verbogener Denunziation geradezu eine Rettergestalt auf uns zukommen, und angesichts einer Amtsführung, viel weniger täppisch als gefahrverheißend, scheidet sich zwanglos die alte Allianz von Wahl und Qual. Immerhin: Er ist ja keineswegs in der Versenkung verschwunden, der Von-Kopf-bis-Fuß-Demokrat Gustav Heinemann. Immerhin: der Fundus seiner Kenntnis und Fähigkeiten scheint einer großen Partei eminent wichtig. In jenem Gegenkabinett, mit dem die SPD dem Bundesbürger bessere Aussichten vor Augen führen möchte, wird Gustav

Heinemann als Kandidat entweder für Innen- oder Justizministerium genannt; und das scheint mir in Anbetracht der herrschenden Verhältnisse keine geringe Hoffnung. So stellt sich uns am Ende aber auch die erklärte Einzelhuldigung nicht nur mehr als bloße Entschuldigung oder ohnmächtiges Wunschbild dar. Sie darf aufgefaßt werden als der Versuch, unsere Besorgnisse um die Demokratisierung des Gemeinwesens einem besonders Besorgten, unsere Skrupel einem Skrupelvollen anzutragen. Einem Manne, den wir vielleicht eine Zeitlang vorn in der Öffentlichkeit vermißt haben. Einem Manne, dessen Umgebung wir vielleicht gern anders oder geändert sähen. Einem Manne aber auch, von dem nicht bekanntgeworden ist, daß er sich im wesentlichen seiner Glaubenssätze je widersprochen hätte, und dem wir Einfluß wünschen nicht zuletzt auf sie, die sich seiner Mitarbeit versicherten.

Aus: «Plädoyer für eine neue Regierung oder Keine Alternative», Juni 1965

104.) Ostermarsch 67. So geht es nicht. So geht es nicht weiter. So kommen wir niemals durch. Ges. Gesch. Gesinnungsparaden. Die Staatsgewalt führt uns gesittet im Kreis und an der Nase herum.

Zum Ostermarsch

Ein Gespenst geht um in Europa, meine Damen und Herren, es geistert auch schon in Amerika, doch vor allem spukt es in Deutschland: das Gespenst der Protestbewegung. Dies Gespenst ist mal so, mal so gesehen worden. Mal wird es ungelenk genannt, amorph und tollpatschig; mal straff gelenkt und einheitlich formiert; einige Betrachter sagen, es wäre rot gewesen, andere: kakelbunt und ostereierfarben; die einen nennen es schlau, die anderen närrisch; hier erscheint es als ohnmächtig aufbegehrende Minderheit, dort schon als böser, weit ausgreifender Lindwurm; einerseits liebt man, komische Züge hervorzuheben, sein utopisches Gebarme, seine zwittrige Unentschiedenheit (halb Kopf – halb Klampfe, halb Landesverrat – halb Zilleball), andrerseits, und das war erst kürzlich in Berlin, kehrt man gegenüber den Aufmuckern den Stürmer heraus und heißt sie: «Krawallmacher», «Radaubrüder», «politische Rowdies», «gemeingefährliche Radikale», «Störenfriede», «Wirr»- und «Krawallköpfe». –

Das ist nun in der Tat ein imponierender Katalog an Zeugenaussagen, kaum geeignet für ein brauchbares Fahndungsfoto und kennzeichnend allenfalls für die Mentalität der Kennzeichner. Hier soll gebrandmarkt werden, das in jedem Fall, und zwar mit offenen Verleumdungen oder – im Einzelfall – mit feinerem Geschütz. Wie immer man die Schmähungen und Verdrehungen nämlich avisiert, und von welcher Massivität der moralischen Verklagung bis welchen spitzen Höhen der Ironie die Klaviatur der Verwahrungen reicht, ersichtlich wird durchgehend: daß der Protest in unserm Land für unangebracht gilt und nichts so unerwünscht ist wie eine demokratische Willensäußerung jenseits der offiziellen Sprach-, oder richtiger, Schweigeregelungen. Zu ihrer Eindämmung verbinden sich alle reaktionären Kräfte am Ort, die möchten, daß nur noch regiert, nicht mehr kritisiert, nicht mehr kontrolliert wird. Sie einzuschüchtern sind im Zeichen von Vietnam-Krieg und Notstandsplanung, von Großerkoalition und NPD alle Mittel recht, vom Gummiknüppel bis zur Druckmaschine. Freilich, die Knüppel, in Hamburg, Frankfurt und Berlin für die Sache des Großen Bruders und die gemeinsamen Geschäftsverbindungen in Betrieb gesetzt, sind noch das geringere Übel unserer Notstandsdemokratie; und gefährlicher, als was auf die Köpfe klatschen kann von ungeliebten Demonstranten, ist, was man täglich in die Köpfe hineinpumpt von Millionen Landeskindern. Wo nämlich der politisch Ungenehme als «Wolf» und «gemeingefährlicher Radikaler» angezeigt werden darf, und die großen Meinungstrusts und Bewußtseinsmonopole keinen besseren Ehrgeiz kennen als die große Koalition noch einmal im kleinen Proporz nachzubilden, da ist wohl Feierabend mit den herkömmlichen Begriffen von «Demokratie» und «freier Meinungsbildung».

Was sagt das über den Nutzen der Protestbewegung in Bundesdeutschland und für die Aussichten dieser «Kampagne für Abrüstung»? Es sagt nicht mehr und nicht minder, als daß wir hier eines der wenigen verbliebenen Medien vor uns haben, in denen außerbetriebliche Opposition sich überhaupt noch darstellen kann. Sicher, vieles daran erscheint uns handgestrickt und eher gut gemeint als effektiv; die Demonstrationsformen sind nachweislich unzulänglich, in jedem Fall verbesserungsbedürftig; das fortschrittliche Moment, als Fußmarsch exemplifiziert, läßt eher an Methoden des Bauernkrieges als an Progreß im Elektronenzeitalter denken; das Plakat, auf lizensierten, von der Polizei geebneten Wegen als Gesinnungsträger vorgezeigt, scheint genau dies und nicht als brauchbares Transportmittel für weiterwirkenden Widerspruch. Aber, meine Damen und Herren, und hier kommen wir an einen kritischen Punkt unserer Unterhaltung, in einer Zeit, wo das Kopfschütteln außer Mode gekommen ist, die Meinungsunterschiede eingeebnet werden, die Splittergruppen parlamentarisch ausgeklauselt, die wenigen liberalen Querköpfe, die es letzte Ostern doch noch gab, außer Betrieb gesetzt, in solcher Zeit also, wo unsere Demokratie auf demokratischem Weg bis zur Haltlosigkeit entgrätet worden ist, gilt es, demokratische Äußerungsformen weiter zu entwickeln, die nicht primär an die große Bestätigungsapparatur angeschlossen sind.

Damit ist nicht gesagt, daß die außerbetrieblich in Gang gesetzte Redemokratisierung nicht auf die Apparate und in die Institutionen zurückwirken soll. Selbstverständlich wäre nichts wünschenswerter, als daß axiomatische Forderungen, wie sie bisher von «Ostermarsch» und «Kampagne für Abrüstung» im wahrsten Sinne des Wortes vor-getragen nun auch in die Körperschaften hinein getragen werden, in denen öffentliches Leben sich organisiert: in die Parteien, Gewerkschaften, Religionsgruppen, Meinungsmedien und Informationsanstalten. Eins freilich scheint mir dafür notwendige Voraussetzung. Daß nämlich all die braven Unmutsträger, die sich bisher mit einem vagen Nonkonformismus begnügt und tief im Apparat noch so etwas wie den Luxus der Unangepaßtheit genossen haben, endlich aus der Reserve hervorkommen, in den dringenden Fragen der Friedenspolitik deutlich Partei ergreifen und ihre guten Namen und guten Posten für die Ausbreitung progressiver Politik allgemein zur Verfügung stellen.

1967

Das Gedicht als Lügendetektor

Soll ein Gedicht die Wahrheit sagen und kann es das überhaupt? Läßt sich aus seiner Geschichte eine besondere Neigung für Aufklärungsarbeit herauslesen? Aus seinem gerafften und gebundenen Wesen eine Disposition zur Darlegung unverfälschter Sachverhalte und zur Entschleierung verborgener? Gibt sein alt eingefleischter Hang zu magischen Beschwörungspraktiken und Suggestivansprachen Befähigung zu bewußter Entlüftungspolitik zu erkennen? Natürlich, wenn wir so fragen, dann fragen wir bereits anders als noch vor vier, fünf Jahren und setzen somit ganz neue Prioritäten der Fragwürdigkeit. Trotzdem sei davor gewarnt, sich allzufrüh in neuer Objektivität, in Sicherheit zu wiegen. Wenn wir den langen, verwirrenden Entwicklungsverlauf dieser literarischen Spezies nämlich einmal kritisch überschlagen, dann stellen wir zu Recht beunruhigt fest, daß uns aus der Geschichte keine eindeutige Antwort zuteil wird, und daß Gedichte jederzeit der Aufdeckung von Wahrheit dienen können als auch ihrer Verbrämung und Verschleierung.

Das ist, zugegeben, eine grob vereinfachende Typologie, denn WAS IST WAHRHEIT? höre ich jetzt schon jenen pragmatischen Relativismus fragen, der seit Pilatus zitierwürdig geworden ist, und aus dem Hallraum des ästhetischen Absolutismus tönen uns prompt so unumstößliche Wahrheiten entgegen wie «Stil ist der Wahrheit überlegen» (Benn) oder «Die wahre Lebenshilfe der Dichtung liegt in ihrem Spielcharakter und berührt nicht den Verstand und die Ethik, sondern etwas noch Fundamentaleres, nämlich das Wesen des Menschseins» (Wolfgang Kayser). Wunderbare Einsichten! Freilich nur in das Tonstudio einer reaktionären Binnenästhetik, und angesichts dessen, was Poesie nun seit Jahrtausenden immer wieder an kruden Tageswahrheiten aufs Tapet gebracht hat, verkommen so Fundamentaldekrete wie Kaysers Wesensbestimmungen zu bloßer Wahrsagerei. Vor so viel apriorischer Eindeutigkeit, die Antithesen gar nicht mehr zuläßt, scheint uns das eigene Schema fast schon wieder hochdifferenziert. Außerdem praktikabel. Und wenn wir uns nun noch entschließen können, die raumgreifende Alternative «Wahrheit» – «Unwahrheit» auf eine handliche Spannweite zurückzuschrauben, sagen wir auf den Gegensatz Überhöhung – Entschleierung oder Verklärungs – Aufklärung oder Lust an Entmythologisierung und – lyrische Regimentsmusik, dann müssen Gedichte für uns nicht unbedingt Geheimnisträger bleiben, selbst nicht, wo sie vorsätzlich dunkel sind, d e r Vorsatz hat Methode und d i e fügt sich wiederum in unser Schema.

Wo immer wir sie auch packen, Dichtkunst quer durch die Jahrtausende, entweder sie bietet sich uns nämlich dar als Herrschaftsinstrument, das der gegebenen Autorität die Insignien vergolden und den Purpur nachfärben hilft, oder sie tritt der Macht und ihren Hoheitszeichen entgegen als ein Beitrag zu ihrer Desillusion. Große Namen, darauf müssen wir uns freilich gefaßt machen, lassen sich jederzeit für beide Parteien ins Feld führen; nicht immer entlarvt sich der Fürstendiener auf den ersten Blick als Banause, der dichtende Höfling als schlechter Flötist; und es ist sogar denkbar, daß da ein Bruch geht mitten durch erlauchte Namen und Gestalten, der unsere Neigung zu einem ungeteilten Interesse jäh auseinanderreißt. Weil unser Konzept nun aber einmal auf Parteinahme hinausläuft, weil wir nicht gewillt sind, ein faules Imprimatur zu geben, wo immer ein Vers sich irgendwie als Kunstgebilde ausweisen kann, eine gedichtete Liebedienerei als artistisches Bravourstück, scheuen wir uns nicht, auch angesichts von etablierten Würdenträgern um Zorn und Anteilnahme zu bitten: hie also die Pindar, Bakchylides, Vergil und Rudolf Alexander Schröder, der Walther der Fürstenhymnen, der Hartmann der Kreuzlieder, der späte Freiligrath, der frühe Fontane, der halbe Becher – dort die Catull und Lukian, Villon und Greflinger, der frühe Freiligrath, der späte Firdusi, der gesamte Heine, der fast vollständige Brecht, der freiere Walther, der bessere Klopstock:

Wenn ich der Krieger einen mit Recht Eroberer nenne, / Von dem Augenblick an ist er mir Mensch nicht, ist Thier. / Sey sein Name berühmt, er heiße Ginkiskan, Cäsar, / Alexander: Mensch ist er mitnichten, ist Thier. / Sey er kein Wolf denn, sondern ein Löwe; sey er ein Adler / Und kein Geier: er ist doch nur ein anderes Thier.

Daß das hier angeführte Exerzitium zu den wirklich unbekannten Gedichten Klopstocks zählt, versteht sich nicht von ungefähr; enthält es doch wesentliche Elemente der entlarvenden Schreibart in Reinkultur. Entgegen dem Geschmack der Schulen und Bildungsanstalten, ja der kulturellen Zubringerbetriebe überhaupt, werden hier die erhabenen Superlative einer schier unverweslichen Heroenlehre einer Prüfung unterzogen. Zeitkritisch und sprachkritisch in einem bewegt sich der dichtende Wehrdienstgegner durch den heraldischen Zoo der Überhöhungspoesie, die hehre Emblematik auf ihren schlichten, schlimmen Sinn befragend. Und um die Besonderheit der literarischen Entkleidungstechnik gleich noch ein wenig deutlicher zu zeichnen, wollen wir ihr unverzüglich ihr Gegenspiel folgen lassen, d. h. ein Schönschreibmuster, das man – nach gusto – überhöhend oder verkleidend oder auch marmorisierend nennen kann.

> Der Aar ist aller Vögel schnellster im Flug,
> Jäh erkrallt er die Blutkost, aber er holt sie
> Aus den Höhen, drinnen er kreist.
> Krächzenderes Geflügel liebt
> Niedere Weide, immer zur Hand.
> Dir aber glänzt von Klios Gnaden,

Der thronenden, Dir Siegendem
Längst von Nemea, von Epidauros,
Dir von Megara Strahl ums Haupt.

Das Beispiel Pindar – denn eben von ihm stammt diese mit blutigem De-
kor nicht geizende Siegerhymne – kann uns allerdings nicht nur im Hinblick auf ihre unerträgliche Großmannsideologie interessant sein, nicht
nur in Anbetracht ihres elitären Feiertagsvokabulars; auch die Person und
ihr Schicksal stehen sozusagen stellvertretend für einen immer wieder-
kehrenden Typus dichterischen Hoflieferantentums. Von Sieg zu Sieg ei-
lend, von Residenz zu Residenz sich durchsingend, von Palast zu Palast
sei's weitergereicht, sei es mit hymnischem Gehudel sich selbst in Erinnerung bringend, symbolisiert sich in seiner schwankenden Gestalt der
Typ des Allzweckschreibers schlechthin, korrupt genug, jedem Duodez-
Tyrannen die göttliche Abkunft anzudichten, jedem erfolgreichen
Sportsfreund das Podest aufzustocken. Mit Werbeannoncen wie folgenden «Ich wünsch mir der Adligen Gunst / Und sei mir vergönnt nur der
Edlen Umgang» versuchte er unentwegt jeweiligen Gesellschaftsspitzen
seine Dienste anzutragen; nur daß die als ehern und unverrückbar von
ihm besungenen Throne oft allzu leicht in Bewegung gerieten, die Edlen
so flink in der Versenkung verschwanden wie sie aufgetaucht waren, und
unser Ideologe der Macht sich fortwährend nach neuer Herrschaft um-
sehen mußte. Der Fall ist nicht nur für sich interessant. Mustergültig offenbart sich am klassischen Paradefall der innere Widerspruch von un-
entwegter Positivität. Ein ewig hoher Sinn, ein autonomer Geist, der stets
bejaht, scheint's, garantiert nicht gerade, was er vorspiegelt, Treue zu sich
selbst, eher schon die immer wache Bereitschaft zu Liebedienerei und
Opportunismus. Ein Hang zur Heldenverehrung und innere Prädispo-
sition zu taktischem Stellungswechsel zeigen symbiotische Zusammenhänge. Daß dann auch solch ein Passepartout-Panegyriker gelegentlich
tragische Züge gewinnen und unser an trüben Dichterschicksalen leicht
inflammables Interesse erwärmen kann, ändert dabei kaum etwas am Mo-
dellcharakter einer wenig Vertrauen erweckenden Gesamterscheinung.

Den Beziehungen zwischen hoher Kunst und brutaler politischer Macht
nachzusinnen, stimmt nicht immer gerade glücklich. Dabei ist der Anblick einer so eindeutig zugefeilten Figur wie unseres Schreibtisch-
Olympioniken noch nicht einmal verwirrend zu nennen. Neben un-
verhohlenen Parteigängern der Macht sind komplizierter gebogene

Rücken zu denken, verwickeltere Anpassungsarten, weniger durchsichtige Lebensläufe, angenehmere Stimmen. Neben kalten Lobestiraden süßere Flöten. Ungern zum Beispiel sehen wir und können ihn dort doch nicht wegnehmen: den kecken Anakreon am Hofe des kunstsinnigen Despoten Polykrates. Der Vergil der beseeltesten Hirtengedichte – auf der anderen Seite eine monumentale Hofschranze im augusteischen Rom; und eben Augustus keineswegs der tolerante Staatsverweser, als den ihn uns die Geschichtslehrer gemalt, sondern ein zu Terror und Willkürakten neigender Hysteriker, der unter anderem den Ovid der «Ars amandi» in die Verbannung jagte. Gar der weltmännisch frivole Petron, in dessen «Gastmahl» uns das kaiserliche Rom wie nirgends sonst nahezukommen scheint, und war doch das neronische und auch der Dichter selbst ein erlesener Günstling des Hofes und launisch ungerechter Sklavenhalter. Nein, der Anblick dichterischer Größe wird uns gewiß nicht leicht gemacht. Die Scheidung, schlicht und einfach, in böse Böcke und angenehme Schafe, scheint fast unmöglich. Mächtig und unsere moralischen, politischen, humanitär gesellschaftskritischen Erwägungen aus der Balance bringend, fällt immer wieder das Gewicht einer nicht zu leugnenden ästhetischen Relevanz in die Waagschale, so daß, wer wirklich Partei zu ergreifen und Geister zu scheiden gewillt ist, die erleuchtetsten Gestalten lossockeln und ganze Stücke Weltliteratur aus seinem Herzen reißen muß.

Die Frage ist also, ob wir solche umgekehrten Caligulas und Savonarolas sein wollen, die einer klassenkämpferischen Gerechtigkeit zuliebe die schönsten poetischen Hervorbringungen des Menschengeschlechtes in Rauch aufgehen lassen möchten. In seinen «Geschichtsphilosophischen Thesen» schreibt Walter Benjamin: «Was der historische Materialist an Kulturgütern überblickt, das ist ihm samt und sonders von einer Abkunft, die er nicht ohne Grauen bedenken kann. Es dankt sein Dasein nicht nur der Mühe der großen Genien, die es geschaffen, sondern auch der namenlosen Fron ihrer Zeitgenossen. Es ist niemals ein Dokument der Kultur, ohne zugleich ein solches der Barbarei zu sein. Und wie es selbst nicht frei ist von Barbarei, so ist auch der Prozeß der Überlieferung nicht, in der es von dem einen an den andern gefallen ist. Der historische Materialist rückt daher nach Maßgabe des Möglichen von ihr ab. Er betrachtet es als seine Aufgabe, die Geschichte gegen den Strich zu bürsten.» Sätze wie diese von Grund auf skrupelvollen, verdächtigen nicht nur, sie machen auch Mut. Sie lenken das Augenmerk über die öffentlichen Kulturschutzparks zu ihren Ordnungshütern und empfehlen die Arbeit der Traditionsverbände der kritischen Revision. Nicht ist es damit getan, verteufelte Zusammenhänge zwischen Kunst und Unmenschlichkeit bedauernd anzuzeigen; das wäre schließlich nur die flau geprägte oder sagen wir besser konkave Seite einer Kulturideologie, die – nennen wir nur das eine Beispiel: Benn – die Hunderttausende verbrauchter Sklavenknochen durch eine Hundertschar in Stein gehauener Gymnasten aufgewogen erachtet. Ich zitiere: «Die antike Gesellschaft ruhte auf den Knochen der Sklaven, die schleifte sie ab, oben blühte die Stadt.» Wer aber die angezeigten Verhältnisse ins Auge faßt, sich zu Bewußtsein führt, und nicht bereit ist, die zynische Gleichung vom Zusammenspiel der Kunst mit der Macht durch die desparate Vorstellung von der Ohnmacht des Gesanges zu ersetzen, der wird gut tun, die Kulturhistorie noch einmal ganz von unten her anzuzweifeln und den goldenen Schriften der Vergangenheit zwischen die Zeilen zu sehen. Mit Benjamin zu sprechen: «Er betrachtet es als seine Aufgabe, die Geschichte gegen den Strich zu bürsten.» Oder mit Brecht:

> Ganze Literaturen
> In erlesenen Ausdrücken verfaßt
> Werden durchsucht werden nach Anzeichen
> Daß da auch Aufrührer gelebt haben, wo
> Unterdrückung war.

Es ist hier vielleicht an der Zeit, innezuhalten und zu fragen, wie weit unsere probate Scheidung der Poesie in einen kritischen Zweig und einen willfährigen, in eine Protestzone und eine Weiheregion nicht doch nur auf ein Randgebiet der Poesie zutrifft, das heißt das Gebiet des politischen, des öffentlichen, des Zeitgedichts. Immerhin ließe sich wohl die Fülle schönster Kreationen vorweisen, ganz unbetroffen vom Druck und vom Zug der politisch wirksamen Kräfte und – sei es als Liebeslied, als Naturgedicht, als Klagesang auf menschliches Elend allgemein – geradezu ausgenommen von den Verpflichtungen zeitlicher Verbindlichkeit. Trotzdem meine ich, daß die an einem Extremtyp gewonnenen Kriterien (hie Überhöhung und Verbrämung, dort der Griff nach dem Schleier und eine häretische Lust an Verweltlichung und Vermenschlichung) viel allgemeiner auf die schöne Dichtkunst zutreffen, als uns sogleich einsichtig. Geradezu planmäßig zeigt höfische Kunst, das läßt sich an den Gesängen der skandinavischen Skalden so wohl studieren wie an der Staatskunst des kaiserlichen Rom, an der deutschen Ritterpoesie des Mittelalters sowohl wie an der Höflingslyrik orientalischer Sultaneien, einen Zug zum gespreizten Kunstgewerbe, zum nur technischen Raffinement und zur prunktvollen Dekoration. Mit schöner Regelmäßigkeit auch scheinen Zeiten rückläufiger Herrschaftsbefestigung ihre ganz eigne Politik zur Befriedung der Poesie und der Befriedung durch Poesie zu betreiben. «Als Cyrus die Revolte der Lydier gestillt hatte», so lesen wir bei Justin, zitiert nach Heine, «wußte er den störrigen und freiheitssüchtigen Geist derselben nur dadurch zu bezähmen, daß er ihnen befahl, schöne Künste und sonstige lustige Dinge zu treiben. Von lydischen Emeuten war seitdem nicht mehr die Rede, desto berühmter aber wurden lyrische Restaurateure, Kuppler und Artisten.» Das Zitat ist in mehrfacher Hinsicht aufschlußreich. Zunächst fällt natürlich ins Auge, daß die Künste in viel feinerem Sinne dienstbar gemacht werden können als durch die geforderte Bindung an die Macht. Ziehen die Regierer dem verbindlichen Auftrag die stille Weisung vor, die Künste möchten sich gefälligst in Schönheit fassen, dann weicht der Geist der bösen Unruh wie von selbst, dann lösen sie sich fast unterderhand in interesseloses Wohlgefallen auf. Indes ist Kunstpolitik als Entpolitisierungspolitik damit noch nicht am Ende ihrer Künste. Über öffentliche Podien, Foren, Bühnen, Schulen, Universitäten, Vortragsstätten vermögen die vom Geist der Zeit verlassenen Künste weiter zu wirken, dem Bewußtsein der Gesellschaft sich mitzuteilen, und unter den Klängen des artistischen Schellenspiels gedeiht das Establishment.

Regelungsmöglichkeiten etwa dieser Machart sich vorzustellen (und nicht nur die haarsträubenden Autodafés der Kulturgeschichte), kann nützlich sein, um den Zusammenhängen von Politik und Kunst in unserer eigenen Gesellschaft auf die Schliche zu kommen. In der Tat läßt sich ja von einer Lenkung der Kunst und ihrer Ausrichtung im Sinne des Systems nur sehr vorbehaltlich sprechen. Unsinnig zum Beispiel anzunehmen, es wären die staatstragenden Parteien, die sich der Poesie auf dem Befehlswege zu versichern suchten, so etwas gibt es ganz entschieden nicht. Oder es wären die Gesellschaftsinhaber höchstpersönlich, mit festen Zielabsprachen, die in die feinere Kulturpolitik eingriffen; auch solche Annahme verharmlost den Ideologisierungsprozeß zu einem Vorgang von trügerischer Eindeutigkeit. Was es aber gibt, und zwar seit Fünfundvierzig insistent den Daumen auf die Kunstgesetze haltend, das ist eine machtvolle Schar von Programmgestaltern und Geschmacksbildnern, Interessenveredlern und Entrückungsstrategen, verteilt über die Relaisstationen der meinungsbildenden Industrie, bereit, den Geist der Zeit im Sinne harmarmer Zeitlosigkeit zu ent-scheiden.

Daß zeitgenössische Gedichte sich tunlichst politischer Stellungnahmen enthalten sollten, ist jedenfalls ein öffentliches Vorurteil, das uns verfolgt, mal so mal so gewendet, seit die Kulturreaktion in unseren Breiten eine stehende Einrichtung geworden ist. Neu aufgefrischt nach allerlei welk gewordenen Einwänden gegen den Unmutsvers allgemein, das Antiatom-Gedicht im besonderen, begegnet es uns heute vor allem auf dem Feld der Vietnam-Debatte, und zwar der Art, daß es den literarischen Wert, ja die Existenzberechtigung von lyrischer Agitation mit ganz bestimmten Verwahrungsstereotypen in Frage stellt. So bietet uns nahezu jeder zweite deutsche Tag mit jeder zweiten deutschen Tageszeitung das Schauspiel, daß, angefangen bei der Randspitze und dann bis tief hinein ins Feuilleton gegen einen Gedichttypus polemisiert wird, der ein Typus nur ist im Bewußtsein seiner Verächter. Zwar, wenn man den Ausfälligkeiten Glauben schenken wollte, den beiläufigen Seitenhieben sowohl wie den gezielten Verklagungen, dann beherrscht eine Art unqualifizierter Gesinnungspoesie das ganz breite Feld; dann läßt sich keine ödere Konformität der Protestinhalte denken als hier unter «Nonkonformisten» und Anpassungsverweigerern; nur – und jetzt wird es kritisch – daß es diese wieder und wieder diagnostizierte Abundanz an lyrischen Protestköpfen gar nicht gibt. Wer sich hier nur einmal aufs Auszählen einläßt, die zu Papier geschlagenen und dann auch in die kleinere Öffentlichkeit von Studentenzeitungen und Vortragssälen eingedrungenen Partisanenstrophen abwägt gegen das Flächenbombardement der Vorbehalte, der erfährt prompt: die Machtverhältnisse sind umgekehrt proportional zu den angezeigten, und allgemein und an der Tagesordnung ist weniger das Protestpoem als die Hand, die sich dagegen hebt.

Die von der Kulturreaktion verlästerte Phalanx der Unmutsschreiber rekrutiert sich mithin aus einem Geisterheer, das nur eine ideologische Realität hat. Hinter seiner Beschwörung steht heimlich das Verlangen, einer kritischen Minorität die Lust am Widerstand zu verderben, ohne daß über Möglichkeit und Unmöglichkeiten der Protestkundgebungen im einzelnen verhandelt werden muß. Genau in diesem Zusammenhang einer öffentlichen Verinnerlichungspolitik fügen sich aber noch weitere goldene

Enthaltsamkeitsregeln, die sich schon bei flüchtiger Prüfung als Blech vom Tage entlarven. Zu ihnen zählt, daß man offensichtliche Verbrechen gegen die Menschlichkeit, Verbrechen mit den dazugehörigen und haftbar zu machenden Verantwortlichen, zu unbegreiflichen, das heißt unabänderlichen Tragödien umstilisiert, und billig folgern kann, mit Naturkatastrophen lasse sich nicht ins Gericht gehn. Dazu gehört aber auch, daß man das Naheliegende, das auf den Nägeln Brennende – wofern ein Schriftsteller einen Vorwurf darin sehen sollte – plötzlich ein exotisches Thema nennt, ein Thema, das außer unserer Reichweite und also nicht in unserer Kompetenz läge, gerade so, als ob sich im Zeitalter von Raumkapseln und interkontinentalen Raketen noch über «Krieg und Kriegsgeschrey» verhandeln ließe wie zu den Tagen Goethes oder Blüchers.

Vor noch nicht gar zu langer Zeit erfuhr ich freilich zu meinem Erstaunen, daß besagtes Vorurteil allmählich zum geistigen Grundbesitz selbst aufgeklärter Köpfe geworden ist. Auf einer Hamburger Veranstaltung, die unlängst der längst fälligen Klärung der Zusammenhänge von Kunst und Gesellschaft dienen sollte, behauptete nämlich Günter Grass und wird seitdem nicht müde zu meinen, daß Vietnam so etwas wie ein unverbindliches Utopia sei, ein risikoloser Zufluchtsort, fast ein Arkadien revolutionärer Schwarmgeister, die, ähnlich wie sie früher die unerreichbare Geliebte besungen hätten, heute von einer platonischen Parteinahme überströmten. Der Vergleich erscheint mir nicht nur hergeholt und frivol, er ist kennzeichnend. Kennzeichnend für eine besondere Art ideologischer Kurzsichtigkeit, die politische Heimatkunde betreibt, als gäbe es zum Beispiel keine atlantischen Interessenverflechtungen und als wäre ein Berliner SPD-Wahlkontor nicht ein Wurmfortsatz dieses Geschlinges, sondern der Nabel der Welt.

Es muß nämlich das räumlich Entlegene keineswegs notwendig mit romantischer Entrückung zu tun haben, und wie in der Poesie und Dichtkunst, so gibt es auch in der Politik Romantiker des Provinziellen. Diese übersehen bei einem möglicherweise guten scharfen Blick fürs Kommunale, daß auch der heimatliche Kirchturm nicht auszunehmen ist von einer Landkarte der Weltpolitik. Sie überhören bei einem ebenfalls sehr feinen Ohr für die heimischen Parteidialekte den basso continuo einer allgemeinen freien und geheimen Sprachregelung. Bei ihrem Mangel an Sensibilität für alles nicht gerade Abschmeckbare, Riechbare, direkt Handgreifliche geht ihnen mit dem Nerv für Ideologie überhaupt dann auch die Einsicht in ideologische Bewußtseinstäuschungen ab, und: der DEUTSCHE VIETNAMKOMPLEX: einerseits die Schreckensbilder abgedrängt wie eine externe Zwangserscheinung; andrerseits die Schutzmachtfrage anvisiert wie ein internes Vertrauensmodell, ist für sie weder ein Anlaß zur Kritik noch ein Grund zur Beunruhigung. Möchte sie doch wenigstens dies aus der Fassung bringen, daß sich ein Band klebrigen Einverständnisses schlingt von den Erbauungskantaten der moralischen Aufrüstung («Laßt doch bloß das Aber sein, denn das bringt uns überhaupt nichts ein») über Freddies käufliche, prachtvoll verkäufliche Goodwill-Appelle («Doch wer will weiter nur protestieren? Bis nichts mehr da ist zu protestieren? Ihr!») bis hin zu Günter Grassens durchaus koalitionsfähigen SPD-Bardieten («Ich spreche vom Protestgedicht und gegen das Protestgedicht»).

Wo die Welt des Günter Grass ihre Grenzen hat und seine Einsicht endet, beginnt die Wahrnehmungszone der Gedichte von Erich Fried. Dieser Mann gehört nun tatsächlich zu jener vielbeschrienen, im Grunde sagenhaften und nur in einigen drei vier fünf Exemplaren nachweisbaren Gattung lyrischer Partisanen, denen der scheinbar abgelegene Krieg in Südostasien ein naheliegender, das heißt paradigmatischer Vorwurf ist. Ein Gedichtbuch Frieds, das 1966 im Wagenbach Verlag erschien, trägt den bezeichnenden Titel «und VIETNAM und», was meinen will und befürchten machen, daß dieser Krieg wahrscheinlich einer unter vielen noch möglichen ist. Allein, was dem poetischen Chiliasten allenfalls einen Grund zu allgemeingehaltenen Klagen bieten dürfte, das entwikkelt sich unter der Hand eines eminent politisch trainierten Schreibers zu einer warnenden Lektion an scheinbar Außenstehende. Richtiger als Grass, für den Vietnam gut goethisch «hinten weit in der Türkey» liegt, erkennt Erich Fried im blutigen Exzeß ein kapitalistisches Verhaltensmuster. Im Gegensatz auch zu jener deutschen Wunschvorstellung, die zwar das Schutz- und Trutz-Modell, nicht aber die möglichen Folgen sich ausmalen möchte, zieht Fried das Schnittmuster bis zu seinen fatalen Konsequenzen durch, seinen letalen Konsequenzen. Mit logisch deduzierender Nüchternheit weist er sogenannten Sicherheitsgarantien die Unsicherheitskonstante nach. Mit methodischem Bedacht deckt er an einem scheinbar exotischen Thema wirklich die heimatkundlichen Aspekte auf, allerdings jetzt kaum noch anheimelnden. Entweder, so lehren uns Frieds Vers für Vers folgende, Schicht um Schicht durch den Abraum der Kriegsberichterstattung sich fragende Gedichte, tilgen wir endlich ein restlos kompromittiertes Vertrauensschema aus unseren Sicherheitsvorstellungen oder räumen mit dem gebotenen Zynismus ein, daß unsere Rechnung aufgeht wie die Städte Vietnams in Flammen.

Freilich – und hier kommen wir an einen springenden Punkt unserer Untersuchung – nicht weil wir ihm diese Rolle zugedacht haben, scheint das Gedicht für Entschleierungsarbeit besonders disponiert, und nicht nur weil ein allfälliges Versäumnis sich zufällig anbietet, sondern: Weil der Poet nun einmal ein Mensch ist, der wirklich von Berufs wegen etwas zur Sprache bringt. Er ist insofern auch nicht nur Staatsbürger unter anderen, mit einem normalen, durchschnittlichen Quantum an Einsichtsvermögen und also Verantwortung. Als Fachmann für Sprache ist er nämlich notwendig auch ein Fachmann für Lügen, die immer noch vorzugsweise in Sprache sich ausdrücken. In mythischen Zeiten schrieb man ihm wohl die Fähigkeit zu, das Gras wachsen zu hören oder die Sprache der Vögel zu verstehen. Nun, dieser Art scheinen seine Fähigkeiten heute nicht mehr zu sein, und Offenbarungen aus erster Hand sind gewiß nicht von ihm zu erwarten. Was wir ihm aber schon zubilligen können, das ist ein geschultes Ohr für die verbrauchte, inhaltsarme Phrase, den schiefen Ton, die schräge Flöte, die Poesie der Falschmeldungen und die Technik der verbalen Verschleierung. Gerade weil er weiß, von Profession und Ausbildung her weiß, was Sprache ist, und weil sein Geschäft darin besteht, die eingetrübten und mißbrauchten Wörter wieder durchsichtig zu machen, das heißt, sie aus einem nur versatzstückhaften Dasein in einen Zustand frischer Brauchbarkeit zu überführen, dürfen wir ihm besondere Einsicht auch dort zutrauen, wo eine mit Propagandapoesie und Werbelyrik schon zur Unkenntlichkeit verschmierte Welt sich uns als die wirkliche empfiehlt.

Hieße das also, daß der Poet über Informationsmittel verfügte, die nicht schon jedem eignen? Ja und nein. Natürlich ist auch er zunächst einmal angewiesen auf das, was ihm die Nachrichtenvermittler zutragen; und ich glaube auch nicht, daß wir ihn uns in die Rolle des Kriegsberichterstatters und Tatortsbesichtigers wünschen sollten. Wo er sich aber entscheidet, als seinen Gegenstand nicht nur zu nehmen, was angeblich geschieht, sondern auch wie es genannt und geheißen wird; wo er die Zeitungslektüre für den Lokaltermin zu nehmen gewillt ist; wo er seinen Platz vor Fernseher und Radio als Beobachterstand auffaßt, da, scheint mir, kann die Welt noch einmal ganz in seine Kompetenz fallen.

«Aus Da Nang», so schreibt Erich Fried:

Aus Da Nang
wurde fünf Tage hindurch
täglich berichtet:
Gelegentlich einzelne Schüsse

Am sechsten Tag wurde berichtet:
In den Kämpfen der letzten fünf Tage
In Da Nang
Bisher etwa tausend Opfer

Die Qualitäten solcher Verse und ähnlicher zu ermessen, bedarf es gewiß keiner neuen Ästhetik, sondern allenfalls des Kehrbildes der alten romantischen. Haben wir uns erst einmal frei gemacht von einer Urteilsweise, die schön und faszinierend nennt, was «dem Gewöhnlichen ein geheimnisvolles Aussehen verleiht», und sind wir zaglos genug, unser Interesse statt auf «die Würde des Unbekannten» auf den «Verrat nichtswürdiger Geheimnisse» zu lenken, dann bietet einem das Buch von Erich Fried sogar Verwunderungsmomente die Fülle. Hier, möchte man sagen, kann das von den Meinungstrusts zum Analphabeten zweiten Grades herabgewürdigte Landeskind zum zweiten Male das Lesen lernen. Hier bekommt auch die Frage, was von Gedichten praktisch zu halten ist, einen sehr plausiblen Sinn. Weil sich jedes auf seine Art als Dechiffriergerät verwenden läßt, geeignet, herrschende Einwickelverfahren nachhaltig zu durchleuchten und somit ein Stück künstlich verdunkelter Welt zur Kenntlichkeit zu entwickeln.

Presseclub

Finde dir Freunde
die deine Meinung
teilen
es lohnt sich

auch wenn du findest
daß sie nicht ganz
einer Meinung mit dir sind
und daß es sich lohnt

etwas
von deiner Meinung
zu opfern
dem guten Einvernehmen

Freundschaft
wird fest und verläßlich
durch solches
Entgegenkommen

Rechthaberei
ist weniger mächtig
und nützlich
als Eintracht

Hast du einmal
eine Meinung
gehabt?
Dafür hast du jetzt Einfluß

Dies Gedicht scheint mir nicht nur ein beliebtes Anpassungsmodell von innen her in Frage zu stellen, es könnte auch richtungweisend und tonangebend werden für einen modernen nachbrechtischen Typus des Aufklärungsgedichts. Es beweist uns – über die lichten Ahnungen Schillers hinaus –, wie sehr die Entwicklung eines Gedankengangs durch sich selbst poetisch werden kann: Schönheit durch Schlüssigkeit bekundet, Grazie durch Folgerichtigkeit, Frappanz nicht durch die dunkle Chiffre, sondern durch eine Enthüllungsstrategie, die, scheinbar zögernd, rechtens abwägend, dann aber wieder unvorhergesehen zupackend und auf den goldenen Schnitt genau die Zeilen brechend, Wahrheit vor Augen führt als eine frisch erkannte, neu aus dem Staub gezogne.

1967

105.) 1967 allgemein: Politisches Entscheidungsjahr erster Ordnung. Es beginnt dabei relativ harmlos. Nehme im Frühjahr in Jule Hammers Berliner SPD-Galerie an einer läppischen Diskussion über zerkritzelte zerkratzte Wahlplakate teil, in denen Hammer so was wie künstlerisch interessante Protestwerte erkennen möchte. Steige am Ende restlos unbefriedigt vom

Podium, als mich ein SDS-Genosse auf Nirumands Persien-Propädeutikum anspricht. Ob ich in Betr. d. drohenden Schahbesuchs nicht einige Bändchen zur internen Vorinformation bei Rowohlt loseisen könne. Machte auch sogleich hundert Gratisexemplare locker, Raddatz * erhöhte auf fünfhundert, und als am 30. 5. 67 Persiens Gewaltherrscher Berliner Boden betritt, trifft er statt auf Analphabeten auf vorbereitete Entschlossene.

106.) 2. Juni. Höre im Radio, daß der Student Benno Ohnesorg von Polizei erschossen worden ist. Kapiere sofort, daß die Zeit der guten alten Ostermärsche vorbei ist und die politische Konfrontation in eine neue Qualität umgeschlagen. Eile an unsere Hamburger APO-Front, die steht zweihundert Meilen vor der Staats- und Repräsentationsoper, durch sogenanntes «Hamburger Gerät» (Sperrgitter) und massive Polizeiketten in Schach gehalten. Tausende unbekannter Gesichter (kannte so Demonstrationen bis dato immer nur von oben, von der Rednertribüne her), dann aber auch alte und neue SDS-Genossen, CVJM-Genossen, Jungbuchhändler, Verlagslehrlinge und als Vertreter des mittelprogressiven Geisteslebens das Ehepaar Scholz-Doutiné. Nein, auch noch der Dichter Hermann Peter Piwitt, der kriegte aber seinen Protest-Trauerflor damals noch nicht richtig über Gürtelhöhe und summte ein von hundert Intelligenzlerskrupeln gebrochenes, fast unhörbares «Schah-Schah-Mörderschah».

* Raddatz, Fritz J., jahrelang kommissarische Seele des Rowohlt Verlages und schwierige, wiewohl unermüdlich für den menschlichen Fortschritt sich abstrampelnde Ambivalenznummer zwischen politischer Aufklärarbeit und leicht angegangenem Kunstgeschmack. Boxte gegen viel Widerstand zahlreiche hochbrisante Verlagsobjekte durch (u. a. die geschichtsträchtige Reihe rororo-aktuell) und kümmerte sich entschieden auch um so niedere Dinge wie angemessene Künstlerbezahlung. Ging allerdings aus kurzsichtigen Effizienzgründen auch wieder über Leichen, um ein Haar über die meine; was aber wiederum sein Gutes hatte, weil es mich aus dem Verlag heraus und nach Italien führte, wo ich das Schreiben von Theaterstücken lernte, die keiner wahrhaben wollte und die auch die gemeinten Betroffenen (Springer, Abs und Company) vermutlich unbesehen überleben.

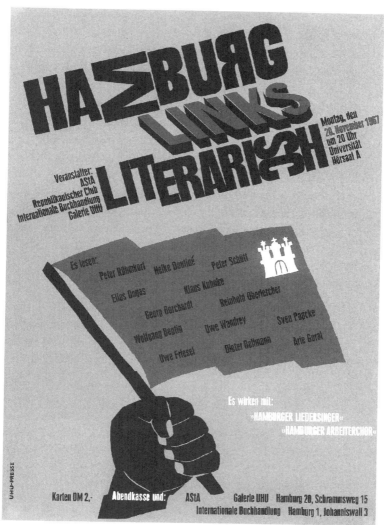

1967

Überhaupt nicht mit von der Partei freilich die ganze Hamburger Phänomenkritik, kein Augstein (für den wir mal demonstriert hatten), kein Joachim Fest (für den wir auch schon demonstriert hatten), kein Siegfried Lenz und kein Marcel Reich-Ranicki und kein niemand. Erlebte dann aber auch, was das Establishment wie die Pest scheute, den Hautkontakt mit Bullen, Bullenpferden, Bullenhunden, Bullengummiknüppeln. Während hoch oben auf der Rathausbalustrade exotische Kostüme herumgeisterten, Flügeltüren sich kurz einen Spaltbreit öffneten und Gardinen gepflegte Fortscheuchgesten ausführten, wurden wir unten manövermäßig auseinanderdividiert und schließlich mit Schlagstöcken aus der Öffentlichkeit vertrieben. Der wiederhergestellte Pluralismus. Und hatten bislang noch nichts gemacht als unsere Wut zu ohnmächtigen Versen geballt.

Strassenpolitik nach dem Tode von Benno Ohnesorg

Meine Damen und Herren, liebe Freunde,   ·
als wir im Jahre 1958 auf jenem Hamburger Rathausmarkt demonstrierten, der nicht Polizeieigentum ist und kein Exerzierplatz für Notstandsübungen, und als es darum ging, durch gesammelten Protest die Ausrüstung der Bundesrepublik mit Atomwaffen zu verhindern, da konnten wir oben auf dem Podium den Gewerkschaftsführer neben dem Freidemokraten sehen und neben dem Bürgermeister Max Brauer den Dichter Hans Henny Jahnn, und ich sage Ihnen und erinnere Sie: was sich damals in Bewegung setzte, es hätte der Anfang werden können für eine demokratische Verkehrsregelung unserer Politik – nicht über den Kopf politisch aktiver Gruppen hinweg, sondern unter Einbezug aller zur politischen Willensäußerung befugten Kräfte.

Hätte werden können! – Leider, so muß ich heute sagen, denn schon der nächste Tag belehrte uns, die Hunderttausende, daß die durch uns repräsentierte Öffentlichkeit die richtige und wahre Öffentlichkeit gar nicht sei. Als wir in die Blätter sahen, die die Welt bedeuten möchten, «Welt», «Bild» und «Hamburger Abendblatt», da stellte sich eine zucht-, macht- und eindrucksvolle Kundgebung plötzlich als eine Art Aufstand der Massen dar, sah freie Meinungsäußerung sich als

«Herrschaft der Straße» denunziert, wurde eine urdemokratische Abstimmungsform als «plebiszitäre Gefahr» verketzert; und ich gestehe gern, es war das erste Mal, daß ich den klaffenden Widerspruch zweier Öffentlichkeiten sah, einer von unten herauf gebildeten und einer von oben verfügten, die wurde gemacht und mit allen Druckmitteln vervielfältigt, und die war dem Kopf entsprungen eines sentimentalen Einheitsapostels, der in Ermangelung eines ganzen Großdeutschland wenigstens das halbe ganz auf Vordermann bringen wollte.

Wieweit ihm das gelungen ist, wer hätte da im Zeichen von Großerkoalition und Notstandsplanung noch Zweifel? Wo er seinen Segen gibt, seinen Tadel drucken läßt, da formen sich selbst solitäre Parteistrategen nach seinem «Bild». Wo er seine Rotationspressen in Bewegung setzt, da verzieht sich augenblicklich die öffentliche Meinung. Über einen Namensvetter von ihm schrieb einmal das römische Volk an die Stadtmauern: «Neulich geschah was, doch nicht durch Bibulus, sondern durch Caesar. / Weiß ich doch nicht, ob je Bibulus selbst was gemacht.» In der Tat, meine Freunde, was sich an bundesdeutscher Politik uns heute darbietet, trägt samt und sonders seinen Fingerabdruck, und kein Schritt rückwärts, der sich nicht seiner Patenschaft erfreut.

Weil der Mann keine Halbheiten liebt, geht er aufs Ganze. Das heißt, daß er sein Geschäft, das Meinungsbildung heißt, längst totalitär besorgt. Seine Haltung gegenüber politisch Andersdenkenden, sagen wir qualifizierten Minderheiten, zeugt von der Berufsauffassung eines Insektenvertilgers. Das offenbart sich nicht zuletzt im Stil der von ihm vertriebenen Hygieneanweisungen. Wo immer sich unsere politische Ödlandschaft mit unvorhergesehenen Erscheinungen belebt, haben seine Schreibkräfte auf die «vergammelte Kleidung», «die ungewaschenen Kragen», «lange Mähnen», «die geistige Ungewaschenheit» zu verweisen. Wo immer die Welt zu Veränderungen neigt, die sich nicht in sein eigenes Saubermanns-Weltbild fügen, stellt sich bei ihm der Gedanke an «Säuberungsaktionen» ein, gleich ob es sich nun um den Dschungel von Vietnam handelt oder um die Verhältnisse auf unseren heimatlichen Straßen und Plätzen. Was er liebt, muß strahlen wie Suwa. Ich zitiere: «Bei strahlendem Kaiserwetter hatte der Hamburg-Besuch des Schahs auf dem Flughafen Fuhlsbüttel begonnen.» Was er zu schätzen weiß, ist das ungetrübt Glänzende. Ich zitiere: «Den Besuchstag in Hamburg beschloß ein glanzvoller Empfang im Rathaus.» Was Wunder, möchte man da meinen, daß sich Tomatenflecken,

Eierspuren, Puddingkleckse mit solcher Freude am Strahlenglanz nicht recht in eins bringen lassen und daß der Gemeinte die Verunreinigung dessen, was er nationale Würde nennt, verfolgt mit der Unnachgiebigkeit eines Landes-Fleckenentferners.

Die Sache ist indes weniger spaßig, als sie sich anhört. Die andere Seite der Saubermannsideologie sieht nämlich so aus, daß tatsächlich gesäubert und ausgeräumt wird. Der zunächst nur als Papierkrieg erscheinende Feldzug gegen die «gemeingefährlichen Radikalen», den «randalierenden Mob», die «Wölfe und Radikalinskis» kann mörderische Folgen haben, wenn die Polemik sich zum Gummiknüppel verfestigt und die propagandistischen Druckwellen sich in der Polizeipistole fortpflanzen. Und aus diesem Grunde, meine Freunde, bin ich nicht bereit, Papier für Papier zu nehmen, Druckerschwärze für Druckerschwärze und Schüsse für Zufälle. Zwischen dem Mann im Glashaus und dem Mann mit dem Revolver bestehen Beziehungen, auch wenn der Mann im Glashaus hinterher nichts davon wahrhaben möchte. Zwischen Scharfmachern und Scharfschützen gibt es Übereinkünfte etwa derart, daß die entsicherte Pistole allein noch nicht genügt, tödliche Folgen zu zeitigen, sondern daß das enthemmte Bewußtsein dazukommen muß. Nur wer eine jahrelange Erziehung zum Haß hinter sich hat, zum Haß auf Menschen, die den Begriff Demokratie beim Wort zu nehmen gewillt sind, nur der ist schließlich fähig, jeden und noch den geringfügigsten Anlaß zum Knallen auszunützen.

In diesem Sinne gilt es, zum Beispiel, auch einen Satz von Heinrich Albertz zu interpretieren, der heute morgen in der Zeitung «Die Welt» zu lesen war. Es hieß dort: «Zum Tode Benno Ohnesorgs meinte der Regierende Bürgermeister, der tote Student sei das hoffentlich letzte Opfer einer Entwicklung, die von einer extremistischen Minderheit ausgelöst worden ist, die die Freiheit mißbraucht, um zu ihrem Endziel, der Auflösung unserer demokratischen Grundordnung zu gelangen.» Welche Einsicht! Welcher ganz unerwartete Tiefblick in Zusammenhänge, die uns freilich schon seit längerem deutlich waren! Diese Minderheit gibt es ja tatsächlich. Sie sitzt im Glashaus und bemüht sich, seit einem guten Jahrzehnt aus ehemals kontroversen Parteien eine antisozialistische Einheitspartei zu schmieden und abweichende Minderheiten als lebensunwerte Schädlinge zu bezeichnen.

Der Apparat der Herrschaft, meine Damen und Herren, der sich von außen her nicht mehr kontrollieren, nicht einmal mehr kritisieren lassen will, ist komplex und total. Das sieht sich vom Standort Hamburg aus folgendermaßen an: Auf der einen Seite ein SPD-Regiment, das sich nur aus Traditionsgründen noch nicht CDU nennt, und auf der anderen ein Meinungskonzern, dem der Zeitpunkt noch nicht ganz opportun scheint, als «Ministerium für Volksaufklärung und Propaganda» zu firmieren. Erst in dem Wechselspiel dieser Kräfte zeigt sich die reibungslose Perfektion, ja die virtuelle Unangreifbarkeit eines Regierungsmechanismus. Ganz unnachahmlich bezeugt sich die Harmonie der Sphären in wechselseitigen Leumundszeugnissen und Ergebenheitsadressen. Des einen Polizeiapparat ist des anderen Ordnungshüter. Des einen Vervielfältigungsbetriebe sind des andern Werbebüro. Und wo die Zeitung den Knallkörper des Studenten zum Sprengkörper werden läßt und die Schußwaffe des Geheimpolizisten zum Notwehrgerät stilisiert, da ist es nur billig, wenn die Bürgermeisterei sich ebenfalls erkenntlich zeigt: «Ein zweiter Dank gilt Ihnen, meine Damen und Herren von der Presse. Auch Sie hatten eine schwierige Aufgabe, nicht nur mit den Ereignissen mitzukommen und ein treuer Interpret dieser Ereignisse zu sein. Sie haben auch kommentierend schon Stellung genommen, in den heutigen Morgenzeitungen in einer solchen Weise, daß ich mich Ihnen ganz besonders verbunden fühle für die staatspolitischen Akzente, die die Redakteure zu setzen verstanden.»

Nun, meine Freunde, wer am Sonnabend bei der Konfrontation von hansischer Zelebrität und aufgebrachten Demonstranten nicht oben auf der Rathausbalustrade sich befand, sondern unten, von Polizisten eingekastelt, und wer, nicht aus der Perspektive des subventionierten Operngastes, sondern trillerpfeifend zum Selbstkostenpreis, die Lage vom Straßenparterre her beobachtete, der hat denn doch eine etwas abweichende Ansicht von den Dingen. Damit meine ich zunächst, daß für ihn nicht gerade ein Anlaß zu Beifall war, was unseren Bürgermeister so festlich stimmte. Und er wird sich auch morgen nicht von seinen Mißfallenskundgebungen abhalten lassen, wenn der Herr Salazar seinen Einzug in die Hansestadt hält oder, sagen wir, der General Pattakos oder der General Ky.

Die Straßenoptik und die höheren Gesichtspunkte klaffen auch dort auseinander, wo dem einen ein schwarzer Tag ist, wenn ein Student von Geheimpolizei erschossen wird, dem anderen, wenn ihm die Büsumer Krabben verhageln. Wo der eine «treue Interpretation der Ereignisse» nennt, was der andere, in seiner Eigenschaft als Augenzeuge, nur lügenhafte Entstellung nennen kann. Wo der eine die Polizei belobigt, weil sie «mit einem großen Einfühlungsvermögen und mit einem vorbildlichen Takt und mit Mäßigung für die Ordnung gesorgt hat», und der andere bereit ist, zu bezeugen: daß die sogenannten Ausschreitungen ausschließlich im polizeilichen Einschreiten bestanden. «Großes Einfühlungsvermögen» bewies allenfalls die Fähigkeit, Demonstranten in den Polizeigriff zu bekommen. «Vorbildlicher Takt» bezeugte sich im eingespielten Miteinander der Gummiknüppel. Notwehrsituationen dagegen waren einzig da gegeben, wo Fliehende zu Fall kamen und Zufallgekommene in Ermangelung besserer Abwehrwaffen die Arme vors Gesicht nahmen.

Eins aber, meine Damen und Herren, möchte ich Ihnen nun doch noch mit auf den Weg geben, diese Aussicht bei allen trüben Rückblicken, daß unsere Arbeit für eine Redemokratisierung unseres Gemeinwesens erst beginnt. Das von der «Bild-Zeitung» anläßlich der Berliner Vorgänge ausgesprochene «Nun langt's» geben wir zurück. Das vom Bürgermeister Weichmann gegebene Versprechen: «Wir werden den Vorgang sehr genau untersuchen», ergänzen wir: «Wir auch», und wenn ich sage «Wir», dann meine ich jenen Teil von Hamburger Bürgern, der nicht dulden wird, daß die Freie und Hansestadt Hamburg sich zu einer überdimensionalen Prügel-Glocke entwickelt.

Es gibt nämlich in dieser Stadt – und darauf möchte ich ihren Statthalter aufmerksam machen –, es gibt hier nicht nur Polizisten, nicht nur Angestellte des Hauses Springer, nicht nur Mitglieder der Staats- und Repräsentationsoper und nicht nur Anrainer der Reeperbahn, ein Bevölkerungsquerschnitt, der so zufällig oder so planvoll ausgewählt ist, wie der Bürgermeister seine Danksagungskarten adressierte. Es gibt gerade hier eine qualifizierte Minorität an Presse, geübt in der Entschleierung perfid verhüllter Sachverhalte. Es gibt ein reiches Potential von politisch aufmerksamen Bürgern, das seine politische Stellungnahme nicht zu Hause und hinter der «Bild-Zeitung» absitzt, sondern sich trotz aller Polizeimaßnahmen noch auf die Straße wagt. Es gibt eine gewaltige Menge kleiner und großer Steuerzahler, die nicht bei Studenten einzusparen gewillt ist, was andernfalls dann wohl der weiteren Armierung einer bereits überbewaffneten Polizeitruppe zugute kommen soll. Es gibt eine Studentenschaft, seit einiger Zeit sehr animos reagierend gegenüber den kaum noch verhüllten Not- und Übelständen unseres Gemeinwesens und aufgeklärter, als es die Polizei erlaubt. Es gibt Künstler und Intellektuelle, die sich für Repräsentationszwecke nicht eignen und nicht hergeben. Alles in allem, meine Damen und Herren, wir sind eine ganze Menge, nicht an die Wand zu regieren und notfalls und notstands auch auf die Beine zu bringen.

Rede auf der Hamburger Moorweide, 1967

Pulvermühle 1967
von links: Walter Höllerer, Günter Grass, Klaus Wagenbach, Peter Rühmkorf

107.) Herbst 67. Letzte Tagung der Gruppe 47 in Pulvermühle, einem idyllischen Örtchen in Oberfranken. Hatte ein paar Tage vorher noch mit Röhl und Erich Fried herumkonferiert, was man dem in die Jahre gekommenen Club noch abverlangen könne. Fried, der im Gegensatz zu seiner phänotypischen Behäbigkeit, zu Instantresolutionen und Adhoc-Aktivitäten neigte, schlug vor, die Gruppenidentität per Anti-Israel-Resolution in Frage zu stellen und den Verein überhaupt zum Platzen

317

zu bringen. Wir konnten ihm den naiven Aktionismus aber austreiben und verabschiedeten ein klares und praktisches Handlungskonzept: den Versuch, die altersschwache Batterie zu reaktivieren und ein Instrument von immerhin noch beachtlichem Öffentlichkeitswert voll gegen den Springerfaschismus in Bewegung zu setzen. (Röhl: «In der Welt habt Ihr Angst, aber fürchtet Euch nicht, siehe, ich habe ‹Die Welt› überwunden»). Die Lage war insofern günstig, als Günter Grass (eines der wesentlichen Bindungsfermente der lockeren Vereinigung) gerade in jenen Tagen auf das Stürmerhafteste von Springers Zeitungen angepöbelt worden war. Obwohl nun Grass sich wiederum als schwieriger Spezialfall erwies, das heißt als Privatpatient, der eher an eine Resolution mit sich selbst im Mittelpunkt dachte, gelang es dem zielstrebigen Kern (u. a. Fried, Lettau und Wagenbach), das Schlimmste abzuwenden und das Best- bzw. Schärfstmögliche zu erreichen: Die moralische Ächtung von Deutschlands gefährlichster Hetzmaschine, angeschlossen Beitragsboykott nahezu sämtlicher Gruppenmitglieder plus – (und das prolongierte das platonische «Prinzip Hoffnung» fast ins Unerhoffte): Aufforderung an die Verleger, den Boykott mit allen Mitteln der Anzeigen- und Vorabdrucksverweigerung zu unterstützen. Zerrüttet von so viel unkollegialer Solidarität machte sich anderntags ein greinender Christian Ferber an einen unfriedlichen Abschied; er hätte sich besser eingemeinden sollen als sich in kurzsichtigem Opportunismus ein lebenslanges Gesinnungsleiden zuzuziehen. Gefährdet wurde das Einfache, was schwer zu machen war, allerdings nicht durch den Exodus eines Einzelnen, sondern durch infantile Gruppenaktivitäten von Erlanger Studenten (Leitung Dr. Uli Krause). En gros et en détail ahnungslos, trieb sich in den Stunden der Entscheidung ein aufgeregter Haufe von Geländespielern an den Ufern eines mühsam von uns befestigten Rubikon herum, durch läppische Personalattacken die erschuftete Gemeinsamkeit in Frage stellend. Daß die noch lückenhafte Unterschriftenliste dennoch nicht ins Flattern kam (und somit ein wirklich folgenreicher Schlag gegen Springer geführt werden konnte), dürfte allerdings weniger einem punktuell sich verbrüdernden Lettau, als einem generell abwiegelnden Hans Werner Richter zu verdanken gewesen sein.

108.) Anfang 68. Zu klassengeschichtlichen und sozioarchäologischen Studien in Italien. Am 11. April die Nachricht vom Attentat auf Rudi Dutschke. Warten aufs äußerste erregt auf neue Informationen direkt aus der Löwenhöhle, dem Springerhaus, die lassen diesmal aber lange auf sich warten. Erfahren erst später, daß in Deutschland die Straße entscheidende Falten geschlagen hat und daß sich der Ostermarsch ganz neuen praktischen Zielen zugewandt hat: Auslieferungsbehinderung bei Springers Indoktrinationsbetrieben. Sooo! Jetzt kriegt der Kamin endlich Zug. Und das ist auch gar keine Sache mehr von der Bundesrepublik allein mit ihren lokalen Erregungszentren, das ist eine genossenschaftliche Bewegung auf internationaler Ebene, und wenn sich in Berlin was bewegt, dann hat das Folgeerscheinungen in Paris und Rom. Treffe auf dem Protestmarsch zur deutschen Botschaft und zu den römischen Fiat-Dependancen plötzlich auf Demonstrationsgenossen vom Hamburger Rathausmarkt: «Vorwärts und nicht vergessen, worin unsre Stärke besteht ...»

109.) Was hat im Sommer 68 eigentlich Springer mit der ČSSR zu tun? Sammele abtastungshalber erst mal all die diffus gezielten Notizen über: Tschechisches Theater, Tschechischen Film, Tschechische Kurzgeschichten, Tschechische Geschichte, Tschechische Malerei, Tschechischen Reformkommunismus und Prager Frühling. In der «Welt» vom 17. August schreibt Günther Zehm gar einen ausladenden Traktat über «Die Prager Reformer sprachkritisch betrachtet» – das ist schon zum Hellhörigwerden. Vor allem wenn man es neben die Greuelmeldungen über die außerparlamentarische Demokratie hält. Ich sehe vorerst nur eine wirklich beängstigende Horrorerscheinung: das antiautoritäre Virus, das sich der Linken, zunehmend kontagiös, bemächtigt und die frisch eroberten Bastionen in den Apparaten und Institutionen wieder in Frage stellt. Als am 20. August russische Panzer in Prag einrollen, bestätigen sich alle bösen Befürchtungen auf einen Schlag: die alten, daß das geradezu geile Interesse von westlichen Infiltrationsbetrieben an östlichen Reformbewegungen nur böse Gegenschläge zeitigen kann, und jüngere, die die leichte Zerteilbarkeit der allzu bunt gemischten Neuenlinken betreffen. In der Tat lähmt die sowjetische Intervention unsere besten Hoffnungen mitten im Fluge. Was bleibt, eine ganze Weile noch verhängnisvoll in Bewegung bleibt, das sind die Popsozis, die wissen, was sie wollen: die letzten uns verbliebenen Instrumente kaputtmachen und Dialektik als Vibrationsmassagestab.

Titelbild-Montage Konkret Nr. 10,
5. Mai 1969

110.) Komplizierter nahm sich der Dissoziationsprozeß dabei im Hause «konkret», man kann auch sagen im Hause Röhl aus. Um zu personalisieren, was ich seinerzeit streng vermied, was sich im Zeichen zunehmender Reprivatisierung von einmal öffentlichen Interessen aber doch wohl nahelegt. In den Jahren 65 bis 67 begann sich in eigenartiger Parallelität zur Großen Koalition so etwas wie Gesellschaftbildung im kleinen zu vollziehen. Ohne daß die Society, von der zu reden sein wird, den großen Proporz noch einmal strikt spiegelbildlich nachzustellen versuchte (sie nahm sich eher liberal-sozial aus), entwickelte sie dennoch gewisse Elemente des großen Einvernehmens und der geheimen Interessenabsprache, wie sie derzeit das Leben auf der großen politischen Bühne fast sprichwörtlich kennzeichneten. Gespeist aus den Liberalenpotentialen bei Funk, Fernsehen, «Spiegel», «Zeit» und «Kongreß für die Freiheit der Kultur» bildeten sich private Diskussionszirkel, Gesprächs- und Geselligkeitskreise, kleine Partyrepubliken, in denen sich sympathetisch zusammenfand, was mit der Entwicklung im großen nicht zufrieden war und sein Meliorationsbedürfnis dennoch lieber im kleinen ausdrückte, kurz das den Luxus seiner Abweichung genießende und pflegende ‹Establishment› etwas links vom ESTABLISHMENT. Von diesen ungemeinen Gemeinwesen entschieden das interessanteste, bunteste, lustigste hatte sich Mitte der Sechziger im Haus des Rundfunkkommentators Peter Coulmas abzusetzen begonnen, nur das genügte dem Erfinder nicht, Satz war nicht sein Element, Inzucht nicht sein Metier, und so strebte er unermüdlich (wenn auch mit numerus clausus) auf eine Erweiterung nach außen und leichter Öffnung nach links.

In diese Linkslücke nun stieß, beziehungsweise fiel oder wurde zum Einfallen geladen der «konkret»-Kreis, der wiederum gar kein richtiger runder Kreis war, sondern eine freundschaftliche Assoziation der Röhl / Meinhof-Gruppe und der plebejischen und sozial unterprivilegierten Rühmkorf / Lercher-Bande-mit-einem-Rattenschwanz-von-Arbeiter-und-Bauern-und-Kleinbürgerkindern, die vor allem einen gewaltigen Appetit mitbrachten auf griechischen Hammelbraten mit Knoblauchsoße und Kronsbeerenkompott von Micheelsen (sprich einfacher: Michel-sen). Das historiografisch weniger die Hefe interessiert als das ausbalancierte Miteinander der Sterne und Starkolumnisten, wieder zu ihnen. Als um das Jahr 64 die «konkret»-Auflage ins Bodenlose zu sacken begann und Röhl sich auf die privatunternehmerische Eroberung der Kioske und Bahnhofsbuchhandlungen vorbereitete (mit außer meinen goldenen Ratschlägen nur noch 40 000 DM Schulden an den Hacken), begann Ulrike vorsorglich ihre eigenen Bahnen zu ziehen, die führten sie tief in die Anstalten, und zwar gleichzeitig nach ganz oben und ganz unten, in die lichte Sphäre der Medien und die lichtlose von Elendsquartieren, Bewahrungsheimen, Gastarbeiterquartieren, Fließbandhallen und Fürsorgeanstalten. Ehe noch die antiautoritäre Bewegung das Interesse für Randgruppenschäden allgemein hochspülte, hatte Ulrike sich – und das neben ihrer strategischen Schreibtischarbeit, die, sagen wir es im großen, auf Abrüstungspolitik, Verständigungspolitik, DFU-Politik zielte – tief auf einen sozialen Untergrund eingelassen, der absolut nicht schick war, sondern einfach nur fürchterlich und triefend von Elend. Und mit diesen Themen belastet, zumindest von ihnen angefüllt und mit dem Zorn einer Sozialanwältin, traf sie nun auf eine Gesellschaft, für die soziale Themen Ressort-Objekte waren, Gegenstände von Fachsparten, «Thema Soziales» eben.

Das erst einmal zu wissen kann nützlich sein in einer Zeit, die sie schon völlig zur abstrakten Maske stilisiert hat, zur dunklen Heroine, «Staatsfeindin Numero Eins» oder auch Rächerin der Enterbten. Wichtig ist aber auch zu erfahren, daß sie mit diesen Widersprüchen, der alltäglichen Berührung mit dem sozialen Jammer einerseits und ihrer effektsicheren Verfeaturung, oder mit dem geschärften Bewußtsein von gesellschaftlicher Ungerechtigkeit und einer schön sozialversicherten Privatexistenz durchaus ganz gut zurechtkam. Im Gegenteil, wenn einer von den Röhls zielsicher und kontaktstrebig auf die oben geschilderte Society zusteuerte, dann war es vor allem Ulrike; Röhl hatte eher die Gabe, nein, das schon zwanghafte Bedürfnis, sich anzulegen, sich Feinde zu machen, Leuten auf die Zehen zu treten, Gespräche brüsk abzubrechen, die Diskussion in schrille Höhen zu bringen oder sich herausfordernd zu spreizen. Während man ihn als unvermeidlichen Kotzbrocken mit in Kauf nahm, zog man sie liebreich an die Brust und schmückte sich mit ihr; und sie schmückte sich für die Gesellschaft und trug zum Gloria-Modellkleid gern das handgehämmerte Skoluda-Gehänge.

Zum einen unerbittliche Gesellschaftskritikerin, zum andern Teil der feinen, der gehobenen Gesellschaft, in diesem schillernden Quasi also bewegte sie sich, sehr locker und sehr bestimmt, und nichts deutete darauf hin, daß ihr dies Zwielicht unangenehm war. Nur, daß die Gesellschaftsspiele dieser Gesellschaft irgendwo gar nicht mehr *quasi* waren oder *als ob* oder nur *scheinbar*, sondern blutiger Ernst, und der fand nun gerade auf einem Gebiet statt, über das man eigentlich lieber in munterer Tonart spricht. Etwa so: Es gab einmal eine Zeit, in der drei riesige Party-Kreise zusammenstießen und sich zu vermischen begannen, ein Fusionsprozeß, der aber auch Kräfte frei werden ließ, die an den Institutionen zerrten, Ehen in Frage stellten, Lebensgemeinschaften ins Wanken brachten, neue stifteten, und eine solchermaßen dem Zerlösungsprozeß ausgelieferte Ehe war u. a. die Röhlsche. Um es kurz zu machen, Röhl fand zum erstenmal zu einem persönlichen Über-Ich, und Ulrike, die wir nicht erhöhen wollen und nicht erniedrigen, sondern einfach nur erklären, wie wir uns selbst erklären, wurde mit all ihren privaten Plänen, Wünschen und Bindungen – an das Haus in Blankenese, des auf ihr Betreiben gekauften – ein Opfer dieses tanzenden Kongresses (für die Freiheit der Kultur). Das heißt, der Liberalismus, auf den sie sich frei willentlich eingelassen hatte, hatte Ernst gemacht und das (s. o) auf dem Feld, das seine letzte wirkliche Einflußsphäre war, im Privatleben. Im Hinblick auf die Großekoalition und die Rolle der SPD schrieb Ulrike Meinhof im Dezember 66: «Inzwischen ist man zum

Opfer des eigenen Opportunismus geworden, die Lust, sich zu verbünden, wurde zum Selbstzweck, nicht die Erfolge, die Mißerfolge, nicht den Profit, sondern den Bankrott zu teilen, ist man eingestiegen.» Das hatte für jemanden, der damals die richtigen Ohren am Kopf hatte, eigentlich auch etwas sehr Privates. So wie das Privateste heute wieder als Politikum erscheint.

Da es hier für uns nicht darum gehen kann, eine einzelne Seele zu retten, sondern Persönlichkeitsverschiebungen und Charakterumschläge als Gesellschaftsprodukt zu betrachten, wollen wir uns auch gleich wieder in den Himmel der Abstraktion begeben. Leider gelingt das nie ganz, solange der faßliche Teil der Gesellschaft für richtige, für lebendige Menschen niemals nur jenes große Allgemeine ist, sondern zuerst einmal das ganz alltägliche Nebeneinander von Menschen. Das heißt, daß das, was amtlich «Scheidung» heißt und was von Ulrike durch die Übersiedlung nach Berlin quittiert wurde, für sie die Trennung auch von einem Gesellschaftsleben bedeutete, in das sie voll integriert gewesen war – Betrachtungen über Identitätsbrüche, diesbezüglich, später.

In Berlin fand sie allerdings alles andere vor als etwas Vergleichbares, diesem Hamburger Geselligkeits-Trust vergleichbar. Die Rolle, die sie darin gespielt hatte, kann gar nicht hoch genug eingeschätzt werden: als Lieblingskind, als verhätschelte Ausnahmeerscheinung, als gern herumgereichtes Exotikum, als Überbaukrönung eines pluralistischen Establishments: von der Sache her unerbittlich, aber im Privaten doch nicht ungern dabei. Nichts davon mehr in Berlin. Zwar der Versuch, ein Leben mit den äußeren Attributen von Großzügigkeit und freiem Haus weiterzuführen, aber der Versuch scheiterte schon mangels Masse. Wenige Freunde, zu wenige jedenfalls, die ihrem unerbittlichen Qualitätsgefühl entsprachen (Ulrike: «Nur Qualität kann Qualität erkennen», eine Maxime, in der sich Röhl dann immer gern bespiegelte). Nicht einmal ein Klima, das die Bildung neuer interessanter Gruppierungen hätte möglich erscheinen lassen. Im Gegenteil, die sogenannte neue Gesellschaft, die Neue Linke, war gerade mitten in der dicksten Dispersion, da kam sie also vom privaten Regen in die öffentliche Traufe. Ihre Rolle als Lehrerin und Bekehrerin (die man bis in ihre 56er Studententage zurückverfolgen kann, wo sie mit den «Berneuchenern» die Liturgie neu beseelen wollte), diese Rolle führte sie nun gewissermaßen via Fernkursus weiter. Freunde aus Hamburg kamen angeflogen, Bruchstücke der großen Ehekrisen von 1965–67, Opfer wie sie meist, Scheidungs- oder Trennungsgeschädigte, Problemhasen, auf der Strecke gebliebene Überbleibsel der lustigen Libertinage, und da saß sie nun in ihrem Dahlemer Gehäus wie eine große Sibylle und riet dem einen so und dem andern (unabhängig angereisten) Partner so, aber immer so, daß es auf Bruch und Emanzipation und Spaltung und Zerteilung des Vorhandenen hinauslief. Vor allem: Auf die Zersetzung einer Vorstellung von Ehe als Privatunternehmen mit dem Mann als Unternehmer.

Geradezu leitmotivisch aber ziehen sich durch sämtliche Aufsätze, die die «konkret»-Kolumnistin auch weiter für das Blatt schrieb, die Begriffe «Kampf» und «Gewalt»: «Gegen-Gewalt» (Februar), «Der Kampf in den Metropolen» (März), «Demokratie spielen» (April), «Vom Protest zum Widerstand» (Mai), «Notstand – Klassenkampf» (Juni), «Die Frauen im SDS oder: In eigener Sache» (Oktober), «Warenhausbrandstiftung» (November). Je mehr sie sich einigelte, je mehr sie sich zurückgeworfen fühlte auf sich selbst, um so heftiger und extensiver machte sich in ihrem Kopf ein Denken breit, das immer wieder um die Transformation von sozialistischer Theorie zu linker Praxis, von Papier zu Taten und von Drucksachen zu Tatsachen kreiste. Es waren Gedanken, die, weißgott, nicht ihr allein gehörten, die gehörten zum Allgemeingut und zum Kollektivproblem der veränderungsdurstigen Linken schlechthin; nur daß nun gerade bei ihr die Umsetzung von Schreibtischstrategie in Brachialgewalt auf ganz besonders ausgebildete Animositäten traf.

Ich darf sehr weit zurückhaken. Diese ganze Gewalt-Diskussion hatte sich in unserer Prae-APO ja schon mal etliche Jahre früher abgespielt, allerdings war sie aus den Wohnstuben gar nicht erst herausgekommen, nicht einmal bis in jene Vorzimmer der Öffentlichkeit, die man Redaktionsräume nennt, und ich erwähne dies PSS. auch nur, weil es ein gewisses charakteristisches Licht auf unsere Mandantin wirft. Zum Beispiel gingen wir eine Zeitlang ernsthaft mit Gedanken an eine Intellektuellen-Miliz um (nach dem Motto, daß die Linke im Ernstfall besser schießen können müsse als die Rechte).
Für solche Erwägungen hatte Ulrike allenfalls ein spöttisch-ungläubiges Lächeln übrig. Sie fragte mich, woher ich eigentlich immer noch meine Wut beziehe, und ich hatte gesagt, das wäre ein festes Integral meiner Angst, seit den Nazis tief eingefleischt, und durch Diskussion allein nicht mehr aus der Welt zu schaffen. Auch als wir dann später viel mit Luft- und Kleinkalibergewehren herumhantierten, konnte sie diesem Vergnügen wenig abgewinnen, im Gegenteil, was Waffen anging, hatte sie eine geradezu auffällige Scheu, fast schon Berührungsangst. Auch bei der großen Anti-Springer-Demonstration am inzwischen bereits historischen Gründonnerstag des Jahres 68 spielte sie nur eine recht bescheidene Rolle als Hilfshand beim großen Steintransport (als Zupfleger, wie der Fachmann sagt); und ich halte es für völlig glaubwürdig, daß sie nach der sogenannten «Baaderbefreiung» recht irritiert gefragt haben soll, wie man so ein Ding, solche Knarre eigentlich anfassen müsse.
Als Gewalt-Theoretikerin war sie ja auch erst in dem Moment hervorgetreten, als sie selbst die vollkommene gesellschaftliche

Isolierung in Tateinheit mit erzwungener Tatenlosigkeit am eigenen Leib verspürte – auf dieses Paradox aber war die ganze Gegengesellschaft getauft, die sich antiautoritäre Bewegung nannte und deren zentripetale Kreiselbewegung sich mit Öffentlichkeitsarbeit verwechselte.

Da in diese Zeit außerdem eine neue intensive Berührung mit wirklichen Tätern fiel, Straftätern freilich und Sozialfällen eher als gestandenen Sozialisten, begann sich ein Wahngebilde höchst fatal zu verfestigen, das im Gestrauchelten den Aufständischen sah und im kaputten Typ den zukunftweisenden Unmutsträger. Und das war ja von ihrer platonischen Schreibtischplatte her auch nur allzugut erklärlich. Mit ihrem auf Gesellschaft hin angelegten Kopf allein gelassen, kontaktbedürftig, ausbruchs- und geselligkeitsbegierig zugleich, klammerte sie sich nun an die, die Opfer waren (wie sie), die dennoch der praktischen Auflehnung und der selbstbefreienden Tat fähig schienen (wie sie eben nicht), und so fand ein höchst verwickeltes Über-Ich auf überquerem Weg eine Art von Es, das aber war nun eben keine Basis mehr, das war der Untergrund.
«Macht kaputt was euch kaputt macht», so hieß die Devise der Zeit, und da sie selbst, Ulrike, nun einmal zum Machen nicht gemacht war, zum praktischen Handeln nicht, zum pragmatischen Tun, suchte sie dort ihren Anschluß und ihre Ergänzung, wo ihrer Meinung nach so voll entschieden gehandelt wurde, wie sie zu denken gewohnt war, unerbittlich und radikal. Hatte die Society sich als ein unhaltbares Quasi erwiesen, so suchte sie jetzt in der Lumpengesellschaft die ganze Solidarität. Hatte die Rolle der bloß Mitleidenden sie eher hinabgezogen als von Skrupeln und Erniedrigungen befreit, so suchte sie jetzt die Mittäterschaft. So begann sich die sentimentalische Identifikation mit den Opfern langsam zu einer naiven Aktionsethik auszuwachsen. Die freilich hätte sich nie in solche schwindelerregenden Höhen der Irrealität versteigen können, wenn ihr

nicht ständig Nahrung auch von oben her zugetragen worden wäre, ganz insgeheime Bestätigung, moralische Rückgratsteifung durch eine Hautevolee, die doch bei ihr nur schleckern wollte, was sie selbst (die H.) am meisten vermissen ließ: Integrität von Sein und Bewußtsein.

111.) Di. d. 22. Okt. 68. Die «Hamburgische Akademie der Künste» lädt zu einer Podiumsdiskussion mit dem Titel «Pflicht zum Ungehorsam» ein. Es gelingt mir, nach langem Zureden, auch Ulrike mit zur Teilnahme zu bewegen. Sie versucht, die so freundlich suggerierte Pflicht am Beispiel der Frankfurter Warenhausbrandstifter Gudrun Ensslin und Andreas Baader zu exemplifizieren. Als das Restaurationspublikum die Lehranalyse nicht mitmachen will, springt Röhl ihr hilfreich an die Seite und erläutert, daß zehn Protestmärsche um das Amerikahaus herum den Botschafter allenfalls zu einer Schiffspostkarte via Washington ermuntern würden, daß aber ein einziger Stein «ein schlagendes Argument» sei, die erlahmende Vietnam-Diskussion neu zu beleben. Zustimmung und Applaus im Rahmen des Rahmens. Anschließend zu Busses, dann zu uns, dann zu Bett, dann am folgenden Morgen beim Frühstücksei: «D i e s e r F r i e d e !» Aber dann auch sehr bald darauf, daß man den latenten Faschismus der Gesellschaft provozieren, ans Licht bringen, zur Entlarvung seiner selbst zwingen müsse. «Nein, nein, nein, nein, das heißt doch praktisch, ihn entfalten helfen, Ulrike!» Scheiden ohne rechtes Einvernehmen und im allerseits empfundenen Vorgefühl des Unfriedens.

112.) 4. Nov. 68. Der Artikel «Warenhausbrandstiftung» (immer noch in «konkret») bestätigt leider die schlimmsten Vorausahnungen. Zwar die Basis scheint völlig intakt, aber seltsame Blasen im Überbau: «Es bleibt aber auch, was Fritz Teufel auf der Delegiertenkonferenz des SDS gesagt hat: ‹Es ist immer noch besser, ein Warenhaus anzuzünden, als ein Warenhaus zu betreiben.›» Ulrike! Ulrike!?

113.) 13. Jan. 69. Ulrike Marie Meinhof reflektiert in ihrer vierzehntägigen Kolumne «Kolumnismus»: «Damit aus der Theorie keine Praxis wird, leistet man sich Kolumnisten, ohnmächtige Einzelne, Außenseiter, Stars.» Alle Bekannten und Freunde sagen wir mal der letzten zehn / zwölf Jahre wackeln bedenkenvoll mit ihren Köpfen: «Nur eine einzige Säule (Kolumne) zeugt von vergangener Pracht –?»

114.) 26. April 69. Pressemitteilung von Ulrike Marie Meinhof in der «Frankfurter Rundschau»: «Ich stelle meine Mitarbeit jetzt ein, weil das Blatt im Begriff ist, ein Instrument der Konterrevolution zu werden, was ich durch meine Mitarbeit nicht verschleiern will.» Ohgoddogott! Wo sie doch neulich noch mit ihrer «Gegen-Redaktion» aus bislang Unbeteiligten so frisch herangerauscht war und u. a. zu mir gesprochen hatte: «Schön, daß du wieder mit dabei bist, Lüngi.» (Im PS: Sie hielt mich mal für den gerechtesten Menschen der Welt, was ich effektiv bin, ein wahrer Salomo, und war hernach um so erstaunter / verblüffter, als ich ihre Villenstürmer-Aktion als Desperadotum bezeichnete. Aber das war es ja eben, Ulrike-Marie!)

115.) 6. Mai 69. Wir haben erfahren, wie man so erfährt, daß sich Ulrike zu einem Sturm auf die Hamburger Redaktion entschlossen hat. Um dem unvorberechenbaren Putz nicht den erhofften Hintergrund zu bieten, beschließen wir, uns abwartend zu verhalten, anfälligere Geräte wie Fotokopier- und Rechenmaschinen auszulagern und direkt gefährdete Personen umzuquartieren. Röhl kommt über Nacht zu mir, wir finden aber noch lange keinen Schlaf, und sind um vier Uhr morgens immer noch am Räsonieren. Da wir weder die Polizei heranklagen möchten, noch den kommenden Ereignissen unausgeschlafen begegnen, fährt Röhl gegen 5 noch mal in die Nachtapotheke und kauft drei Schachteln Novodorm. Schlafen bis zwölf Uhr mittags durch und stöpseln erst dann das Telefon wieder ein. Da ist die Blankeneser Villa längst gestürmt, sind Flugblätter mit 50% gefälschter Unterschriften, sogenannten Einverständnis-Erklärungen, schon im Umlauf, beginnt bereits das große linksliberale Feixen der neuen Unverbindlichkeit. Das erst nahm mir die Ruh. Diese bereits geschichtliche Stereotypie verheerender Entwicklungsverläufe: Zunächst eine gewaltige Solidarität aller in heiligem Zorn vereinigten Unmutskräfte, dann, langsam, das Eindringen des antiautoritären Spaltpilzes in die seit fünfzehn Jahren tief ersehnte Fronde, dann die Vermischung von Politik und Selbstdarstellung bei den Ausdruckssozis, dann Links gegen Links und – schließlich das ironische Gelächter bei den neunmalklugen Niemalsengagierten. Und die Asche des Toten pochte gegen meine Brust. Trotzdem noch einmal Versuch, die politischen Trip-Nazarener zur Ordnung zu rufen und im Rep-Club die Genossen von den linken Ephemeriden zu trennen. Da war der Raum aber schon gerammelt voll von Eintagsfliegen, die fragten den gestandenen Altgedienten Eberhard Zamory (an die dreißig Jahre mit vorn und von der Partei): «Wie lange bist'n du schon bei der Bewegung, Junge?»

Agents provocateurs

Das Schicksal der Zeitschrift «konkret», ihre äußeren Anfechtungen und ihre inneren Irritationen sind nicht zu trennen von den Spannungen in der linken Bewegung überhaupt. Es wäre ja auch absurd, wenn sich gerade hier eine Enklave der Windstille abgezeichnet hätte – ganz ungetrübt und ungekräuselt von den großen Auseinandersetzungen um Mitbestimmung, Demokratisierung, antiautoritäre Arbeitsweisen. Deshalb ist das, was die Zeitschrift in den letzten Monaten auseinanderzuzerren schien, keineswegs der bloße Privatfall, den die bürgerliche Presse sich zurechtstilisierte. Ein bürgerliches Ehedrama, ausgetragen hinter politischen Paravents und ideologischen Schutzschilden? So re-privatisiert sich ein öffentlich-politisches Problem im Auge von Schlüssellochberichterstattern zum schiefen Haussegen und zur delikaten Individualmalaise.

Was indes gegeneinanderstand und weiter stehen wird, sind zwei allerdings kontroverse Meinungen von linkem Journalismus und linker Zeitungspolitik: eine, die auf die Erschließung von Bewußtsein zielt, auf die Vermittlung auch an Unvorbereitete, auf breite Streuung und linken Landgewinn, und eine andere, die die quälenden Widersprüche der Gesellschaft in einem Überbau aus Elfenbein aufgehoben glaubt. Während eine sogenannte Blattmachermannschaft sich in der Tat nicht zu fein war, auf eine vorgegebene Welt taktierend einzugehen (ungeachtet so schöner Reputationsmedaillen, wie sie frei schwebende Unbedingtheit und kohlhaashafte Kompromißverachtung nun einmal sind), steht ihr seit einiger Zeit eine Meinungsgruppe gegenüber, die aus lauter Furcht, die Gesellschaft zu reproduzieren, nur noch sich selber reproduziert: theorieverbissen, koalitions- und also massenfeindlich, aber, natürlich, exklusiv und elitär!

Wo und auf welcher Seite dabei das gute Gewissen ist, liegt auf der Hand. Wo das falsche Bewußtsein herrscht, wird allerdings erst klar, wenn auf die Frage nach der gesellschaftlichen Wirklichkeit nur wieder die bekannten Bewußtseinsblasen hervorquellen, die für den linken Spiritualismus die Welt bedeuten. Dann lieber gar kein Sein als so ein eingefärbtes, konsumverderbtes, wie «konkret» es repräsentiert, sagt das von keiner Realität mehr behelligte Sendungsbewußtsein. Allein, das Problem von Sein und Bewußtsein, alternativ entschieden und nicht dialektisch bedacht, fällt hier wie so oft weit hinter Marx zurück und in ein theatralisches Hamletsland, wo Handlung nur noch als Tragödie möglich ist und Bewußtsein sich im hoffnungslosen Zwiegespräch mit dem Nichtsein verliert.

Die Lust, lieber Tragödie zu spielen als auf die klippenreiche, ermüdende Dialektik mit der wirklichen Welt sich einzulassen, scheint vor allem eine Randgruppe der APO zu betreffen, die gewiß nicht ihr linker, wohl aber ihr anarchistisch-apokalyptischer Flügel genannt werden kann. Ideologisch ist er wohl dem antiautoritären Lager zuzurechnen. Geografisch oder geosoziologisch ist er vornehmlich an den Standort Berlin gebunden, das heißt, eine Lokalität, die keinen rechten Auslauf, keine normale Kommunikation, keine gedeihliche Perspektive mehr erkennen läßt, und wo sich Herrschaftsdruck und antiautoritärer Impetus wechselseitig paralysieren. Damit soll nicht gesagt sein, daß die antiautoritäre Bewegung nicht Gewaltiges geleistet hat, das kalzinierte Herrschaftsgefüge aufzuweichen, noch daß ihre gelegentliche Neigung zum Anarchismus durchaus auf die Stadt Westberlin beschränkt sei. Nachdem jetzt aber eine Berliner Desperadotruppe einen politisch idiotischen Ausfall nach Hamburg unternommen hat, das einzige intakte Linksblatt der Bundesrepublik entweder zum Organ der Berliner Ausweglosigkeit umzufunktionieren oder es mit allen Mitteln der Lüge, der Gewalt und des privaten Terrors ins rechte Eck zu drängen (was hier nichts anderes heißt, als es der Reaktion ans Messer zu liefern), möchte ich den anstehenden Wahnwitz, auf Abruf, das Berliner Syndrom nennen.

Ein seltsamer, wiewohl schon nicht mehr auf Berlin beschränkter und nicht erst seit gestern zu beobachtender Vorgang: in dem Moment, als sich die Hoffnungen der Linken als zu hoch gestochen erwiesen, die Überschätzung der eigenen Kräfte als voreilig, der kurze heiße Atem als zu knapp, begannen die gerechten Aggressionen gegen die Gesellschaft zu introvertieren, verwandelte sich antiautoritärer Elan in ein selbstmörderisches Hackebeil. Der Begriff «antiautoritär», eben noch ein handliches Mittel, Unrechtsherrschaft zu bezeichnen, wurde plötzlich zum Zauberknüppel, bestens geeignet, linke Solidaritäten auseinanderzubleuen. Mangel an Masse und Anklang kompensierte sich in verblasenen Elitetheorien: Stalin und Adorno halb und halbe.

Allzu geringe Ausdauer hielt sich schadlos an aktionistischen Strohfeuern. Verweigerte Breitenwirkung, verdrängt, doch nicht aus der Welt geschafft, schlug um in einen schon perversen Reinemachewahn. Und anstatt der kräftig regenerierenden Rechten linke Solidarität und nochmals Solidarität entgegenzusetzen, hielten es verkrachte Heilsmystiker für das Wichtigste von der Welt, die linke Dispersion noch weiter zu befördern.

Der Schlußpunkt ist vorläufig gesetzt durch jenen Busvoll Irrationalismus, der mit dem Sturm auf Röhls Privatwohnung vermutlich eine Schlüsselstellung des Privatkapitals meinte zerschießen zu können. Peter Brückner, Hans Magnus Enzensberger, Reinhard Lettau, Monika Seifert, Peter Schneider, Michael Schneider, Marianne Herzog – ich fordere euch auf, öffentlich zu erklären, was ihr mit eurer Unterschrift unter das Berliner Papier zu bezwecken glaubtet. Ich bitte euch, bitte Erich Fried, Klaus Wagenbach, Hermann Peter Piwitt, Peter Hamm, A. E. Rauter, Gerd Fuchs, Uwe Herms, Günter Herburger, Kurt Hiller, Peter O. Chotjewitz, Yaak Karsunke, Peter Weiss, Ingeborg Bachmann, Ludwig Marcuse, Gisela Elsner, Reinhard Baumgart, Fritz J. Raddatz, Wolfgang Weyrauch, Martin Walser, Karlheinz Deschner, Hubert Fichte, Franz Schonauer, Helmut Heißenbüttel, G. Zwerenz, Robert Neumann, Reimar Lenz, Hubert Bacia, Jürgen Werth, Ernst Kreuder, Sebastian Haffner, bitte alle, die dieser Zeitschrift je durch Mitarbeit, Sympathie oder kritisches Interesse verbunden waren, den Terroraktionären zu bedeuten, was sie sind: agents provocateurs.

konkret, Mai 1969

116.) Nach den hochgespannten Hoffnungen, die wir an die Studentenbewegung geknüpft hatten, war der Sturz ins Kellerloch um so tiefer. Sah oben kein Licht mehr und nach vorn keine Aussicht, und so zog ich mich (wieder einmal) ins Privatleben zurück, zurück in die Klause, zurück zu den Büchern, zurück zur Kultur. Daß der Fischer Verlag mich gerade in diesen Tagen um die Edition einer Klopstock-Gedichtsammlung anging, kam mir nur gelegen. Hatte überdies schon öfter Klopstock-Kontakte gehabt, in meiner Studentenzeit in Hamburg-Ottensen, wo ich den Altmeister ins Moderne übersetzt hatte, den «Zürchersee» zum Beispiel und die Ode «An den Erlöser». Ließ mich also noch einmal ins Achtzehnte Jahrhundert entführen, aber das sah nun schon wieder ganz anders aus als noch vor zwanzig Jahren, und von Entrückung konnte auch nicht die Rede sein. Im Gegenteil, alles, was ich anfaßte, erinnerte ans laufende Heute; woran ich auch stieß, es klirrte gefährlich modern; und obwohl hundertundein Stück Sekundärliteratur das immer wieder zudecken wollte, schälte sich doch allmählich ein Klopstock aus dem Papier mit hochvirulenten Zug-und-Spann-Problemen: *Kunst-und-Gesellschaft, Kunst-und-Wirtschaft, Kunst-und-Revolution*, der war (mit Abstrichen versteht

333

sich): unser. (Bibliografischer Hinweis: wichtigstes Buch für alle weitere Klopstock-Forschung: Helmut Pape, «Die gesellschaftlich-wirtschaftliche Stellung Friedrich Gottlieb Klopstocks», Phil. Diss. Bonn 1962).

117.) Herbst 69 bis Anfang 70 als Gastdozent für moderne deutsche Literatur in Austin, Texas; dahin hatte mich nur nackte wirtschaftliche Existenznot verschlagen können. Hatte, was mich erwartete, in dieser rechten Reinkultur dann aber doch nicht erwartet: knochenkonservative Professorate, die Soziologie mit Sozialismus verwechselten; topmoderne Linguisten, die sich mit reaktionärem Gerechne an der Tête der Forschung wähnten; sogenannte «Liberals», die den Weg von Johnson zu Nixon für einen gesellschaftspolitischen Fortschritt hielten. Viel Ärger auch aus der Sicht des kleinen Mannes. Mußte zum Beispiel zwei schuldengespickte Monate lang auf mein erstes Salair warten – damit arbeitete in der Zwischenzeit doch irgendwer; und auch mein Kredit-VW fraß nicht nur Treibstoff, sondern Zinsen.

118.) Beobachtungen am Rande des Campus, aber doch mit Blickrichtung aufs Innere. Wer auf sich hielt, schon etwas war oder doch etwas bleiben wollte, der steckte sich an Staats- und Nationalfeiertagen dicke Gesinnungsbonbons ins Knopfloch oder trug den Sternenbannerstander am Wagen; wer dagegen an Protestmärschen teilnahm oder gar Moratoriumsaufrufe unterschrieb, der kam auch mit erstklassiger Lehrarbeit auf keinen grünen Zweig, den verfolgten seine tief gesunkenen Marktkurse, seine Gesinnungsnotierungen bis auf jenen «freien Arbeitsstellenmarkt» nach Buffalo. Fest eingekeilt zwischen schmal dotierte Lehraufträge und enge Wohlverhaltensklauseln dabei die unteren Chargen in der Universitätshierarchie: die bereits unterrichtenden Obersemester, die teaching assistants oder Tutoren, die klirrten nur zuhause mal aufsässig mit ihren

Ketten. Ganz ungehindert Rasseln schwingen und Gitarre zupfen ließ man eigentlich nur die Uni-Hippies. Von der Gesellschaft abgeschrieben, versuchte die Gesellschaft meist nicht einmal mehr, ihnen mit Verboten nahezutreten; die sollten getrost unter sich bleiben, auf Drogenfahrt, ein virtuelles Unmutspotential, das sich selbst auflöste, in Rauch auflöste, bis es eines Tages auf der großen Arbeitslosenschütte erwachen würde, da waren Leerstellen genug.

119.) Einmal versuchten sie sich an einer pararevolutionären Freiluftnummer. Das war, als die Universitätsverwaltung eine Reihe alter Bäume fällen lassen wollte, um an ihrer Stelle ein modernes Sportstadion zu errichten, da besetzten die Hippies kurzerhand die Bäume mit sich selbst (Flugzetteltext «Der Mensch und die Bäume gehören zusammen»). Dekanat und Stadtverwaltung dachten aber gar nicht daran, diese selbstproklamierte Unio-magica anzuerkennen, sondern erstickten den Aufstand der munteren Hamadryaden mit Wasserwerfern und Schlagstöcken. Als sich trotz aller Abspritz- und Abschüttelbemühungen immer noch einige unentwegte Naturburschen im luftigen Überbaugeäst zu halten vermochten, legte man allerdings kurzerhand die Säge an die Basis. Daß die Baum- und Blumenkinder dann am nächsten Morgen die zerteilten Kronen in die Fahrstuhlschächte des Administrationsturms stopften, war ein hübscher Einfall. Er blockierte den Betrieb aber nur einen Tag lang und interessierte dann nur noch die Underground-Zeitschrift «The Rag».

120.) Angenehm und schwierig zugleich der Umgang mit den Studenten. Die hatten von Leslie Willson zwar einen guten Schlag Bildung mitbekommen, nur nicht gerade die Lust zur unverstellten Meinungsäußerung. Anscheinend hatte sie der auf Hochtouren laufende Konkurrenzkampf schon so verschreckt, daß sie sehr schwer zum öffentlichen Denken, zum Sprechen zu bewegen waren, jeder in ständiger Furcht, dem Nachbarn, dem Freund, dem Wettbewerbsgegner seine gelegentlichen Lücken zu zeigen. Wußten auch wohl nicht recht, was sie von mir flüchtiger Wandererscheinung halten sollten (wo sich an mir festhalten sollten), der ich ihnen Brechts «Maßnahme» als fortschreitende Dokumentation einer neuen sozialistischen Moral interpretierte. Starrten nur immer mit verkniffenen Augen auf die symbolische Kalkgrube und dachten, da sollten *sie* rein.

121.) Kenne von Haus aus Hinfälligkeiten und Zerrüttungen aller Art, nur keine Depressionen. Die überfielen mich in Texas mit der Macht einer bisher unbekannten Krankheit, wie etwa die Eskimos im neunzehnten Jahrhundert der Schnupfen oder wie die französischen Truppen vor Neapel die Syphilis. Hatte Umgang mit finsteren Selbstauslöschungsgedanken, bangte trotzdem allnächtlich um mein Leben und ging nie ohne mein großes Schlachtermesser zu Bett, dessen Griff ich morgens häufig noch in meiner Krampfhand fand: Mein Schlafmesser! Aber das war vermutlich nicht zu trennen vom Eindruck einer Apartment-Wohnung, wo die Fliegengitter vor Tür und Fenster noch die Bohrstellen jüngster Einbrüche aufwiesen; von einem Land, wo sich täglich der Bildschirm verfinsterte von Nachrichten über Mord und Blut und Totschlag; von einer Gesellschaft, deren Gespräche unentwegt um mörderisches free enterprise, Gewalt und Gegengewalttat kreisten, und wo die private Waffenkammer so selbstverständlich war wie Speisekammer oder Tiefkühltruhe. Ließ mir zur Erbauung aus D-Land unsere alten Überlebenslieder schicken (Tonbänder mit Bellman und Biermann: «Stolze Stadt, hab dich satt» bzw. «In dieser gottverdammten Stadt; dich hab ich satt, dich hab ich satt»). Als ich einmal eine neueingetroffene Care-Kassette auf dem Flur des Germanic Departments ausprobierte, schrie, brüllte es durch die heiligen, von Politik sonst pfleglich verschonten Hallen wie Biermann eben brüllt, wenn der Recorder auf «max» steht:

«Herrgott! Laß doch den Kommunismus siegen!» Da kriegten die Anwesenden gleich ganz große Augen und ganz bleiche Nasen.

122.) Wurde im Oktober Vierzig und über «konkret» von vierzig Freunden angerufen, die alle ihr Ständchen bringen wollten, vaterländische und rote Regenerationsgesänge, die halfen meinem patriotischen Herzen mit seinen zwei unegalen Klappen schließlich wieder auf die Beine. Fand erst sehr sukzessive Anschluß an richtige Menschen, das waren allesamt Deutsche bis auf zwei lieber nicht genannt sein sollende Ausnahmen. Hängte mir übers Sofa: «AUCH IN AMERIKA LEUCHTEN DEUT-SCHE.» Das war von Klopstock und hieß verdolmetscht: Gehen mit leuchtendem Beispiel voran.

123.) Mußte mich gelegentlich wundern, daß Studenten zwar Brechts «Maßnahme» nicht mehr mit ihren festgefügten Persönlichkeitsbegriffen ineins bringen konnten, dann aber wieder Individualverdampfung trieben bis zum völligen Bewußtseinsumschlag. Hatten etliche von ihnen richtige kleine Handbibliotheken im Hause mit Lehrbüchern über bewußtseinsverbiegende Gifte, Hanfgifte, Fliegenpilzgifte, synthetische Rauschgifte, darunter Wachmacher, Hochzieher, Abdämpfer, Aufschließer, Bildwerfer, Abkapsler. Ließ mich eines Tages von ihnen in die nahen Colorado-Foot-Hills entführen, eher mißtrauisch studienhalber als neuer Erfüllungen gewiß, und merkte auch erst allmählich, was gemeint war. Erwartete nämlich etwas ähnliches wie unsern guten alten Schnapskleister, vielleicht eine Steigerung desselben, einen Zuwachs an aktivem Mut und fröhlicher Unverfrorenheit, rhetorische Glanzleistungsakte, abendländische Hochgefühle in Form von Selbstbewußtseinsstärkung, Schillerschen Enthusiasmus, Pokulierlaune im Extrem, langsam sich entwickelnde Lust, die Welt als Ganzes zu umarmen und den Urfeind in persona zu zerschmettern. Das Gegenteil war der Fall. Je mehr und intensiver ich den Hanfgeist in mich aufsog, um so stärker begannen Erwartung und Erfüllung sich in die Haare zu kriegen, miteinander zu ringen, um die Vorherrschaft zu kämpfen, mein Bewußtsein zu dividieren und die Wahrnehmung meiner Selbst auf die Wahrnehmung eines ungeheuerlichen Zwiespalts von Willen und Willenlosigkeit, Entfaltungslust und langsam sich entfaltender Lust an der Reduktion zuzuspitzen. Bis hin zu jenem Umschlagspunkt, wo Rauschgift Rauschgift ist wie Evipan Evipan (egal was man davon hält oder sich erwartet), und sich das Ich (oder was von ihm übrig war) dem halbautomatischen Innenlenker anvertraute. Das heißt, sich anpaßte. Das heißt, sich fallen, gleiten, fliegen, wegsegeln, abtreiben ließ. Bis dieses «Ich» sich auf die Loopings einließ, die sein Geisterflugzeug mit ihm drehte, zuerst weit ausladend in die von Myriaden (keine Sprüche!) von winzigsten Naturgeräuschen punktierte Nacht hinaus und wieder zurück, zu sich selbst, in sich selbst hinein, in die Eingeweide, ins Endoplasma, die Ureipelle, einen Zustand nicht gerade der Umnachtung, aber abgrundtiefer Schwerelosigkeit, von dem man auch nicht mehr wußte, war es nun mit einem Gefühl von leichtem Übelsein verbunden oder war es schon Seligkeit.

Anfängergefühle. Flugschulkandidatenempfindungen. Zumerstenmalimtheaterundsoweiter. Als die Studenten dann Lautsprecher in die Bäume hängten, blieb das Ich zwar noch unter Verschluß, begann aber trotzdem aus sich herauszutreten, und ich hörte, was ich in meinem Leben noch nie vernommen hatte: vollkommen materialisierte Musik. Da war eine Rocksoulstimme, keine Einzelahnung mehr von wem oder was, nur noch davon sehr genau, daß es wie ein Band ankam von sehr weit her, sehr direkt auf mich zu, der Länge nach unaufhörlich, aber an den Seiten doch begrenzt, etwa von Förderbandbreite, dabei rauh auf seiner Oberfläche, feinsandig, allmählich etwas schmaler werdend vielleicht, dafür aber in der Konsistenz nun eher grobkörnig, bröcklig fast, bröcklig wie ein altes halbzerfallenes Bronzeschwert, brüchig, nicht mehr ganz beisammen, trotzdem in seiner Kontur vollkommen nachvollziehbar, fühlbar, abtastbar, selbst dort, wo es zunehmend dünner und dünner wurde, beinahe schon fadenhaft, beinah nur noch eine Spur, ein Strich von einem Metallstift, äußerst fein, da fuhr die Kamera des Ohres drauf entlang, den zog es ein, daran zog es sich selbst ein, die Ohrmuschel, ganz langsam sich zusammenfaltend und nach innen gleitend, gleitend wie eingesogen, eine Schnecke auf dem Rückzug, Fleisch, das im Wolf verschwindet, das aber doch nicht weg ist, das wieder hervorkommt, nur in diesem Falle innen, alles feingewunden und gebündelt, weiche Fäden, hirnartig, eine kleine Faustvoll – bis man auf einmal plötzlich wieder dastand, bei ungetrübtem Bewußtsein und auf einem völlig neuen Tableau.

Da konnte man alles wieder wie gewöhnlich sehen und anfassen. Da war das Ohr wieder, wo es immer gesessen hatte. Da kamen die Töne wieder ganz normal aus den Lautsprechern. Da konnte man sogar einen Satz sagen mit einem richtigen und allgemein verständlichen Sinn. Der kam wie gedruckt aus dem Mund. Der war sogar ganz deutlich auf ein Band gedruckt. Vielleicht auch eher gemalt, aber das macht ja nur einen sehr geringen Unterschied, mit gotischen Lettern rot auf goldenen Untergrund. Diese ganz normalen rotbeschrifteten Spruchbänder, ganz einfach goldenen, diese Fähnchen wie sie jedem ixbeliebigen Engel bei jedem ixbeliebigen Meister Bertram oder Francke aus dem Mund kommen. Diese vollkommen lebensechten. Diese absolut natürlichen. Diese allereinfachsten Einwickelbänder, Geschenkpäckchenbänder, Weihnachtspäckchenbänder, die entstehen, wenn man den Finger sehr vorsichtig, sehr langsam, aber sehr beständig im Kreis herumführt. Wenn man die Hand mit der Zigarette sehr behutsam durch den

Rauch führt, den erwartungsvoll eingeatmeten, den entspannt ausgeatmeten, diese zwei Wolken, die den Nasenlöchern entströmten wie praktisch bei jedem andern gerade verlöschenden feuerspeienden Drachen auch.

124.) Zwei Tage vor Weihnachten. Fuhr mit Deckers und Janichs über Nuevo Laredo, Monterrey, San Luis Potosi und Pachuca nach Mexico City. Sah in der Wahnsinnswüste nahe der Sierra Madre die Sonne aufgehen, zwischen hundert Kakteenarten, von denen ich nur drei bei Namen kannte, und sah die Kinder der ausgepowerten Landschaft hinter dem Zug herlaufen, ihrer einzigen Einnahmequelle. Als der Schaffner bemerkte, daß wir die kostbaren Pesos nur so zum Fenster rauswarfen, stellte er umgehend gewisse Ungenauigkeiten in unseren Pässen fest, kassierte pro Ungenauigkeit einen Dollar und grüßte geneigt mit Heil Hitler. Im angehängten Barwagen dann, bei Tequila und Sodawasser, stellte sich ein musikinteressierter Mitreisender (Richard Strauss aus dem Tape-recorder) als Kameramann aus Ohio und im Laufe des Gespräches als einer der alten Freunde von oben vor (s. 21 – nur: die Freundschaft war lange zu Ende). Als er hörte, daß meine Freunde Physiker seien und ich dazu auch noch aus Hamburg käme, schien ein besonders empfindlicher nostalgischer Nerv des ehemaligen Bombardeers getroffen. Auf der einen Seite «Till Eulenspiegels lustige Streiche», auf der anderen so unvermittelt an die eigenen während des letzten Krieges erinnert, legte ein völlig unwahrscheinliches Fachidiotengedächtnis noch einmal Flughöhen und Fluggeschwindigkeiten der Jahre 43/44 fest, stellten sich Relationen zur Windstärke her, errechneten sich die kompliziertesten Abwurfwinkel und – rumms, zack, wumm, peng – war unser Plastiktischchen plötzlich voll mit Bombenteppichen belegt, die aber hießen in Worten (seinen!) Hamburg-Hamm, Hamburg-Horn, Hamburg-Veddel, Rothenburgsort, Hammerbrook, Billbrook, und weil dieser Mensch nicht aus einer Borchertnovelle entsprungen war (siehe «Bill Brook»), sondern mitten aus der Wirklichkeit kam, machte er das auch ganz ungeniert, völlig sachlich, das heißt sachlich-säuberlich: mit der Kassette seines Mini-Recorders, Aufschrift «Der Rosenkavalier».

125.) Kam über Mexico City wenig hinaus, weil die Stadt einfach zu weit und zu breit und zu groß war. Wer sich richtig verlief und dann kein Taxi fand, brauchte meist den Rest des Tages, um wieder nachhause zu finden. Als ich einmal einen Studenten besuchen wollte, der mir von Genossen als Genosse genannt worden war, und ich verpaßte den Ausstieg, fand ich mich am Ende ganz unten am südlichen Stadtrand wieder, das aber war wie das Ende der Welt überhaupt, da war nicht nur die Straße schon lange versickert, da schien das Leben selber zu versacken in Staub und gelber Düsternis und zwischen Pappkartons und Wellblech. Ein Epileptiker sank mir auf die Brust und erbrach seinen Schleim über mich, und es ekelte mich an, aber «es» war ich selber. Weil selbst meine schäbige Wildlederjacke in diesen Zusammenhängen noch ein Luxusartikel war. Weil dieses durchgeschwitzte Hemd mit seinen aufgescheuerten Manschetten immer noch provozierend hervorstach. Weil ich mit Plänen und Wörterbüchern herumhantieren konnte in einer Elendsfuhre rammelvoll mit stummen Analphabeten. Und ich wagte kaum, mich zu rühren, schon weil es auch sonst hier niemanden zu berühren schien, wer so auslief, lief eben aus, und über wen es hinging, über den lief es eben hinweg, da gab es kein Interesse, keine Anteilnahme, keine Gemütsbewegung, nicht einmal Schadenfreude, nur graubraun apathische Indios, abwesend und triefnäsig, die waren vor lauter jahrhundertelanger Unterdrückung oder einfach Nichtbeachtung eigentlich schon gar nicht mehr vorhanden. Die waren wie ausgeknipst.

126.) Aber nein, nicht hier in der Stadt herum, nach Tampico müssen Sie reisen, nach Acapulco, Veracruz, sagten Leute in meinem Hotel, nehmen Sie am besten gleich das nächste Flugzeug nach Tehuantepec, da ist internationales Badeleben, nicht grad so billige zwölfjährige Mädchen wie in Tijuana, aber auch nicht soviel Gonorrhoe. Über das nationale Normalleben berichteten mir einen Tag darauf die Studenten und Dozenten der Universitätsstadt. Über die Arbeitslosigkeit und das in Militär und Polizei hineingestopfte Nationaleinkommen, über ausgeklügelte Spitzelsysteme und über die Massivität und Unverhohlenheit des Terrors: beispielsweise das Blutbad des vergangenen Jahrs, vierhundert Studenten und Arbeiter einfach so an einem Tag zusammengeballert und mit Panzern überrollt. Sagen Sie das in Deutschland, trugen sie mir auf, lassen Sie das drucken und veröffentlichen Sie, daß wir von uns aus überhaupt nichts mehr veröffentlichen können, und ich wagte ihnen nicht zu sagen, daß wir alles mögliche wohl drucken und veröffentlichen könnten, ach, sogar auch senden, aber schließlich und im Endeffekt für wen? Für unsere Franz-Josef-Sideburn-Sozis mit der Gazellenlederballonmütze und der Blanquis-Auswahl in der Weltkrieg-I-Meldertasche? Fuhr noch in der Silvesternacht nach Austin zurück und packte schon mal langsam meine Sachen für die Reise.

127.) 18. Januar 70, 7 Uhr 30. Abschied auf dem Flughafen Austin, und kein einziger US-Amerikaner hat ihn begleitet. Es kamen aber zu winken und zu schlucken und sich auch ein Wiedersehen zu wünschen: Anne und Peter Janich, Hildur Schükking, Gernot und Gerda Decker und der Aufklärungs- und Empfindsamkeitsprofessor Walter Wetzels. Steckte mir ein kaum noch für dritte verständliches Klopstock-Sprüchlein in die Wandertasche. «Überhaupt wandelt das Wortlose in einem guten Gedicht umher, wie in Homers Schlachten die nur von wenigen gesehenen Götter.» Jaja, so etwas gab es. Und so wandelten auch wir.

128.) Eine Woche San Diego, wohin mich Lettau zum Vorlesen in der Edel-Uni La Jolla eingeladen hatte, der war dann aber wegen einem ganzen Bauch voll frischer Wut gar nicht mehr vor dem Fernseher wegzukriegen. Wollte jede Nachricht am liebsten dreimal und über alle Kanäle hören. Auch Marcuse eilte von einem sozialen Unfallort zum andern, so daß man ihn mit Einwänden gegen seine Theorien gerade jetzt nicht stören mochte. Mietete mich in einer winzigen Strandpension ein, mit dem ganzen hochgewaltigen und gar nicht friedlichen Pazifik in meinem gerahmten Blickfeld und den Wattläufern, irgendwie verrückt Gewordenen, die hingaloppierten und hergaloppierten, immer wieder ein Kopf vorbei und schon wieder einer und ein Paar pendelnder Arme und ein gegen den Wind gedrücktes Trikot und wieder zurück das ganze und noch mal von vorn dasselbe. Machte auch selbst Spaziergänge am Strand, daraus waren aber keine Erkenntnisse zu ziehen. Nicht aus den Scharen hurtig hinter den rückflutenden Wellen hertrippelnder Wattvögel, nicht aus den Muscheln, die für sie die Welt bedeuteten, und nicht einmal aus den monströsen Tanghaufen, herausgekotzt vom Meer, mit Blasen groß wie Kegelkugeln und fest wie Reifengummi. Konnte das ewig monotone Herangerausche des Ozeans schließlich nicht mehr hören, setzte mich in den Greyhound-Bus und fuhr durch ein verregnetes Kalifornien der Sonne zu, der High Desert zu, an Palm Springs vorbei (wo die berühmten Film- und Musikmillionäre ihre Zweit- oder Siebtwohnungen hatten) nach Yoshua Tree, einem Wüstennest von vielleicht 500 Einwohnern, da wohnte mein Freund Stanley Tschopp.

129.) Den hatte ich mal bei Hertha Borchert kennengelernt, als er über Wolfgang Borchert schreiben wollte und ich schon hatte, und jetzt war er hier bei einem winzigkleinen Rundfunksender angestellt, was heißt, daß er seine sämtlichen Talente (und das waren nicht wenige: Singen, Gitarrespielen, Ansage,

Showmachen und die gesamte Technik) an diese Wüstenstation verkauft hatte, die mit einer nicht viel größeren Station jenseits der Bernardino Mountains im Kampf lag, im mörderischen Konkurrenzkampf um Werbeaufträge und Anzeigenkunden. Dem widmete Stanley seine schöne Stimme für lappige 400 Dollar im Monat und hielt sich noch für einen idealistischen Rufer in der Wüste. Versuchte, ihm im Schnellkursus die Gesetze des Kapitalismus und der Ausbeutewirtschaft beizubiegen, mit dem Erfolg, daß er mich zusammenschrie: wer soviel arbeite wie er und dabei so wenig verdiene, ob der etwa ein Kapitalist sei? – Nein, Stanley, ein Opfer, ein erbarmungswürdiges, hirnrissiges bewußtseinsblindes Opfer. Dafür las er mir dann am nächsten Morgen über Funk die kleinen Leviten. Es nützte ihm aber alles nichts, der Sender ging nämlich ein halbes Jahr später pleite, und Stanley saß ratlos da in seinem Kredit-Kakteengarten und dem Reihenhäuschen auf Raten.

130.) In Los Angeles wollte er mir aber noch einmal die ganz ganz große exotische Welt eröffnen, und er setzte mich im Schwarzenviertel bei einer gewaltig dickundbreiten Negerin ab mit einer ebenso weltumarmenden menschenumwerfenden Stimme. Und das Sofa war auch schon bezogen, und sie hatte mich auch schon fast in den Schlaf gesungen, da hörte ich, daß nebenan jemand schnarchte, das war bei näherem Hinsehen ein Neger von doppelter Breite und drei Köpfe größer als ich; da benutzte ich einen kurzen lichten Moment und warf mich ins Taxi zum Flughafen. Vielleicht hätte sie auch nicht sagen sollen, daß sie Schwarze hasse, weil hier jeder Neger des andern Neger sei. Vielleicht wäre ich dann doch dort hängengeblieben. Aber vielleicht war es alles ganz richtig so, denn nun brauche ich nicht von einer Negerin zu träumen, die ihre eigenen Leute haßt, und auch nicht von Schwarzen als einer einig Front von Brüdern.

131.) Chicago und endlich mal wieder richtig Asphalt unterm Fuß (Intellektualisten-Scholle, Muttererde). Sprach über Ich-weiß-nicht-mehr-was, vielleicht Mondgedichte, die hier keinen interessierten, vor dem College of Liberal Arts and Sciences an der University of Illinois und ließ mir dann vom Dichter-Professor Lee Byron Jennings ein kleines Fest bereiten. Daran er selbst allerdings nur in gebrochener Form teilnehmen konnte, weil er vor zwei Wochen (nur mal eben um die Ecke zum Briefkasten) ausgeraubt und zusammengeschlagen worden war. Stand halb vergipst in einer Bücher-Speiseablage-Nische und spielte brummige Weisen auf der Maulorgel, während ich mit einem langen schwarzen Mädchen auf einem viel zu kurzen Teppich ins neueste Nirwana reiste. Konnte gerade noch mitkriegen, daß er Ärger mit seiner Freundin bekam, sonst hätten mich vielleicht seine Wutanfälle auf der Hohnerquetschkommode allzu unvermittelt in einen Horror getrieben. Grüße über den Ozean, und Dank noch mal für das blaue Cardin-Hemd mit der verborgenen Knopfleiste (mein mit Abstand bestes. Nur für feierliche Gelegenheiten).

132.) Im New-Yorker Goethe House hielt Harry Rowohlt mir eine total verbummfidelte Einführungsrede, und ich trug der nach Muttersprache / Mutterlaut ausgedürsteten deutschen Gemeinde mein handverlesenes gesundes Volksempfinden entgegen. «Wo Sie doch ein so feiner Mensch sind», sagte nachher eine alte feine Dame zu mir, «dochdoch, das sind Sie, da brauchen Sie gar nicht mit dem Kopf zu schütteln, und dann dieses Rohe, Unanständige, Gossenhafte.»

133.) Hatte mit Lesen inzwischen etwa vierhundert Dollar verdient, die ich, unentwegt auf Achse, ständig in der Arschtasche bei mir trug, allerdings in der linken Hosentasche auch den immer sprungbereiten Gasmann. Trank mich abends regelmäßig furcht- und bewußtlos und trieb mich rund um den Times

Square in lebensgefährlichen Lokalen herum, wo kein Mensch gewagt hätte, beim Gin-Tonic den fehlenden Gin nachzufordern. Mit den Rowohlts-Kindern furchtloser dann durch ein reichlich abgeblühtes Greenwich Village und zu den «Bowerie Follies». Das waren alternde Kleinstars der Dreißiger und Vierziger Jahre, die hier praktisch ihr letztes Lebenslicht zum besten gaben. Wir applaudierten mächtig bei dem traurigen Schauspiel und redeten uns ein, das hätte einen Anflug von nun-ä vielleicht etwa tragischer Größe, oder richtiger, ungebrochenem Lebensmut. Es war nichts anderes als ein Schreckensdokument mit Bumms- und Jiedelmusik.

134.) Bereitete den Einzug Günter Grass' in Yale vor (Aufsatz über «Das Gedicht als Lügendetektor», s. S. 297), brachte idealistische Kulturliebhaber gegen mich auf und sozialisierte anschließend die unter numerus clausus stehende Flaschensammlung des Chairman der germanistischen Fakultät – sie dankt es mir angeblich heute noch. Längere Nachtspaziergänge mit einer amerikanischen Dichterin an einer Lipchitz (oder Zadkine-?)-Plastik vorbei und unter einem es gar nicht eilig habenden Sputnik. Am nächsten Tag mit glücklich brummendem Kopf durch ein frostklirrendes New England: Wasserfälle im Fluge erstarrt, Kolonialstilhäuser reichlich mit Schnee eingezukkert, harter trockener Wind und bei jeder Rast in der Snackbar elektrische Schläge am Türeingang. (Wagte die Schwingtüren nur noch mit der Schulter aufzudrücken; die Leute mußten ja allmählich denken, ich hätte ein Nervenleiden, wo ich schon beim ersten Stop in Hartford dem Kellner das Tablett aus der Hand gehauen hatte, weil bei Berührung Blitze sprühten.)
Abends dann deutsche Kinderverse auf englisch, was eigentlich nicht geht, eigentlich unzulässig ist, und Einkehr bei den Freunden Frederic und Ursula Love in der Oriole Ave. «Was macht Wolffheim?» fragte sie mich (bei dem wir 55 zusammen studiert hatten, dem seinerzeit einzigen Guten), und «Steht die

Christianskirche noch?» (wo wir auf dem Gespensterfriedhof immer rumgegeistert waren) und «Gibt es da noch diesen komischen Stollen, den toten Eisenbahntunnel Ecke Kaistraße / Große Elbstraße?» (mit dem Hirtentäschelkraut und der Melde). Ja, sagte ich, das gibt es alles noch in irgendeiner Form. Nur Wolffheim ist etwas müde geworden, erst der Kampf mit dem alten Muff aus den Talaren, weißt du, und dann gleich hinterher der Ärger mit der neuen Flotzigkeit.

135.) Guckte auf der Rückreise nach New York noch kurz in Woodstock vorbei, wo sich der allerletzte Rest vom großen Schützenfest in schaurigen Klapperbuden festgenistet hatte und nun mit Bangen in den Winter blickte, und wo der Götter-und-Gelehrten-Ceram gerade an einem neuen Bestseller saß. Das aber wußte er damals noch nicht und hatte Beulen im Genick vor lauter Aufregung und unterdrückter Angst vor einem ungewissen Comeback nach zwanzig Jahren. In New York wollte er mir dann die Überlegenheit des kapitalistischen Systems an Hand der pluralistischen Speisekarte vom Plaza Hotel beweisen, und es wurde das miserabelste Mittagessen meiner gesamten Amerikazeit (empfehle in solchen Fällen immer einfach Eisbein mit Sauerkraut / Salzkartoffeln in HO-Gaststätte Unter den Linden 104, Berlin).

136.) Als ich in der Columbia-University zwecks Vortrag über Lyrik und Lügen vorstellig wurde, war gerade wieder einer meiner Einlader frisch überfallen worden. Stranguliert. Mit einer Drahtschlinge. War aber ein richtiger «Liberal», der nicht verstehen mochte, warum ich so waffenstarrend durch die freie Welt spazierte; das war ich allerdings nie gewesen, liberal, und wenn ich die armen Mord- und Freibeuter auch gern als Opfer der Gesellschaft anerkennen wollte, so sah ich mich selbst auch wieder nicht gern als Opfer der Opfer. Hatten anschließend in der Hochhauswohnung meines Freundes Klaus Schröter ein gewaltiges Bild im Auge: Hudson plus nächtliches Harlem; aber was nutzten so Bilder, wenn am Tag vorher gerade wieder mal jemand unten im Haus erschlagen worden war. Wie Schröter mir später schrieb, sollte ich unter Einfluß von Alkohol gesagt haben, wegen einiger zehn-zwölf guter Menschen solle dieses Land US-Amerika nicht der Sintflut anheimfallen und auch nicht dem großen Feuer, sondern nur dem Sozialismus. Das kann ich, nüchtern wieder, vollinhaltlich bestätigen.

137.) Ab Freitag, den 20. Februar 1970, Kanada, Montreal, Toronto. Eine umfassende Müdigkeit läßt mich nachts den Koffer vor meiner Zimmertür auf dem Hotelflur vergessen, und als ich ihn da am nächsten Morgen ruhig warten sehe wie einen braven Hund, da weiß ich, daß die USA endgültig hinter mir liegen. Obwohl, wie man mir erbittert berichtet, die Mafia ihren Geschäftsbereich allmählich immer mehr in dieses ungeschützte Land verlagere. Egal, mein Weg führte mich weg von hier, mein Weg, der führt voran, nach D-Land, in die Bundesrepublik mit Brandt als Kanzler und Heinemann als Präsidenten und einer gewiß nicht kriegsverrückten DDR als nächstem Nachbarn, das läßt mir deutschem Doppelpatrioten das Herz in der Brust warm werden, das beflügelt die Volksfrontseele, das war doch gewiß nicht gering. (Hatte mich mal einer von den spaltirren linken Ultras gefragt, auf welcher Seite der Volksfront, die du so gern zitierst, Genosse, ist eigentlich dein eigener fester Standpunkt? Und hatte ihm gesagt: Die Volksfront bin ich selbst. Von beiden Seiten das Beste.) Hielt auch im Flugzeug dann schon vorsorgliche Luftansprachen an die SPD, daß sie den Patriotismus nicht immer denen überlassen sollte, die uns 1. die Einheit vermasselt hatten und uns 2. jetzt nicht einmal ein friedliches geregeltes Beieinander gönnen wollten, der Unternehmerpartei mit ihren 20 Jahren unermüdlichen, ununterbrochenen Vaterlandsverrats, da sollten sie doch mal in die richtige Fanfare pusten. Aber kräftig und rechtskräftig von links. Als ich

in Deutschland bei den Freunden bin und sie nach den Verhält-
nissen frage, zum Beispiel der antiautoritären Bewegung und
der APO (nicht der neuen Springer-APO), sagt Otto Meierdiercks: «Die APO? Die ist tot.» Feiern im Mai den fünfzehn-
jährigen Geburtstag der Zeitschrift «konkret», und wundern
uns, daß wir schon so lange im Gange sind. Aber vorher war ja
auch schon immer was.

138.) Nur, warum machen sie um mein Volsinii-Stück noch
immer so große Bögen, manchmal ganz kühn geschwungene?
Absageschreiben der «Bühnen der Stadt Castrop Rauxel»:
«Warum eigentlich in einem großen deutschen Schauspielhaus,
das müßte doch eigentlich dem Autor im innersten Herzen zuwider sein ...» (Ihr Schleicher und Pharisäer! Was dem Autor
im Innersten zuwider ist, sind solche schmierlappigen Hausver-
weise. Aber werden sämtliche vermerkt oder aktenkundig gemacht werden, daß keiner von euch in vier–fünf Jahren behaupten kann: ich hab es gleich gesagt) ... «Dennoch sind wir
der Meinung, daß ein mutiger und geschickt taktierender Intendant selbst politische Stücke, die ganz aktuelle Anspielungen enthalten, durchsetzen kann ...» (Siehe Fall Biermann / Kipphardt und die angeschlossene Programmzettelaf-
färe, oder? Wo die Abs-und-Springer nicht mal durch Abwesenheit glänzen durften? Nicht mal durch Leerstellen repräsentiert
werden?) ... «Entscheidendes Argument gegenüber konserva-
tiven Stadträten ist immer eine Publikumsreaktion, die sich in
Zahlen, wie z. B. positiven Einnahmen ablesen läßt ... Ein politischer Druck setzt meist dann ein, wenn die wirtschaftliche
Basis zu wackeln beginnt.» (Gottja, wenn Sie 'n Versicherungs-
verein sind, meine Herrschaften –)

139.) Immerhin doch ganz gut zu wissen, daß es zwei Deutsch-
länder gibt (Konkurrenz belebt das Geschäft), und wo es der
vierten Wirtschaftsmacht der Welt zu hart an die Basis geht, da

schließen wir eben mit der achten ab. Beginn Theaterarbeit am «Deutschen Theater» in Hauptstadt der DDR. Enthusiasmierende Einlösung klassischer Harmonievorstellungen durch «Tages Arbeit» (kooperativ mit Hans Bunge, langjährigem Brecht-Archivar und Herausgeber der Eisler-Memoiren «Fragen Sie mehr über Brecht») und «abends Gäste» (in Schlenzers Kulturherberge, Carmerstr. 4, Berlin West). Nach fünfmonatigem Geschufte beginnt sich auch schon etwas gegen den Theaterhorizont abzuheben, was Brecht vermutlich in vollem Sinn «episches Theater» hätte nennen können – die «Courage» war es ja nicht ganz gewesen und der «Galilei» auch nicht und der «Puntila» nicht, überhaupt all diese blühenden Charakterstücke nicht mit ihren hochindividuell ins Kraut geschossenen Einzelpersönlichkeiten. – Lerne viel, z. B. Jätarbeit, Streicharbeit, ökonomisch fruchtbare Verzichtpolitik, Rückstellung subjektiver Vorlieben hinter den objektiven Lehrwert und hoffe weit voraus: auf das Jahr 71, die Zentenar-Feiern der Pariser Kommune, auf das Jahr 72, die Münchner Olympiade, wo wir der internationalen Sportwelt mal ein Stückchen aus dem internationalen Wettkampf der Klassen zum Besten geben wollen.

140.) Mitte 71: «Deutsches Theater» stellt Arbeit an «Was heißt hier Volsinii?» unter Angabe von «künstlerischen Produktionsschwierigkeiten» ein. Freunde, was heißt hier Kunst? Kunst heißt, Kunst meinerseits heißt: jederzeit Leder ansetzen können, aber nicht Gazellen-, sondern Nilpferdleder. Heißt: Sitzfleisch bewahren, wenn der Kopf auch qualmt vor lauter Wut und schon ganz gelb wird. Heißt: sozialistische Contenance bewahren, eiserne, Parteidisziplin, selbst wenn man gar nicht mal drinnen ist. Heißt: die privaten Hoffnungen von fünf Jahren mit einem großen schwungvollen Schaufelwurf beerdigen können – das kann mein kleiner Einzelhändler, Grieß- und Graupenhöker in der Ottenser Hauptstraße schon mal nicht; der sieht neben dem Einkaufszentrum Große Bergstraße jetzt schon die neuen Superläden über dem Altonaer Hauptbahnhof emporstreben, und was tut der Brave? Der glaubt, daß das Unglück um die linke Ecke käme und die Erlösung ihm von rechts. Habe nur einmal in meinem Leben einen ertrinkenden Kleinunternehmer ächzen hören: «Kapitalismus, Mensch, das ist doch wie die Wölfe.» Lieh ihm aus lauter Begeisterung über soviel Einsicht gleich meine letzten zweitausend Mark, die nahm er dann mit hinunter in den Strudel.

141.) Spätherbst 71: noch ein zweites Theaterstück fertiggeschrieben («Lombard gibt den Letzten» – jetzt Wirtschaftskampf auf Gastwirtschaftsebene) und zweiundvierzig Lebensjahre im Steno-Verfahren durchbilanziert (Arbeit ist Opium für das Volk). Dabei u. a. festgestellt, daß ich im Verlauf der letzten vierzehn Monate knapp dreitausend Mark verdient hab und für ein geballtes halbes Jahrzehnt theatralischer Grundlagenforschung noch keinen Pfennig eingenommen. (Und da behauptet mir eine «Spiegel»-Enquete frech ins Gesicht, festbesoldete Zeilenstreicher und dichtende Wanderarbeiter wären einunddasselbe, rang- und risikogleiche Medienbediener und als solche eigentlich alle wohlversorgt. Nee, Herrschaften, so leicht wird Ihnen der Eintritt ins Reich der freien Künste nicht gemacht, es sei denn, daß Sie mir die von Ihnen erdichtete Egalität per Verrechnungsscheck beglaubigten: Commerzbank Altona 40 / 19 709 oder Postscheck Hbg. 2052 60.)

142.) – «Sagen Sie mal, haben Sie eigentlich kein anderes Thema außer immer wieder Geld?» fragte mich kürzlich ein durch private Suppositorien hochgekommener Feingeist, und die Madame, die ihn ergänzte, gab zu bedenken: «Sie leben doch praktisch mitten in der geistigen Welt, haben Umgang mit hinreißend interessanten Leuten, kennen das Kulturleben aus dem ff, da müssen Sie doch fabelhaft viel beobachtet haben», und ich gab zur Antwort: «Ach wissen Sie, dies Kulturleben?!

Das kenn ich eigentlich nur von unten her.» Überlegte dann aber doch: Was vergessen? In dieser meiner persönlichen Privatgeschichtsschreibung mit all ihren möglichen Lücken und Versäumnissen? (Können allerdings gerichtlich nicht eingeklagt werden. Ein gesetzliches Anrecht auf Erinnerung besteht nicht. Mit Nichterwähnung ist kein Werturteil verbunden.) War mir da etwa Entscheidendes entgangen? Vom «Kranichzug der Geistigen über dem Volk»? Und ich dachte, doch – doch sicher – zum Beispiel dies –

143.) – als der Große Schmidt noch empfing, Anno sechsundfünfzig in Darmstadt, Inselstraße 42, als sich der kleine Studentenzeitungsredakteur mit dem Sesam-Sprüchlein Einlaß verschafft hatte, bei Jahnn wäre seltsamerdings immer genügend Zeit für überraschende Besucher im Haus gewesen, wohingegen bei Weisenborn – das Telefon – einmal: «Woher haben Sie überhaupt unsre Nummer?» und ein anderes: «Tut uns leid, wir sitzen mitten im Roman!» Wie dann das natürliche Eis sehr plötzlich aufbrach, und wir gemeinsam die Geister längst verrauchter Ahnen wachriefen, er die seinen (die ich kaum dem Namen nach kannte), ich die meinen (u. a. damals schon Klopstock, was ihm die riesige Katerbraue mißfällig in die Höhe trieb), aber im ganzen wurde es dann doch ein sehr durchgeistigter Abend bei Korn und Leberwurststullen. Oder –

144.) – diesen da. Als der junge Brock (den Hamm heute für einen zweiten Hegel hält) noch bei meinem Vetter in der Großen Brunnenstraße wohnte und mal um die Ecke kam, um mir die Honneurs zu machen (d. h. sich welche bei mir abzuholen), und wir waren mitten im Tischlern und Tapezieren, da philosophierte er uns von der Trittleiter aus was vor und fragte die Erkenntnisse ab: «Mögen Sie Eich? Ja? Auch die ‹schöne Garonne›? Sie wissen, wovon ich spreche?» Und: «Hausmann sollten Sie doch wohl gelesen haben. Nicht Manfred Hausmann. Nein. Den andern Hausmann natürlich.» Wie uns da plötzlich der Weltgeist unwiderstehlich anrührte, Otto Meierdiercks und mich, und wir waren fast froh als uns das Sägemehl dabei in die Augen stob, weil wir sonst nicht gewußt hätten, wohin mit unserem habituellen Taktgefühl – oder dann wieder –

145.) – als wir Hans Henny Jahnn zu Grabe trugen, Anfang Dezember 59, was allerdings alles andere als ein Anlaß zum Lachen war, weil wir ihn alle sehr geliebt hatten; nur daß Hans Henny sich seinen Sarkophag ein bißchen zu wuchtig konstruiert hatte, mit einem Metallkasten innen, wie man sich herumerzählte, einem Messing-Inlett, um der Verwesung so viel Widerstand wie möglich entgegenzusetzen, und wir nachgeborenen Leidtragenden mußten alle drei Schritt lang ins Knie gehen, Huchel in unfreiwilligem Gleichtakt mit Nossack und ich neben Yngve Trede, und die Berufsträger kommandierten im Chor «Uuunnnd allzamm aaaab! – Uuuund auf!», und der ganze Friedhof mit seinen ernsthaften Lebensbäumen und Ligusterhecken schudderte vom unterdrückten Lachen – Oder dann –

146.) – natürlich! – diese hochgeistvolle Veranstaltung «Dichter und was sie trinken» oder so ähnlich, November 66, da hatte der Grafiker Schindehütte (wohl weil er gerade frisch nach Hamburg übergesiedelt war und ihn hier noch keiner kannte) erstmal die Parkuhren vor Weitbrecht & Marissal vollgepinkelt, und der Gastgeber hatte zur Strafe die von ihm geladenen Dichter vor die Tür fegen lassen (handgreiflich, mit richtigen Besen); jedenfalls steuerten wir dann noch eine Pinte in der Gertrudenstraße an, und mir gegenüber saß, den ich schon für ziemlich bedeutend hielt (wenn auch nicht ganz so sehr wie er sich selbst), der Zeichner Janssen. Weil aber die U-Person von Janssen dieses gewisse Mißverhältnis zwischen Selbsteinschätzung und wohlabgewogenem Fremdurteil irgendwo erspürte, entglitt ihm auch ein im Ansatz freundliches

Prosit zur bösen Aggressionshandlung, so daß sich sein randvolles Rotweinglas über meinen neuen weißen Pullover ergoß. Weil ich nun aber nichts so ungut ertrage, wie wenn die bessere physische Kondition sich gegenüber der schlechter weggekommenen zu Affekthandlungen hinreißen läßt, gar wenn ein in Protestlumpen gewandeter Snob einem armen Mann ans Tuch geht, schoß mir mein Gerechtigkeitssinn wie kochend Wasser in den Kopf, ließ mich aufstehen, die leere Rotweinflasche in die Hand nehmen und sprechen: «Steh auf, du dicker Kartoffelsack, auf daß ich dich wieder nach unten haue.» Als dennoch keine Antwort kommen wollte aus Janssens Gesicht, das mittlerweile immer kartoffelfarbener wurde, mit Augen wie glühende Kohlen darin, sprach es noch einmal aus meinen tellurischen Tiefen: «Steh auf! Im Sitzen kann ich dich nicht tief genug herunterhauen.» Es saßen aber zur Linken wie zur Rechten des Zeichners Janssen die Brüder Bohm mit ebenfalls Flaschen in der Hand, die hatten sie innerlich schon an der Tischkante aufgeschlagen, die berühmten St.-Pauli-Gesichtsaufreißer, die lebensgefährlichen Mord- und Fräswaffen, die sah ich selber nicht, die sah nur mein drittes Auge, mein guter Engel, mein Leitstern, mein Daimon aus dem Souterrain, der gab den Befehl an mich weiter, mich ohne Umschweife aus dem Staub zu machen, und ich drehte mich anderthalb Mal um mich selbst wie ein zu Tode beleidigtes Leichenlaken und wehte allein durch die menschenleere Stadt, die leere Flasche fest in der bewußtlosen Hand. Das beides lag am nächsten Morgen ziemlich beziehungslos auf meiner Bettdecke, und ich fragte mich, wie das wohl zusammengekommen sei, weil ich von mir aus gar keinen Rotwein trinke. Und ich telefonierte herum, bei Ebs Beerman und Michel Hauptmann und allen, von denen ich annehmen konnte, daß sie mich noch gesehen haben müßten, und man erzählte mir, was ich in der Zwischenzeit alles erlebt hatte. So soll man den Dingen jederzeit auf den Grund gehn, nicht nur sich selbst, sondern auch den anderen Naturerscheinungen, wie wir zum Beispiel –

147.) – zunächst auch nicht richtig glauben wollten, daß es Bengta Bischoff wirklich gäbe, die dichtende Hausfrau mit der Kurt-Schwitters-Mechanik im Kopf, mit der eingeborenen Pop-Schraube, die man künstlich nicht nachmachen kann; bis wir der Unschuld aus der Bernhard Nochtstraße leibhaftig gegenüber saßen und sie sagte: «Das is manchmal so, als ob einen ein Dämon das eingeben tut.» Und am nächsten Tag traf dann ein eingeschriebener Schlüpfer bei uns ein: «Für die liebe Frau Eva. Hoffentlich paßt er.» Oder –

148.) – auch dies wieder aufschlußreich, die erkenntnistiefe Nacht im «Palais d'amour», wo ich mit Hubert Fichte und Lore Mau Geburtstag feierte, und der von Fichte schon öfters porträtierte Wirt aus meinem (unser aller) «Volksvermögen» zitierte. Aber gar nicht diese waren mir ein Anlaß des Erstaunens, die Lesekenntnisse unsres Freundes Wolfgang, sondern das angewiderte Perückenschütteln der dicken Erika: «Nee, da steh ich nu gar nich auf. Das is für mich ganz einfach Schweinkram.» Wohingegen –

149.) – der Zigeuner Otto Heinrich (unser pädagogisches Poem: Vom Messerstecher zum Fischfiletierer) im Vierlandener Jugendgefängnis zu Eva Rühmkorf sagte: «Woher hat Ihr Mann bloß diese Sprüche drauf? Das sind doch unsere.» Und –

150.) – in Fritze Gordians Vignanelleser Etruskerkeller, als wir bei Porchetta und Landwein um die Seelen der ausgepowerten Wein- und Haselnußbauern rangen, und ich mich vergeblich gemüht hatte, sie zur «lotta di classe» zu bekehren, und er sich vergeblich gemüht, ihnen wenigstens das kleine Etruskum beizubiegen (bibliografischer Hinweis: «Die Reden des Etruskers

Mastarna – niedergeschrieben von FRITZ GORDIAN am Bolsena-See», Stieglitz Verlag, Mühlacker), was war es, das die zerstrittenen Parteien schließlich wieder auf die Erde zurückholte? Das war der weltumspannende völkerversöhnende Vers:

Si lavora
Si fatiga
Per la bocca
Per la fica

Mit solchen Verständigungsmöglichkeiten verglichen, hatte die Kommunikation im Rahmen und auf der Ebene der Hochkultur schon manchmal ihre unüberbrückbaren Schwierigkeiten. Nur –

151.) – das eine Beispiel Ernst Jünger, Ehrengast in der Villa Massimo im Jahre 68. Setzte sich angelegentlich eines kleinen Empfangs grußlos an unseren Stipendiatentisch. Gab keine Hand und nannte keinen Namen. Redete mit niedersächsischer Pisperstimme gezielt an uns vorbei. Fixierte anwesende Langmähner mit dem gnadenlosen Blick des Militärschriftstellers. Trank drei, vier Gläser Wein, zeigte unvermutete Wirkung, versuchte dennoch in Rohrstockform eine Art von Komment zu bewahren und stolzierte schließlich in kipplichem Storchen-Parademarsch von dannen. Ließ um Anschluß ans niedere Volk erst am nächsten Tag über das Büro einkommen, da aber war es zu spät: «Der Stipendiat, der das goldene Feuerzeug von Herrn Jünger (mit eingravierten Initialen) gefunden hat ...», der fand sich leider nie. Indessen –

152.) – «Felix, qui potuit rerum cognoscere causas» (Glücklich, wer zu erkennen vermocht' die Gründe der Dinge, Vergil). So hatte ich zum Beispiel auf der Veranstaltung «Dichter auf dem Markt» (siehe auch unter 103) das Haar in der Suppe gefunden und nicht mit der Veranstaltungsleitung gesagt, die Dichter sollten gefälligst ihre Dachstuben verlassen, sondern: «ich hätte gern eine!» Andernfalls man meine Probleme vielleicht noch für große und allgemeine gehalten hätte, und Hegewischens wären nie an mich herangetreten: «Bei uns in Övelgönne wird ein Zimmer frei.» Und ich säße nicht hier, wo ich sitze, selbstgerecht (aber wer anders wäre je gerecht zu uns gewesen?); mit dem Blick auf den langsam ergrauenden Strom (voll Schollen, voll Scheiße), kritisch das andere Ufer musternd (Esso und BP), da ist meine Ruh zu Ende, da wird die Welt gemacht. Aber dann wieder hier. Auf unserer Seite. Zwei Häuser weiter nur, in Jungbluts Garten. Da hatten sie letzten ersten Mai die rote Fahne hochgezogen, ganz ohne Abstriche, das wäre vor zehn Jahren, 62, auch noch nicht möglich gewesen. Als sie mich von Springer aus fragten, genauer vom «Hamburger Abendblatt», was sich ein Deutscher Dichter zur Jahreswende wünsche, und ich sagte zu ihnen, was der verantwortliche Redakteur dann nicht abdrucken durfte: «Alles andere als die Große Koalition.» Damals durfte ich mir mein Teil dazu noch alleine denken, ohne daß sonst groß jemand mitdachte, wohingegen heute –

153.) – am 10. Januar 72, Heinrich Böll im «Spiegel» über «Bild» und seine Macher schreibt: «Das ist nicht mehr kryptofaschistisch, nicht mehr faschistoid, das ist nackter Faschismus, Verhetzung, Lüge, Dreck.» Ins Merkbuch eingetragen: «Brief an Böll schreiben. Der Brave darf nicht bei sich alleine bleiben. So gut ist die Zeit noch nicht, daß man sie von sich aus einfach laufen lassen könnte. Die rollt nämlich rückwärts sonst, in Richtung ‹Bild› und ‹Welt› und ‹Welt am Sonntag›, und – rumms – ist unser schöner neuer Marx nicht viel mehr wert als eine nostalgische Erinnerungsmelodie der späten Siebziger / frühen Achtziger.»

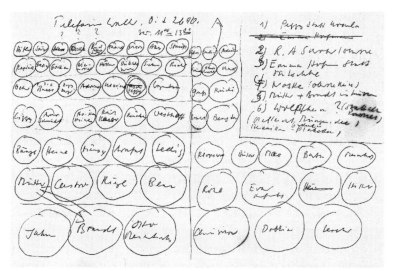

PRs Entwurf des Umschlags für «Die Jahre die Ihr kennt»

154.) 11. Januar. Grauer Tag. Verstörungen. Niederschläge. Mit dem Blick auf das neue Jahr die Bibliothek nochmal von Grundauf neu geordnet, einige Tausend Bücher umgestöpselt und einfach mal alphabetisch auf Tuchfühlung gebracht (Fichte, Flake, Fock, Frank, Frank, Frisch, Fröhlich, Fuchs –), Briefe sortiert und eine halbe Stunde lang ein Feuer mit ehemaliger Eilpost unterhalten. Unversehens mich in Jüngers «Gärten und Straßen» (1942) festgelesen, aber eher mit XY-Zimmermann-Gefühlen. Gottimhimmel, das scheint auch nicht gerade die wahre Kunst des Tagebuchs. Und 'n Stil, als ob sich 'n Imker aus Apensen oder Bevensen gerade das Schprechen antrainiert hat. Schtilisierungen.

155.) 12. Januar. Im Zuge Aufräumungsarbeiten auf literarischem Trockenboden noch etwas Glut in abgelegten Sparstrümpfen entdeckt. Mutwillig hineingeblasen und – huch! – die ganzen alten Gespenster der Vergangenheit stieben noch einmal funkenziehend durch den Raum – Die Helden erster Ordnung –

tränentreibende Tragödien – Ja, sowas nennt man Zenit, wenn
einer … – mit bedeutsam wackelndem Kopf – der historische
Zadder – wie er sich manchmal noch bedächtig auf mittlere Höhe
bringt – Aber diese Treue zu sich selbst, die hätte doch gesehen
werden müssen – eine zeitgenössische Windsbraut – ein Spit-
zenneurotiker – für eine Pressenotiz dem Abgrund zu – Ja, früher
da war man besser, in gebundener Rede etcetera – die kleinen Ta-
schenblitze, glühen nicht nach – Wer Sie wirklich sind, möchten
Sie wissen? Ich glaube, Sie bemühen sich da um eine Klarheit, die
gar nicht erwünscht ist, Meister – heute, im Kreis Ihrer glatz-
köpfigen Ideale – der ganze Leichenzoo – Wenn man bedenkt,
durch was für Hände man so gegangen ist, kann man schon den
Geschmack an sich verlieren – Eindrücke von Fettfingern – ein
bemerkenswertes Lamento – mit ausgestopften Narren sind
deine Wege umstellt – ausgestopfte Erinnerungen – Deine Hoffnungen auch wohl alle um einen Kopf kürzer gemacht – nur dies
Eingelegte im Kopf – nur das goldene Gezänk deiner Jugend –
raschelnd entfalten die Fledermäuse der Kindheit die Flügel –
Stahlstichflügel – Hol deine Flügel aus dem Rauch – mit spakigen
Schwingen – bis unter die Achseln grau – der gepreßte Fittich –
und der Diercke entfaltet die Schwingen – der alte Brehm – Wenn
im alten Brehm – WIE IM ALTEN BREHM –
die Fledermäuse
manchmal noch ihre Stahlstich-Flügel entfalten,
und der Erdalfrosch unversehens sein
«aus der Jugendzeit» quakt,
so entringt sich auch meiner ausgestopften
Brust
gelegentlich eine Art von Bewegung
und mächtig zerrt das alte Herz am Suspensorium.

Ja, früher da war man im Kommen –
Sie wollen doch bitte bedenken, daß ich einer Generation
angehöre,

die sich ihr Weltbild praktisch
mit bloßen Händen erarbeitet hat;
als wir in die Geschichte eintraten,
steckte Nobile gerade bis zum Vollbart im Packeis;
Amundsen,
fraglos und mit dem Rücken zum Publikum,
strebte polwärts, zu retten, was nicht mehr zu retten war,
den inzwischen flüchtigen Nobile –
Von solchen unbedingten Anstrengungen
Fiel aber ein Abglanz auch auf u n s e r e Windeln.
Der den Vorteil hat, nach uns zu kommen,
wie ungetrübt saugt er doch
seinen Steril-Kakao aus der Lupolen-Einwegflasche,
wie –

16 Uhr 30. Auffanggläser beiseite gestellt. Filterpapiere abge-
heftet. Drei Kreuze geschlagen. Schlußstrich gezogen. Lyrik, in
meinem Alter noch? Wohl doch ein bißchen unseriös, zumindest ein Luxus, den ich auf längere Sicht wirtschaftlich gar nicht
durchhalten kann. Man zieht und zieht seine Schatten aus spit-
ziger Feder, kilometerweise, und von einer gewissen Qualität an
wird es dann für Dritte oder Vierte fast zwangsläufig unver-
ständlich. Wackeln Sie nur nicht so mißfällig mit dem Überbau,
meine Herrschaften. Wenn diese Gesellschaft sich keine Gedichte leisten kann – den Anspruch, ne Kulturnation zu sein,
werd ich aus eigener Tasche bestreiten?! Gar nichts werd ich.

156.) 13. Januar. Schon Staucheis am Elbufer. Grau eingemum-
melte Frachter ziehen vorbei. Kalte Meeresluft fließt ein. Mit
der Post eine Einladung des Bundespräsidenten zu einem
Schriftsteller-Abendessen: «Bitte teilen Sie dem Bundespräsidenten mit, wenn Ihnen die Annahme der Einladung aus finan-
ziellen Erwägungen erschwert wird.» Nun, das auf jeden Fall.
Aber wenn man sich schon einen ganzen Tag aus seiner knapp

Umschlag «Die Jahre die Ihr kennt»

bemessenen Zeit herausschneidet, sollte da eigentlich noch ein
bißchen mehr bei rausgucken. Ne neue Hose vielleicht oder 'n
warmer Pullover für den laufenden Winter.

157.) 14. Januar. Axel Springer hat goldene Kameras für ausgesuchte Entpolitisierungsleistungen im Fernsehbetrieb verliehen. So unterwandert und präjudiziert er allmählich sämtliche
Medien, spaltet die Parteien und schafft künstlich neue. Während er zum Beispiel die SPD per Frontseiten und auf Bundes-
ebene auseinanderzuhämmern sucht, wandeln im Lokalteil
völlig ungerührt Schütz unter Palmen oder Schulz zwischen
(Neujahrs-)Schweinen. An solchem Opportunismus wird noch
mal die ganze Partei zugrunde gehen. Abends in der gehaltvol-
len Marx-und-Engels-Über-Kunst-und-Literatur-Ausgabe gelesen (Eintausendvierhundertundachtundsechzig Seiten reiner
Kraftnahrung, Dietz Verlag, Berlin; wenn ich die intus hab, bin

ich definitiv unschlagbar). Weiterführender Gedanke: soviel Marx wie heute ist noch nie in so vielen Köpfen gewesen, das kann auf die Dauer gar nicht ohne Wirkung bleiben.

158.) 15. Januar. Korrekturen «Jahre, die Ihr kennt». Habe viele Schlachten, aber nie meine Identität verloren. Wußte vermutlich auch nie recht, was das eigentlich ist. Dicker Trennstrich gegenüber neun Zehnteln der modernen Literatur.

159.) 17. Januar. Himmel aufreißend, aber immer nur zu neuen Grauwerten. Ein Flecken Viehsalz als Sonne. Nachricht, Tschen Ji gestorben (s. 72. y); wenn man die Todesnachrichten liest, glaubt man allmählich wirklich, die ganze Welt steckt voller Bekannter. Zwischen 10 und 11 Uhr «Stimme der DDR»: «Aus der Rechtspraxis der DDR». Das sollte sich unser Klein- und Mittelbürgertum mal öfters anhören. Ruhe und Ordnung! – aber von links, ganz meine Meinung. Wenn nur nicht die anschließende Winterreportage aus Moskau in einem Ton gehalten wäre, als handele es sich bei dreißig und fünfunddreißig Grad minus um Produktionssteigerungsraten. Das ist ja fast schlimmer als eure drakonischen Ordnungsstrafen im hauptstädtischen Straßenverkehr, mit denen ihr euch 'n international relevantes Fahrzeugaufkommen suggeriert. Freunde, Freunde, kurze Beine sind doch nicht schlimm, aber warum immer diese Mischung aus Lug und Selbstbetrug.

160.) 19. Januar morgens. Wieder die Springer-Spritze, um aus dem Bett zu kommen. «Gottbehüte», sagte neulich der Kriminalschriftsteller Hans Jörg Martin zu mir, «von dem laß ich mir doch nicht das Frühstück versauen», was natürlich auch eine Meinung ist. Obwohl ich glaube, daß man das schon täglich sehen sollte, wie in der Kaiser-Wilhelm-Straße ideologische Kriegführung betrieben wird. Auch heute können sie sich kaum lassen vor hämischer Begeisterung, weil ein Karl-Heinz Ruhland (Protuberanzerscheinung im Baader-Mahler-Meinhof-Kreis) ausgepackt hat und über den aktiven Kern hinaus noch andere Linksintelligenzler mitbelastet: den Psychologie-Professor Peter Brückner und unseren allgütigen Kuddel-Kaiser-Kapellan (wegen seiner enormen Verdienste um verfolgte Bücher und verfolgte Menschen für den «Friedenspreis des Deutschen Buchhandels» 1972 vorzuschlagen!). Habe zwar noch nie gesteigerte Sympathie für die Edelcangaceiro-Truppe empfunden und würde auch eventuelle Quartiermacher dreikantig vor die Tür werfen, es sei denn (so muß ich allmählich einräumen), sie geben mir ihr Räuber-Wort, daß es das nächste Mal gegen die schwarze Pest persönlich, gegen Springer geht.

161.) 20. Januar. Wenn man dabei nicht rechthaberisch werden soll, daß mittlerweile alles, woran man mal mitgeruckelt hat, in Bewegung kommt. Hatten wir nicht vor guten zwanzig Jahren den ewigen Marschierern auf dem Kriegergedenkklotz Ecke Dammtorbahnhof-Stephansplatz bunte Narrenröcke aufmalen wollen und waren nur von Polizei daran gehindert worden. Und hatten wir den Trumm und seinen steinernen Nonsensevers «Deutschland muß leben / und wenn wir sterben müssen» nicht auf der Titelseite «konkret» vom Mai 58 schon einmal sinnvoll konterkariert?!

Zerstäubte Helden und geschleifte Mauern:
Erleuchtung zweier Kriege, nicht des Lichts –
Du wirst den nächsten nicht mehr überdauern
Und Deutschland nicht und abernichts.

Und merkt euch Klotz und Spruch, das habt zum Zeichen:
Was war nun Deutschland und was wird es sein?
Was ist es, wenn nicht wir und unsresgleichen?
Und NEIN von unserm NEIN.

Nun, heute morgen, haben die Studenten den Steinmännern endlich die nötigen Farben verpaßt, und in der Bezirksverwaltung Hamburg-Mitte ist erwogen worden, die Anschlußtäterparole fortzutilgen.

20 Uhr 15 und später: milde Luft, schon wieder fünf Grad plus, ein längerer Spaziergang mit den Freunden an der Elbe lang, an Teufelsbrück vorbei, Othmarschen, den rheumatischen Kastanien im Zugwind (28 schiefe Schultern, kameradschaftlich in Reih und Glied), der Ringelnatztreppe, die Övelgönne runter, Himmelsleiter, Schulberg, Lüdemanns Weg, Neumühlen, Kühlhaus, dann schräg rechts über die Geleise rüber zu den Kaianlagen mit dem offenen Blick aufs illuminierte Lüfterbauwerk Süd, könnte man da nicht fast zum Heimatautor werden? Ja. Fast. Aber so gut sind die Zeiten – wartet erst mal morgen früh ab – wieder nicht –

Anmerkungen

«Die Jahre die Ihr kennt» (der Arbeitstitel lautet zunächst «¼ Jahrhundert») erschien im April 1972 und eröffnete als Band 1 die Taschenbuchreihe «das neue buch» im Rowohlt-Verlag. Schon im November 1972 wurde das 16.–20. Tausend fällig, im Januar 1979 folgte das 21.–22., im Januar 1981 das 23.–24. Tausend. Der Text dieser Ausgabe folgt der letzten Taschenbuch-Ausgabe der «Jahre» (25.–33. Tausend, 1986). Lediglich an einigen Stellen wurden in Absprache mit dem Autor Druckfehler korrigiert.

Auf ein paar Erinnerungsirrtümer (Namensverwechslungen, Datierungsfehler), die im Text stehen geblieben sind, wird in den Anmerkungen verwiesen. Der bibliographische Nachweis von Erstdrucken der hier abgedruckten Artikel, Rezensionen, Essays ist ebenfalls in den Anmerkungsapparat eingearbeitet, der Wortlaut der Erstveröffentlichungen nicht in jedem Fall identisch mit den hier abgedruckten Fassungen.

In den Anmerkungen werden vor allem historisch entrückte Vorgänge und Alltagsrealien erläutert, Abkürzungen erklärt, Fremd- oder Kryptozitate nachgewiesen, manche Lebensdaten zeitlich präzisiert. Außerdem war dem Herausgeber daran gelegen, zusätzlich Materialien aus dem Archiv Peter Rühmkorfs (Zeitungsartikel, Verlagsvoten, Briefe von und an Rühmkorf) in den Apparat einzuflechten, um aufschlußreiche Lebens- und Werkbezüge über das von Rühmkorf Erinnerte hinaus ergänzen zu können.

Von der Kommentierung ausgenommen sind die hier abgedruckten Gedichte, da sie in Band 1 der Werkausgabe erläutert werden.

Ich danke Peter Rühmkorf, der mir nicht nur zahlreiche Auskünfte erteilte, sondern auch bereitwillig sein großes Archiv öffnete und meiner germanistischen Neugier keinerlei Schranken setzte.

Berlin, Januar 1999   Wolfgang Rasch

Folgende Abkürzungen werden benutzt:

PR = Peter Rühmkorf
ZdK = Zwischen den Kriegen. Hamburg. 1952–1956
Abk. = Abkürzung
ED = Erstdruck

Zu 2.) *Tausend Stecknadeln*: Der Unterarm wird mit beiden Händen umklammert. Durch gegenläufiges Drehen wird ein Schmerz erzeugt, der Nadelstichen vergleichbar ist.

Ohren abschneiden: Mit einer Schere aus Zeige- und Mittelfinger wird der Eindruck des Ohrenabschneidens erweckt, das Ohr in die Zange genommen und der eingeschlagene Daumen als fingiertes Resultat vorgewiesen.

Bremer Gänse Sehen: Auf die (heimtückische) Frage «Willst du Bremer Gänse sehen?» antwortet das Kind meist mit einem neugierigen «Ja». Der ältere und kräftigere Spielkamerad stellt sich hinter die kleine Person, klemmt deren Kopf zwischen beide Hände und zieht sie quälend langsam in die Höhe. (Auskunft des Verfassers.)

Knüppelrieden: Niederdeutsch «Knüppelreiten». Zwei Kinder stecken einem dritten einen Knüppel oder Besenstiel zwischen die Beine und heben es in die Höhe. Je heftiger sie mit ihrem Opfer herumgaloppieren, um so schmerzhafter für den ‹Reiter›, der sich zudem ängstlich an das Holz klammert, um nicht zu Boden zu fallen.

Schorse Schikorrs Hund: Georg Schikorr, Nachbarjunge in Warstade und acht Jahre älter als PR, hetzte nach Auskunft des Verfassers einmal einen Hund auf den jüngeren PR.

Zu 3.) *Darmolmännchen*: Gezeichnete Werbefigur für das Abführmittel Darmol. Trug mit Nachthemd und Zipfelmütze bekleidet einen Kerzenhalter vor sich her.

Zu 4.) *Lektüre «Häschenschule»*: «Die Häschenschule. Ein lustiges Bilderbuch» von Fritz Koch-Gotha und Albert Sixtus, beliebtes illustriertes Kinderbuch (Leipzig: Hahn, 1924; 1928 erschien schon die 27. Auflage).

Zu 9.) *die spitze Wundertüte*: Gemeint ist die Schultüte.

dem «Kleinen Heinzelmann»: «Heinzelmann. Allerhand aus Kinderland» von Otto Scholz (Berlin, 1936).

Zu 10.) *Knösel*: Niederdeutsch für «Pfeifenköpfe».

Bullerbasse: Rohre aus ausgehöhlten Holunderästen. Mittels eines passend geschnitzten Kolbens und eines in die Mündung gepreßten Pfropfens als Luftdruckpistolen verwendbar. (Auskunft des Verfassers.)

Zu 13.) *Knackfrösche*: Aus Blech gestanztes Spielzeug in der Form eines Frosches. Durch eine Drucklamelle im Innern lassen sich Knacklaute erzeugen.

Hexenscheren: Scherzartikel, zusammenfaltbare Gitter aus flachen Holzstäben, die sich durch Scherengriffe am unteren Ende zu beträchtlicher Länge ausfahren lassen.

Zu 14.) *Stürmer-Kasten*: Schaukasten des «Niedersachsen-Stürmers», Wochenzeitung vom Gau Ost-Hannover der NSDAP. Der Artikel «Karl Barth der Kriegshetzer. Theologieprofessor verrät deutsches Volkstum» erschien darin am 22. Oktober 1938.

Das war mein Patenonkel: Da sich PRs Vater als schon verheiratet entpuppte und daher die werdende Mutter nicht ehelichen konnte, wandte sich die Pastorentochter und Dorfschullehrerin an den von ihr als Theologen verehrten Karl Barth, der 1929 als Professor in Münster lehrte. Barth bot sogleich Hilfe an und übernahm auch die Patenschaft für PR. Nachdem in späteren Jahren der Kontakt zu Barth lockerer geworden und schließlich ganz abgerissen war, wandte sich PR erst 1961 wieder an den in Basel lebenden Patenonkel, der am 21. 7. 1961 antwortet: «Lieber Peter Rühmkorf! Du gehörst auch unter meine nicht wenigen von mir schmählich vernachlässigten Patensöhne. Ich verstehe es also sehr wohl, daß Du mich in Deinem Brief so feierlich als ‹Herr Professor› und mit ‹Sie› anredest. Das bitte ich Dich aber in Zukunft zu unterlassen. Ich danke Dir für diesen Brief und für Deine Geburtstagswünsche und nicht zuletzt für das bewegende Buch über W. Borchert [...] Borchert: Ja, die ‹verratene Generation›. Es hat mich oft beschäftigt: es war einfach so, daß ‹wir› (es ist freilich ein ‹wir›, das sehr weit zurückgeht) ihr eine Welt übermachten, angesichts derer sie zuletzt nur noch aufschreien konnte, wie B.

es getan hat. [...] Ich möchte Dir aber doch sagen, daß die Art, in der Du B. dargestellt und zur Sprache gebracht hast, mich sehr anspricht. Und nun sehe ich aus dem Anzeigenteil des Buches, daß Du auch selbst unter die Dichter gegangen, vermutlich schon lange ein solcher gewesen bist. Und aus dem Titel Deiner Sammlung sehe ich mit Vergnügen, daß Dir der alte Hamburger Senator Brockes – sollte Rowohlt nicht einmal eine Auswahl aus dessen für den Geist der späteren Leibniz-Zeit so bezeichnendem Sing-Sang herausbringen? – kein Unbekannter ist. Von der schweren Klage Borcherts ist dessen ‹Irdisches Vergnügen› nun allerdings weltenweit entfernt, und obwohl ich in einem meiner Bücher einmal prophezeit habe, der leibnizische Optimismus könnte wohl auch wieder einmal aktuell werden, nehme ich doch nicht an, daß Deine Gedichte sich schon auf dieser Linie bewegen, sondern deute das ‹in g› auf: in g moll. Sicher will ich sie mir beschaffen und zusehen, ob ich – bedenke, daß ich noch 14 Jahre im 19. Jh. gelebt habe! – mitkomme. Deine Mutter – entschuldige, daß ich so schlecht im Bilde bin! – lebt doch noch? Wenn ja, so sag ihr einen guten Gruß von mir. Ihr Geschick ist mir damals (wie lang ist das her!) sehr nahegegangen und die Art, wie sie es getragen hat, war und ist größter Hochachtung wert. [...] Sei bis auf Weiteres selbst herzlich gegrüßt und meiner besten Wünsche für Deine Tätigkeiten versichert von Deinem Karl Barth.»

Zu 18.) *Niflheim*: Nebelheimat, in der altnordischen Mythologie der kalte Teil der Erde, die Hölle.

Achrostica: Achrosticon, hintereinander zu lesende Anfangsbuchstaben von Verszeilen, die ein Wort, einen Namen oder einen Satz ergeben.

Zu 19.) *schlugen unsere Nummer Eins im verschließbaren VDA-Kasten (...) an*: VDA, Abk. für «Verein für das Deutschtum im Ausland», 1909 ins Leben gerufener nationalistischer Verband. Da die Schüler den VDA-Kasten zusätzlich mit einem Vorhängeschloß verriegelt hatten, schlug einer der Lehrer die Scheibe des Kastens ein, um das corpus delicti zu entfernen. Darauf spielt ein im Archiv PRs vorhandener Entwurf zu Nr. 3 des «Nuntius Athenaei» vom 19. 1. 1945 an: «Welch großen Anklang der Nuntius gefunden hat, und welch eine Begeisterung er unter den Schülern, als auch unter den Lehrern ausgelöst hat, sieht man daran, daß Herr Studienrat Dr. W. Gossel im ersten Enthusiasmus auf den Anschlagkasten einhieb, die Glasscheibe zertrümmerte und sich des Schriftstückes bemächtigte!!» Die Angelegenheit wurde von der Schulleitung nicht weiter verfolgt.

Zu 20.) *Yankee Doodle*: Das amerikanische Volkslied, das im 18. Jahrhundert als Nationallied gesungen wurde, war die Erkennungsmelodie der «Stimme Amerikas», einer Einrichtung des Office of War Information der amerikanischen Regierung, die seit Februar 1942 in deutscher Sprache auf den Frequenzen der BBC gesendet wurde.
Beethoven-Bumm-Bumm-Bumm-Bumm der BBC: Der deutschsprachige Sender der BBC verwendete als Erkennungsmelodie das Eingangsmotiv der 5. Sinfonie Beethovens. An den Rand der Partitur hatte Beethoven geschrieben: «So pocht das Schicksal an die Tür», daher auch «Schicksalssinfonie».
Koagulation: Gerinnung eines Stoffes aus einer feinzerteilten Lösung.

Zu 21.) *lbs*: Abk. für engl. «pounds»; 1 lb = 453,6 g; 60-lbs-Bombe = 13,6 kg.

Zu 22.) *Bismarck-Bande und Edelweißpiraten*: Namen unorganisierter Jugendgruppen, die sich in der Nazizeit spontan bildeten, die Hitlerjugend ablehnten und bekämpften, teilweise Traditionen der bündischen Jugend wiederaufnahmen. Ihre Mitglieder rekrutierten sich meist aus Arbeiterfamilien, wurden von den Behörden kriminalisiert und gnadenlos verfolgt (Hinrichtungen ohne Gerichtsurteil).
Systemzeit: Bezeichnung für die Zeit der Weimarer Republik 1919–1933.

Zu 24.) *Glutaminsuppe*: Glutamat, Bezeichnung für Salze und Ester der Glutaminsäure, dient in Speisen als Geschmacksverstärker.
Bannführer: Dienstgrad innerhalb der Hitler-Jugend.

Zu 25.) *Ardennenoffensive*: Die deutsche Ardennenoffensive begann am 16. 12. 1944 und wurde mit dem Angriffsziel Antwerpen geführt, blieb wegen der alliierten Gegenangriffe erfolglos.
V 1, V 2: Abkürzung für Vergeltungswaffen, im 2. Weltkrieg entwickelte deutsche Raketenwaffen: V 1, Flügelbombe mit Selbstantrieb, seit dem 12. 6. 1944 zur Beschießung englischer Städte (besonders Londons) eingesetzt. Die V 2, eine in Peenemünde entwickelte ferngelenkte Flüssigkeits-Großrakete, wurde seit September 1944 eingesetzt.

Zu 26.) *RAD*: Abkürzung für Reichsarbeitsdienst, in dem seit 1934 alle Deutschen zwischen 18 und 25 Jahren eine halbjährige Arbeitsdienstpflicht zu absolvieren hatten.

Zu 29.) *Bannmeister*: Bann = Gliederung der Hitler-Jugend.
kv: Abk. für kriegsverwendungsfähig.

Zu 31.) *Siebenfünfundsechzig*: Soldatenjargon für die automatische Militärpistole Mauser, Kaliber 7,65 mm.

Zu 32.) *Werwölfe*: Unter dem Namen Werwolf propagierte das nationalsozialistische Regime in der Endphase des 2. Weltkrieges eine Untergrundbewegung mit dem Ziel, in den bereits von alliierten Truppen besetzten Gebieten Sabotageakte zu verüben.

Zu 33.) *Jabo*: Abk. für Jagdbomber.

Zu 34.) *«Hilf Mit»*: «Hilf mit. Illustrierte deutsche Schülerzeitung», Zeitschrift des NS-Lehrerbundes, erschien in Berlin von 1933–1944.
«Die Jugendburg»: Gemeint ist die Zeitschrift «Deutsche Jugendburg», hrsg. vom NS-Lehrerbund, erschien von 1935–1943/44 in München.

Zu 35.) *Neuengamme*: Konzentrationslager, östlich von Hamburg.

Zu 37.) *Umerziehungslager Fallingbostel*: Von der britischen Militärregierung eingerichtetes Umerziehungslager für höhere NSDAP-Funktionäre.
Navycut- und Wild-Woodbine: Englische Zigarettenmarken.

Zu 39.) *Sankt-Elms-Feuer*: Elmsfeuer, elektr. Büschelentladungen an Spitzen (z. B. Kirchtürmen und Schiffsmasten) bei hohen Feldstärken, insbesondere bei Gewittern.
BDM-Mädchen: Abk. für Bund Deutscher Mädel, Jugendabteilung der Hitlerjugend für alle 14–18jährigen Mädchen.
Hängolin: Bezeichnung für ein dem Essen der Soldaten beigemengtes Mittel, das den Sexualtrieb mindern sollte.

Zu 40.) *GIs*: G.I. Abk. für engl. General Issue («allgemeine Ausgabe») oder für Government Issue («Regierungsausgabe»); volkstümliche Bezeichnung für Soldaten der USA.

Curfew: Engl. «Abendglocke». Nach dem Krieg in der britischen Zone Bezeichnung für den Beginn der Ausgangssperre.

Zu 41.) *Infinitesimalepopoe:* Infinitesimal, lat. infinitus = unendlich; Begriff aus der Mathematik, Unendlichkeitsrechnung; Epopoe, (veraltet) für Epos.

Zu 42.) *Oma Jonas' Fahrschülerabsteige:* Oma Jonas hieß eigentlich Katharina Jordan und bediente im Schankraum des «Hotel Jordan» in Lamstedt, wo sich oft Fahrschüler trafen. Sie war auch Eigentümerin des «Hotel Jordan».

Zu 43.) *«Und Ihr habt doch gesiegt.»:* Propagandaspruch der Nazis. Er sollte suggerieren, daß die beim Hitler-Putsch 1923 ums Leben gekommenen Anhänger Hitlers mit dem Machtantritt der Nazis 1933 doch noch «gesiegt» hätten.
Nazibriefmarke: Die Briefmarke, ausgegeben am 5. November 1943, erinnerte an den 20. Jahrestag des Hitler-Putsches vom 9. November 1923.

Zu 44.) *Hemmoorer Falkengruppe:* Die Falken, Sozialistische Jugend Deutschlands, 1925/26 entstandene sozialistische deutsche Jugendorganisation, 1933 unterdrückt, seit 1946 wiederaufgebaut.

Zu 45.) *Zigarette «Sondermischung»:* Name der ersten deutschen Nachkriegszigarette.
Schreberschreck: Bezeichnung für selbst angebauten Tabak.
RIF: Kriegsseife, grau, hart, platt, nicht fettend, nicht schäumend. RIF ist Abk. für Reichsstelle für industrielle Fettversorgung. Die drei Buchstaben waren jedem Seifenstück negativ eingeprägt.
«Die Brücke»: Kommunikations- und Lesezentrum der britischen Militärverwaltung.

Zu 47.) *Worpswede:* Gemeinde in Niedersachsen (Landkreis Osterholz), im Teufelsmoor. 1889 wurde hier aus Opposition zur akademischen Malweise eine Künstlerkolonie gegründet, zu der u.a. Paula Modersohn-Becker, Otto Modersohn, Hans am Ende, Fritz Mackensen, Heinrich Vogeler, der Dichter R. M. Rilke gehörten.

Zu 48.) *Pertinax:* Ein mit Phenolharzen getränktes Papierlaminat, Isoliermaterial in Hochspannungs- und Hochfrequenzgeräten.
EK 1: Abk. für Eisernes Kreuz, einer 1813 gestifteten preußischen

Kriegsauszeichnung, 1870, 1914 und 1939 für das Deutsche Reich erneuert, in vier Klassen eingeteilt: Großkreuz, Ritterkreuz, EK 1. und 2. Klasse.

Zu 49.) *Einkreiserherstellung*: Einkreiser, Bezeichnung für ein einfaches Radiogerät: Ein Schwingkreis bestehend aus Spule und Drehkondensator. Eine Röhre (Audion) dient der Demodulation und eine weitere zur Lautsprecherverstärkung.

Schäfer Ast die Wahrheit aus den Haaren: Der aus einer alten Wunder- und Naturheilkundlerdynastie in Radbruch bei Winsen a. d. Luhe stammende Schäfer Ast II. glaubte, jedes Gebrechen am lupenvergrößerten Ansatz der Nackenhaare erkennen zu können.

Methode Antonio de Moniz: Der portugiesische Neurologe Antonio de Moniz führte 1935 die erste Leukotomie durch: ein psychochirurgischer Eingriff trennt Nervenfasern zwischen Stirnhirn und tieferen Gehirnabschnitten zur Milderung von Zwangsneurosen und Schizophrenie.

Dobrock: Bezeichnung für einen Teil der Wingst, wo sich zwei Tanzlokale befanden.

im «Goldenen Tor»: Alfred Döblin gab von 1946–51 «Das Goldene Tor. Monatsschrift für Literatur und Kunst» heraus. In dieser Zeitschrift debütierte PR im April 1951 mit vier Gedichten. Leider sind die ersten Briefe Döblins an PR verloren gegangen (vgl. Absatz 64. des vorliegenden Buches). Der Kontakt zu Döblin war auf wunderliche Weise durch PRs Mutter zustande gekommen, die sich wegen des Gesundheitszustandes ihres Sohnes große Sorgen gemacht hatte. Aus ihren Erinnerungen: «Als besonderen Examensdichter [zur Abiturprüfung. W. R.] hatte mein Sohn sich Alfred Döblin ausgewählt. Er schrieb über ihn seine Arbeit. Die Wahl dieses Schriftstellers war außergewöhnlich. Alle hatten auf bekannte, in der Schule behandelte Dichter zurückgegriffen, Rilke etwa oder Hesse, vielleicht auch einen der Klassiker. Peter wollte etwas besonderes, etwas, was sonst niemand hatte. So kam ich darauf, da Döblin Psychiater war, in einem Brief ihm mein Leid zu klagen und ihn um Rat zu fragen. Ich bekam eine sehr freundliche Antwort und die Aufforderung an Peter, ihm doch selbst einmal zu schreiben. Ich mußte also beichten, was ich getan hatte, aber da nun schon eine freundliche Antwort vorlag, wurde ich nicht sehr gescholten. Es begann im Gegenteil ein Briefwechsel zwischen meinem Sohn und Döblin. So kam es auch, daß Peter einige seiner ersten Gedichte zur Begutachtung an Döblin schickte und von ihm mit großem Lob bedacht wurde. In der letzten erschienenen Nummer der Zeitschrift ‹Das Goldene Tor› wurden zum ersten Mal Gedichte von Peter veröffentlicht. Peter hüpfte vor Freude, als er Döblins Brief mit dieser Nachricht in der Hand hielt.»

Zu 51.) *Jahnn mir einen freundlichen Willkommensgruß (…) geschickt*: Jahnns nicht datierter Brief an Rühmkorf lautet: «Lieber, junger Herr Rühmkorf! Ich will es so kurz wie möglich schreiben. Ich bin Mitglied der ‹Akademie der Wissenschaften und der Literatur› in Mainz. Ich habe bei Herrn Dr. Döblin 3 Ihrer Gedichte gelesen. Habe erfahren, daß Sie 19 Jahre alt sind, und daß Ihre Mutter sich Ihretwegen sorgt. – Die Gedichte haben mir sehr gefallen – und Ihr Alter ist das beste, das einem zugeteilt wird (wenn man es nicht vorzieht, 15 oder 16 Jahre alt zu sein). Herr Dr. Döblin bat mich, Sie mir einmal anzuschauen, mit Ihnen zu sprechen, um gleichsam zu beriechen, ob so viel an Ihnen ist, wie Ihre Verse versprechen. Sie sind noch nicht vom literarischen Parfum bespritzt – und das ist immerhin ein großer Vorteil. Außerdem lügen Sie scheinbar weniger als andere. – – Ich bitte Sie, mir mitzuteilen, ob Sie mich besuchen mögen oder können. Meine Wohnung freilich ist eine Räuberhöhle. Aber es wohnt darin außer mir u. a. auch ein junges Musikgenie, mein Pflegesohn. Sollte Ihnen das Reisegeld fehlen, so schreiben Sie es mir getrost. Sollten Sie große Hemmungen haben, mich zu besuchen, bin ich auch bereit, zu Ihnen zu kommen. – Ich bitte Sie, keinerlei Furcht vor mir zu haben; ich bin im Allgemeinen freundlicher als die meisten Menschen. Ich habe allerdings entdeckt, daß die jüngste deutsche Literatur so schwach mit Begabungen ist, daß ich neugierig bin, eine der wenigen kennen zu lernen. Herzliche Grüße auch an Ihre Mutter Ihr Hans Henny Jahnn.»

Zu 52.) *Mainzer Zwergenakademie*: Gemeint ist die 1949 gegründete Akademie der Wissenschaften und der Literatur in Mainz.

Zu 53.) *Leben in Hochleistungs-Kommune*: Hier wohnten in Nachkriegsbehelfsbaracken nebst einem alten abgestellten Güterwaggon verteilt auf vier Zimmer PR, Werner Busse, Peggy Parnass, Klaus Rainer Röhl und Brunhild Fiebing (Röhls spätere Frau).
Valvo: Radioröhrenfabrik Philipps Valvo.

Zu 54.) *«arbeitskreis progressive kunst»*: Der «Arbeitskreis Progressive Kunst» stellte sich zur Aufgabe, «junge Literaten, Studenten, Kunstschüler, Musik- und Tanzschüler, die an einer geistigen Erneuerung unserer Kultur interessiert sind, zusammenzufassen und Ihnen ein Forum für künstlerische Experimente aller Art zu schaffen. Außer dem Schauspielstudio (Arbeitskreis Bühne) bestehen noch die Arbeitskreise: Bildende Kunst, Moderne Musik, Hörspiel und Literatur. Unter der Förderung des Arbeitskreises Progressive Kunst erscheint die einzige Literaturzeitschrift des Finismus: Zwischen den Kriegen.» (Selbstdarstellung der Gruppe auf einem gedruckten Programmzettel des Wolfgang-Borchert-Theaters aus dem Jahr 1953.)

DIE PESTBEULE – KZ-Anwärter des 3. Weltkriegs e. V.: Die Nebenbezeichnung der «Pestbeule» wechselte mehrfach, hieß zuerst «Vereinigung der KZ-Anwärter des 5. Reiches. Körperschaft des öffentlichen Unrechts», dann «Vereinigung der KZ-Anwärter des 4. Reiches» und bezeichnete sich auf einem Handzettel als «Europas unpopulärstes Studentencabaret – Das letzte original pazifistische Cabaret vor dem nächsten Krieg – Garantiert lebensbejahend und unpolitisch».

Aufführungen in der Emilie-Wüstenfeld-Schule: Die Uraufführung des «Mysterienspiels in 13 Bildern» fand am 12. Februar 1952 in der Aula der genannten Schule statt, weitere Aufführungen folgten am 24. und 26. Februar. Bei der Uraufführung waren auch H. H. Jahnn und der junge Hubert Fichte zugegen. Erledigt «Die Welt» am 13. 2. 1952 das Stück in Anklang an die Sprache des «3. Reiches» unter der Überschrift «Kunstlos entartet», so bemängelt die kommunistische «Hamburger Volkszeitung» vom 14. 2. 1952, daß «kein Ausweg gezeigt wurde. Daß man zwar Krieg, Schrecken, Nichtdenkenwollen vieler, Verfallserscheinungen einer kapitalistischen Welt und Vorbereitung zum Krieg aufzeichnete», nicht aber «das Neue, Erlösende, daß immer mehr Menschen der Welt und auch hier bei uns in Westdeutschland erkennen, wo die Kräfte des Friedens stehen und sich im Kampfe gegen die Mächte des Krieges verbünden. [...] Es fehlte die einheitliche, klare Linie.» Döblin am 8. 4. 1952 an PR: «Ich habe mit großem Vergnügen gelesen, was Sie auf Ihrem Programmzettel entwickelten über Ihr Mysterienspiel ‹Die im Dunkeln sieht man nicht›. Lassen Sie mich doch auch gelegentlich, nur damit ich mich orientiere und etwas lerne, das Manuskript selber sehen. Ich habe ja leider keine Zeitschrift mehr zur Verfügung, aber mein Interesse und meine Teilnahme sind unverändert geblieben. Sie äußern sich ziemlich bitter über die geringe Teilnahme anderer und über die sehr wenig erbauliche allgemeine politische Situation, soweit sie die Literatur anlangt, besonders. Lieber Herr Rühmkorf, irgendwie empfinden wir genau dasselbe, auch in anderen Gegenden des Landes. Was jetzt nach oben auf kommt, kennen wir ja schon zu gut, Buchhandel und Verlegerschaft sind damit verbunden. Es ist eine greuliche Situation, greulich besonders dadurch, weil drüben starke Kräfte zentriert sind und die andere Seite kämpft und zerstreut und ist immer der Gefahr ausgesetzt, defamiert zu werden. Man ist eingeklemmt, entscheidet sich zwar für den Westen, vermag den Westen aber nicht zu schlucken, so wie er ist und die Literatur im allgemeinen leidet wie das ganze Land an der Ost-Westtrennung, weil Polemik und Auseinandersetzung sprachliche Dinge sind. Sie schreiben von meinem ‹Alexanderplatz›-Film, der ist schon fast 20 Jahre alt, ich hörte, er wird auch noch drüben in Amerika gelegentlich gespielt, aber warum filmt man das Buch nicht neu, obwohl ich an der Herstellung des Filmes beteiligt war, befriedigte er mich nie, auch Heinrich George in der Hauptrolle nicht, die Sache müßte ganz anders angefaßt werden und das Thema ist nicht Franz Biberkopf und sein privates Schicksal, sondern der Alexanderplatz und das Leben in der Stadt und seiner Menschen im Plural. Das konnte dieser Film damals nicht herausbringen, es hätte einen zu großen Apparat erfordert. Man liest ja viel von Hamburg und seinem Bühnenleben etc. Jedenfalls seien Sie froh, dort in einer aktiven und interessanten Umgebung zu leben, so sind Sie bewahrt vor den Süddeutschen, ich will nicht sagen Blu-Bo, aber vor dem Übermaß an Heimat und Landschaftlichkeit. Grüßen Sie recht herzlich Ihre Mutter, bleiben Sie aktiv und brauchen Sie weiter Ihren Verstand und Ihre Begabung und lassen Sie sich nicht entmutigen. Herzlich grüßt Sie Ihr Döblin.»

einwöchiges Gastspiel: In Werner Fincks Kabarett «Die Mausefalle» trat das Studentenkabarett zuerst am 2. Mai 1952 auf; das Gastspiel sollte ursprünglich bis zum 20. Mai dauern, wurde aber vorzeitig abgebrochen. Das Stück «Die im Dunkeln sieht man nicht» erhielt jetzt den neuen Untertitel: «Literarische Tiefenschocktherapie in 17 Bildern von P.C.H. Rühmkorf», Regie und Gesamtleitung hatte K. R. Röhl. PR kürzte seine drei Vornamen «Peter Karl Hans» Anfang der 50er Jahre mit «P.C.H.» ab, eine Anspielung auf die Fabrik «Portland Cement Hemmoor».

auf Portland: Portland Cement, Zementfabrik in PRs Heimatort Hemmoor.

Zu 55.) «*Kirchlichen Kunstdienst*»: Institution der ev. Kirche in Hamburg.

«*Zwischen den Kriegen – Blätter gegen die Zeit*»: Die Zeitschrift im DIN-A4-Format erschien von Dezember 1952 bis Januar 1956 in 26 Heften; die Auflagenhöhe lag bei etwa 100–120 Exemplaren; Nr. 1 und 2 wurden noch von Albert Thomsen und Werner Riegel herausgegeben und nannten sich im Untertitel «Blätter in die Zeit». Zu den etwa 80 Abonnenten der Zeitschrift gehörten u. a. Böll, Eugen Brehm, Max Brod, Lars Clausen, Döblin, Hiller, Jahnn, Krolow, Peter Martin Lampel, Reimar Lenz, Ludwig Meidner, Ansgar Skriver, Dieter Wellershoff, einzelne Hefte erhielten Andersch, Benn, Arno Schmidt. Alfred Döblin am 14. 4. 1953 an PR: «Lieber Herr Rühmkorf! Ich will Ihnen nur schönstens danken für Ihre kesse pazifistische und nicht immer ganz stubenreine Zeitschrift ‹Zwischen den Kriegen›, die ich natürlich von A–Z gelesen habe, ohne die Pseudonyme zu erkennen. Schwer, solch Organ durchzuhalten. Ich erinnere mich aus längst vergangenen Zeiten ähnlicher Versuche.» Anfang 1956 planten PR und Riegel, «Zwischen den Kriegen» auf rein literarische Beiträge zu beschränken. Ihre politischen Arbeiten sollten ausschließlich im «Studenten-Kurier» erscheinen. Die neue Literaturzeitschrift unter dem Titel «Anarche. Dichtkunst und Kritik. Hrsg. von Werner Riegel und Peter Rühmkorf» erschien jedoch nicht, Werner Riegel verstarb im Juli 1956.

Literatur und Jazzkeller «Anarche»: Der Clubkeller des «Arbeitskreises Progressive Kunst», gelegen in den Collonaden 46, öffnete am 4. Oktober 1952. Am 26. Oktober 1952 wurde hier ein «Abend Junger Autoren» veranstaltet. Riegel las u. a. «Wohin die kalten Monde schwimmen, Manifest des Jahrganges 25» und Prosa, PR trug Gedichte vor und stellte eine Szene aus dem Kabarett «Die Pestbeule» vor.

Zu 56.) *rufe ich Doletzki (…) als überfällig ab*: «Am 23. August 1953 verstarb nach langem Leiden unser Freund und Mitarbeiter, der junge Dichter Leo Doletzki.» ZdK, Nr. 9, September 1953.

Sikorra porträtierte den Frühvollendeten: Irrtum PRs, dem an dieser Stelle seine eigenen Spaltexistenzen durcheinandergeraten. Das Titelblatt der Nr. 8 von ZdK zeigt nicht Leo Doletzki, sondern Leslie Meier, dem die Redaktion (bzw. Riegel) folgende mystifizierende Biographie beifügt: «Horst Sikorras Titelbild zeigt diesmal den Dichter Leslie Meier, der die Ähnlichkeit selbst bestätigte. Meier, der zur

Zeit in Paris lebt, wurde 1927 in Posen als Sohn eines Kinobesitzers geboren. Im Sommer 1939, kurz vor Ausbruch des Krieges, verbrachte die Familie Meier einen Urlaub in Südfrankreich, wo sie den Krieg einigermaßen ungefährdet überstehen konnte und nach Ende der Feindseligkeiten naturalisiert wurde. Als Leslie Meier seine dichterische Begabung erkannte, stand er, ähnlich wie sein Namensvetter C. F. Meyer, vor der Wahl, deutsch oder französisch zu schreiben. Er entschied sich für die deutsche Sprache und liefert seither jene überraschenden Dichtungen, die wir als finistisch erkannten und von denen wir eine Anzahl bereits veröffentlichten. Wir hörten, daß die Redaktion der französischen Ausgabe von Reader's Digest den Dichter zur Mitarbeit aufforderte. Er lehnte ab, weil er, wie er sagte, als Positivist solch traurige Zeitschrift nicht schätze.» ZdK, Nr. 8, Juli / August 1953.

eine bewegende Banderole um den Sarg: In ZdK Nr. 9, September 1953, erschien unter dem Titel «Elegie und Provokation» ein ‹Nachruf› PRs auf Leo Doletzki.

Zu 60.) *Kusenberg (...) hatte befunden*: Das abschlägige (Verlags-)Gutachten des zu späterer Zeit PR freundschaftlich verbundenen Kusenberg, insgesamt alles andere als schmeichelhaft, lautet: «Auch Rühmkorf ist – wie Celan – ein Halbdichter, bei dem es nicht ganz zulangt. Ab und zu ein gelungener Vers, eine gute Metapher oder gar eine gelungene Strophe, aber davor und dahinter steht Schwächeres, und nie wird der geistige Bogen eines Gedichtes ganz ausgewölbt, ganz durchgehalten bis zum Schluß. Der Mann ist nicht begabt und nicht diszipliniert genug, als daß man ihn einen Lyriker von Rang nennen könnte, er ist nicht *dicht* genug, um wirklich zu dichten. Vision und Rhetorik liegen bei ihm in Widerstreit; er ist dem Dämon Sprache nicht gewachsen. Auch fürchte ich, daß er ‹ungebildeter› ist, als ein Dichter heute sein darf. Mit dem Rhythmus hapert es bisweilen. Unsaubere, forcierte, ungeschickte Reime tauchen auf: Brett-Gebet, des Heils-des-Beils, Gezwängtsein-Gemengtsein, Erlebnis-Endergebnis (!). ‹Die in der Verhaue Maschen› (unmögliche, unbildhafte Substantivierung). ‹Dein Mund in meiner Nähe ist aller Trauer Schacht› (primanerhaft). ‹Ausdünstung atmen scheußliche Gebresten› (Wer atmen wen? Scheußliche Gebresten können allenfalls Ausdünstung verströmen, aber nicht atmen). ‹Dann wird sein ein Gesang, der weinend die Liebe preist› (rilkig-billig). Nein, Rühmkorf überzeugt mich nicht

Daß er gelegentlich bennt oder brechtet, wäre nicht so arg. Doch er ist kein Neutöner, man hat diese ‹menschheitliche› Masche schon tausendmal gehört, sogar im Kabarett, wenn's ‹ernst› wird. Und der Aufwand an Kot, Harn, Hoden, Samen, Urin, Eiter, After und Jauche macht den Kohl auch nicht fett. Gedichte, die man drucken *muß*, sehen anders aus.» Die in Zusammenhang mit Kusenbergs Verlagsvotum stehende, Anfang der 50er Jahre lebhaft betriebene Verlagssuche PRs rief unterschiedlichste Reaktionen, Ablehnungen und Einladungen hervor. Frankfurter Verlagsanstalt am 3. 3. 1953 an PR: «Lieber Herr Rühmkorf! Ihre Gedichte sind formal vorzüglich, ohne daß sie gebastelt wirken (obwohl Sie erstaunliche Reime finden), sondern sie sind wirklich lyrisch, d. h. von einem großen Gefühl getragen. Sie sind rhythmisch fast etwas zu harmonisch. Sie müssen sich vor dieser Harmonie, zu der Sie Ihr natürliches Talent verführt, hüten. Die Modernität und Intellektualität der zu den Inhalten passenden Wortwahl ändert nichts an dieser fast klassizistischen Harmonie. Sie schimmert überall durch. Sie vermischt Ihnen auch die Inhalte selbst; ihretwegen verschwimmen sie im Ungefähren. Eines Tages werden Sie, wenn es Ihnen wirklich ernst ist, zu einer den Themen entsprechenden Härte und Klarheit der Form kommen. Im Augenblick habe ich keine Publikationsmöglichkeit für Sie; ich arbeite aber an einem Plan einer literarischen Zeitschrift, wenn es gelingt, werde ich dort einige Ihrer Arbeiten veröffentlichen. Mit den besten Grüßen Ihr Alfred Andersch.» Suhrkamp Verlag am 17. 3. 1953 an PR: «Sehr geehrter Herr Rühmkorf – Mit dem verbindlichsten Dank reichen wir Ihnen Ihre Probesendung von Gedichten und Geschichten als ungeeignet für unseren Verlag zurück. Wir können nicht verhehlen, daß die Motive, hinter denen Sie noch her sind, uns den Einblick in Ihr Talent verbauen. Sieht man von diesen jugendlichen herausgestülpten Aussagen ab, läßt sich doch feststellen, daß noch sehr deutlich fremde Töne (Benn, Brecht etc.) Sie hindern, zu einem eigenen zu kommen. Erst der Eigenton dürfte die Öffentlichkeit interessieren. Mit vorzüglicher Hochachtung Friedrich Podszus.» Zu guter Letzt meldet sich noch einmal der Rowohlt-Verlag in Gestalt von Willi Wolfradt, einem in den 20er Jahren berühmten Kunstkritiker, der am 18. 3. 1953 emphatisch schreibt: «Sehr geehrter Herr Rühmkorf! In Eile nur wenige Zeilen. Bei der Übernahme des Cheflektorats vor einigen Wochen entdeckte ich einige Manuskriptabschriften mit Gedichten und Prosa, die Sie uns seinerzeit eingereicht hatten. Schon nach der Lektüre dieser wenigen Manuskripte glaube ich Ihnen sagen zu müssen: Sie sind eine überwältigende Begabung. Noch nie sind Zeilen von derartiger Durchschlagskraft und – Schönheit geschrieben worden. Ihre Bedeutung für die Literatur unseres Nachkriegsdeutschlands ist noch nicht im Entferntesten abzusehen. Ich habe heute bereits Rücksprache mit Herrn Rowohlt genommen und kann Ihnen bereits die Übernahme eines Lyrikbandes sowie eines gesonderten Prosabandes durch uns anbieten. Der Verlag ist außerdem bereit, ein eventuell in Vorbereitung befindliches weiteres Werk auf der Vorschußbasis zu übernehmen. Ich darf mir erlauben, Ihnen mit diesem Brief bereits einen nicht rückzahlbaren Vorschuß von DM 500,– (fünfhundert) per Scheck, zahlbar bei der Hamburger Sparkasse von 1827, zu überreichen. Bitte sprechen Sie dringend persönlich bei uns (Lektorat) vor, um die Übernahme Ihrer Werke so schnell wie möglich in Angriff zu nehmen. Bringen Sie bitte alle vorhandenen weiteren Manuskripte – auch ältere – mit. Indem wir einer gedeihlichen Zusammenarbeit entgegensehen verbleiben wir mit verbindlichsten Grüßen Dr. Wolfradt.»

Valanboy: Werbung für «Valan – die Waschmaschine in der Tüte» der Valan-Werke C. Hartung GmbH, Bissingen / Enz (Württ.)

«*Opal mein Strumpf*»: Werbespruch für Opal, eine Nylonstrumpfmarke der Opal Strumpfwerke GmbH, Hamburg.

der ersten (Gratis-)«Bild-Zeitung»: Die erste Ausgabe der «Bild»-Zeitung erschien am 24. Juni 1952.

«*Walter Messmer mein Bester*»: Werbespruch des Hamburger Kaffee- und Teehandelshauses Walter Messmer.

mein Auftreten vor der Gruppe: Gemeint ist die Gruppe 47, bei der Rühmkorf erst 1960 in Aschaffenburg las.

zu meinen polemischen Dreschflegeln: Bei dem folgenden Zitatentableau 60 a–f) handelte es sich um (z. T. nachträglich leicht überarbeitete) Textstellen aus folgenden Beiträgen PRs in ZdK, die er alle unter dem Pseudonym Johannes Fontara veröffentlichte: 60 a) Die Literaturwilderer. ZdK, Nr. 8, Juli / August 1953; 60 b) e) f) Barrikade und Altenteil. ZdK, Nr. 10, November 1953; 60 c) Kulturbaisse. ZdK, Nr. 6, Mai 1953; 60 d) Es ist schon lange nicht mehr wahr. ZdK, Nr. 11, Dezember 1953.

Nissenhüttenelend: Nissenhütten, nach dem Kanadier P. Nissen benannt, halbzylindrische Wellblech-Unterkünfte, nach dem 2. Weltkrieg vielfach als Notquartiere errichtet.

Küper: Nicht mehr gebräuchliche Berufsbezeichnung für Bottichmacher.

Zu 61.) *Riegel schrieb (...) «Das Nebelhirn»*: Riegels Erwiderung auf Heinz Schirks Beitrag «Mit Pornosophie gegen die Zeit und Debut des Wolfgang-Borchert-Theaters» («Das Nebelhorn. Eine Zeitung Hamburger Studenten», Nr. 5/6, 8. 7. 1953) erschien in ZdK, Nr. 8, Juli/August 1953.

Zu 62.) *Hifthornklänge*: Hifthorn = mittelalterliches Jagdhorn.

Neusozialistischer Bund: Der Bund wurde 1956 von Kurt Hiller ins Leben gerufen, der ihn als links-kritisches Pendant zur SPD verstanden wissen wollte, als Mittler verschiedener linker Strömungen und der Sozialdemokratie sowie in deutlicher Abgrenzung vom dogmatischen Sozialismus-Verständnis der Ostblockstaaten. Ziel war Stärkung eines freiheitlichen Sozialismus in Deutschland. Dem Bund gehörte auch PR an, ohne darin besonders aktiv geworden zu sein. So schickte ihm Hiller im März 1959 eine Einladung, «obwohl ich gar nicht weiß, ob Sie sich noch als zugehörig zum Nsoz Bd betrachten». Nur 1963 trat PR einmal für den Neusozialistischen Bund in Erscheinung, als er auf Bitten Hillers «einen Kollektivbrief der Neusozialisten an neun Führer der Sozialdemokratie der SPD» mit unterschrieb, «worin die Ausschließung des Herrn Wehner aus der SPD erbeten wird» (Kurt Hiller an PR, 19. 4. 1963).

mit Gratulationsadressen: Der Plural ist berechtigt, denn neben kritisch-fördernden Anmerkungen gibt es viele zustimmende, begeisternde Reflexe Hillers auf Kritiken, Essays, Leitartikel PRs. Brief Hillers an den «Studenten-Kurier» vom 4. 3. 1957: «Liebe Redaktion, keine Ahnung, wer ‹Lyng› ist [d. i. Peter Rühmkorf. W. R.]; aber davon habe ich eine Ahnung, daß sein Aufsatz über A. Paul Weber zu den famosesten Stücken deutscher Prosa seit Lessing und Lichtenberg gehört. Auch Leslie's Lyrikguillotine funktionierte wieder brillant. Großartig!» Postkarte an PR vom 4. 5. 1957: «Zum ypsilonten Male, lieber Leslie Fontara, – ich würde buchstäblich platzen, nach Lektüre des Briefes an die Hessen und die ‹Dämonokratie›, versicherte ich Ihnen nicht, daß Sie unter Lebenden DER deutsche Publizist sind, ein Unikum richtig, kühn und klar, von einer Kraft, die nicht zyklopisch, sondern prometheisch ist; daß Sie (unter Lebenden) der einzige Autor sind, den ich nicht lese, weil mein Beruf mir ‹auf dem Laufenden zu sein› vorschreibt, sondern weil die Lektüre mich freudig erregt, mir Kraft gibt, mich jünger macht. Auch sind Sie heute der Einzige, der denkerisch plus künstlerisch anknüpft (natürlich nicht wissensblaß =

traditionsmau, sondern produktiv anknüpft): an den geistigen Tatbestand vom 30sten Januar 1933, morgens. Ich stelle auch Ihr enormes
Wachstum fest seit den ersten Dingen, die ich von Ihnen in London
las. Über mich hätte ich eine bessere Meinung, als ich sie habe, wenn
ich in Ihrem Alter gekonnt hätte, was Sie in Ihrem Alter können. (Dabei meine ich eigentlich ganz anderes als das ‹Können›.) Herzlichst
Ihr Kurt Hiller.» Distanziert verhält sich Hiller dagegen zu PRs Lyrik,
die ihn an längst verflossen-überholte Zeiten erinnert. Dankschreiben
vom 24. 10. 1959, nach Übersendung des «Irdischen Vergnügen in g»:
«Lieber Rühmkorf, vielen Dank; sie wissen, wie überaus positiv ich zu
Ihrer kritischen Prosa stehe – bei Ihrer Lyrik gelingt mir das nicht,
und das hat außer Ursachen auch Gründe. Die (völlig unmaßgeb-
liche) Hauptursache dürfte der Umstand sein, daß der état d'âme,
dem Ihre Dichtung entblüht ist, jener skeptisch-desperativ-melancho-
lozynisch-metafrivol-depressionistische (‹nihilistische› übertriebe),
mir zwar wohlvertraut bleibt, aus der Periode meiner Zwanzig- bis
etwa Siebenundzwanzigjährigkeit (1905–12), aber ab 1912 überwunden zu werden begann und für den Frosch das Kaulquäppische des
Reizes zu entraten pflegt – es ist eher das Überfroschliche, dem er zu-
strebt. Was die Gründe, die objektiven, artistischen, anlangt, so
möchte ich sie nicht auseinanderpusseln. Die Chance, Sie zu überzeugen, wäre zu gering. Dies alles gilt mitnichten für Ihr ‹Lied der Benn-
Epigonen›; es ist köstlich, es ist herrlich, es hält die Höhe der feinsten
Parodie, die ich kenne: das ‹Hofmannsthal› von H. H. v. Twardowsky.
Und selbst wenn das fehlte, würde Ihre Dedikation mich so herz-
lich erfreut haben, wie sie es hat. Mit allen guten Wünschen Ihr Kurt
Hiller.»

Zu 65.) *Wolfgang Borchert Theater*: Das Wolfgang Borchert-Theater,
«Schauspielstudio des Arbeitskreises Progressive Kunst», führte das
Stück Kaisers zuerst am 19. 6. 1953 auf.

Zu 67.) *Unilever*: Unilever-Konzern, einer der weltweit größten Hersteller von Konsumgütern.

Zu 68.) *«Der neue Staat und die Intellektuellen»*: In dieser 1933 erschienenen Schrift begrüßte Benn die Machtergreifung Hitlers, distan-
zierte sich aber schon Ende 1934 von der Naziherrschaft.
Limes-Verlag: Im Limes-Verlag (Wiesbaden) erschienen seit 1949 zahl-

reiche Werke Benns. Benn war mit dem Verleger Max Niedermayer befreundet. Ende 1955 erklärte sich der Limes-Verlag zur Übernahme der «Heißen Lyrik» von Riegel und PR in der Reihe «Dichtung unserer Zeit» bereit. Werner Riegel, der die Korrespondenz mit dem Limes-Verlag führte, ruft PR am 1. 12. 1955 zur Unterschrift und Siegesfeier: «Grosser Nachtgesang; heute langte der Verlags-Vertrag vom LIMES hier an. Erscheine Du so schnell als möglich und unterschreibe. Vergiss nicht etwas Feuerwasser einzustecken, das EREIGNIS zu würdigen. Auch ich sammle Vorräte davon. Dein weisser Bruder Tötende Feder.»

Zu 69.) *Walfisch Jonas*: Der formalinbehandelte, präparierte tote Wal (Länge 20 m, Gewicht 58 000 kg) war damals eine Attraktion auf größeren Jahrmärkten in Norddeutschland und wurde auch auf dem Hamburger Dom zur Schau gestellt. Er war in einem Zelt zu besichtigen, wurde von Hilfskräften (u. a. zeitweise auch von PR) bewacht, die dem Publikum zugleich Körperbau und Lebensweise des Wales erklärten.

Adrema: Adrema = Adressiermaschine.

Zu 70.) *Das Plädoyer*: Vom «Plädoyer» erschien nur eine Nummer (Februar 1955), im Mai 1955 kam das erste Heft des «Studenten-Kurier» heraus.

antwortete (...) Heimendahl: PR hatte in der Mai-Nr. des «Studenten-Kuriers» unter dem Pseudonym Lyng den politischen Leitartikel «Zum 8. Mai» veröffentlicht, auf den Eckart Heimendahl in der Doppelnr. 3 / 4 des «Studenten-Kurier» (Juni / Juli 1955) mit «Bleibe mir vom Leibe mit deinem Pathos» antwortete.

Abiadque astine manum: Diese lateinische Sequenz müßte eigentlich heißen «abi atque abstine manum», d. h. «Geh weg und laß die Hand davon».

Riegel schrieb eine Gegenpolemik: Irrtum PRs, denn Riegels Beitrag «Ins erhobene Horn stößt Heimendahl laut», den er im «Studenten-Kurier» (Nr. 8, Januar / Februar 1956) anonym publizierte, bezieht sich auf einen Artikel Heimendahls in der Anfang 1956 vom Christlich-Demokratischen Hochschulring herausgegebenen Flugschrift «Offener Brief an den Studenten-Kurier».

Adenauer nach Moskau eingeladen: Als Zeichen der Entspannung erklärte im Januar 1955 die UdSSR den Kriegszustand mit Deutschland für beendet und lud Bundeskanzler Adenauer nach Moskau ein; Adenauers Besuch in der UdSSR im September 1955 führte zur Aufnahme diplomatischer Beziehungen zwischen der BRD und der UdSSR.

NATO: North Atlantic Treaty Organization, 1949 gegründetes westliches Militärbündnis, dem die BRD 1954 durch die Pariser Verträge (ratifiziert vom Bundestag 1955) beitrat.

im Fall Saargebiet: Nach dem 2. Weltkrieg erfolgte 1947 der wirtschaftliche Anschluß des Saargebietes an Frankreich. Das Saarland erhielt einen autonomen Status und überließ Frankreich die außenpolitische Vertretung. Das im Rahmen der Pariser Verträge zwischen Frankreich und der BRD ausgehandelte und von Adenauer forcierte Saarstatut vom 24. Oktober 1954 sah eine «Europäisierung» des Saargebietes im Rahmen der Westeuropäischen Union vor, wurde von der Saarbevölkerung 1955 mit großer Mehrheit abgelehnt.

Bundestagswahl 1953: Die Wahlen zum 2. Deutschen Bundestag am 6. September 1953 brachten der CDU / CSU 45,2 %, der SPD 28,8 %, der FDP 9,5 %, dem GB / BHE 5,9 %, der DP 3,3 %, der KPD 2,2 %, Zentrum 0,8 % (aber drei Direktmandate).

DP: Deutsche Partei, 1947 aus der sogenannten Niedersächsischen Landespartei hervorgegangen, national-konservativ ausgerichtet, von 1949 – 60 in der Bundesregierung vertreten, ging 1961 in der Gesamtdeutschen Partei auf.

BHE: Block der Heimatvertriebenen und Entrechteten, 1950 gegründete, politisch stark rechtslastige Interessenvertretung der Vertriebenen, fusionierte 1961 mit der Deutschen Partei zur Gesamtdeutschen Partei (GDP / BHE), war zeitweise als Koalitionspartner der CDU in der Bundesregierung vertreten.

Paulskirchenbewegung: In der Paulskirche zu Frankfurt a. M. versammelten sich am 29. 1. 1955 zahlreiche Gelehrte, Schriftsteller, Theologen, Politiker und erließen ein «Deutsches Manifest», in dem sie «aus ernster Sorge um die Wiedervereinigung Deutschlands» vor der Ratifizierung der Pariser Verträge durch den Bundestag und der Wiederbewaffnung warnten. Die Paulskirchenbewegung war 1954 / 55 der erste größere Versuch deutscher Intellektueller, die Remilitarisierung und Spaltung Deutschlands zu verhindern.

Sanellabotschaften: Sanella = Margarinemarke der Hamburger Magarine Union AG.

Zu 71.) *«Es geht wieder los, Korf»*: Nachdem die KPD während der NS-Diktatur von 1933–45 verfolgt worden war, wurde sie am 17. 8. 1956 vom Bundesverfassungsgericht als «verfassungsfeindlich» eingestuft und erneut verboten.

Zu 72.) *Klopfe noch einige zwanzig-dreißig Teppiche*: Die Geldmittel für solch eine Reise waren damals denkbar knapp und finanzielle Sorgen bewegen auch PRs Mutter, die am 14. 10. 1955 aus Warstade an «Herrn stud. phil. Peter Rühmkorf, Teilnehmer der deutschen Delegation, Kanton, China» schreibt: «Mein lieber Peter! Ich will einmal versuchen, Dir einen Gruß nach Kanton zu schicken. Ob es glückt, und er Dich erreicht? Das wäre schön. Wie gerne würde ich Dir einen Geburtstagsglückwunsch schicken! Vielleicht würde dieser Brief gerade zum 25. China erreichen können. Aber wir werden wohl nur in Gedanken beieinander sein. Du weißt, mein Peter, daß ich immer an Dich denke mit meinen besten Segenswünschen. Gestern und heute habe ich vergebens nach einem Gruß von Dir ausgeschaut. Du hast mich verwöhnt, mein Peter, nun meine ich jeden Tag, es müßte eine Karte oder gar ein Brief von Dir kommen. Und dabei denke ich, Du kannst doch eigentlich gar kein Geld mehr haben. Die Fahrt nach Berlin 25 DM, die vielen Karten mit dem teuren Par avion – Porto. Ach, hätte ich Dir doch mehr Geld mitgegeben! Aber ich hatte ja im Augenblick nichts mehr. Es ist ein Jammer! Hoffentlich geht es Dir weiterhin gut, mein lieber Peter! Ich freue mich ja so, daß Du soviel Schönes und Interessantes siehst und erlebst. Ich habe Deinen Weg auf der Karte genau verfolgt. Was sind das für Entfernungen! [...] Nun, mein lieber Peter, sei von Herzen gegrüßt. Gott sei mit Dir!»

Lenin-Stalin-Mausoleum: Das Lenin-Stalin-Mausoleum befand sich am Roten Platz in Moskau.

immer bedenken Sie 1955: Also schon ein Jahr vor dem 20. Parteitag der KPdSU, auf dem 1956 der Personenkult um Stalin und seine Terrormaßnahmen scharf verurteilt und eine Rückkehr zu den Leninschen Normen des Parteilebens verkündet wurden.

Auch mein «Was tun?» gelesen: In seiner 1902 erschienenen programmatischen Schrift «Was tun» entwickelt Lenin seine Vorstellung von einer kommunistischen Kaderpartei, die im Kampf um den Sozialismus die Führung des Proletariats zu übernehmen habe.

«Lied vom Traktor-Fritz»: Das Lied «Fritz, der Traktorist», ein in der DDR vielgespieltes Agitationslied von Walter Stranka, entstand nach

der 2. Parteikonferenz der SED im Juli 1952, auf der Ulbricht den «planmäßigen Aufbau des Sozialismus» ausgerufen hatte.

Westcoast-Gammel-Grillen: Gammler; Anspielung auf Lafontaines Fabel von der Ameise und der Grille.

Hipsters und Beatsters: Gemeint sind Vertreter der Beat Generation, die einen eigenen anarchisch-nonkonformistischen Lebensstil pflegten (Beatniks).

DKP: Abk. für die 1968 gegründete, DDR-treue Deutsche Kommunistische Partei.

(Kuomintang-)Regierung: Die 1912 gegründete Kuomintang (Nationale Volkspartei) konnte 1928 nach langen Bürgerkriegswirren unter Chiang Kai-shek die Einheit Chinas wiederherstellen. Ein Gegner erwuchs der Kuomintang in den Kommunisten, die sich 1935 ein Herrschaftsgebiet in der Provinz Shaanxi schufen. Als während des japanisch-chinesischen Krieges die Japaner große Teile Chinas besetzten, bildeten Kuomintang und Kommunisten eine Einheitsfront. Nach Ende des 2. Weltkriegs brach erneut der Bürgerkrieg aus, den die Kommunisten 1949 gewannen.

Cardin-Litewken: Extravagante Uniformrockmode des franzöz. Modeschöpfers Pierre Cardin.

Mu: Chinesisches Flächenmaß.

LPG: Abk. für Landwirtschaftliche Produktions-Genossenschaft.

Combustionskünstler: Combustion, engl.: Verbrennung. In der alten chinesischen Naturheilkunde das Verbrennen von Kräutern zu Inhalationszwecken.

Gigantopithecus blacki: Gigantopithecus, ein fossiler Menschenaffe aus dem Alt- und Mittelpleistozän Südchinas; größter bekannter Menschenaffe.

Yüan: Chinesische Währung.

C&A: Bekleidungsgeschäft mit zahlreichen Filialen in Deutschland.

Torf-Ringeln: Das versetzte Aufstapeln der frisch gestochenen, nassen Torfstücke.

Japanisch-chinesischer Krieg: Dauerte von 1937 bis 1945 und endete mit der japanischen Niederlage.

YMCA / YWCA-Club: YMCA, Abk. für englisch Young Men's Christian Association, Weltorganisation der Christlichen Vereine Junger Männer, YWCA Abk. für Young Women's Christian Association.

Kukuruzschnaps: Maisschnaps.

Tretjakowgalerie: Berühmte Gemäldesammlung in Moskau.

Tien-an-Men-Oblate: Kleine Anstecknadel, auf der der Tien-an-Men-Tempel abgebildet ist. Wurde an die Besucher der deutschen Jugenddelegation in China verteilt.

Kuo-Hauptquartier: Kuomintang-Hauptquartier.

das Taiwan-Problem: 1949 flüchtete die im Bürgerkrieg von den Kommunisten geschlagene Regierung unter Chiang Kai-shek mit rund 1,5 Mill. Anhängern nach Taiwan, das als letzter Rest des chinesischen Staatsgebiets unter ihrer Herrschaft verblieb. Sie betrachtete sich weiterhin als alleinige legitime Regierung Chinas. Dieser Anspruch wurde von vielen nichtkommunistischen Staaten anerkannt. Taiwan vertrat China in den UN und im Weltsicherheitsrat. 1952 schloß es einen Friedensvertrag mit Japan und 1954 ein Verteidigungsabkommen mit den USA, die Truppen auf Taiwan stationierten und Militärhilfe gewährten.

Zu 73.) *Peek & Cloppenburg*: Bekleidungsgeschäft mit zahlreichen Filialen in Deutschland.

Thalysia: Miederwarenfirma aus Buchau.

des «Demokratischen Kulturbunds»: Kulturbund zur demokratischen Erneuerung Deutschlands, 1945 in der SBZ gegründet.

Brief von Röhl: PR zitiert hier den Brief Röhls aus der Erinnerung und somit nicht ganz korrekt. Auch traf dieser Brief vom 28. 4. 1955 sicher nicht erst bei der Rückkehr PRs aus China ein, sondern Monate früher. Die entscheidende Passage über Pyritz wird aber von PR zutreffend wiedergegeben.

Zu 74.) *Pyritz, Hans:* Hans Pyritz (1905–58, Germanist, 1942–45 Professor für neuere Sprache und Literatur in Berlin, seit 1950 in Hamburg, heute nur noch bekannt durch seine zweibändige «Goethe-Bibliographie») wurde für PR während seiner Studentenjahre eine Schreckensgestalt, ein diabolischer Widersacher, der dem jungen Studenten zahllose bittere Stunden bereitete. Pyritz war im 3. Reich Vertreter einer an der NS-Rassenpolitik ausgerichteten Literaturforschung und betrieb sein Fach ganz im Einklang mit der NS-Ideologie. 1940 macht er beispielsweise Goethe zum Vordenker des NS-Regimes, denn Goethe habe «einen Volksbegriff erarbeitet (...), der den rassebiologischen Einsichten unserer Gegenwart nahekommt», und es zeige sich, daß Goethe «aus solch organisch-biologischem Volksdenken seine ganz besondere, ihm zutiefst gestellte Aufgabe und Verantwortung als Hüter und Mehrer des kulturellen Besitzes der

Nation ergriffen und begründet hat». (Vgl. Ludwig Jäger: «Germanistik – eine deutsche Wissenschaft». In: Sprache und Literatur in Wissenschaft und Unterricht. Heft 77, 1996, S. 13.) 1933 trat Pyritz der SA bei (hier aktiv bis 1936), 1941 der NSDAP. Nach Kriegsende in Berlin entlassen, gelang es ihm durch alte Seilschaften, an der Hamburger Universität Fuß zu fassen und seine Arbeit als angesehener Ordinarius ungebrochen und unbefragt fortzusetzen. Wissenschaftlich kaprizierte sich Pyritz nicht länger auf die biologisch-völkische Methode, sondern beschränkte sich auf werkimmanente Interpretationen, vielleicht in der richtigen Erkenntnis, daß eine biographisch / soziologische Untersuchungsweise auch die Lebensläufe der germanistischen Sachverwalter selbst einmal hinterfragen könnte. Für PR war der Zusammenstoß mit Pyritz kein Fachdisput mehr, sondern die unmittelbare Konfrontation mit dem verhaßten System der Nazis in Gestalt eines jetzt ultrakonservativen, autoritären, ehemaligen Repräsentanten des 3. Reiches. Eine öffentliche Auseinandersetzung mit der NS-Vergangenheit von Hochschullehrern wie Pyritz war im Restauratorium Adenauers vollkommen tabuisiert. Sie setzte erst Ende der sechziger Jahre (und dann noch sehr vorsichtig) in der BRD ein.
die Pegnitzschäfer: Pegnitzschäfer, Löblicher Hirten- und Blumenorden an der Pegnitz, Nürnberger Dichterkreis, 1644 von G. Ph. Harsdörffer u. J. Klaj gegründet, gepflegt wurden hier Gesellschaftsdichtung und Dichtungstheorie.

Zu 75.) *Hermes-Flügel*: Hermes, in der griech. Sage der Götterbote, trägt in antiken Darstellungen Flügel an den Knöcheln als Symbol der Schnelligkeit.
Görtz-Sandalen: Görtz, Schuhgeschäft in Hamburg.

Zu 77.) *Nachwort zu Werner Riegel «Gedichte und Prosa»*: ED in: Werner Riegel. Gedichte und Prosa. Wiesbaden: Limes, 1961.
Fall des Verlags-Lektors Krämer: 1952 erschien der (bald sehr erfolgreiche) Lyrikband «Ich schreibe mein Herz in den Staub der Straße» von George Forestier, einem romantisch ambitionierten Fremdenlegionär, der angeblich ums Leben gekommen war. Der Autor George Forestier stellte sich bald als gar nicht existent, sein ergreifendes Lebensschicksal als reiner Schwindel heraus. Schöpfer der Gedichte und des fiktiven George Forestier war der Verlagslektor Karl Emerich Krämer.

Styx und Acheron: Bezeichnungen in der griech. Mythologie für Fluß der Unterwelt.

Zu 78.) *zuletzt anläßlich des Sinaikrieges*: Im Juli 1956 verstaatlichte Ägypten den Suezkanal, garantierte freien Schiffsverkehr durch den Kanal und entschädigte die brit. u. franz. Aktionäre. Großbritannien, Frankreich und Israel griffen daraufhin im Oktober 1956 Ägypten an, israelische Truppen stießen bis zum Suezkanal vor. Unter dem Druck der UN und nach massiven Drohungen der UdSSR mußten sich die Angreifer zurückziehen.

Zu 79.) *Einsendung von Vigineversen*: Vigine bezeichnet im Knastjargon das hinterhältige Hereinlegenwollen einer Person. PR sandte der Redaktion von «Akzente» unter dem Pseudonym Peter Torborg Gedichte zu, die er an einem Nachmittag geschrieben hatte. Für die Redaktion von «Akzente» lehnte Hans Bender am 17. April 1957 eine Veröffentlichung der Gedichte ab: «Sehr geehrter Herr Torborg! Dank für Ihre Gedichte, die Sie mir persönlich geschickt haben. Ich habe auch mit Herrn Dr. Höllerer darüber gesprochen – in der Zeitschrift möchten wir sie nicht bringen, sie sind uns zu wenig eigenwillig, einen jungen Lyriker vorzustellen. Die Gedichte gleichen sehr den vielen, die wir bekommen, Benn ist oft sichtbar. Das alles soll jedoch nicht heißen, daß Sie es aufgeben sollen. Die Entwicklung geht rasch, versuchen Sie es immer wieder. Ich würde mich sehr freuen, wenn Sie mir Ihr Bändchen ‹Schwarze Routen› einmal schicken würden. Kennen Sie die ‹Junge Lyrik 57›, die jetzt gerade im Hanser Verlag erschienen ist? Mit herzlichen Grüßen Ihr Hans Bender.»

Fotomontagen: Für den «Studenten-Kurier» und «Konkret» hat PR mehrere Titelmontagen entworfen, so auch für die Nr. 2, Februar / März 1957 «Offizier in der Bundeswehr». Die «Deutsche Soldaten-Zeitung» veröffentlichte PRs Titelmontage mit der Bildunterschrift «So hetzt, ungestraft, die ‹unabhängige› deutsche Studenten-Zeitung ‹Studenten-Kurier›» in Nr. 3 März 1957, stellt entrüstet fest, «daß in den letzten Jahren vor allem in der akademischen Presse eine fast planmäßig anmutende Zersetzungstendenz gegen die Wiederbewaffnung Westdeutschlands zu beobachten ist» und resümiert zum Schluß: «Für uns aber erhebt sich die Frage, wie lange die deutsche Bundesrepublik und die deutsche Wirtschaft eine gegen sie gerichtete Zersetzungsarbeit zu unterstützen bereit ist.»

Aus den diversen Posteingängen: Peter Härtlings Leserbrief (vom 19. August 1958) erschien (auszugsweise) zuerst in «Konkret» (Nr. 12, 2. September-Ausgabe 1958).

Das lyrische Weltbild der Nachkriegsdeutschen: ED in: Bestandsaufnahme. Eine deutsche Bilanz 1962. Hrsg. von Hans Werner Richter. München, Wien, Basel: Desch, 1962.

Triere: Antikes Kriegsschiff mit drei übereinander liegenden Ruderreihen.

Ammonshörner: Versteinerte Gehäuse ausgestorbener Kopffüßer.

Nick Knatterton: Comicfigur von Manfred Schmidt, die einen Privatdetektiv darstellt, dessen Lieblingsspruch «Ich kombiniere» ist.

Zu 80.) *Volksaufstände in Polen und Ungarn*: Im Juni 1956 war es in Polen, im Oktober 1956 in Ungarn zu Aufständen gekommen, die jeweils unter dem Einsatz sowjetischer Truppen niedergeschlagen wurden.

Free-enterprise-Bombardements: Während des Sinai-Krieges im Oktober 1956 bombardierten französische und britische Truppen ägyptische Städte.

Zu 81.) *Wintersemester 56/57*: Laut Studienbuch belegte PR im Wintersemester 1956/57 wie auch schon im vorherigen Semester bei Hans Pyritz ein Oberseminar «Barocklyrik», ließ sich im Sommersemester 1957 und Wintersemester 1957/58 ordnungsgemäß beurlauben und brach dann das Studium ab.

Zu 84.) *in den Wahlkampf*: Die Wahl zum 3. Deutschen Bundestag fand am 15. September 1957 statt und brachte der CDU/CSU, die mit dem Wahlslogan «Keine Experimente» geworben hatte, die absolute Mehrheit.

Niemand vom «Echo»: Gemeint ist die Tageszeitung «Hamburger Echo» (erschien bis 1966).

SDS: Abk. für Sozialistischer Deutscher Studentenbund, 1946 als Studentenverband der SPD gegründet. 1961 trennte sich die SPD vom SDS, der 1966/67 zum Kern der Außerparlamentarischen Opposition wurde und sich nach dem Auseinanderfallen der Studentenbewegung in kleine Splittergruppen 1970 selbst auflöste.

Columbia Broadcasting System: US-amerikanische Rundfunkgesellschaft mit Sitz in New York.

Oderneiße: Im Potsdamer Abkommen 1945 beschriebene «Linie, die von der Ostsee unmittelbar westlich von Swinemünde und von dort die Oder entlang bis zur Einmündung der westlichen Neiße und die westliche Neiße entlang bis zur tschechoslowakischen Grenze verläuft». Die Regierung der DDR stellte im Görlitzer Abkommen mit Polen 1950 fest, daß die Oder-Neiße-Linie «die Staatsgrenze zwischen Deutschland und Polen» bilde. In der BRD wurde eine Anerkennung der Oder-Neiße-Linie lange Zeit strikt abgelehnt.

Montanunion: Europäische Gemeinschaft für Kohle und Stahl, 1951 von Belgien, der BRD, Frankreich, Italien, Luxemburg und den Niederlanden gegründet. 1953 wurde der Gemeinsame Markt der Montanunionstaaten für Kohle, Eisen und Schrott errichtet.

Pseudologia phantastica: Pseudologie ist eine unkontrollierte Hingabe an Einbildungen, an die man zuletzt selber glaubt; auch die pathologische Sucht zu lügen.

Eskamotage-Trias: Eskamotage = Taschenspielertrick.

Den jugoslawischen Botschafter (…) zu entfernen: Wegen des Botschafteraustausches Jugoslawiens mit der DDR brach die BRD 1957 die diplomatischen Beziehungen zu Jugoslawien ab und wies den jugoslawischen Botschafter Kveder aus.

Hallstein-Doktrin: 1955 von W. Hallstein formulierter außenpolitischer Grundsatz, wonach die BRD als einzige Rechtsnachfolgerin des Deutschen Reiches allein berechtigt sei, diplomatische Vertretungen im Ausland zu unterhalten (Alleinvertretungsanspruch für das gesamte deutsche Volk). Staaten, die diplomatische Beziehungen mit der DDR unterhielten, konnten gleichzeitig keine mit der BRD eingehen. Die Hallstein-Doktrin wurde angewandt beim Abbruch der diplomatischen Beziehungen zu Jugoslawien 1957 und zu Kuba 1963.

durch unsere Erpressungspolitik: Gemeint ist die Hallstein-Doktrin.

Mixtura solvens: Lösendes Mittel.

Sputnik-Ära: Der erste künstliche Erdsatellit, Sputnik 1, wurde von der UdSSR am 4. 10. 1957 ins All geschossen, Sputnik 2 am 3. November 1957.

Gaither-Report: In den USA hatten Spitzenmanager der Wirtschaft und Wissenschaftler im Auftrag der US-Regierung die politischen, wirtschaftlichen und militärischen Positionen der USA und der UdSSR miteinander verglichen. Die Bilanz fiel für die USA unerwartet schlecht aus; u. a. weist der nach dem Mitverfasser H. Rowan Gaither so benannte Report nach, daß die USA der UdSSR militärisch auf Jahre unterlegen sein werde.

Rapacki-Plan: Der am 2. Oktober 1957 vom polnischen Außenminister Rapacki der UNO-Vollversammlung vorgetragene Plan sah vor, zur Entspannung zwischen den Blöcken eine kernwaffenfreie Zone in Mitteleuropa (BRD, DDR, Polen, ČSSR) zu schaffen, die von den Weltmächten garantiert werden solle. Die NATO-Staaten lehnten den Rapacki-Plan ab.

Sputnik III um die Erde: Er wurde am 15. Mai 1958 gestartet.

Amerikanische Care-Artikel: Care, Abk. für Cooperative for American Remittances to Europe, Zusammenschluß von 26 US-amerikanischen Wohltätigkeits-Organisationen, die nach dem 2. Weltkrieg im privaten Auftrag Millionen von Care-Paketen mit Lebensmitteln, Kleidern u. a. nach Europa sandten. Die BRD erhielt bis 1960 fast 10 Mill. Pakete im Wert von rund 400 Mill. DM, dazu Kleidung und Textilien für rund 14,5 Mill. DM, landwirtschaftliche Geräte, wissenschaftliche Instrumente usw.

vor zwei Jahren anglo-französische Bomberkommandos: Beim Angriff englischer und französischer Truppen auf Ägypten während der Suez-Krise 1956.

Nach (...) Eisenhower benannten Doktrin: 1957 vom amerikanischen Kongreß dem Präsidenten der USA erteilte Ermächtigung, im Nahen Osten zur «Wahrung lebenswichtiger amerikanischer Interessen» auf das Hilfeersuchen eines Staates hin militärisch zu intervenieren, auch wenn weder ein Angriff auf die USA bevorsteht noch eine Kriegserklärung durch den amerikan. Kongreß vorliegt.

der Libanon: Nach panarabischen Aufständen landeten auf Ersuchen des libanesischen Präsidenten Chamun und unter Protest der UdSSR 1958 US-amerikanische Truppen im Libanon und räumten nach rechtmäßiger Wahl des mohammedanischen Präsidenten Fuad Chebab Beirut.

Artikel 15 der UNO-Charta: Artikel 15 der UNO-Charta regelt das Verfahren, Berichte des Sicherheitsrates an die Generalversammlung zu geben.

ähnlich wie im Irak: Im Irak war 1958 die prowestliche Monarchie durch einen Militärputsch gestürzt worden.

Parachutisten: Franz. Bezeichnung für Fallschirmjäger.

Miet- oder Quislinge: Quisling, Synonym für Kollaborateur (nach dem norwegischen Politiker und Faschisten Vidkun Quisling, der mit den deutschen Besatzern zusammenarbeitete).

United Fruit Company: Amerik. Unternehmen der Lebensmittelindustrie.

Zu 85.) *Inhaftierung eines guten Freundes in der DDR*: PRs damaliger Freund Jochen Staritz war 1958 in der DDR wegen angeblicher «Hetze» zu acht Jahren Zuchthaus verurteilt worden. Der Versuch PRs, eine Intervention zugunsten von Staritz in «Konkret» zu veröffentlichen, scheiterte am Widerstand der Redaktionsversammlung. PR stellte daraufhin für längere Zeit seine Mitwirkung am Blatt ein und schreibt am 18. 10. 1958 an Klaus Rainer Röhl: «Lieber Klaus : leider muß ich Dir und Deiner Zeitschrift meine weitere Mitarbeit aufkündigen. Da mein Freund Jochen Staritz zu acht Jahren Zonen-Zuchthauses verurteilt ist, sehe ich für meine Person keine moralische Möglichkeit mehr, in dem bisher geübten Sinne Politik zu treiben. Die angekündigte Serie ‹Leslie Meier liest eine Zeitung› wird sich natürlich trotzdem realisieren: L. M. liest eine Zeitung, nämlich ‹konkret›, und macht sie nicht mehr. Mit besten Wünschen für Deine menschliche und politische Zukunft, die ich auch fernerhin mit Interesse verfolgen werde, verbleibe ich, unabhängig und autochton Dein Peter Rühmkorf. p. s. Ich bitte, nicht anzunehmen, daß diese Absage nicht definitiv sei und bitte also von Telefonanrufen und Besuchen abzusehen. Ich habe ja Deine Ansichten und Reaktionsmöglichkeiten, diesen Fall betreffend, ja auch schon zu Genuß bekommen. Positive Ansätze für neue Zusammenarbeit werden erst gegeben sein, wenn meine Bemühungen um eine Revision des Urteils oder um Amnestie Erfolg haben sollten (...).» Wenige Tage später, am 29. 10. 1958, kommentiert PR seine Kündigung bei «Konkret» in einem Brief an Walter Höllerer so: «Gründe für meinen Abgang bei ‹konkret›? Nun, solche privater und solche politischer Natur: sagen wir, zu gleichen Teilen. Erstens ging mein hektischer Freund Röhl mir auf den Wecker (...), zum anderen strebten die Herausgeber mit solcher Schlagseite nach ultralinks, daß ich keine Möglichkeit mehr für mich sah, hier leitartikelnd mitzuwirken; gar zu einem Zeitpunkt, da ein sehr guter Freund von mir in Ostberlin zu acht Jahren Zonenknastes verurteilt wurde: vierundzwanzigjähriger Bengel, Harichfan und Antiulbrichtianer. Nun liegt es mir natürlich fern, Herrn Röhl mit Herrn Ulbricht zu identifizieren, aber Röhls politische Philosowjie (die sich mir eigentlich erst in der letzten Zeit so penetrant bemerkbar machte), gefiel mir nicht. ‹Diktatur des Proletariats› janz jut, aber nur unter Anleitung durch die Intelligenz.» PRs vielfältigen, sich in die Länge ziehenden Amnestierungsbemühungen wie auch ein Ende 1960 an Walter Ulbricht gerichtetes Gnadengesuch für Staritz, unterschrieben von PR, Erich Kuby, Böll, Enzensberger und Grass, blieben erfolglos.

Zu 86.) *den ersten und einzigen Literaturpreis meines Lebens*: Der Hugo-Jacobi-Preis, ein Vermächtnis des 1954 in Zürich verstorbenen Lyrikers Hugo Jacobi, wurde an junge, um «Existenz, Stil und Form ringende Lyriker» vergeben, damals die einzige Auszeichnung für junge deutschsprachige Lyrik. PR erhielt den mit 1000 DM dotierten Preis, der in den vorherigen Jahren an Rainer Brambach, Hans Magnus Enzensberger und Cyrus Atabay gegangen war, am 14. 12. 1958 in Heidelberg.

Zu 87.) *erstklassige Gutachten für den Leitz-Friedhof*: PRs Lektoratsarbeit beim Rowohlt Verlag begann am 1. 12. 1958 und dauerte bis zum 31. 12. 1963; vom 1. 1. 1967 bis zum 29. 2. 1968 war PR hier nochmals als Lektor tätig.

Reaktion. Friedrich Sieburg: Sieburgs Verriß («Rühmkorf hat das Recht, zu dichten, wie er will. Sein Recht ist nicht geringer als das unsere, uns die Ohren zuzuhalten.») erschien unter dem Titel «Ein lustiger Gesell» in der «Frankfurter Allgemeinen Zeitung» vom 21. 11. 1959. Eine ganz andere Reaktion auf das «Irdische Vergnügen» (hier als kritisches Pendant zu Friedrich Sieburg hinzugefügt) kam ein paar Monate später, am 1. September 1960 von Arno Schmidt, der an PR schreibt: «Nehmen Sie sich ja nicht die Scheiß=Kritiken so zu Herzen ! : Ihr Buch ist ausgezeichnet! Ich hatte bei der Lektüre das erste Mal seit Bestehen der Bundesrepublik das ganz=prachtvolle Gefühl des einzelnen Mannes, der, den Rücken nur vom Baum der deutschen Literatur gedeckt, pausenlos ganzen Scharen von bekutteten oder uniformierten Lemuren die Nasen einzuschlagen hat – und auf einmal kommt Einer von hinten geschritten, stellt sich daneben, den ‹Morgenstern› in der Hand, drischt aufs herrlichst=entlastendste mit zu, und pfeift noch dabei ! Wunderbar!»

Armas-Leute: Anhänger des guatemalischen Oberst Armas, der mit Hilfe des US-Geheimdienstes 1954 Präsident Guzmán gestürzt hatte.

Arbenz-Kurs: Jacobo Arbenz Guzmán, 1950 zum Präsidenten Guatemalas gewählt, schränkte im Interesse des eigenen Landes die Rechte ausländischer Unternehmen wie der US-amerikanischen United Fruit Company ein.

Blubo: Abk. für «Blut und Boden», abschätzig für die im 3. Reich gepflegte Literatur.

anaphorisch: Anapher, Wiederholung eines Wortes oder einer Wortgruppe am Anfang aufeinanderfolgender Sätze, Satzteile, Verse oder Strophen.

«Aniara»-Bombasmen: «Aniara», Oper von Karl Birger Blomdahl, Text von Erik Lindgren, 1959 in Stockholm uraufgeführt, 1960 in Hamburg gegeben. Das Raumschiff Aniara verläßt mit 8000 Passagieren die verseuchte Erde und ist nach einem Steuerungsdefekt zu unendlichem Flug im All verurteilt. Das eklektische Werk arbeitet mit allen möglichen Stilelementen der modernen Musik und der Bühnenkunst.

In der ALTERNATIVE: Gemeint ist der kurz vor der Bundestagswahl 1961 von Martin Walser herausgegebene Taschenbuchband «Die Alternative. Oder: Brauchen wir eine neue Regierung» (Reinbek b. Hamburg: Rowohlt, 1961), in dem von Enzensberger der Aufsatz «Ich wünsche nicht gefährlich zu leben», von PR «Passionseinheit» erschien. Beide plädieren darin auf unterschiedliche Weise für einen Regierungswechsel und rufen verhohlen oder unverhohlen zur Wahl der SPD auf. Eine Zeitschrift mit dem Titel «Alternative» gab zeitweise Ansgar Skriver in Berlin heraus.

Zu 89.) *Godesberger Programm*: In dem 1959 beschlossenen Grundsatzprogramm trennte sich die SPD von allen noch verbliebenen marxistischen Gedanken und Zielsetzungen, verzichtete auf Forderungen nach Sozialisierung und stärkerer Kontrolle wirtschaftlicher Macht und definierte sich fortan als Volkspartei, die damit auch für «bürgerliche» Schichten wählbar wurde.

In der Süddeutschen Zeitung vom 10. 7. 71: In diesem Beitrag «Politisches Tagebuch. Wie konkret ist ‹konkret›?» beklagt Grass die Anpassung von «Konkret» an die Gesetze des Marktes, bedauert, daß «Peter Rühmkorfs beratender Einfluß» abgenommen habe, «Konkret» «schlau (...) die Sexwelle vorausgeahnt» habe und heute auf ihr reite und das Blatt zu einer «linke(n) Attitüde plus vielfarbige(n) Onanievorlage» verkommen sei.

Volkswartbrille: Der Volkswartbund wurde 1898 in Köln von Katholiken zur Bekämpfung öffentlicher Unsittlichkeit gegründet, heute ein Verband der «Kath. Bundesarbeitsgemeinschaft Jugendschutz e. V.»

Zu 90.) *Degussa*: Deutsche Gold- und Silber-Scheideanstalt, Unternehmen für das Schmelzen und Scheiden von Edel- und anderen Metallen.

Grassens Schöneberger Lutschbonbons: Günter Grass wohnte damals in Berlin-Schöneberg. Als 1962 PRs Lyrikband «Kunststücke» erschien (einige der darin enthaltenen Gedichte hatte er vor der Gruppe 47 gelesen), dankt ihm Grass am 4. 12. 1962 für den Band und kommt dabei noch einmal kurz auf die Aschaffenburger Lesung zurück: «Mein lieber Rühmkorf, Deine ‹Kunststücke› entlocken mir anhaltenden Applaus. Allerdings: obgleich von einem Bänkelsänger geschrieben, sind es, so meine ich, Lesegedichte; denn laut vorgetragen, wie in Aschaffenburg, gehen viele geistige Rosinen, so mein ich, verloren. Wie dem auch sei: Der Platz auf Deinem Seile ...!»

Zu 91.) *Borchert-Buch*: «Wolfgang Borchert in Selbstzeugnissen und Bilddokumenten» (Rowohlts Monographien) erschien im Juni 1961.

Zu 93.) *kurze Zeit nach der Kubanischen Revolution*: Nach einem erfolgreichen Guerillakrieg gegen den von den USA unterstützten kubanischen Diktator Batista waren Fidel Castro und seine Anhänger am 1. Januar 1959 siegreich in Havanna eingezogen. Enzensberger besuchte PR etwa im Frühjahr 1959. Dem Besuch war ein launiger Briefkontakt beider Jungautoren vorausgegangen. PR hatte Enzensberger im Sommer 1958 zur Mitarbeit an «Konkret» aufgefordert. Enzensberger am 3. August 1958 an PR: «Sehr geehrter Herr Rühmkorf [...] Ihre Zeitung gefällt mir, und ich schriebe ganz gern etwas für Sie, wenn ich Zeit hätte und nicht von Natur aus faul wäre. Wenn mir aber etwas einfällt, was niemand senden oder drucken will, werde ich es Ihnen schicken. Ich meine nicht den Abfall, sondern Sachen, die für unsere liebe Industrie zu bösartig sind; obwohl sie einen ziemlich guten Magen hat und auch Glassplitter frißt, in der Hoffnung, sie dadurch unschädlich zu machen. – Warum machen Sie keine Bücher? Zwischen den Kriegen habe ich immer gelesen, weil es die Texte in sich hatten.» PR am 10. 8. 1958 an Enzensberger: «Lieber Herr Enzensberger [...]: Um das für mich Amtliche kurz vorwegzunehmen: Ihre Faulheit sei unangetastet, ich kenne das selbst: man will sich nicht restlos aufsplittern und sich einen Grundfundus an Muße bewahren, aber bitte: denken Sie an den Nachdruck von Funkdingen, Sie arbeiten wohl für den süddeutschen Rundfunk, er ist hier unempfangbar, aber so hinundwieder liest man doch Reproduktionen in Zeitungen und Zeitschriften. [...] Sie fragen, warum ich keine Bücher (und gleich im Plural!) herausgebe. Nun-nun, Sie haben doch auch erst das eine vorgelegt. Im letzten Jahr und im Alter von wohl siebenundzwanzig Jahren. Im übrigen sind wir gemeinsamen Jahrganges, 1929 geboren, – den Frühorgasmus lassen wir doch den anderen, jüngeren.» In Nr. 13 von «Konkret» (Oktober 1958) erschien von Leslie Meier der Aufsatz «Zur Lyrik Hans Magnus Enzensbergers.» Enzensberger am 13. 12. 1958 an PR: «Lieber Herr Rühmkorf, [...] in frankfurt hat mir jemand gesagt, sie hätten mich in ihrem schlachthof verarztet, niemand hat mir's gezeigt, woraus ich schließe, daß sie aus dem buch ein deutsches beefsteak gemacht haben. – wann kommt ihr band bei rowohlt? Mir geht sowas nicht rasch genug, nicht weil ich ein anhänger des frühorgasmus wäre, sondern weil ich so ein mulmiges gefühl nicht loswerde, als hätten wir nicht beliebig viel nachwelt vor uns.» PR am 21. Januar 1959 an Enzensberger: «Lieber Herr Enzensberger: [...] Also: ich hätte sie gemetzgt? I-bewahre – ich habe Sie als einzigen Lyrikmann seit Jahren zwar nicht in den Himmel aber in den Vorhimmel gehoben. Wenns Sie interessiert, kann ich Ihnen gelegentlich ein Orientierungsexemplar zuschicken. Ich glaube nicht, daß Ihnen sonst und andernorts eine so klare und feiernde Beipflichtung widerfahren ist. Sie sind für mich der einzige aushäusige Gegenpol wider die alles verschlingende und alles assimilierende Restauration auf dem Gebiet Lyrik. Über gewisse Gefahren der Ausdünnung, der Anlehnung, der Oberflächlichkeit können wir uns gelegentlich unterhalten – aber das sind eher Randerscheinungen als grundsätzliche und konstitutive Schwächen. Und, sehen Sie: es geht mir ja keineswegs um kritischen Amoklauf, um das Totschlägertum-an-sich, als vielmehr um eine fruchtbare Flurbereinigung, und wenn mir bei fast jeder lyrischen Neupublikation das Abendland hochkommt, dann heißt das mitnichten ungezielter, also amorpher Zorn.»

den «Spiegel» attackierte (...) oder die Nachrichtenpolitik der «FAZ»: In seinen Essays «Die Sprache des Spiegels», zuerst gesendet im SDR 1957, und «Journalismus als Eiertanz. Beschreibung einer Allgemeinen Zeitung für Deutschland», die Enzensberger 1962 in sein Buch «Einzelheiten» aufnahm.

Haupt des Kursbuch-Kreises: Enzensberger war von Juni 1965 an fünf Jahre alleiniger Herausgeber des «Kursbuches».

Zu 94.) *Tage der Großen Koalition*: Gemeint ist hier die geistig-politische Antizipation einer Großen Koalition, die Anfang der 60er Jahre vor allem von H. Wehner angestrebt wurde. Erst am 1. Dezember

1966, nach dem Rücktritt der FDP-Minister aus dem Kabinett Erhard, bildete sich eine Große Koalition von CDU / CSU und SPD (Kiesinger Bundeskanzler, Willy Brandt Außenminister und Vizekanzler), die bis September 1969 dauerte. Die Konstituierung der Großen Koalition förderte die Bildung der Außerparlamentarischen Opposition (Apo). Der Begriff Außerparlamentarische Opposition wurde bereits 1957 (Aufsatz: «Dämonokratie». Studenten-Kurier. Hamburg. Nr. 3, Mai 1957, S. 11) von PR in die Diskussion eingeführt.

DFU: Abk. für Deutsche Friedensunion, eine 1960 gegründete linksorientierte Partei, machte sich besonders für die Verständigung mit den Staaten Osteuropas und für Abrüstung stark, erreichte bei keiner Bundestagswahl 5 % der Stimmen und trat seit 1969 politisch nicht mehr in Erscheinung.

GVP: Abk. für Gesamtdeutsche Volkspartei, 1953 von Gustav Heinemann und Helene Wessel gegründet, erstrebte die Wiedervereinigung und lehnte daher die Wiederaufrüstung und Westintegration der BRD ab. Da sie bei keiner Bundestagswahl ins Parlament kam, löste sie sich 1957 auf.

Einige Aussichten für Lyrik: ED in: Zeugnisse. Theodor W. Adorno zum 60. Geburtstag. Im Auftrag des Instituts für Sozialforschung hrsg. von Max Horkheimer. Frankfurt a. M.: Europäische Verlagsanstalt, 1963.

Spiegel-Affäre: In Nr. 41 vom 10. 10. 1962 veröffentlichte das Nachrichtenmagazin «Der Spiegel» eine kritische Analyse der NATO-Herbstübung 1962, die zu Ermittlungen der Bundesanwaltschaft wegen des Verdachts auf Landesverrat führte. Die Redaktion des Blattes wurde am 26. 10. durchsucht und mehrere Wochen lang besetzt, Herausgeber Augstein und andere Mitarbeiter des «Spiegels» verhaftet. Wegen der obskuren Aktivitäten von Bundesverteidigungsminister F. J. Strauß (CSU), der den Bundesjustizminister W. Stammberger (FDP) weder von der bevorstehenden Aktion gegen den «Spiegel» noch von der Verhaftung des für den Artikel verantwortlichen Redakteurs C. Ahlers in Spanien unterrichtet hatte, aber auch wegen der heftigen Kritik im In- und Ausland am Umfang der Maßnahmen entwickelte sich die bis dahin schwerste Regierungskrise, in deren Verlauf Stammberger und die anderen vier FDP-Minister zurücktraten. Strauß, der den «Spiegel» seit Jahren befehdet und der die Öffentlichkeit über seine Beteiligung an der Aktion belogen hatte, mußte zurücktreten. 1966 wurde das Verfahren eingestellt, da der inkriminierte Artikel nur bereits anderweitig veröffentlichte Informationen enthalten hatte.

Fünfprozentklausel: Bestimmung im Bundeswahlgesetz, der zufolge nur solche Parteien Parlamentssitze erhalten, die mindestens 5% der im Wahlgebiet abgegebenen gültigen Stimmen auf sich vereinigt haben.
den Traktorendichtern: Vertreter des «sozialistischen Realismus».
«Formalismus»: (...) des Gebrauchs wegen, der im Osten davon gemacht wird: In den 50er Jahren wurden in der DDR mit dem Schlagwort «Formalismus» Künstler unter Druck gesetzt, verboten und verfolgt. Definiert wurde Formalismus als «Verfallserscheinung der bürgerlichen Kunst u. Literatur in der Periode des Imperialismus», eine «inhaltslose, wirklichkeitsfremde bzw. wirklichkeitsfeindliche und daher völlig unfruchtbare und unkünstlerische Formspielerei».
Rönne-Prosa: Gemeint ist Benns frühe Prosa («Der Rönne-Komplex»).

Zu 95.) *Gab Primanerverse heraus*: «Primanerlyrik. Primanerprosa. Eine Anthologie. Hrsg. von Armin Schmidt. Mit einem Vorwort von Peter Rühmkorf.» Reinbek b. Hamburg: Rowohlt Taschenbuch Verl., 1965.
entdeckte in Bengta Bischoff: Am 8. 3. 1963 empfahl PR dem Rowohlt-Verlag Bengta Bischoffs Roman «6 Richtige» mit folgendem Gutachten: «Der Vorschlag, das vorliegende Unikum zu publizieren, möchte keineswegs nur als Geburtstagsscherz gewertet werden. Die Verfasserin scheint mir eine wirkliche Naive zu sein, die hier geradezu den Prototyp eines bestimmten Roman-Modells geschaffen hat. In mehreren Episoden wird der Traum vom großen Glück, der Aufstieg vom häßlichen jungen Entlein bis zur grande dame mit so vollkommener Naivität abgehandelt, daß ein wirkliches Genußobjekt, für differenzierte Geister freilich, entstanden ist. Das einfältig liebenswerte opusculum ist von mir vor unterschiedlichstem Zuhörerkreise getestet worden, und das Wohlgefallen war so eindeutig, daß ich mich ermutigt fühle, das Büchlein dringend zur Publikation – und zwar im Faksimile-Druck – zu empfehlen. Zumindest würde sich hier ein unübertrefflich originelles Neujahrs- oder Weihnachtspräsent gerade für unseren Verlag ergeben, da der Ort der Handlung Hamburg und Umgebung (bis zum Sachsenwald) sind. Das wunderliche Büchlein ist nicht zuletzt deshalb so erquicklich, weil die Verfasserin mit rührender Detail-Liebe zu schildern versteht und weil sich ein wirklich einfältiges Gemüt aufs Liebenswürdigste entfaltet. Nicht sentimentaler Tiefsinn herrscht, sondern vielmehr eine haus- und heimbackene, nüchterne, gut durchlüftete Fröhlichkeit. Was hier vorliegt, das ist si-

cher halb nach dem Leben und halb nach Gelesenem erzählt, wobei die Fülle der Klischees und angelesenen und aufgeschnappten Floskeln und Wendungen nicht verärgert, sondern im Gegenteil, amüsiert. Das Gute an diesem Büchlein ist, daß hier die unfreiwillige Parodie auf den Kitschroman selbst überhaupt nicht mehr als kitschig empfunden wird, sondern als anmutig-einfältig. Ich glaube, wir sollten uns diese Sonntags-Schreibereien nicht entgehen lassen.»

Als später die Sammlung: «Über das Volksvermögen» erschien zuerst im März 1967 als gebundenes Buch, 1969 als rororo-Taschenbuch.

Fromms: Markenname für Kondome der Hanseatischen Gummiwarenfabrik, Bremen.

Kraft durch Freude: Die NS-Organisation «Kraft durch Freude» kümmerte sich in der Nazizeit um (keineswegs ideologiefreie) populäre Freizeitgestaltung.

Prüntjes: Prüntje, Prüntjer, niederdeutsch «Stückchen Kautabak».

Frisch fromm fröhlich frei: Turnerspruch von Friedrich Ludwig Jahn (1778–1852).

Neckermann: Name eines großen, von J. Neckermann gegründeten Versandhauses in Frankfurt am Main, dessen Versandgeschäft 1950 begann.

Quelle: Name eines 1928 von Gustav Schickedanz gegründeten Versandhauses, heutige Bezeichnung Quelle Schickedanz AG & Co.

Das ist schon einen Asbach Uralt wert: Seit Mitte der 50er Jahre Werbespruch für die Branntweinmarke «Asbach Uralt» der Rüdesheimer Weinbrennerei Asbach & Co.

Holstenbier: Holsten, große Brauerei in Hamburg.

Siemens AEG und Borsig: Große Industrieunternehmen.

Hautana: Büstenhaltermarke.

DKWuppdich: Scherzwort für DKW, ursprünglich Abk. für Dampfkraftwagen; Pkw-Marke, die seit 1928 von der Zschopauer Motorenwerke hergestellt, 1932 mit anderen Autofirmen zur Auto-Union AG zusammengeschlossen wurde.

Persil: Waschpulver (seit 1907) der Henkel Waschmittel GmbH.

Horten: Warenhaus-Konzern in Düsseldorf, 1968 hervorgegangen aus der Helmut Horten GmbH.

Goggo: Kleiner Pkw, wurde in den 50er Jahren von der Glas-GmbH in Dingolfing produziert.

Minimax: Markenname für Feuerlöscher der Minimax GmbH, Bad Oldesloe.

Kaba: Kakaohaltiges Getränk der Kaffee-Hag Aktiengesellschaft, Bremen.

Tengelmann: Tengelmann Warenhandelsgesellschaft, Unternehmen des Lebensmitteleinzelhandels, gegründet 1893.

Pepsodent mit Irium: Zahnpastamarke, warb mit «die einzige Zahnpasta mit Irium».

Pril: Geschirrspülmittel der Böhme Fettchemie GmbH, Düsseldorf, warb Mitte der 50er Jahre mit dem Slogan: «Pril entspannt das Wasser».

BMW: Abk. für Bayerische Motoren Werke AG, München, produziert Pkws und Motorräder.

Alete: Alete Pharmazeutische Produkte, München, Hersteller von Säuglingsnahrung in Pulverform.

Sullima-Record: Zigarettenmarke.

Yohimbin: Westafrikanische Pflanze, die zu einem Pharmazeutikum gegen Durchblutungsstörungen verarbeitet und als Aphrodisiakum genutzt wird.

Blaubandbutter: Seit 1958 Markenprodukt der Magarine-Union AG, Hamburg.

Eisgekühltes Coca-Cola: Werbeslogan für ein coffeinhaltiges Erfrischungsgetränk der Coca-Cola GmbH.

AEG: Abk. für Allgemeine Elektricitäts-Gesellschaft, Großkonzern der Elektroindustrie, der mit dem Spruch «Aus Erfahrung Gut» für seine Produkte warb.

Zu 96.) *Berliner Studentenkongresses*: Gemeint ist der Studentenkongreß gegen Atomare Aufrüstung, der vom 3.–4. Januar 1959 an der Freien Universität Berlin-Dahlem stattfand.

Nobody-Knows-Banjo: Anspielung auf die Anfangszeile «Nobody knows the trouble I have seen», einem vielgespielten (u. a. von Louis Armstrong gesungenen) Spiritual.

Hans-Beimler-Kamerad: «Hans Beimler, Kamerad», Lied aus dem spanischen Bürgerkrieg von Ernst Busch.

Möbel-Hühnlein-Sessel: Möbel Hühnlein, Hamburger Möbelgeschäft.

Zu 97.) *Berliner «Literarischem Colloquium»*: Das Literarische Colloquium war 1962 / 63 mit Mitteln der Ford-Foundation in Berlin auf Betreiben Walter Höllerers gegründet worden. PR nahm am workshop «Prosaschreiben» (November 1963–Februar 1964) als Dozent teil, kurz darauf an dem workshop «Dramenschreiben» (Mai 1964–September 1964). Die Veranstaltungen fanden in der Carmerstr. 4 statt, da das Haus am Wannsee noch nicht genutzt werden konnte.

Nachtwächter im einsam-eisigen Wannseehotel: Hauptsitz des Literarischen Colloquiums wurde das Haus am Wannsee, Am Sandwerder 5. Während im Hause noch die Handwerker arbeiteten, konnte sich PR während seiner Dozententätigkeit unter dem Dach in einer kleinen Zwei-Zimmer-Behausung einquartieren.

Verbindung zu mir nur noch mit Schneebällen: So warf eines Nachts Uwe Johnson, der per Fahrrad durch das verschneite Berlin-Friedenau zur Wannseevilla geradelt war, Schneebälle an das Dachfenster, um PR, der in seiner Mansarde kein Telefon hatte, eine wichtige Nachricht zu übermitteln.

Zu 98.) *Farb-Tendenzfilm «scharz-weiß-rot»*: Der Trickfilm spielt mit diesen drei Farben quer durch die deutsche Zeitgeschichte, von der Nationalflagge des Kaiserreichs, über die NS-Zeit bis zur in der BRD dominierenden «Bild»-Zeitung. Der Film, u. a. auch in Oberhausen und Krakau gezeigt, war eines der frühesten Pamphlete gegen Springers «Bild»-Zeitung.

«Abends wenn der Mond scheint»: Der 35mm-Film in Farbe (19 Minuten Länge) entstand gemeinsam mit Helmut Herbst (Regie) und Robert van Ackeren (Kamera) 1964 am Literarischen Colloquium in Berlin. PR schrieb das Buch. Inhalt: «Die groteske Darstellung eines Kommunikationsversuches: Mann und Frau setzen auf eine Annonce hin zur Kontaktaufnahme an. In farbigen POP-Dimensionen läuft ein Dialog von Verhaltensweisen, Gesten und Reaktionen ab, der die Personen zunächst lediglich in gegeneinander geschnittenen Detailaufnahmen vorstellt, die sich mehr und mehr zu einem Dialog aus Mißklängen zuspitzen, bis dieser schließlich in den Treff von Mann und Frau im Gartencafé mündet. Die mit vielen Tricks arbeitende Kamera nimmt den vom Werbefilm entwickelten Bildstil des perfekt-penetranten Arrangements auf und setzt den Wahnwitz eines durchschnittlichen, mit sentimentalen Versatzstücken garnierten Scherbenbewußtseins in meist statisch-grafische Bilder um.» (Literarisches Colloquium Berlin. Information Nr. 3 über die Arbeit des Filmstudios. April 1965). Der Film lief 1965 neben «IN-SIDE-OUT» außerhalb des Wettbewerbs auf den XI. Westdeutschen Kurzfilmtagen in Oberhausen.

Zu 99.) *noch in meiner Altonaer Besenkammer*: Arnoldstr. 74, PR wohnte hier zur Untermiete.

Lettrismus: 1945 in Paris von Isidore Isou begründete literarische Bewegung, die die Sprache auf sinnfreie Buchstaben und Lautfolgen reduziert, das Alphabet als Repertoire akustischer Zeichen begreift, über das der Dichter kompositorisch verfügen kann.

Risinetten: Tabletten gegen Rachen-, Kehlkopf-, Bronchial-Katarrh, Heiserkeit und Hustenreiz von der Fabrik pharmazeutischer Präparate Heinrich Feilbach, Mainz-Kastel.

Erkenne die Marktlage: Vortrag PRs auf dem Kolloquium der Kritiker in der Akademie der Künste (Berlin), das vom 1.–3. 11. 1963 veranstaltet wurde. ED unter dem Titel «Alle Welt hat etwas gegen Lyrik. Warum? Wer? Wieso?» in: Die Welt. Hamburg. Nr. 279, 30. 11. 1963.

«das Gedicht an niemanden gerichtet»: Zitat aus Gottfried Benns «Probleme der Lyrik» (Wiesbaden, 1951), wo es heißt: «Aus all diesem kommt das Gedicht, das vielleicht eine dieser zerrissenen Stunden sammelt –: das absolute Gedicht, das Gedicht ohne Glauben, das Gedicht ohne Hoffnung, das Gedicht an niemanden gerichtet [...].»

durch eine Büstenhaltermarke repräsentiert: «Poesie» war der Name eines Büstenhalters.

Lyril: Name für eine Markenseife der Lever Sunlicht GmbH, Hamburg.

Zu 100.) *Mit der «Gruppe 47» in Schweden*: Die 26. Tagung der Gruppe 47 fand vom 9.–13. September 1964 in Sigtuna (Schweden) statt.

Si audivisses, Ledig, si tu, Nikel: Wenn Du doch gehört hättest, Ledig, wenn auch du, Nikel.

Zu 101.) *Villa Massimo*: Kulturelle Einrichtung Deutschlands in Rom, in der sich jährlich 12 Maler, Bildhauer, Architekten, Schriftsteller u. Komponisten für 6, 9 oder 12 Monate aufhalten, um hier künstlerisch zu arbeiten. PR lebte neun Monate, von September 1964 bis Mai 1965, in der Villa Massimo.

Zu 102.) *die Partei, deren linken Flügel man zu kräftigen getrachtet hatte*: Gemeint ist die SPD.

jenem Zeitungsunternehmer: Axel Cäsar Springer.

mein pp. Plädoyer für Heinemann: Der weiter unten abgedruckte Essay «Ein Rücktritt als Auftakt».

Lieber Freund und Verleger (...): ED unter dem Titel «Ein Brief» in: Atlas. Zusammengest. von deutschen Autoren. Berlin: Wagenbach, 1965.

Ancylushebung-Litorinasenke: Nach der letzten Eiszeit hob sich in der Ancyluszeit das Land, die Meeresverbindung in Mittelschweden wurde unterbrochen und die Ostsee bildete ein Binnenmeer, den sog. Ancylussee (benannt nach der Süßwasserschnecke Ancylus fluviatilis). Das Ansteigen des Meeresspiegels und Landsenkung (Litorinasenkung) verursachte später einen neuen Meereseinbruch in die Ostsee durch die dänischen Meeresstraßen. Es entstand das Litorinameer (benannt nach der Uferschnecke Litorina litorea), das in etwa der heutigen Ausdehnung von Nord- und Ostsee entspricht.

Fähnlein 13/384, Gebiet Nord-Nordsee: Fähnlein war eine Gliederung des Deutschen Jungvolks (Jungen von 10–14 Jahren) in der Hitler-Jugend.

die «Deutsche Ideologie»: Gemeint ist das gleichnamige Werk von Marx und Engels.

Tumuli: Grabhügel.

die Tage der Kommune: Pariser Kommune, der Arbeiteraufstand in Paris von Ende März 1871 bis Ende Mai 1871.

Zu 103.) *Open-air-Veranstaltung «Lyrik und Jazz»:* Diese von gut 3000 Zuhörern besuchte und viel beachtete Veranstaltung fand am 19. August 1966 statt.

Lyrik auf dem Markt: ED in: Die Zeit. Hamburg. Nr. 35, 26. 8. 1966.

«Stillen Stunde»: Nach Auskunft des Verfassers Hörfunkserie des NDR.

dem «Fall Rohrbach, III. Teil»: «Der Fall Rohrbach», dreiteilige TV-Serie. Der dritte Teil wurde am 19. 8. 1966 im ZDF (21.00 – 22.15 h) ausgestrahlt.

Verein mit Hans und Anne und Guido und Robert: Hans Sachs, Annette von Aretin, Guido Baumann, Robert Lemke, Teilnehmer der langjährigen TV-Sendung: «Was bin ich? Heiteres Beruferaten».

Landserheft und Lore-Roman: Massenhaft verbreitete Heftchenromane, die auf triviale Weise Kriegsschilderungen verarbeiten (Landserhefte) bzw. Liebesromane bringen (Lore-Romane).

Ein Rücktritt als Auftakt: Der Beitrag erschien zuerst unter dem Titel «Heinemann, Gustav» in: Frankfurter Hefte. Heft 5, Mai 1965. Minimal verändert in: Plädoyer für eine neue Regierung. Oder: Keine Alternative. Hrsg. von Hans Werner Richter. Reinbek b. Hamburg: Rowohlt, 1965. (rororo aktuell. 782.) PR schrieb den Beitrag in Italien und bat Anfang 1965 die damalige «Konkret»-Kolumnistin Ulrike Meinhof um Informationen und Material zu Heinemann. Sie antwortet am 5. März 1965: «Lieber Lyng, ich habe nur sehr wenig über Heinemann bei mir gefunden. Aber auch das sind wahrscheinlich nur Duplikate von dem, was Du inzwischen schon hast. Den Ausschnitt mit Strauss über Heinemann als Mitglied der SPD-Wahlmannschaft habe [ich] nicht mehr gefunden. Inhalt: Seine Person lasse Zweifel daran aufkommen, ob die SPD es mit ihrem Bekenntnis zur Nato etc. ernst meine. Die Platte zeigt Heinemann so, wie er seit 7 Jahren nicht mehr war. Seine März-Rede in der Atomdebatte – 25. 3. 58 – war schon sehr viel schwächer. Hast Du sie? Mir fällt gerade ein, daß ich die liegen habe (in der Redaktion) und nachschicken könnte, wenn Du willst. Einen Aufsatz in der NJW (Neue Juristische Wochenschrift, Beck) hat mein Anti-Strauss-Anwalt. Ich habe ihn gebeten, Dir das Heft zu schicken. Über Pressefreiheit. Ganz und gar prima. Persönlich habe ich ihn nie gesprochen, nur telefonisch. Er ist dann immer ebenso freundlich und entgegenkommend, wie sachlich und kühl. Nie persönlich und privat, aber zu jeder Auskunft und zu jedem guten Rat bereit. Seine Schriftsätze als Anwalt sind grundsätzlich frei von Polemik. Ebenfalls von höchster Sachlichkeit, Scharfsinn und Präzision. Wischi-Waschi-Argumente kann er nicht leiden. Er selbst gebraucht keine. Seinen Mandanten streicht er sie raus. Seinen juristischen Partnern – Gerichtsbeschlüssen etc. – weist er sie nach und weist sie zurück. Ich habe zwar – Gott sei Dank – nicht viel Erfahrung mit Anwälten. Meine wenigen Vergleichsmöglichkeiten laufen aber darauf hinaus, daß Heinemann selten gescheit, sachlich und kenntnisreich ist. Dasselbe lobt übrigens auch Augstein an ihm. Auch vor Gericht sei er in seiner besonnenen, überlegenen, überzeugenden und sachlichen Art nahezu unschlagbar. Die Kehrseite: Wenn er diese hohe persönliche Integrität für fragwürdige Dinge ins Spiel bringt, ist er ebenso unschlagbar. Als die DFU gegründet wurde, hatte er – so schien es – den evangelischen, Bruderschaftsflügel der SPD übernommen, um ihn bei der SPD-Stange zu halten. Er schrieb Briefe, durchaus im ‹Jargon der Eigentlichkeit›, machte allerhand Besuche und warb für die Wehnertaktik: Wenn wir erst an der Macht sind, wird alles anders. Auch schon vor der DFU-Gründung hatte er sich diese Argumentation zu eigen gemacht. Heinemann war übrigens lange Zeit das rote Tuch der sozialistischen Linken in der SPD. Das kann ich nicht belegen, weiß es aber vom SDS her und aus Gewerkschaftskreisen. Man warf ihm vor, daß er ein ewiger Bürgerlicher sei, keine Ahnung vom Sozialismus habe und keine Neigung in der Richtung. Die können natürlich auch seine Christlichkeit nicht leiden. Meiner Ansicht nach ist Heinemann ein Individualist mit Spezialkenntnissen. Ein ausgezeichneter Anwalt. Ein guter Außenpolitiker. Als Innenminister vorgesehen, als Justizminister ebenfalls denkbar. Jedenfalls kein All-round-Politiker. Mochalski habe ich übrigens gebeten, Dir seine – Heinemanns – Aufsätze aus der ‹Stimme› zu schicken. Die erstaunliche Gradlinigkeit in seinen öffentlichen Äußerungen – er hat sich meiner Übersicht nach noch nie selbst widersprochen, nie etwas einmal Gesagtes zurückgenommen – mag auch dadurch zustande gekommen sein, daß er fähig ist, jahrelang zu schweigen. Seit Jahren hat er nicht mehr im Bundestag gesprochen. Selten liest man von Reden von ihm in der Zeitung. Wenn, dann liegt er immer auf der alten Linie, der Anti-Adenauer, Antiwiederaufrüstungslinie. Das Zwiespältige liegt wohl in der Diskrepanz zwischen seinen politischen Auffassungen einerseits und seiner Bereitschaft, sich der SPD-Parteidisziplin und Partei-Taktik anzupassen andererseits. Es ist ihm allerdings bisher gelungen, seine Anpassungsmanöver so anzulegen, daß seine politischen Auffassungen dabei nicht über Bord gingen. Als er zB Niemöller angriff, sprach er nicht inhaltlich von der in Frage stehenden Politik. Sein Hieb gegen Adenauer wegen der Nahost-Politik sparte die SPD-Linie aus. Indem er fähig ist, zwei verschiedene Gesichter zur Schau zu tragen, beide in sich schlüssig und wohlgestaltet, hat er noch keins davon verloren. Will ihm einer in das eine reinschlagen, hat er just das andere auf. Nichts für Puristen. – Das wärs. Alles Gute Deine Ulrike.»

Kapp-Putsch: Antirepublikanischer Putschversuch militanter rechtsradikaler Kräfte im März 1920, benannt nach seinem Anführer Wolfgang Kapp. Er scheiterte an einem von Gewerkschaften und Arbeiterparteien organisierten Generalstreik.

Bekennende Kirche: Bewegung innerhalb der evangelischen Kirche gegen das Totalitätsstreben des NS-Staates und die mit dem NS-Staat sympathisierenden Deutschen Christen, zuerst theologisch von Karl Barth und organisatorisch von Martin Niemöller geführt.

Munzinger-Objektiv: Archiv für publizistische Arbeit, privater Presse-

406

dienst in Ravensburg, von Ludwig Munzinger 1913 gegründet, gibt u. a. als Loseblattsammlung ein «Internationales Biographisches Archiv» heraus.

Römer 13: Im Brief des Paulus an die Römer behandelt diese Stelle des «Neuen Testaments» das Thema Christ und Obrigkeit. («Jedermann sei untertan der Obrigkeit, die Gewalt über ihn hat. Denn es ist keine Obrigkeit ohne von Gott; wo aber Obrigkeit ist, die ist von Gott verordnet. Wer sich nun der Obrigkeit widersetzt, der widerstrebt Gottes Ordnung.»)

EVG: Abk. für Europäische Verteidigungsgemeinschaft, durch den Pariser Vertrag von 1952 vorgesehene übernationale Gemeinschaft (Belgien, BRD, Frankreich, Italien, Luxemburg, Niederlande) zur Aufstellung einer integrierten Verteidigungsmacht unter gemeinsamem Oberbefehl. Der Plan wurde 1954 in der Französischen Nationalversammlung zu Fall gebracht.

EWG: Abk. für Europäische Wirtschaftsgemeinschaft, 1957 zum Zweck wirtschaftlicher Integration gegründeter Zusammenschluß europäischer Staaten.

Bundestagsdebatte vom 23. Januar 1958: In dieser Debatte berieten die Parlamentarier Adenauers Deutschland- und Außenpolitik. Heinemann erhob in seinem vielbeachteten Redebeitrag schwere Vorwürfe gegen Adenauer, warf ihm eine verfehlte Außenpolitik vor und alle Chancen der Wiedervereinigung Deutschlands in den vergangenen Jahren nicht genutzt zu haben.

die welkgewordenen Möglichkeiten der Jahre 1952 und 1953: Im März 1952 bot die UdSSR die Wiedervereinigung Deutschlands, freie Wahlen, Pressefreiheit usw. unter der Voraussetzung an, daß Deutschland keinem Militärbündnis beitritt. Im Oktober 1954 wiederholte die UdSSR ihr Wiedervereinigungsangebot. Die Antwort des Westens waren die Pariser Verträge, durch die die BRD der NATO beitrat und die Spaltung Deutschlands für Jahrzehnte besiegelte.

Kragler-Modell: Kragler, kleinbürgerliche Figur aus Brechts Stück «Trommeln in der Nacht» (1922), Kriegsheimkehrer, der sich während der revolutionären Unruhen in Berlin 1919 zunächst den Revolutionären anschließt, diese dann aber im Stich läßt.

drängen in den Notstand: Die Notstandsgesetze (sie sehen für den Fall des inneren oder äußeren Ausnahmezustandes u. a. Einschränkung von Grundrechten, den Einsatz der Streitkräfte gegen die eigene Bevölkerung vor) waren schon Mitte der 60er Jahre Verhandlungsgegenstand zwischen SPD und CDU / CSU. Kurz vor der Bundestagswahl 1965 lehnte die SPD das Notstandspaket der CDU / CSU ab. Die Notstandsgesetze wurden trotz massiven Widerstandes aus Kreisen der Gewerkschaften, der APO, der Studentenbewegung in modifizierter Form von der Großen Koalition aus CDU / CSU und SPD am 30. 5. 1968 beschlossen.

im Falle des Herrn Ahlers: Der damals stellvertretende Chefredakteur des «Spiegels» war während der «Spiegel-Affäre» in einer Nacht- und Nebelaktion auf Betreiben von Bundesverteidigungsminister F. J. Strauß in Spanien festgenommen worden.

«Oberhausen?»: Die jährlich stattfindenden Westdeutschen Kurzfilmtage in Oberhausen.

Zu 104.) *Ostermarsch*: Die zu Ostern stattfindenden Demonstrationsmärsche der Friedensbewegung, in der BRD erstmals 1960 veranstaltet. In den 60er Jahren, während der Zustimmung der Bundesregierung zum Vietnamkrieg und zur Zeit der Großen Koalition, erreichte die Ostermarschbewegung, die sich als Teil der außerparlamentarischen Opposition verstand, ihren Höhepunkt.

Ein Gespenst geht um in Europa: Anfangsworte des «Manifest der Kommunistischen Partei» von Marx und Engels.

kehrt [...] den Stürmer heraus: «Der Stürmer», antisemitisches Hetzblatt der Nazis, erschien 1923–1945 unter Leitung von J. Streicher in Nürnberg. Besonders die Springer-Presse verunglimpfte in drastischen Ausdrücken («langbehaarte Affen») Teilnehmer von Demonstrationen und versuchte, die Bevölkerung gegen kritische Studenten und Intellektuelle aufzuwiegeln.

Vietnam-Krieg: 1964 griffen die USA in den Vietnamkrieg ein. Es kam bald zu einer Ausweitung der US-amerikanischen Aktivitäten. Die Zahl der eingesetzten Soldaten stieg von 23 000 im Januar 1965 auf 550 000 im Juni 1968. Die USA führten auch Luftangriffe gegen nordvietnamesische Ziele, verzichteten jedoch auf eine Kriegserklärung gegen Nordvietnam, um jede direkte militärische Einmischung der UdSSR oder Chinas zu vermeiden. Der Krieg wurde von den USA Mitte der 60er Jahre mit immer größerer Rücksichtslosigkeit geführt: Flächenbombardements, Einsatz von chemischen Kampfstoffen und Napalmbomben, Massaker an der vietnamesischen Zivilbevölkerung durch US-Truppen riefen weltweit Proteste hervor.

Notstandsplanung: Die Planung der Notstandsgesetze.

NPD: Abk. für Nationaldemokratische Partei Deutschlands, 1964 gegründet, Sammelbewegung für Alt- und Neonazis, konnte im Schatten der Wirtschaftskrise 1966/68 und angesichts der Großen Koalition Ende der 60er Jahre in einige Länderparlamente einziehen.
Sache des Großen Bruders: Gemeint sind die USA.

Das Gedicht als Lügendetektor: Dieser Beitrag beruht auf zwei Aufsätzen,
die hier in leicht veränderter Form miteinander verknüpft werden:
1.) Die Mord- und Brandsache. Peter Rühmkorf über Erich Fried: «und
Vietnam und». Der Spiegel. Hamburg. Nr. 18, 24. 4. 1967. – 2.) Haben
wir zu viele Vietnam-Gedichte? Konkret. Hamburg. Nr. 5, Mai 1967.
Klio: Muse der Geschichtsschreibung.
Nemea: Ort in der Argolis, Griechenland. In der Sage erschlug hier He-
rakles den Nemëischen Löwen.
Epidauros: Altgriechische Stadt am Saronischen Golf.
Megara: Im Altertum Hauptstadt der von Dorern bewohnten Landschaft Megaris (Griechenland).
Passepartout-Panegyriker: Panegyriker, im Altertum Verfasser von Lob-
reden oder Lobgedichten, in denen bedeutende Persönlichkeiten ge-
priesen wurden.

Zu 105.) *drohenden Schah-Besuchs*: Der Besuch des Schahs von Persien
fand Ende Mai bis Anfang Juni 1967 statt, führte zu schweren Unruhen in vielen deutschen Großstädten. In Berlin wurde am 2. 6. 1967
bei einer Anti-Schah-Demonstration der Student Benno Ohnesorg
von einem Polizisten erschossen.

Zu 106.) *CVJM-Genossen*: Abk. für Christlicher Verein Junger Männer.
Augstein (für den wir mal demonstriert hatten): Während der Spiegel-
Affäre 1962. Besonders wirkungsvoll war ein (von PR mit unterschrie-
benes) «Manifest für den ‹Spiegel›» der Gruppe 47 vom 28. 10. 1962.
Fest (für den wir auch schon demonstriert hatten): Fest, selbst CDU-Mit-
glied, war im Sommer 1966 auf Druck von Politikern der CDU/CSU
von seinem Posten als Panorama-Moderator zum 1. 1. 1967 entbunden
worden.

Straßenpolitik nach dem Tode von Benno Ohnesorg: Erweiterte Fassung
von PRs Beitrag «Mir langt's! auch» (Konkret. Hamburg. Nr. 7, Juli
1967).

Suwa: Waschmittel der Firma Lever-Sunlight.

ein Meinungskonzern: Der Axel-Cäsar-Springer-Konzern.

«Ministerium für Volksaufklärung und Propaganda»: Im März 1933 vom Reichspropagandaleiter der NSDAP Goebbels geschaffenes Ministerium.

Zu 107.) *Letzte Tagung der Gruppe 47 in Pulvermühle*: Die 29. und letzte Tagung fand vom 5.–8. Oktober 1967 in Pulvermühle, Waischenfeld (Fränkische Schweiz) statt.

von Springers Zeitungen angepöbelt: Günter Grass hatte den in der DDR lebenden Arnold Zweig gegen erfundene Behauptungen der zum Springer-Konzern gehörenden «Berliner Morgenpost» in Schutz genommen, die Redakteure aufgefordert, sich bei Zweig zu entschuldigen, und war daraufhin selbst ins Fadenkreuz von Springers Gazetten geraten.

Beitragsboykott: Die (von PR unterzeichnete) Resolution der Gruppe 47 vom Oktober 1967 hat folgenden Wortlaut: «Der Springer-Konzern kontrolliert 32 Prozent aller deutschen Zeitungen und Zeitschriften. Dadurch ist die zuverlässige Information der Öffentlichkeit gefährdet. Die Schriftsteller der Gruppe 47 halten diese Konzentration für eine Einschränkung und Verletzung der Meinungsfreiheit und damit für eine Gefährdung der Grundlagen der parlamentarischen Demokratie in der Bundesrepublik Deutschland. 1. Wir haben daher beschlossen: Wir werden in keiner Zeitung oder Zeitschrift des Springer-Konzerns mitarbeiten. 2. Wir erwarten von unseren Verlegern, daß sie für unsere Bücher in keiner Zeitung oder Zeitschrift des Springer-Konzerns inserieren. 3. Wir bitten alle Schriftsteller, Publizisten, Kritiker und Wissenschaftler, die Kollegen im PEN und in den deutschen Akademien zu überprüfen, ob sie eine weitere Zusammenarbeit mit dem Springer-Konzern noch verantworten können.»

Rubikon: ‹Den Rubikon überschreiten› sagt man von einer folgenschweren Entscheidung, wie es der Übergang Cäsars 49 v. u. Z. über den Fluß Rubikon war, der einen Bürgerkrieg entfesselte.

Zu 108.) *Attentat auf Rudi Dutschke*: Dutschke war am Gründonnerstag (11. 4. 1968) von einem durch Springers Boulevardpresse fanatisierten Hilfsarbeiter in West-Berlin angeschossen worden. Daraufhin kam es zu blutigen Straßenschlachten mit der Polizei. Verlagshäuser des Springer-Konzerns wurden von aufgebrachten Demonstranten über Ostern belagert, Fahrzeuge in Brand gesetzt, die Auslieferung der «Bild»-Zeitung an einigen Druckorten behindert.

Zu 109.) *Prager Frühling*: Bezeichnung für den Versuch, in der ČSSR einen «Sozialismus mit menschlichem Antlitz» zu entwickeln. Die im Januar 1968 vom kommunistischen Parteichef Alexander Dubček eingeleiteten (und von der APO und Neuen Linken in der BRD überwiegend begrüßten) Reformen wurden im August 1968 durch den Einmarsch der Streitkräfte der Warschauer-Pakt-Mächte niedergeschlagen.

Zu 110.) *um das Jahr 64 die «konkret»-Auflage ins Bodenlose*: 1964 trat Röhl aus der illegalen KPD aus. Daraufhin stellte die DDR, die seit vielen Jahren «Konkret» heimlich finanziell unterstützt hatte, die Zahlungen ein und «Konkret» mußte zeitweise um das Überleben am Zeitungsmarkt kämpfen.
mit den «Berneuchenern»: Der Berneuchener Kreis, benannt nach einem Rittergut in der Neumark, eine 1923 ins Leben gerufene Bewegung in der lutherischen Kirche zur Erneuerung der Liturgie und des kirchlichen Lebens.
«Baaderbefreiung»: Am 14. Mai 1970 wurde in Berlin-Dahlem Andreas Baader von Ulrike Meinhof und anderen während eines Freigangs aus der Haft befreit. Dabei setzte das «Befreiungskommando» Schußwaffen ein, zwei Justizvollzugsbeamte wurden angeschossen, ein Institutsangestellter wurde lebensgefährlich verletzt.

Zu 111.) *Frankfurter Warenhausbrandstifter*: Baader, Gudrun Ensslin, Thorwald Proll und Horst Söhnlein hatten in der Nacht zum 3. 4. 1968 in einem Frankfurter Kaufhaus Brände gelegt, «um gegen die Gleichgültigkeit der Gesellschaft gegenüber den Morden in Vietnam zu protestieren». Sie wurden im Oktober 1968 nach einem Prozeß, den Ulrike Meinhof für «Konkret» beobachtet hatte, zu je drei Jahren Zuchthaus verurteilt.

Zu 115.) *Novodorm*: Schlafmittel.
Rep-Club: Republikanischer Club, lose Vereinigung liberaler und linker Intellektueller, Republikanische Clubs gab es in allen größeren Städten der BRD.

Zu 116.) *Edition einer Klopstock-Gedichtsammlung*: Friedrich Gottlieb Klopstock. Gedichte. Ausgewählt von Peter Rühmkorf. Frankfurt a. M.: Fischer Bücherei, 1969.

Zu 118.) *auf jenen «freien Arbeitsstellenmarkt» nach Buffalo*: Nach Auskunft des Verfassers hielten hier jüngere Akademiker Vorträge und wurden für Universitätsstellen ausgewählt.

Zu 119.) *Hamadryaden*: Hamadryaden, auch Dryaden genannt, in der griech. Mythologie Gottheiten der Bäume, Baumgeister.

Zu 123.) *Evipan*: Einschlaf- und Betäubungsmittel.

Zu 126.) *Franz-Josef-Sideburn-Sozis*: Sideburn, amerikan. «Koteletten». Gemeint ist hier die Ende der 60er Jahre verbreitete Bartmode, die PR sehr an die stattlichen Koteletten Kaiser Franz Josephs I. (1830–1916) erinnerte.

Zu 135.) *Woodstock*: In Woodstock, auf einer Farm im Norden des US-amerikanischen Bundesstaates New York, hatte vom 15.–17. 8. 1969 das berühmte Freiluft-Rockfestival mit über 400 000 Zuschauern stattgefunden.
HO-Gaststätte: HO Abk. für Handelsorganisation, staatlicher Betrieb im Konsumgüterhandel der DDR.

Zu 137.) *Brandt als Kanzler (...) Heinemann als Präsidenten*: Willy Brandt war am 21. 10. 1969 zum Bundeskanzler, Heinemann am 5. 3. 1969 zum Bundespräsidenten gewählt worden.
der Unternehmerpartei: Gemeint ist die CDU.

Zu 138.) *Fall Biermann / Kipphardt*: 1971 wurde Biermanns Stück «Der Dra-Dra» an den Münchner Kammerspielen aufgeführt. Diese antistalinistische ‹Drachentöterschau› sollte nach Willen des Autors jeweils «gegen die eigenen Drachen in Szene gesetzt werden». Bei einer Aufführung in der BRD lag es auf der Hand, die Aufmerksamkeit des Publikums auf jene zu richten, die in Wirtschaft und Politik das Sagen haben. In einem Programmheft sollte diese Art von Machtkonzentration auf zwei Seiten durch eine Reihe von Bildern illustriert werden. U. a. war das Foto des damaligen Münchner Oberbürgermeisters Hans Jochen Vogel zu sehen. Intendant Everding untersagte diese Form der Darstellung, Chefdramaturg Kipphardt, der das umstrittene Programmheft zwar nicht gestaltet hatte, presserechtlich aber verantwortlich war, wurde heftig angegriffen und sein Vertrag als Chefdramaturg bei den Münchner Kammerspielen nicht mehr verlängert.

Zu 140.) *«Deutsches Theater» stellt Arbeit (…) ein*: Zunächst ähnlich formuliert, dann aber wesentlich enttäuschter als in der gefilterten Reminiszenz des vorliegenden Buches klingt ein Brief PRs an Hans Bunge vom 19. Juni 1971: «Mensch, lieber Hans Bunge, welch ein Schlag! Jetzt wo er da ist: doch. Man muß anscheinend noch mehr Leder ansetzen. Krokodilsleder. Gazelle reicht nicht. Na, lassen wir das und sagen uns noch 'n bißchen was Gutes. […] Wann ich wieder nach Berlin komme – weiß im Augenblick gar nicht. Möchte sofort, damit wir uns wechselseitig Trost zublasen. Aber der Trost kostet Geld, und das hab ich zur Stunde nicht. Wird natürlich auch blöd für mich hier, das Nichtzustandekommen der so groß avisierten Aufführung zu erklären, zu interpretieren, zu rechtfertigen. Peinlich. Werden die Leute sagen: na, war eben doch kein gutes Stück, wenn's alle Schauspieler behaupten. Gottja, die gewöhnlichen hätten sich schon 'n neuen Gestus antrainieren müssen. Ohne Blut. Ohne Tränen. Ohne Zwerchfellgebibber. Aber auch ohne Handkestände und Bodylanguage. Die Frage, ‹Theaterarbeit› neu zu durchdenken, wäre in diesem Falle mit Macht auf die Schauspieler zugekommen. Nun, sie kam ja bereits, und die Antwort ist eindeutig. Im Sinn des hergebracht Modischen, wie ich mal für mich behaupten möchte. […] Sehe für ‹Volsinii› jetzt in absehbarer Zeit keine Möglichkeit der Realisierung mehr. Habe auch keine Lust, noch mal ganz von neuem ranzugehen. Was wir vorhatten, das wär's gewesen. Was sonst noch sein könnte, ist 'n Konjunktiv, der mich nicht mehr interessiert. Der Einwand ‹Klippschulunterricht› ist natürlich Mumpitz. Solange die Pariser Commune noch virulent ist, und das war sie doch grad vor paar Wochen noch, und wie! mit welchem allgemein interpretatorischen und zelebrativen Aufwand! solange müßte doch auch Volsinii ein Fall zum Bedenken und ein Kasus für die Bühne sein. Also: der Einwand zieht nicht. Bleiben die ‹Kostüme› – und die führen uns direkten Weges zurück, bzw. vorwärts zu Auffassungen von Theater, die noch nicht jedermanns Sache sind. Können wir beide nix dafür und haben neben der richtigen Perspektive noch die Rück- und Magenschläge. Der erste ist ja die wahre Ur- und Zentralscheiße: daß wir ne feste Vorstellung haben von sozialistischer Kultur und können den Beweis nicht führen. [...] Ärgere mich, daß ich sowas nicht schlucken kann, ohne von augenblicklich anliegender Arbeit hochzufahren. Wieder 'n hoffnungsvoller Arbeitstag im Eimer. Und vermutlich noch weitere. Wenn hier erst das Fragen losgeht mit warum und wieso. Nee, ich stell das Telefon ab. Ich zieh aufs Land. Ich werde Theaterkritiker.» PRs «Volsinii» wurde fast genau zwei Jahre später, am 2. Juni 1973 in Düsseldorf uraufgeführt.

Zu 143.) *der Große Schmidt (...) Anno sechsundfünfzig in Darmstadt*: PR hatte Arno Schmidt während der Friedensfahrt nach Darmstadt (12.–14. 8. 1956) besucht.

Zu 144.) *die ‹schöne Garonne›*: In Eichs Gedicht «Latrine» (abgedruckt in seinem Gedichtband «Abgelegene Gehöfte», Frankfurt a. M., 1948) heißt es: «Irr mir im Ohre schallen / Verse von Hölderlin. / In schneeiger Reinheit spiegeln / Wolken sich im Urin. / ‹Geh aber nun und grüße / die schöne Garonne –› / Unter den schwankenden Füßen / schwimmen die Wolken davon.» Eich zitiert hier aus Hölderlins Gedicht «Andenken», dessen berühmte Schlußzeile lautet: «Was bleibet aber, stiften die Dichter.»

Zu 146.) *Weitbrecht & Marissal*: Die Hamburger Buchhandlung Weitbrecht & Marissal hatte bekannte Autoren eingeladen, sich mit ihren Büchern und Lieblingsgetränken vorzustellen. Während Siegfried Lenz und Rudolf Hagelstange Whisky ausschenkten, Martin Beheim-Schwarzbach für einen 59er Mosel schwärmte, Heike Doutiné Milch empfahl, bekannte sich PR zu «Korn mit Selters». (Hamburger Abendblatt. 2. 11. 1966.)

Zu 148.) *«Palais d' amour»*: Bordell auf der Hamburger Reeperbahn, literarisch bekannt geworden durch Hubert Fichtes «Interviews aus dem Palais d' Amour» (1972).

Zu 153.) *Brief an Böll schreiben*: Heinrich Böll hatte am 10. 1. 1972 im «Spiegel» («Will Ulrike Gnade oder freies Geleit») die hysterischen Auswüchse eines Teils der deutschen Presse gegenüber der Baader-

Meinhof-Gruppe scharf kritisiert. Anlaß war ein Aufmacher der «Bild»-Zeitung vom 23. 12. 1971 («Baader-Meinhof-Bande mordet weiter»). Springers «Bild» behauptete, ein Banküberfall in Köln sei von der Baader-Meinhof-Gruppe verübt worden, ohne dafür irgendwelche Anhaltspunkte oder Beweise vorzulegen. Böll fordert in seinem Beitrag freies Geleit für Ulrike Meinhof, damit ihr ein fairer Prozeß gemacht werden kann. Auch Springer solle der Prozeß gemacht werden, und zwar wegen Volksverhetzung.

Zu 154.) *XY-Zimmermann-Gefühle*: Anspielung auf die von Eduard Zimmermann moderierte TV-Sendung «Aktenzeichen XY – ungelöst», die ungeklärte Kriminalfälle mit Hilfe der Fernsehzuschauer aufdecken soll.

Zu 155.) *12. Januar*: Aus diesem Absatz wurde später das Gedicht «Druse».

der Diercke: «Diercke Weltatlas», seit Jahrzehnten weitverbreiteter, u. a. für den Schulunterricht verwendeter Atlas.

der alte Brehm: «Brehms Tierleben», zuerst erschienen 1864–69, noch heute Standardwerk für biologisch Interessierte. PR besitzt und benutzt die von 1876–79 erschienene 2. Aufl. in 10 Bänden («Große Ausgabe»).

Lupolen: Warenzeichen für einen Kunststoff der Badischen Anilin- & Soda Fabrik, Ludwigshafen.

Zu 159.) *«Stimme der DDR»*: Rundfunksender der DDR mit Sitz in Ost-Berlin.

Zu 160.) *Linksintelligenzler mitbelastet*: Ruhland, während der ersten RAF-Prozesse zum «Kronzeugen» gegen die Baader-Meinhof-Gruppe aufgebaut, behauptete u. a., Peter Brückner habe nach der Verhaftung Mahlers Gruppenmitgliedern Unterschlupf gewährt; der katholische Anstaltsgeistliche Kurt Kaiser, mit Ulrike Meinhof seit PRs Hochzeit 1964 bekannt, solle sogar die «Kriegskasse» der RAF an Ruhland und Meinhof übergeben haben. Brückner verlor daraufhin seine Professur in Hannover. Sowohl er als auch Kurt Kaiser wiesen die Behauptungen Ruhlands als falsch zurück.

in der Kaiser-Wilhelm-Straße: Sitz des Springer-Konzerns in Hamburg.

«Friedenspreis des Deutschen Buchhandels»: Jährlich zur Frankfurter

Buchmesse vom Börsenverein des Deutschen Buchhandels verliehener Preis an Persönlichkeiten, die den Gedanken des Friedens in der Welt, Mitmenschlichkeit und Völkerverständigung fördern.

Edelcangaceiro-Truppe: Mexikanische Revolutionstruppe.

Zu 161.) *Nonsensevers «Deutschland muß leben / und wenn wir sterben müssen»*: Dieser von der Nazi-Propaganda oft verwendete Spruch ist die Kehrreimzeile des Gedichtes «Soldatenabschied» von Heinrich Lersch (1889–1936), zuerst veröffentlicht 1915 in Lerschs Lyrikband «Die heilige Not. Gedichte aus der Kriegszeit».

Bibliographie

1. Erwähnte Werke Peter Rühmkorfs

Abends wenn der Mond scheint (Film, 1964) 248

Abenteuer von drei Deutschen im hohen Norden (PRs erster Roman, ungedruckt) 9

Die im Dunkeln sieht man nicht (Kabarettistisches Mysterienspiel, gemeinsam mit Klaus Rainer Röhl, 1951 / 52, auszugsweise gedruckt) 58 – 61

Doppelkopf (Entwurf zu einem Tagebuchroman, ungedruckt) 57

Das Experiment (Artikelfolge 1956 im *Studenten-Kurier*) 130

Die Handwerker kommen (1974) 258

Irdisches Vergnügen in g (1959) 180 f

Friedrich Gottlieb Klopstock. Gedichte. Ausgewählt von Peter Rühmkorf (1969) 333

Heiße Lyrik (zusammen mit Werner Riegel, 1956) 118

Kunststücke (1962) 193, 199 f

Leslie Meiers Lyrik-Schlachthof (Literaturkritische Serie 1956 – 58 im *Studenten-Kurier* bzw. in *Konkret*) 130 f

Leslie Meiers Tafelrunde (Literaturkritische Serie 1958 in *Konkret*) 130

Lombard gibt den Letzten (1972) 351

Ode an Armstrong (ungedruckt) 46

Primanerverse (Vorwort, 1965) 226

Scheltode (ungedruckt, hat sich nur als Fragment in der Erinnerung PRs erhalten) 12

Schwarz-weiß-rot (Film mit H. Herbst, 1964) 247

Sodom (Drama, ungedruckt) 46

Tagebuch, mein sentimentalisches (Aufzeichnungen in China, 1955) 96

Über das Volksvermögen (1967) 228, 345, 355

Was heißt hier Volsinii (1969) 257 – 275, 349 f

Wolfgang Borchert in Selbstzeugnissen und Bilddokumenten (1962) 199

Personenregister

Abs, Hermann Joseph (1901–1994, während der NS-Zeit und anschließend in der BRD polit. einflußreicher dt. Bankier) 310, 349

Adenauer, Konrad (1876–1967, dt. Politiker, CDU, von 1949 bis zu seinem Rücktritt 1963 Bundeskanzler der BRD) 82 f, 85, 166 f, 283 f, 384, 406 f

Adorno, Theodor W. (1903–1969, dt. Philosoph, Soziologe) 205, 223–226, 332, 398

– Dissonanzen. Musik in der verwalteten Welt (3. Aufl., 1963) 225

– Zeugnisse. Theodor W. Adorno zum 60. Geburtstag. Im Auftrag des Instituts für Sozialforschung hrsg. von Max Horkheimer (1963) 207, 398

Agartz, Viktor (1897–1964, dt. Gewerkschafter u. Wirtschaftstheoretiker) 282

Ahlers, Conrad (1922–1980, dt. Journalist u. Politiker, 1962–66 stellvertretender Chefredakteur des *Spiegel*, während der *Spiegel*-Affäre inhaftiert) 292, 398, 408

Albertz, Heinrich (1915–1993; dt. Theologe u. Politiker, SPD, 1966/67 Regierender Bürgermeister von Berlin) 314

Alexander d. Gr. (356–323 v. u. Z., König von Mazedonien, Feldherr u. Eroberer) 299

Amundsen, Roald (1872–1928, norweg. Polarforscher) 360

Anacker, Heinrich (* 1901, NS-Schriftsteller, «Lyriker der braunen Front») 26

Anakreon (580–495 v. u. Z., griech. Lyriker) 301

Andersch, Alfred (1914–1980, dt. Schriftsteller) 247, 377, 379

Anderson, Paul s. Peterson, Peter

Andersson, Dan (1888–1920, schwed. Dichter) 187

Arafat, Yasser (* 1929, palästinens. Politiker, Friedensnobelpreisträger) 128–130

Arbenz Guzmán, Jacobo (1913–1971; 1950 Präsident Guatemalas, 1954 gestürzt) 186, 394

Armas, C. (1957 ermordet, Oberst in Guatemala, er stürzte mit Hilfe des US-Geheimdienstes Präsident Arbenz Guzmán) 186, 394

Armstrong, Louis (1900–1971, amerikan. Jazzmusiker) 46

Aspenström, Werner (* 1918, schwed. Dichter) 190

Ast, Karl Otto (Schäfer Ast, Wunderheiler in Radbruch) 50, 374

Atabay, Cyrus (1929–1996, iran.-dt. Schriftsteller) 140, 144, 150, 394

Augstein, Rudolf (* 1923, dt. Publizist, begründete und gibt

Forss, Harald (* 1911, schwed. Lyriker) 189

Francke s. Meister Francke

Franco Bahamonde, Francisco (1892–1975, span. General u. Diktator, bildete 1938 eine diktatorische, auf Armee, Falange, Klerus und Großgrundbesitz gestützte Regierung, an deren Spitze er bis 1975 stand) 178

Frank, Bruno (1887–1945, dt. Schriftsteller) 358

Frank, Leonhard (1882–1961, dt. Schriftsteller) 358

Franz Josef I. (1830–1916, österr. Kaiser u. König von Ungarn) 342, 412

Frazer, Lindley (Rundfunksprecher der BBC im 2. Weltkrieg) 15

Freddy s. Quinn, Freddy

Freiligrath, Ferdinand (1810–1876, dt. Lyriker, mußte 1845 wegen der radikal-polit. Gedichtsammlung «Ein Glaubensbekenntnis» emigrieren, ging 1851 erneut ins Exil) 44, 299

Freud, Sigmund (1856–1939, österr. Arzt u. Psychologe, Begründer der Psychoanalyse) 54

Fried, Erich (1921–1988, österr. Schriftsteller, lebte seit 1938 in London) 183, 204, 306, 308, 317, 333, 409

– und VIETNAM und (1966) 306

Friedländer, Ernst (1895–1973, dt. Schriftsteller u. Journalist) 86

Friedrich, Hugo (1904–1978, dt. Romanist, Verf. von «Strukturen der modernen Lyrik») 274

Frisch, Max (1911–1991, schweizer. Schriftsteller) 358

Fritz, Walter Helmut (* 1929, dt. Lyriker u. Romancier) 143f

Fröhlich, Hansjürgen (1939–1986, dt. Schriftsteller, Freund PRs) 358

Früchtenicht, Barthold (Nachbar PRs in Warstade) 26

Fuchs, Gerd (* 1932, dt. Schriftsteller) 333, 358

Gaither, H(orace) Rowan (* 1909, zeitweilig Präsident der Ford-Stiftung, 1958 Mitverf. d. Gaither-Reports) 170, 391

Galland, Adolf (1912–1996, im 2. Weltkrieg dt. Jagdflieger, 1942 Inspekteur der Jagdflieger, 1944 Generalleutnant, 1949–1955 Berater der argentinischen Luftfahrt in Buenos Aires; später selbständiger Industrieberater) 46f

Gehlken, Kurt (gen. Moltke, * 1927, Mitschüler PRs am Athenaeum in Stade) 19

Gerstenmaier, Eugen (1906–1986, dt. Politiker, CDU, Mitglied der Bekennenden Kirche, 1944 zu sieben Jahren Zuchthaus verurteilt, 1954–1969 Präsident des Dt. Bundestages) 291

Ginkiskan s. Dschingis-Khan

Goes, Albrecht (* 1908, ev. Pfarrer, Lyriker, Erzähler) 133

– Die Herberge (1947) 133

Goethe, Johann Wolfgang (1749–1831, dt. Dichter) 117, 256, 305, 345, 387

Goll, Yvan (1891–1950, dt.-franz. Schriftsteller) 145

Gollancz, Viktor (Rundfunksprecher der BBC im 2. Weltkrieg) 15

Gomringer, Eugen (* 1925, schweizer. Schriftsteller, Vertreter der konkreten Poesie) 152, 155

Hamann, Johann Georg
(1730–1788, dt. Philosoph)
181

Hamm, Peter (* 1937, dt. Schriftsteller) 162, 207, 333, 352

Hammer, Jule (1926–1991, Galerist in West-Berlin, sein «Haus am Lützowplatz» in den 60er Jahren Zentrum zahlreicher alternativer Veranstaltungen) 309

Hammerskjöld, Dag (1905–1961, schwed. Politiker und Diplomat, 1953 zum UN-Generalsekretär gewählt, 1957 wiedergewählt; bemüht um die Erhaltung des Friedens (Suez-, Ungarn-, Kongokrise); tödlich verunglückt durch ungeklärten Flugzeugabsturz) 177

Handke, Peter (* 1942, österr. Schriftsteller) 198, 413

Hardekopf, Ferdinand (1876–1954, dt. Dichter) 126, 144

Harsdörffer, Georg Philipp (1607–1658, dt. Dichter, gründete 1644 den Nürnberger Dichterkreis) 117, 387

Härtling, Peter (* 1933, dt. Schriftsteller) 130f, 390

Hartmann von Aue (1165–1210, mittelhochdeutscher Minnesänger und Epiker) 299

Hartung, Rudolf (1914–1985, dt. Schriftsteller, Mithrsg. der *Neuen deutschen Hefte*) 144

Hasenclever, Walter (eigentl. Hans Vecleer, Schriftsteller, Lektor, Programmleiter des Literarischen Colloquiums Berlin) 247

Hassel, Kai-Uwe von (1913–1997, dt. Politiker, CDU, 1954–63 Ministerpräsident von Schleswig-Holstein, 1963–66 Verteidigungs-, 1966–69 Vertriebenenminister) 291

Hauptmann, Michael (Galerist, Freund PRs in Hamburg) 354

Hauser, Arnold (1892–1978, engl. Literatur- u. Kunstsoziologe ungar. Herkunft; emigrierte 1938 nach England; führte die sozialhistor. u. wissenschaftssoziolog. Betrachtungsweise in die Kunstwissenschaft ein) 163
– Sozialgeschichte der Kunst und Literatur (engl. 1950, dt. 1953) 163

Haushofer, Albrecht (1903–1945, dt. Schriftsteller, von der Gestapo erschossen) 133
– Moabiter Sonette (1946) 133

Hausmann, Manfred (1898–1986, dt. Schriftsteller) 144, 352f

Hausmann, Raoul (1886–1971, österr. bildender Künstler u. Schriftsteller, Mitglied der Berliner Dada-Bewegung) 353

Hegel, Georg Wilhelm Friedrich (1770–1831, dt. Philosoph) 247, 353

Hegewisch, Klaus u. Helga (Freunde PRs in Hamburg) 357

Heimendahl, Eckart (1925–1974, Mitbegründer von *Das Plädoyer*, Vorläufer des *Studenten-Kuriers*; später Rundfunkjournalist) 81f, 383

Heine, Heinrich (1797–1856, dt. Dichter u. Publizist) 165, 206, 299, 302

Heinemann, Gustav (1899–1976, dt. Politiker, unter der NS-Diktatur an führender Stelle in der Bekennenden Kirche tätig; Mitbegründer der CDU, 1946–1949

429

tor u. Reichskanzler 1933–45)
14, 17, 24, 26, 281, 340, 370–372,
382
– Mein Kampf (1925/26) 26
Ho Chi Minh (1890–1969), vietnames. Politiker, Mitbegründer
der KP Indochinas 1930, führte
den Kampf um die Unabhängigkeit Indochinas, seit 1954
Staatspräsident von Nord-Vietnam, während des Vietnam-Krieges erlangte er als Führer
des erfolgreichen Widerstandes
eines Landes der Dritten Welt
gegen die materiell überlegene
westliche Macht USA weltweit
legendären Ruhm) 115
Höcherl, Hermann (1912–1989, dt.
Politiker, CSU, 1961–65 Bundesinnenminister) 262, 291
Hochtritt (Kabarettdirektor in
Hamburg) 58
Hoddis, Jakob van (1887–1942,
dt. Schriftsteller, expressionistischer Lyriker) 126, 144
Hoffmann, Heinrich (1885–1958,
Photograph u. Verleger in
München, Mitglied der NSDAP,
befreundet mit Hitler, stellte
sich mit zahlreichen Bildbänden
in den Dienst der NS-Propaganda) 26
Hofmann, Max (1889–1968) u.
Emma (1895–1977) (Wirtsleute PRs in Hamburg, Arnoldstr.
74) 72, 87
Hofmannsthal, Hugo von
(1874–1929, österr. Schriftsteller) 277, 282
– Brief des Lord Chandos an
Francis Bacon (1902) 277
Hölderlin, Friedrich (1770–1843,
dt. Dichter) 201, 414

Höllerer, Walter (* 1922, dt. Germanist u. Schriftsteller,
1959–1987 Professor an der TU
in West-Berlin; seit 1954 bzw.
1961 (Mit-)Herausgeber der Zeitschriften *Akzente* (bis 1967)
und *Sprache im technischen Zeitalter*, gründete 1963 das Literarische Colloquium Berlin) 78,
146, 247–250, 317, 389, 393,
401
– Der andere Gast (1952) 146
– Die Elefantenuhr (1973) 250
– (Hrsg.) Transit. Lyrikbuch der
Jahrhundertmitte (1956) 141
– (Hrsg. zus. mit F. Mon u. M. de la
Motte) Movens. Dokumente
u. Analysen zur modernen Literatur, Kunst u. Musik (1960) 156
Holthusen, Hans Egon (1913–1997,
dt. Schriftsteller, Essayist, Kritiker) 130, 133, 137, 143, 145
– (Hrsg. zus. mit Friedhelm Kemp)
Ergriffenes Dasein. Deutsche
Lyrik 1900–1950 (1953) 137
Holtkamp, Jürgen (Mitarbeiter von
Konkret, später Red. bei
Radio Bremen) 179
Homer (ältester ep. Dichter des
Abendlandes) 343
Hsui Tao (chines. Dichterin) 98
Huchel, Peter (1903–1981, dt.
Schriftsteller) 353
Hussein (1935–1999, seit 1952 König von Jordanien) 179
Jacopetti, Gualtiero (* 1919, italien.
Filmregisseur) 92
Jahnn, Hans Henny (1894–1959, dt.
Dramatiker, Romancier u. Orgelbauer, 1915–18 als Pazifist im
norwegischen Exil, 1933–45
als Pferdezüchter u. Hormonforscher auf Bornholm, seit 1950

439

445

Der Nachlaßverwaltung Adorno
und dem Suhrkamp Verlag
danken wir für die Abdruckerlaubnis
des Adorno-Briefes
Der Verlag Kurt Desch erklärte sich
mit dem Nachdruck des Beitrages
«Das lyrische Weltbild der Nachkriegsdeutschen»
(aus «Bestandsaufnahme») einverstanden,
der Limes Verlag mit dem Nachdruck
des Nachworts zur Werner Riegel-Auswahl
«Gedichte und Prosa».
Soweit nicht anders vermerkt stammen
die Abbildungen aus dem Rühmkorf-Archiv.